“十三五”国家重点图书出版规划项目

智能制造
系|列|丛|书

智能制造服务技术

江平宇　张富强　郭威　编著

TECHNOLOGY FOR
SMART MANUFACTURING SERVICES

清華大学出版社
北京

图书在版编目(CIP)数据

智能制造服务技术/江平宇，张富强，郭威编著. —北京：清华大学出版社，2021.5(2023.7重印)
(智能制造系列丛书)
ISBN 978-7-302-55890-3

Ⅰ. ①智… Ⅱ. ①江… ②张… ③郭… Ⅲ. ①智能制造系统—制造工业—服务经济—研究—中国 Ⅳ. ①F426.4

中国版本图书馆 CIP 数据核字(2020)第 108967 号

责任编辑：许 龙
封面设计：李召霞
责任校对：赵丽敏
责任印制：宋 林

出版发行：清华大学出版社
网 址：http://www.tup.com.cn，http://www.wqbook.com
地 址：北京清华大学学研大厦 A 座 **邮 编**：100084
社 总 机：010-83470000 **邮 购**：010-62786544
投稿与读者服务：010-62776969，c-service@tup.tsinghua.edu.cn
质量反馈：010-62772015，zhiliang@tup.tsinghua.edu.cn
印 装 者：涿州市般润文化传播有限公司
经 销：全国新华书店
开 本：170mm×240mm **印 张**：20 **字 数**：401 千字
版 次：2021 年 5 月第 1 版 **印 次**：2023 年 7 月第 3 次印刷
定 价：75.00 元

产品编号：078509-01

智能制造系列丛书编委会名单

Foreword | 丛书序 1

制造业是国民经济的主体，是立国之本、兴国之器、强国之基。习近平总书记在党的十九大报告中号召："加快建设制造强国，加快发展先进制造业。"他指出："要以智能制造为主攻方向推动产业技术变革和优化升级，推动制造业产业模式和企业形态根本性转变，以'鼎新'带动'革故'，以增量带动存量，促进我国产业迈向全球价值链中高端。"

智能制造——制造业数字化、网络化、智能化，是我国制造业创新发展的主要抓手，是我国制造业转型升级的主要路径，是加快建设制造强国的主攻方向。

当前，新一轮工业革命方兴未艾，其根本动力在于新一轮科技革命。21 世纪以来，互联网、云计算、大数据等新一代信息技术飞速发展。这些历史性的技术进步，集中汇聚在新一代人工智能技术的战略性突破上，新一代人工智能已经成为新一轮科技革命的核心技术。

新一代人工智能技术与先进制造技术的深度融合，形成了新一代智能制造技术，成为新一轮工业革命的核心驱动力。新一代智能制造的突破和广泛应用将重塑制造业的技术体系、生产模式、产业形态，实现第四次工业革命。

新一轮科技革命和产业变革与我国加快转变经济发展方式形成历史性交汇，智能制造是一个关键的交汇点。中国制造业要抓住这个历史机遇，创新引领高质量发展，实现向世界产业链中高端的跨越发展。

智能制造是一个"大系统"，贯穿于产品、制造、服务全生命周期的各个环节，由智能产品、智能生产及智能服务三大功能系统以及工业智联网和智能制造云两大支撑系统集合而成。其中，智能产品是主体，智能生产是主线，以智能服务为中心的产业模式变革是主题，工业智联网和智能制造云是支撑，系统集成将智能制造各功能系统和支撑系统集成为新一代智能制造系统。

智能制造是一个"大概念"，是信息技术与制造技术的深度融合。从 20 世纪中叶到 90 年代中期，以计算、感知、通信和控制为主要特征的信息化催生了数字化制造；从 90 年代中期开始，以互联网为主要特征的信息化催生了"互联网＋制造"；当前，以新一代人工智能为主要特征的信息化开创了新一代智能制造的新阶段。

这就形成了智能制造的三种基本范式，即：数字化制造(digital manufacturing)——第一代智能制造；数字化网络化制造(smart manufacturing)——"互联网+制造"或第二代智能制造，本质上是"互联网+数字化制造"；数字化网络化智能化制造(intelligent manufacturing)——新一代智能制造，本质上是"智能+互联网+数字化制造"。这三个基本范式次第展开又相互交织，体现了智能制造的"大概念"特征。

对中国而言，不必走西方发达国家顺序发展的老路，应发挥后发优势，采取三个基本范式"并行推进、融合发展"的技术路线。一方面，我们必须实事求是，因企制宜、循序渐进地推进企业的技术改造、智能升级，我国制造企业特别是广大中小企业还远远没有实现"数字化制造"，必须扎扎实实完成数字化"补课"，打好数字化基础；另一方面，我们必须坚持"创新引领"，可直接利用互联网、大数据、人工智能等先进技术，"以高打低"，走出一条并行推进智能制造的新路。企业是推进智能制造的主体，每个企业要根据自身实际，总体规划、分步实施、重点突破、全面推进，产学研协调创新，实现企业的技术改造、智能升级。

未来20年，我国智能制造的发展总体将分成两个阶段。第一阶段：到2025年，"互联网+制造"——数字化网络化制造在全国得到大规模推广应用；同时，新一代智能制造试点示范取得显著成果。第二阶段：到2035年，新一代智能制造在全国制造业实现大规模推广应用，实现中国制造业的智能升级。

推进智能制造，最根本的要靠"人"，动员千军万马、组织精兵强将，必须以人为本。智能制造技术的教育和培训，已经成为推进智能制造的当务之急，也是实现智能制造的最重要的保证。

为推动我国智能制造人才培养，中国机械工程学会和清华大学出版社组织国内知名专家，经过三年的扎实工作，编著了"智能制造系列丛书"。这套丛书是编著者多年研究成果与工作经验的总结，具有很高的学术前瞻性与工程实践性。丛书主要面向从事智能制造的工程技术人员，亦可作为研究生或本科生的教材。

在智能制造急需人才的关键时刻，及时出版这样一套丛书具有重要意义，为推动我国智能制造发展作出了突出贡献。我们衷心感谢各位作者付出的心血和劳动，感谢编委会全体同志的不懈努力，感谢中国机械工程学会与清华大学出版社的精心策划和鼎力投入。

衷心希望这套丛书在工程实践中不断进步、更精更好，衷心希望广大读者喜欢这套丛书、支持这套丛书。

让我们大家共同努力，为实现建设制造强国的中国梦而奋斗。

周济

2019年3月

Foreword | 丛书序 2

技术进展之快，市场竞争之烈，大国较劲之剧，在今天这个时代体现得淋漓尽致。

世界各国都在积极采取行动，美国的"先进制造伙伴计划"、德国的"工业 4.0 战略计划"、英国的"工业 2050 战略"、法国的"新工业法国计划"、日本的"超智能社会 5.0 战略"、韩国的"制造业创新 3.0 计划"，都将发展智能制造作为本国构建制造业竞争优势的关键举措。

中国自然不能成为这个时代的旁观者，我们无意较劲，只想通过合作竞争实现国家崛起。大国崛起离不开制造业的强大，所以中国希望建成制造强国、以制造而强国，实乃情理之中。制造强国战略之主攻方向和关键举措是智能制造，这一点已经成为中国政府、工业界和学术界的共识。

制造企业普遍面临着提高质量、增加效率、降低成本和敏捷适应广大用户不断增长的个性化消费需求，同时还需要应对进一步加大的资源、能源和环境等约束之挑战。然而，现有制造体系和制造水平已经难以满足高端化、个性化、智能化产品与服务的需求，制造业进一步发展所面临的瓶颈和困难迫切需要制造业的技术创新和智能升级。

作为先进信息技术与先进制造技术的深度融合，智能制造的理念和技术贯穿于产品设计、制造、服务等全生命周期的各个环节及相应系统，旨在不断提升企业的产品质量、效益、服务水平，减少资源消耗，推动制造业创新、绿色、协调、开放、共享发展。总之，面临新一轮工业革命，中国要以信息技术与制造业深度融合为主线，以智能制造为主攻方向，推进制造业的高质量发展。

尽管智能制造的大潮在中国滚滚而来，尽管政府、工业界和学术界都认识到智能制造的重要性，但是不得不承认，关注智能制造的大多数人（本人自然也在其中）对智能制造的认识还是片面的、肤浅的。政府勾画的蓝图虽气势磅礴、宏伟壮观，但仍有很多实施者感到无从下手；学者们高谈阔论的宏观理念或基本概念虽至关重要，但如何见诸实践，许多人依然不得要领；企业的实践者们侃侃而谈的多是当年制造业信息化时代的陈年酒酿，尽管依旧散发清香，却还是少了一点智能制造的气息。有些人看到“百万工业企业上云，实施百万工业 APP 培育工程”时劲头十足，可真准备大干一场的时候，又仿佛云里雾里。常常听学者们言，CPS（cyber-physical systems，信息-物理系统）是工业 4.0 和智能制造的核心要素，CPS 万不能离开数字孪生体（digital twin）。可数字孪生体到底如何构建？学者也好，工程师也好，少有人能够清晰道来。又如，大数据之重要性日渐为人们所知，可有了数据后，又如何分析？如何从中提炼知识？企业人士鲜有知其个中究竟的。至于关键词“智能”，什么样的制造真正是“智能”制造？未来制造将“智能”到何种程度？解读纷纷，莫衷一是。我的一位老师，也是真正的智者，他说：“智能制造有几分能说清楚？还有几分是糊里又糊涂。”

所以，今天中国散见的学者高论和专家见解还远不能满足智能制造相关的研究者和实践者们之所需。人们既需要微观的深刻认识，也需要宏观的系统把握；既需要实实在在的智能传感器、控制器，也需要看起来虚无缥缈的“云”；既需要对理念和本质的体悟，也需要对可操作性的明晰；既需要互联的快捷，也需要互联的标准；既需要数据的通达，也需要数据的安全；既需要对未来的前瞻和追求，也需要对当下的实事求是；如此等等。满足多方位的需求，从多视角看智能制造，正是编写这套丛书的初衷。

为助力中国制造业高质量发展，推动我国走向新一代智能制造，中国机械工程学会和清华大学出版社组织国内知名的院士和专家编写了“智能制造系列丛书”。本丛书以智能制造为主线，考虑智能制造“新四基”[即“一硬”（自动控制和感知硬件）、“一软”（工业核心软件）、“一网”（工业互联网）、“一台”（工业云和智能服务平台）]的要求，由 30 个分册组成。除《智能制造：技术前沿与探索应用》《智能制造标准化》《智能制造实践指南》3 个分册外，其余包含了以下五大板块：智能制造模式、智能设计、智能传感与装备、智能制造使能技术以及智能制造管理技术。

本丛书编写者包括高校、工业界拔尖的带头人和奋战在一线的科研人员，有着丰富的智能制造相关技术的科研和实践经验。虽然每一位作者未必对智能制造有全面认识，但这个作者群体的知识对于试图全面认识智能制造或深刻理解某方面技术的人而言，无疑能有莫大的帮助。丛书面向从事智能制造工作的工程师、科研人员、教师和研究生，兼顾学术前瞻性和对企业的指导意义，既有对理论和方法的描述，也有实际应用案例。编写者经过反复研讨、修订和论证，终于完成了本丛书的编写工作。必须指出，这套丛书肯定不是完美的，或许完美本身就不存在，更何况智能制造大潮中学界和业界的急迫需求也不能等待对完美的寻求。当然，这也不能成为掩盖丛书存在缺陷的理由。我们深知，疏漏和错误在所难免，在这里也希望同行专家和读者对本丛书批评指正，不吝赐教。

在“智能制造系列丛书”编写的基础上，我们还开发了智能制造资源库及知识服务平台，该平台以用户需求为中心，以专业知识内容和互联网信息搜索查询为基础，为用户提供有用的信息和知识，打造智能制造领域“共创、共享、共赢”的学术生态圈和教育教学系统。

我非常荣幸为本丛书写序，更乐意向全国广大读者推荐这套丛书。相信这套丛书的出版能够促进中国制造业高质量发展，对中国的制造强国战略能有特别的意义。丛书编写过程中，我有幸认识了很多朋友，向他们学到很多东西，在此向他们表示衷心感谢。

需要特别指出，智能制造技术是不断发展的。因此，“智能制造系列丛书”今后还需要不断更新。衷心希望，此丛书的作者们及其他的智能制造研究者和实践者们贡献他们的才智，不断丰富这套丛书的内容，使其始终贴近智能制造实践的需求，始终跟随智能制造的发展趋势。

2019年3月

Preface | 前言

在人工智能和新一代信息技术的驱动下，制造与服务的深度融合正在为制造业带来前所未有的价值增值机遇，以数字化、网络化、智能化为核心的智能制造服务技术正成为使能高附加值产品制造与服务的强大驱动力。它不仅可用于传统制造业的制造服务增值，也可为包括云制造、社群化制造、共享制造等在内的新一代服务型制造模式提供技术保障，并促使价值链由以制造为中心向以服务为中心的转变。

智能制造服务技术，作为在智能制造背景下企业增强服务组织与运营能力的实现技术，可以帮助企业增强其价值链上服务环节的生产附加值和整体利润空间，也可为消费者提供产品全生命周期各环节上的系统化、定制化、智能化制造服务，满足其多层次、多类型的制造服务需求。因此，充分利用大数据、物联网、智能计算等新一代信息技术，大力研究智能制造服务技术，对国家、企业和消费者均有重要的学术与工程应用价值。

本书在回顾现阶段智能制造服务相关研究的基础上，系统地总结了智能制造服务技术的概念、关键使能技术及其工程案例，旨在为我国企业智能制造服务转型与升级提供基础理论与工程实践指导。全书撰写过程遵从理论到实践的逻辑主线，首先讨论了智能制造服务技术的相关理论，包括其产生背景、概念边界、应用范围、对应产品生命周期环节，以及各种关键支撑技术与智能算法等；然后围绕智能制造服务的整体架构层次，从理论与实践两个角度探索了如何实现智能制造服务的组织、设计、运营与评估等关键技术。

全书内容共分为 11 章。第 1 章概述了智能制造服务模式与概念的产生背景、理论研究现状与趋势，并在此基础上阐述了智能制造服务面向产品全生命周期的基本应用情况；第 2 章介绍了面向智能制造服务的 CPS/RFID 驱动的智能制造服务数据采集方法理论和关键技术；第 3 章介绍了支持智能制造服务匹配、管理、优化与决策的智能计算方法与技术，包括符号智能与决策、计算智能与决策，以及知识工程等；第 4 章介绍了几种典型制造模式下的制造服务智能化应用与发展现状，包括服务型制造、社群化制造、云制造、工业产品服务系统等；第 5 章在阐述了产销者、产品全生命周期制造服务源等智能制造服务相关概念的基础上，建立了以BOM驱动的系统化智能制造服务层次模型体系框架；第6章深入研究了如何对外包/众包服务模式进行智能化升级问题；第7章主要关注如何应用产品服务系统支持智能制造服务的集成、配置与运行；第8章探索了智能制造服务内容设计、关联分析、流程设计及配置设计等方法；第9章介绍了智能制造服务运行过程中的服务业务流程执行过程建模、监控与反馈；第10章介绍了如何系统化、标准化地对智能制造服务成熟度进行界定与评估；第11章为案例分析，分别展示了智能云科、合锻智能等企业发展智能制造服务的过程。

本书由西安交通大学江平宇教授、郭威助理教授及其博士生李普林、杨茂林、刘超、何龙龙完成了第1、2、3、4、10章的编写工作，长安大学的张富强副教授完成了第5、6章的编写工作，北京航空航天大学的宋文燕副教授完成了第7章的编写工作，浙江师范大学的张卫副教授完成了第8、9章的编写工作，合肥工业大学的张强副教授、上海智能云科公司等完成了第11章的编写工作。同时也感谢课题组已毕业的博士生曹伟副教授、冷杰武副教授、丁凯副教授等为本书涉及研究成果所作出的学术贡献。

本书既可供从事先进制造领域的研发和工业应用工程科技人员、高校院所的研究人员参考，也可作为相关专业本科生及研究生的教学参考书。希望通过阅读本书，能帮助读者提升对智能制造服务相关基本理论和实现技术的理解和认识，为今后的学习和实际工作应用奠定基础。

本书所涉内容较广，作者们水平有限，书中不妥之处敬请读者批评指正。

江平宇

于西安交通大学

2020年4月1日

Contents | 目录

第1章

绪　论

传统的生产外包及以云制造、产品服务系统、社群化制造等为代表的新兴服务型制造模式驱使着制造与服务的深度融合，并在众筹众包、社交协同与群智服务等原理的支持下，不断产生出新的制造服务技术。而依托大数据分析、云计算、边缘计算以及信息物理系统（cyber-physical system，CPS）等新一代 IT 技术和人工智能方法将制造服务过程中的数据、常识、经验等进行数字化、网络化与知识化，并赋予上述制造服务技术中，进而形成智能制造服务技术则是制造服务工程领域的新趋势。

智能制造服务的理念正逐渐渗透至传统制造业，影响着企业的组织架构及运营模式。基于服务提供者视角，可帮助企业应用大数据分析、智能计算等新一代信息技术，增强企业的服务组织与运营能力，延伸企业价值链，提升生产附加值和盈利能力；基于服务用户视角，可在产品设计研发、加工制造、生产物流、维护维修等全生命周期环节中采用定制化、个性化的制造服务，快速响应市场需求。围绕智能制造服务的相关研究基础与应用，本章将讨论和辨析智能制造服务的基本概念与特点，介绍其发展趋势及关键使能技术，并阐述产品全生命周期中智能制造服务的内涵与工业应用。

1.1　产生背景与概念提出

1.1.1　产生背景

智能制造服务的产生主要源于以下三方面的背景因素，即企业对制造服务化转型的需求、用户对制造服务的定制化需求、新一代信息技术的赋能。

1. 企业对制造服务化转型的需求

制造服务与企业的成长相伴相随，并不是一个全新的独立概念。在传统的制造环节，制造服务是以生产外包的方式被广为采用。其中，零部件的外协外包、原始设备生产商（original equipment manufacturer，OEM）和原始设计制造商（original design manufacturer，ODM）等模式使得传统制造业在相当长的一个阶段享受着依托制造服务的价值增值所带来的红利。伴随着制造服务增值的量变向质变的迁移，自20世纪90年代以来，加工和装配环节在产品全生命周期的生产活动价值链中所占比重逐渐下降。一些企业利用自身的技术优势，将其业务重心偏向技术开发、创意设计、个性化需求满足、运维服务等高附加值的环节。这使得制造业的价值分布在生产活动价值曲线两端的比重越来越大，价值链中的服务环节得到延长和加强，形成明显的“微笑曲线”现象，如图1-1所示。同时，随着制造企业向制造服务化转型，上下游服务环节逐步呈现更为专业化的互为服务趋势，对企业利润的贡献率也不断提高。这促使越来越多的企业尝试通过增强服务环节业务比重来获取新价值来源，以增强其自身竞争力[1]。

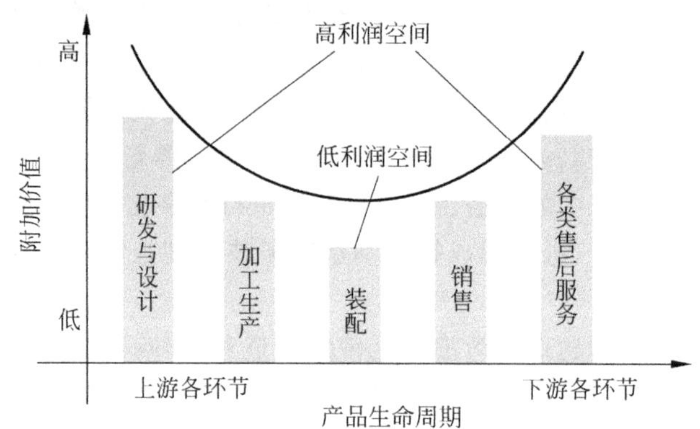

图1-1　企业生产活动价值链上的“微笑曲线”现象

另外，用户多数情况下所需要的并不是产品本身，而是产品所能提供的功能或使用价值，即该产品所能带来的服务。传统的产品交易是以用户支付全套费用实现物品所有权的转移。然而，用户更关心的是使用产品所能获得的特定服务，而并非一定需要拥有产品所有权，他们希望通过支付相对较少的费用以获取所需的服务。因此，如果企业不直接出售高价产品，而出售低价的产品服务，对于用户而言并无明显差别[2]。由于服务价格门槛较低，会吸引更多的用户愿意购买服务，这对企业来说也意味着更大的市场，实现了用户与服务提供商的双赢。因此，产品服务理念也是企业进行制造服务化转型的重要驱动因素。

以上企业对制造服务化转型的需求说明，必须发展相应的制造服务技术来与之匹配。

2. 用户对制造服务的定制化需求

传统的制造服务模式支持用户有限度地介入服务过程，企业作为服务提供商可在一定范围内对服务内容按需配置，在自身制造能力允许的条件下尽可能地满足用户的定制化需求。然而，在新的市场环境和技术进化背景下，用户对服务内容的个性化、定制化要求越来越高。用户希望能在合适的时间、合适的情况下被提供最合适的服务，并能够对所接受的服务进行全方位的跟踪、管控与评估。这就要求企业能够以服务用户的定制化需求为导向，发展用户与企业之间的深度联系，以实现集成化、智能化、高效、快速地提供服务，进而满足用户高层次的服务需求[3]。用户对制造服务的定制化需求从多样化的角度给制造服务技术的发展提出了新要求。

3. 新一代信息技术的赋能

伴随着工业互联网的发展，CPS、大数据、各种计算技术等新一代信息技术涌现，为制造与服务的深度融合及智能化提供了坚实的技术支撑，进而在制造服务资源的配置效率提升、服务提供商企业的调度优化等方面贡献良多。其中，产品的 CPS 化及其大数据的应用，使制造业掌控了远超于过去的海量数据，而智能计算技术则在实现数据、常识和经验的知识化方面起着举足轻重的作用，并使得制造服务技术向智能制造服务技术演化。这一系列的技术进步为制造服务技术的智能化升级创造了先决条件，助推了作为服务提供商的企业向更为智能化的服务模式转型升级。

上述三方面的背景因素为制造服务技术的产生及其向智能化发展提供了机遇。

1.1.2 智能制造服务的相关术语定义

智能制造服务技术从狭义上理解是制造服务技术的智能化。因此，本书侧重于阐述两个层面的问题：第一是在云制造、产品服务系统、社群化制造等为代表的新兴服务型制造模式背景下，制造与服务深度融合问题，形成能够解决工业问题的制造服务技术；第二是在大数据、云计算、CPS 等新一代信息技术和人工智能方法的驱动下，制造服务技术如何实现智能化的问题。同时，为界定本书内容的概念边界，必须对智能制造服务的相关术语进行定义与辨析(见图 1-2)。

1. 制造

制造是指把原材料加工成产品的全生命周期各环节生产活动的集合，是有序的、支持产品生产和获取的一系列活动过程的总和。产品全生命周期的制造活动包括市场调研、服务用户需求分析、产品研发与设计、加工制造、装配、分销、物流运输、维修维护、回收再制造等环节[4]。

2. 服务

服务是用户与提供者之间共同实现价值增值的过程，是以满足用户需求为目标，以无形方式结合有形资源，在用户与服务提供商之间发生的一系列活动。典型制造企业的服务内容包括研发、设计、加工、制造、装配、销售、维修、物流等，这些服务内容可以分为三种基本类型。第一类，提供产品，这类服务建立在生产能力直接运用于生产产品的基础之上；第二类，产品支持与产品状态维护，它建立在将生产能力应用于产品生产和销售环节之后的产品支持，具体内容包括物流运输、产品装配、技术支持、产品保养/维修、状况监测等；第三类，服务质量提升，它建立在对生产能力和服务管理能力综合优化的基础上，使产品和服务最大限度发挥使用价值，

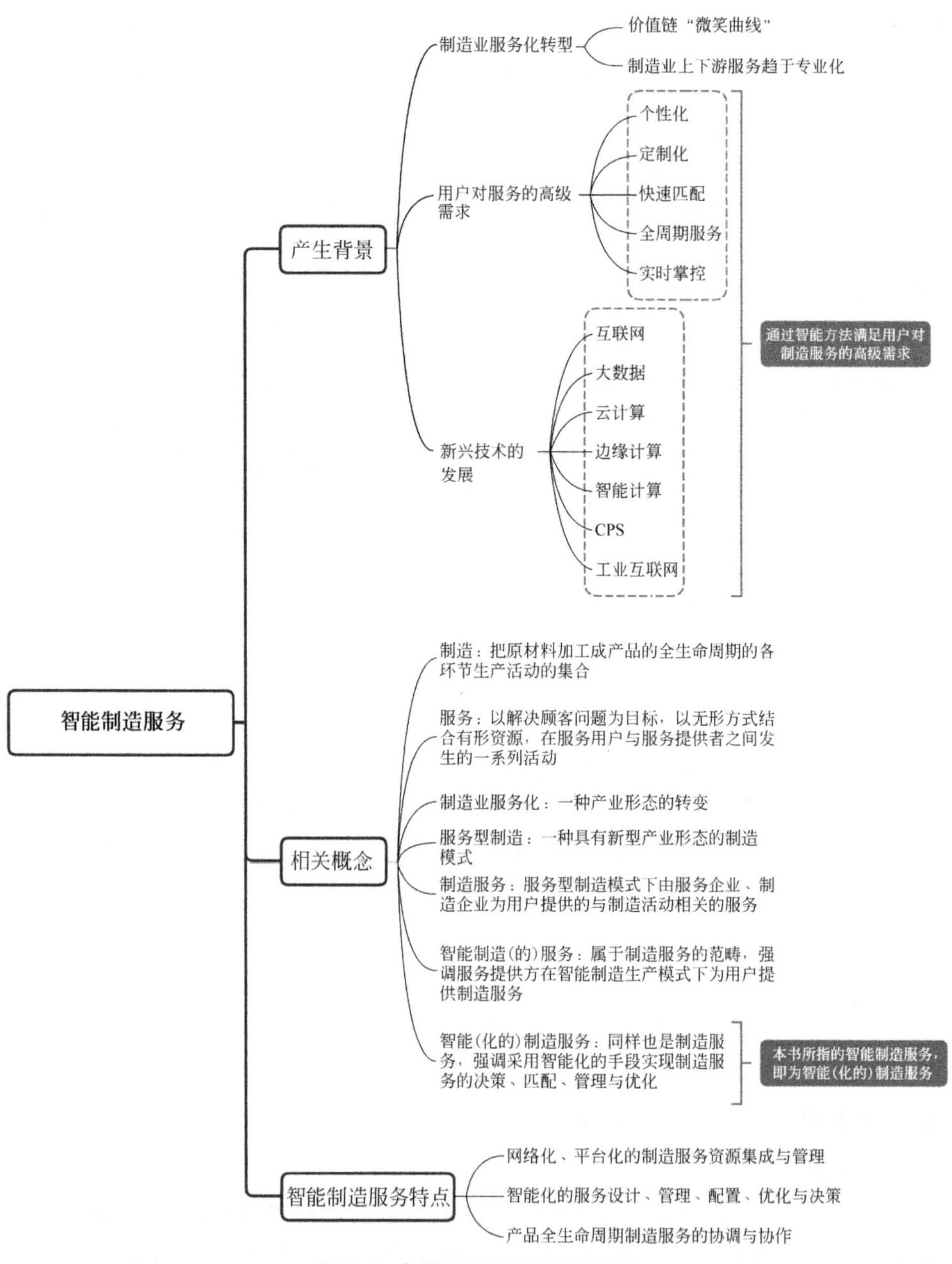

图 1-2 智能制造服务思维导图

并进一步实现价值增值[5]。

3. 制造业服务化

制造业服务化强调产业形态的转变。制造业服务化本义是指传统制造企业通过运营模式调整和业务重组，由出售单一的"物品"，转变为出售"物品"+"服务包"，由此升级为综合问题解决方案提供商[6]。目前，制造企业通过融合基于制造的服务和面向服务的制造，逐步增大“服务包”(服务环节)在整个价值链中所占比重。制造业服务化主要包括研发环节服务化、加工生产过程服务化及组织结构服务化三个方面[7]。

4. **服务型制造**

服务型制造是制造服务化和服务工业化融合发展的结果，是一种具有新型产业形态的制造模式[8]。服务型制造贯穿于产品全生命周期的每个环节，可以从“面向产品制造的服务”和“面向产品服务的制造”两个层面来阐述。“面向产品制造的服务”是指企业为实现自身制造资源的高效配置和核心竞争力提升，将低附加值和低利润的生产任务外包，仅维持重要工序或核心零部件生产环节的自主生产。“面向产品服务的制造”是指服务提供商结合服务用户的需求，对产品全生命周期各环节进行改造，将服务模式引入需求调研与分析、产品设计开发、加工、制造、市场策划与运营、销售、物流配送、售后技术支持与维修维护，以及最后的产品报废回收等各个环节，为用户提供个性化、系统化、服务化的服务需求解决方案[1]。

5. **制造服务**

制造服务是服务型制造模式下由制造服务提供商为服务用户提供的与制造活动相关的各类服务内容的总和。制造服务的概念包括两方面，即“服务企业为制造企业提供的服务”和“制造企业为终端服务用户提供的服务”[9]。前者是指制造企业将其不擅长或低利润附加值的业务交由服务提供商，接受其提供的围绕该业务的生产性服务。该过程中，服务提供商通常将人员、设备等资源进行重组与封装，每一个封装的服务内容都可被看作一项制造服务[10]。而后者的服务概念则主要指在产品全生命周期中，由制造企业为终端服务用户、以非直接物理产品形式提供的服务。

6. **智能制造服务**

智能制造服务概念强调采用智能化的手段实现制造服务的设计、配置、决策、规划、运行、监控等。智能制造服务将互联网、大数据、智能计算等新一代信息技术应用到产品全生命周期制造服务各环节，实现制造服务的全方位智能化管控与优化。智能制造服务模式构建与实施的基础是建立工业互联网环境，将企业已有的制造服务资源进行虚拟化封装，然后通过诸如网络服务平台端口、智能手机等智能服务终端实现服务的运行与管控。在此过程中，通过新一代信息技术，获取与分析服务企业、制造企业和终端服务用户等服务交互主体在制造服务活动中的交互关系和业务需求，对制造服务资源进行高效、智能的描述、设计、配置、评估和管理，在合适的时间、给特定的对象定制化提供所需的服务，从而实现高度柔性、智能化的服务匹配与优化，充分满足市场和服务用户动态、多样、个性的服务需求。

1.1.3 智能制造服务的特点

网络化、平台化的制造服务资源集成与管理，面向产品全生命周期的制造服务协调协作，智能化的服务设计、管理、配置、优化与决策是智能制造服务的三个主要特点。

1. **网络化、平台化的制造服务资源集成与管理**

在互联网、物联网、制造资源虚拟化动态建模与能力表述等技术的支持下，工业互联网环境中的服务资源可以被封装和虚拟化，进而聚类成为服务资源网络并集成到制造服务资源平台中[11]。通过将分散的服务资源集中起来，便形成了逻辑上统一的制造服务资源池，配置相应的服务集成与管理功能，如基于特征的制造任务报价、制造能力评价、制造任务分配、制造协同环境等，以支持服务用户高效便捷地基于服务资源平台锁定自身需要的制造服务提供商。同时，服务提供商也可在平台上配置订单任务列表，由平台对各个服务用户的服务订单进行统一规划和管理，以保证每一服务用户都能按时得到服务交付。因此，通过对制造服务资源进行网络化集中管理与调度，可以提高制造服务资源利用率、高效快速地响应市场和用户的动态制造服务需求[3]。

2. **面向产品全生命周期的制造服务协调协作**

制造服务将制造业价值链延长至产品全生命周期，内涵涉及制造过程服务化、制造产品服务化、制造业服务化等。同时，通过采用智能计算、大数据处理、互联网等技术，对产品战略研发、产品设计、知识产权保护、生产制造、现场管理、销售、安装调试、维护维修等各个服务环节中的信息服务、技术服务、人力资源服务、设备资源服务等进行智能化优化与管理[12]。企业则需要不断地对产品全生命周期中的服务模式、能力和资源进行迭代与升级，以实现制造业价值链上服务环节价值的拓展与延伸。

3. **智能化的服务设计、管理、配置、优化与决策**

新一代信息技术使得高效且可靠地获取制造服务活动中的服务交互数据与信息成为可能。这些数据与信息支持着产品全生命周期各环节服务活动的智能化设计、管理、决策、配置与优化[13]。例如：CPS、物联网、大数据分析技术可以高效、精准地获取服务用户个性化、多样化的服务需求信息；云计算模型框架可对制造服务资源平台上的服务资源进行集成封装、集中式调度与管理；社会计算技术则推动了社群化制造服务网络的建模、分析、评估与优化[14]；数据挖掘技术能够提取产品加工/生产过程质量描述、预测以及参数优化的相关信息；边缘计算技术可被用于在工业互联网环境下制造服务数据的分布式运算与处理[15]。

1.2 智能制造服务的现状与研究趋势

智能制造服务旨在利用新一代信息技术和人工智能方法，对集成于制造服务资源网络平台上的产品全生命周期服务，进行智能化的组织、管理与运营。目前，智能制造服务在不同制造模式中均有所涉及，但具体的表现形式、应用情况以及发展要求不尽相同。因此，本节分别通过对几种典型制造模式中的智能制造服务现状和趋势进行介绍，给出智能制造服务理论的进一步发展要求。

1.2.1　多种制造模式背景下的智能制造服务现状

1. 面向服务型制造的智能制造服务

服务型制造是制造与服务融合发展的一种新业态，依托外包、服务租赁等机制，将制造服务提供给用户，以实现双方互利共赢[16]。20世纪90年代，国外学者给出了服务型制造的概念和实现策略[17]。2007年前后，国内学者结合中国制造的特点，较为系统地提出了服务型制造的理论架构。孙林岩等指出，服务型制造模式的关键目标是通过产品与服务深度融合、服务用户深度介入、业内服务企业互助协作来实现离散制造资源的整合与协同，最终实现制造业价值链上的增值[5]。林文进等[18]认为，服务型制造模式的诞生背景是制造业和服务业的高度融合，它通过高效的网络化协作实现制造向服务的迁移以及服务向制造的融合，最终使得企业在为服务用户创造价值的同时为自身谋取利益。江平宇等从产品服务系统的角度入手研究具体如何实现服务型制造，并指出产品服务系统是发展面向产品全生命周期的制造服务关键[19]。

总的来说，服务型制造更突出地强调了服务对制造业价值增值的作用，通过在产品全生命周期的各个环节融合外包/众包/产品服务系统等高附加值的服务方案，重构与优化“服务发包方和接收方”的生产组织形式、运营管理方式和商业发展模式，来拓展和延伸制造产业链的价值链，实现制造服务双方的共赢局面。

2. 面向社群化制造的智能制造服务

社群化制造是指专业化服务外包模式驱动的、构建在社会化服务资源自组织配置与共享基础上的一种新型网络化制造模式[20]。社群化制造模式下，拥有不同制造服务资源类型的企业自组织、自适应地形成动态、复杂、多元拓扑资源网络。网络中分散的社会化制造及服务资源，通过多种社交关系关联形成面向不同类型制造服务资源的动态、自治社区，社群内自治制造服务资源可根据制造服务能力与服务用户需求之间的匹配关系进行自组织动态协同。同时，依托开放式、工具化的社群化制造服务资源平台，社区内的制造服务资源可标准化描述与封装，更好地支持服务需求能力匹配、基于服务能力的社区自治等。

社群化制造模式越来越多地体现在实际生产中。例如，企业组织架构的小微化、外包/众包模式、开源模式、创客/小微的涌现、社区/粉丝经济的繁荣发展等。造成这些现象的原因在于社交媒体技术、互联网信息技术的进步，以及市场环境和共享经济概念所催生出的企业/个人交互模式的改变。制造服务提供商可用多种数据感知、挖掘与分析工具，全方位获取市场和服务用户的产品需求信息与行为数据。当接到订单后，亦可整合社群化制造服务资源平台上的制造服务资源，以订单信息流为驱动，通过去中心化、扁平化网状结构生产互联模式，依靠自组织、自适应的制造资源服务社群满足服务用户的需求。

社群化制造下的智能制造服务模式，可看作以制造服务为核心的“制造+服务”网络的进一步发展和延伸。如何以制造服务为基础构建相应的制造服务网络是实现社群化制造模式背景下智能制造服务发展与应用的关键。对此，企业需聚焦如何把生产外包/众包、大企业组织形态小微化、创客模式、开源模式等问题与社群化制造模式深度结合，并在此基础上通过服务交互博弈、服务网络演化、服务价值流分析等研究手段，实现社群化制造模式背景下的智能制造服务建模、配置、运行与实施。

3. 面向云制造的智能制造服务

云制造是一种基于网络和云制造服务平台，按需制造的一种网络化制造新模式。它融合现有网络化制造和服务、云计算、物联网等技术，实现各类制造资源（制造硬设备、计算系统、软件、模型、数据、知识等）的服务化封装并以集中的方式进行管理，顾客根据自己的需求请求产品设计、制造、测试、管理和产品生命周期的所有阶段的服务。通过云制造服务资源平台[21]，可以实现对社会化加工资源进行虚拟访问、生产任务的外包与承包、特定外包任务的执行过程监控等功能，并为服务用户提供按需加工服务[22]。云制造模式遵从“分散资源集成融合”与“集中资源分散使用”两条逻辑主线，对社会化制造服务资源进行统一整合与按需分配，从而提高资源利用率、节省成本，帮助通常情况下自身生产能力有限的企业（以中小微企业为主）获取低价优质的制造服务，其运行机理如图 1-3 所示。

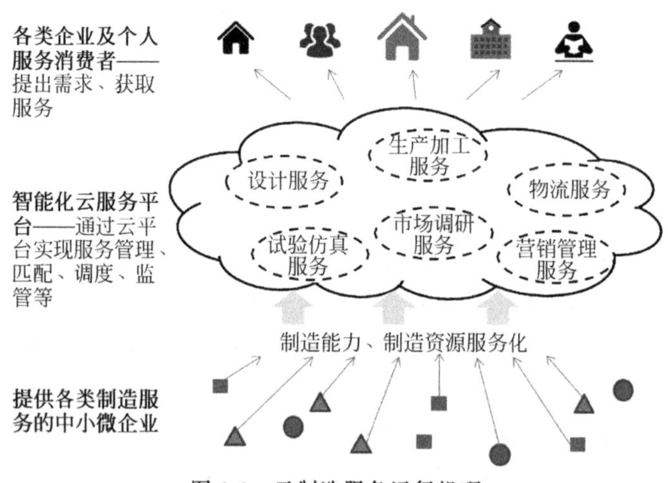

图 1-3　云制造服务运行机理

4. 面向产品服务系统的智能制造服务

产品服务系统（product service system，PSS）是实现服务型制造的重要内容和核心驱动力，它通过系统地集成产品和服务，为用户提供产品功能（而非产品本身）

以满足服务用户需求，从而在产品全生命周期包括设计、制造、销售、配置、运控和维护等各个环节实现价值的增值[3]。产品服务系统主要有产品导向、使用导向、结果导向三类。产品导向是指在已有的产品系统中加入诸如产品装配使用指导、维修、回收等服务内容；使用导向的核心思想是通过实物产品共享增加实物产品使用率，从而降本增益；结果导向的关键在于通过卖“服务”来代替卖产品的方式，减少用户对实物产品本身的需求[19]。

产品服务系统涉及用户需求分析，服务设计、配置、运行，服务性能评估等多方面概念和问题[23]。

(1) 在用户需求分析方面，可通过建立用户需求模型，将其与企业的服务能力匹配。为实现该目标，可以通过分析现有产品服务系统设计方案，找到服务用户需求和方案之间的差距和原因，进而提出解决方案。

(2) 在服务设计方面，围绕产品全生命周期的服务方案进行分析，以确定服务设计的目标、内容和基本框架。另外，也可对现有产品服务系统本身进行分析，提取设计知识并施以重用，以实现提高设计效率和降低设计成本的目标[24]。

(3) 在服务配置方面，根据服务用户需求的不同，可在产品全生命周期中融合相应的服务以提高产品的功能和经济性能。其中，服务配置的核心在于依据服务项目之间的约束关系，以最优的服务需求匹配结果满足服务用户对服务的需求。

(4) 在服务运行方面，主要内容在于围绕产品本身展开一系列运行和维护服务，包含服务项目、服务提供商、服务行为和服务流程等。需要指出的是，服务系统的运行效率决定了其服务能力，提高服务运行效率对企业利润、服务用户满意度和服务生态均有积极的影响意义。

(5) 在服务性能评估方面，通常可分为服务运行前评估和运行后评估。产品服务系统评估一般会选取多个指标(比如投入产出比、服务性能和服务过程能力、成本等)，然后根据评估指标的不同而选用不同的评估方法。最终通过评估结果判断产品服务系统是否可以满足用户需求，并帮助其选出最合适的服务项目和内容。

1.2.2 智能制造服务研究的趋势和要求

新一代信息技术和人工智能方法推动了多种制造模式下的制造服务积极变革。从技术发展的角度看，智能制造服务仍处于初级阶段，未来其研究与应用主要集中于以下四方面。

1. 制造服务体系架构的系统化

目前，制造服务尚缺乏系统化的体系架构。因此，在研究产品全生命周期各服务环节的基础上，需要建立系统化、层次化的服务模型框架，定义智能制造服务的相关概念及其边界，以辨识产品全生命周期制造服务源，最终构建符合当前市场和用户需求的、可充分发挥和利用新一代信息技术的智能制造服务体系。

2. 制造服务数据的主动感知与边缘计算

智能制造服务需要服务数据支撑,通过挖掘、收集、感知、分析制造服务相关数据,实现制造服务化中的智能计算、决策、管理与优化等任务。因此,需要建立针对智能制造服务的CPS、射频识别(RFID)系统、社交传感器系统等,从而便捷、可靠、高效地采集智能制造服务主体在研发、设计、生产、物流、维护等生命周期过程中的制造服务数据,以支持后序服务智能化计算与决策。

3. 制造服务过程的自治运行与监控

智能化制造服务过程需要利用互联网、大数据、智能计算等技术对制造服务进行合理的配置、优化、管理与监控。具体内容包括挖掘与分析服务用户的制造服务需求,并以此匹配服务能力与用户需求,选出满足服务用户需求的最优服务方案。形式化描述制造服务外包/众包过程中涉及的服务需求,智能量化管控发包/接包过程,以实现对制造服务的运营过程的有效监控与跟踪,保障制造服务的顺利交付。

4. 制造服务结果的量化评估

制造服务的完善程度、完成情况、服务成本、服务质量等水平需要一系列相应的评估体系来衡量,以期不断完善和优化制造服务过程。为此,首先建立统一的定义和标准来准确描述智能制造服务水平的相关概念,在此基础上,引入成熟度指标体系,结合具体的制造服务场景,建立成熟度评估模型,实现对智能制造服务水平的量化评估。

1.3 面向产品全生命周期的智能制造服务与应用

1.3.1 智能制造服务的内涵

智能制造服务的本质是围绕客户的个性化需求提供智能化的制造服务。通过采用互联网、物联网、大数据、云计算等相关技术,将制造服务资源虚封装并集成到工业互联网平台环境中;同时,采用数据挖掘、深度学习等方法获取与分析产品全生命周期(设计、制造、物流、维修维护等)各环节中的用户服务需求,据此提供智能化的制造服务匹配、管理、优化与决策支持,进而提升制造服务的配置与运行效率。以下围绕着产品全生命周期,分别从制造服务的深度智能化、多层级的制造服务体系架构、多角色智能制造服务生态圈三个角度阐述智能制造服务内涵[13]。

1. 制造服务的深度智能化

深度智能化是智能制造服务的最显著特征。在智能制造服务背景下,人、设备、产品和服务等软硬件系统之间需建立实时通信和数据共享,以支持制造服务运行过程中的智能化管理与决策。制造服务提供商通过与服务用户的持续交互,加深对服务用户需求的理解，以快速、及时地响应服务用户需求。

产品全生命周期的深度智能化是一个复杂的过程[25]。首先需要建立标准化制造服务信息架构，表征服务主体之间的信息交互；其次，需构建高效、完善的数据采集体系，可靠收集制造服务实时数据，为大数据分析与决策提供数据基础；最后，需要在产品全生命周期各环节灵活、深入地应用互联网、数据挖掘、服务计算、云计算、大数据、边缘计算、智能计算、数字孪生、CPS等技术，进一步实现制造服务的智能化。

2. 多层级的制造服务体系架构

智能制造服务的实现需要多层级之间高效的信息交互、反馈与协作，各层级之间既可以交互基本数据信息，亦可以通过需求判断、协调协作来实现智能化的服务联动。其包括五个基本层次结构，即设备层、数据层、交互层、智能/技术层以及应用层，智能制造服务体系架构如图1-4所示，各层基本功能解释说明如下：

(1) 设备层——智能制造服务实现的硬件支持，包括服务器、传感器、交换机、互联网等。

(2) 数据层——制造服务数据的采集、存储与管理。合理、充分地利用大量历史及实时制造服务数据，可以实现智能制造服务的各项功能与活动。

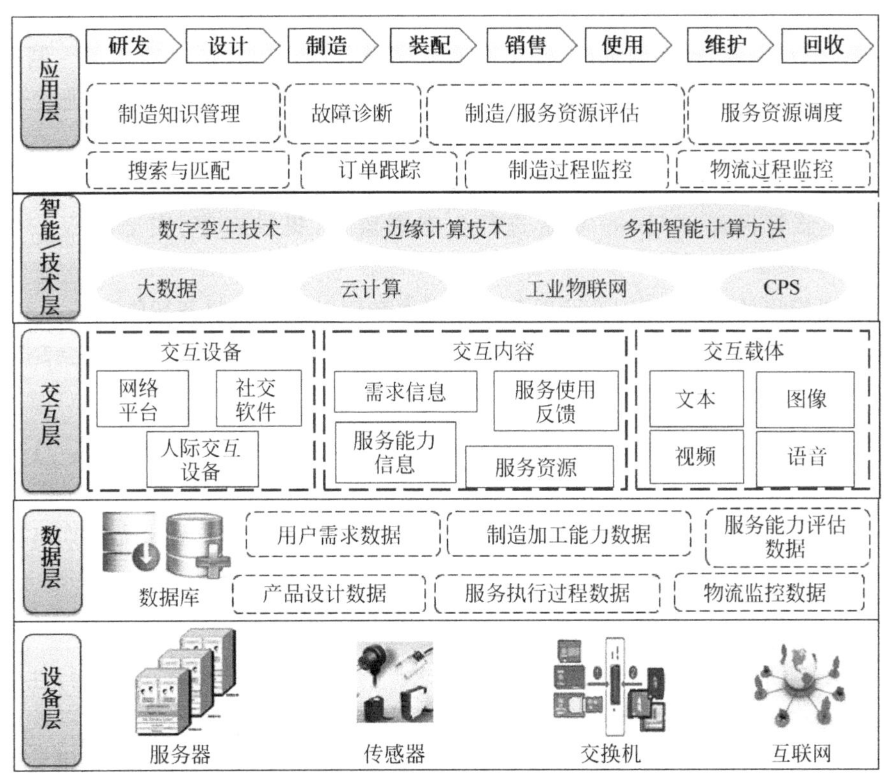

图1-4 智能制造服务体系架构

(3) 交互层——以实现服务的交付为目的,为智能制造服务提供商与用户之间提供双向交互接口。具体实现方式可以有文本、图像、语音、视频等。

(4) 智能/技术层——整个智能制造服务系统的核心。主要功能有需求解析和智能反馈:需求解析包括服务相关信息数据采集,服务用户特征库创建,服务用户的显性和隐性需求挖掘与识别,服务需求库创建构建等;智能反馈功能在获取到的服务需求信息基础上发出指令,实现具体的服务管理、调度、匹配与决策。

(5) 应用层——在智能化协同交互的基础上实现产品全生命周期制造服务的各类服务应用,包括市场调研、需求分析、研发设计、加工制造、服务运营配置、信用保障、库存物流管理、服务评估、维护回收等。

3. 多角色智能制造服务生态圈

智能制造服务旨在围绕不同行业、不同角色、不同制造服务内容,形成多角色智能制造服务生态圈。生态圈中不同的角色在智能服务过程中各司其职,共同维持着生态圈的平衡[13]。基本角色包括:

(1) 服务企业——通常只对其用户提供中间性产品或服务。常见的服务企业包括基础硬件设施供应/维护商、软件/应用程序/平台网站供应商、综合问题解决方案提供商、数据挖掘/处理外包服务商等。

(2) 制造企业——可以从其他制造企业和服务企业处获取其生产活动所需的原材料、信息资源、技术服务等,并最终为终端服务用户提供产品或服务。制造企业是连接服务企业和产品、终端服务用户的桥梁,是发展和构建智能制造服务生态圈的基石。

(3) 终端服务用户——最终产品或服务的终端消费者。

(4) 监管保障部门——负责进行生态圈监管,提供有序、安全的服务交互环境。

需要指出的是,随着制造业服务化深层次转型以及制造服务智能化的提升,智能服务的生态系统中的角色会越来越多,相应的服务内容与交互关系也会越来越复杂。

1.3.2 智能制造服务技术的应用

基于新一代信息技术和人工智能方法,智能制造服务在产品生命周期各阶段中有丰富的应用内涵,具体如下。

1. 市场调研与需求分析

市场调研与需求分析涉及服务用户需求调研、市场趋势分析、项目可行性分析等服务。在这些服务中,通过采用互联网、大数据、新兴通信技术等可以有效地实现服务智能化。具体而言,通过采集海量服务用户及市场需求数据,并利用大数据分析技术挖掘客户有效需求、掌握市场趋势,拉近企业与市场/服务用户的距离。

在此基础上,建立服务用户需求模型,应用多种智能决策算法,对企业服务能力和用户需求进行匹配,找出用户需求和现有服务内容之间的差距并分析其原因,然后提出解决方案以更好地满足服务用户需求。

2. 研发设计

不同于传统产品设计模式,智能制造服务将设计服务理念融入产品设计环节,能提高企业在设计环节的创新能力,并有效降低设计成本。智能制造服务在设计环节主要有以下三种形式:

(1) 通过对具体设计任务的外包/众包等方式,支持构建产品设计环节的MRO(maintenance,repair and overhaul)/PSS;

(2) 将已有的设计知识资源、方法(如针对3D打印模型设计的拓扑优化设计方法)以知识服务的形式提供给服务用户;

(3) 设计者自身兴趣驱动的开源设计、创客设计。

设计环节全流程中的服务内容包括概念设计、详细设计、标准化设计信息库构建、专利申请与知识产权保护、产品测试等服务。在这些服务中,可采用模块化产品开发思路,对服务模块、产品模块和功能模块等进行构建与调整,实现灵活定制、缩短研发周期。同时,可采用智能推理技术对已有设计项目和创新方案进行特征建模,提取其中的设计知识和创新点以备重用,从而提高设计效率,降低设计成本;另外,针对服务用户需求、产品和服务越来越复杂,可采用计算机辅助技术、深度学习技术支持产品快速设计和可视化开发,帮助服务提供商实现可视化MRO等服务。

3. 加工制造

加工制造环节涉及的服务内容包括加工信息服务、制造知识服务、现场管理服务、设备管理服务、数字化制造服务、生产状态/过程信息监控服务、物流配送服务、库存管理/调度/规划服务、绩效考核与管理服务等。通过准确选择合适的CPS、互联网、物联网、大数据及各种智能计算技术,可以实现以数据驱动为特征的智能化加工制造服务。其中,在供应商选择方面,可采用本体论、规则推理和博弈论等方法实现供应商选择与决策;在生产任务规划方面,通过对订单进行智能分析,按不同类型的需求订单进行分类与合并,并对生产工序进行串联与规划,实现基于全制造流程智能规划;在生产调度方面,可采用多种粒度计算、博弈论、动态贝叶斯等多种智能计算方法解决复杂实时加工任务分配系统中的任务外包调度与规划问题;在生产状态监测方面,可采用RFID技术、智能工业信号感知技术、图像/视频识别与监控技术等,采集复杂工况下的设备运行实时数据,然后采用数据融合、数据分析、智能计算等方法,快速、实时地分析企业加工制造服务水平;在产品质量控制方面,可采用数据挖掘技术,对产品制造过程质量相关信息进行挖掘,在此基础上,将群体智能算法等多种优化算法应用于质量问题描述、质量预测、质量参数优化等具体任务[26]。

4. 服务运行配置

服务运行配置涉及动态环境下的制造服务资源管理与配置、供需对象匹配、供需数量匹配等。其中，在服务资源集成管理方面，可采用云计算技术对制造服务资源平台、被封装的制造服务资源及用户服务请求进行集中管理与规划；在服务资源配置方面，可根据用户服务需求在产品全生命周期中匹配相应的服务，以最优的配置结果满足服务用户的需求，其内容包括服务资源建模、服务功能配置、服务约束配置和服务属性配置等；在服务运行方面，需对服务项目、服务提供商、服务行为和服务流程等内容进行建模，实现智能化制造服务信息管理、制造服务报价、制造服务匹配等；在服务资源维护方面，可采用物联网技术采集生产作业实时数据、监控生产运营状况，以支持生产运营状态的实时分析、诊断与设备维护。

5. 信用保障

智能制造服务驱动着生产外包向服务外包、众包发展，传统的“熟人模型”生产外包转为新的“陌生人”生产交互模式。由此给智能制造服务交互过程中的信用保障带来困难，而区块链技术可以很好地解决这一问题。区块链技术采用块链式结构存储历史数据和数据分支，并采用少数服从多数原则的分布式共识算法，对数据块链中的内容进行验证与更新；同时采用多种密钥保证服务用户节点交互数据信息安全；此外，区块链技术可用自定义智能合约约束节点服务用户之间的交互规则。因此，区块链及其相关技术是解决智能制造服务交互中“陌生人模型”下的信用保障问题的关键[27]。

6. 库存与物流

库存与物流涉及数字化、网络化、智能化库存管理、货位分配、物流调度规划等。其中，依托大数据和智能算法，可进行物理路径规划、智能仓储规划、物流订单智能派送、物流货物与车辆智能配置等服务业务，从而提高物流效率；而在仓库管理方面，可采用分布式库存控制策略，对多企业、多品种、多需求的货位组合优化分配，运用动态批量模型来解决库存限制和生产外包服务滞留等问题，提升仓库利用率，降低物流成本。

7. 服务评估

服务评估可分为服务运行前评估和运行后评估，目的是确定产品服务是否满足服务用户需求。常用的评估指标包括投入产出比、服务性能水平和服务过程能力等。另外，还可建立服务内容与服务成本之间的关系，通过对服务内容相应的成本进行分析，找出最优化、合理的服务报价给服务用户和服务提供商作为参考。

8. 维护与回收

维护与回收包括维护/维修、远程诊断、备件配送、安装调试、拆卸回收、再制造等。该环节能够顺利执行的关键之一在于建立产品故障诊断知识库，当遇到新的加工问题时，可在知识库中检索和比对产品工况历史数据、设备特征数据、历史故障记录等信息，从而高效推理出维修措施[23]。

1.4 本书内容安排

本书在整合现阶段智能制造服务相关研究的基础上，提出系统化的智能制造服务理论与实践体系，为企业转型升级和产业结构调整奠定了理论基础，为服务提供商和工业用户的实践应用提供了技术支持。后续章节的内容安排如下：

第 2 章为 CPS/RFID 系统与智能制造服务数据采集。主要介绍了智能制造服务背景下制造服务相关数据信息的采集方法与途径，为智能制造服务的实施提供可靠的数据基础。

第 3 章为制造服务中的智能计算与决策。主要介绍了可用于制造服务智能匹配、管理与决策的智能计算方法，为智能制造服务的实施提供智能化的技术工具。

第 4 章为制造服务模式与制造服务智能化。主要介绍了几种典型制造服务模式以及这些模式下的制造服务智能化应用与发展现状。

第 5 章为智能制造服务的层次模型。主要介绍了产销者、产品全生命周期制造服务源等智能制造服务相关概念，建立了全面、系统的智能制造服务层次模型体系，对发展和应用智能制造服务起到纲要和总领作用。

第 6 章为生产性外包/众包服务及其智能化。主要介绍了制造服务的重要实现途径之一的外包/众包服务模式及其智能化升级。

第 7 章为 PSS 驱动的智能制造集成服务。主要介绍了智能制造服务背景下的产品服务系统建模技术与方法，详细阐述了如何用产品服务系统支持智能制造服务的集成、配置与运行。

第 8 章为智能制造服务的设计。主要介绍了智能制造服务内容和关联关系的设计问题，包括服务内容、服务内容之间的相互依赖与匹配关系，以及执行逻辑和软硬件环境支持等。

第 9 章为智能制造服务的运行与状态监控。主要介绍了智能制造服务运行过程中的服务业务流程执行过程建模、监控与反馈，以支持服务质量的进一步提升。

第 10 章为智能制造服务的成熟度模型及其评估方法。主要介绍了如何系统化、标准化地对智能制造服务成熟度进行评估。

第 11 章为案例分析。分别介绍了两个典型的实施智能制造服务技术的企业案例。

参考文献

[1] 张富强，江平宇，郭威. 服务型制造学术研究与工业应用综述[J]. 中国机械工程，2018，29(18)：2144-2163.

[2] MONT O K. Clarifying the concept of product-service system[J]. Journal of Cleaner

Production,2002,10(3):237-245.

[3] 张映锋,江平宇.任务驱动的零件制造电子服务平台研究[J].西安交通大学学报,2003,37(1):64-68.

[4] 乔立红,张毅柱.产品数据管理与企业资源计划系统间更改信息的集成与控制[J].计算机集成制造系统,2008,14(5):904-911.

[5] 孙林岩,李刚,江志斌.21世纪的先进制造模式——服务型制造[J].中国机械工程,2007,18(19):2307-2312.

[6] BAINES T S,LIGHTFOOT H W,BENEDETTINI O. The servitization of manufacturing: A review of literature and reflection on future challenges[J]. Journal of Manufacturing Technology Management,2009,20(5):140-148.

[7] 张旭梅,郭佳荣,张乐乐.现代制造服务的内涵及其运营模式研究[J].科技管理研究,2009,29(9):227-229.

[8] 汪应洛.创新服务型制造业优化产业结构[J].管理工程学报,2010,24(1):1-5.

[9] 齐二石,石学刚,李晓梅.现代制造服务业研究综述[J].工业工程,2010,13(5):1-7.

[10] 王景峰,王刚,吕民.基于产品结构的制造服务链构建研究[J].计算机集成制造系统,2009,15(6):1222-1230.

[11] 张映锋,江平宇.面向中小型企业的制造服务平台研究[J].西安交通大学学报,2004,38(7):670-674.

[12] LEE M,YOON H,SHIN H. Intelligent dynamic workflow support for a ubiquitous Web service-based manufacturing environment[J]. Journal of Intelligent Manufacturing,2009,20(3):295-302.

[13] 张卫,李仁旺,潘晓弘.工业4.0环境下的智能制造服务理论与技术[M].北京:科学出版社,2017.

[14] LENG J W, JIANG P Y. Granular computing-based development of service process reference models in social manufacturing contexts[J]. Concurrent Engineering, 2017, 3(2):204-218.

[15] DIMITRIOS G,PRAKASH J,FAZIA M. Internet of Things and Edge Cloud Computing Roadmap for Manufacturing[J]. IEEE cloud computing,2016,3(4):66-73.

[16] BAINES T S, LIGHTFOOT H W, BENEDETTINI O. The servitization of manufacturing: A review of literature and reflection on future challenges[J]. Journal of Manufacturing Technology Management,2009,20(5):547-567.

[17] FRY T D,STEELE D C,SALADIN B A. A Service-oriented Manufacturing Strategy[J]. International Journal of Operations & Production Management,1994,14(10):17-29.

[18] 林文进,江志斌,李娜.服务型制造理论研究综述[J].工业工程与管理,2009,14(6):1-6,32.

[19] 江平宇,朱琦琦.产品服务系统及其研究进展[J].制造业自动化,2008,30(12):10-17.

[20] JIANG P Y, LENG J W, DING K. Social manufacturing as a sustainable paradigm for mass individualization[J]. Proceedings of the Institution of Mechanical Engineers, Part B: Journal of Engineering Manufacture,2016,230(10):1961-1968.

[21] 战德臣,赵曦滨,王顺强.面向制造及管理的集团企业云制造服务平台[J].计算机集成制造系统,2011,17(3):487-494.

[22] TAO F,ZHANG L,VENKATESH V C. Cloud manufacturing: a computing and service-

oriented manufacturing model[J]. Proceedings of the Institution of Mechanical Engineers, Part B: Journal of Engineering Manufacture,2011,225(10):1969-1978.

[23] 顾新建,李晓,祁国宁.产品服务系统理论和关键技术探讨[J].浙江大学学报(工学版),2009,43(12):2237-2243.

[24] AKASAKA F,NEMOTO Y,KIMITA K,et al. Development of a knowledge-based design support system for Product-Service Systems[J]. Computers in Industry,2012,63(4):309-318.

[25] 蔡铭,林兰芬,董金祥.网络化制造环境中制造服务智能匹配技术研究[J].计算机辅助设计与图形学学报,2004,16(8):1090-1096.

[26] ZHU Q Q,JIANG P Y,ZHENG M,et al. Modelling machining capabilities of an industrial product service system for a machine tool [J]. International Journal of Internet Manufacturing and Services,2010,2(2):203-213.

[27] LIU J, JIANG P Y, LENG J W. A framework of credit assurance mechanism for manufacturing services under social manufacturing context[C]//13th IEEE Conference on Automation Science and Engineering. Xi'an,China,2017:36-40.

第1章教学资源

第2章

CPS/RFID系统与智能制造服务数据采集

随着传感数据采集成本的大幅降低以及数据传输效率和数据计算算力的大幅提高，基于外包、众包、众筹、产品服务系统、群智服务等服务机理的制造服务模式正加速与大数据分析、云计算、边缘计算以及信息物理融合系统等新一代IT技术深度与广度融合，衍生出云制造、社群化制造等服务型制造新形式。这些模式的核心特征之一是制造服务的智能化，即智能制造服务。而智能化的制造服务实现除了基于经验和领域知识描述的符号智能外，更多依赖于数据驱动的计算智能。因此，如何构建一套高效可靠的智能制造服务数据采集系统，成为使能智能制造服务高质量运行的基础。

本章以信息物理社交融合系统(cyber-physical-social system，CPSS)为核心纽带，分别从信息、物理和社交三个维度建立制造服务主、客体之间的分布式互联交互与协同环境，实现对智能制造服务数据的高效可靠采集。其中，配置CPS节点用于采集制造设备或产品的状态监测数据；配置RFID设备用于采集制造工序流过程数据；配置社交传感器(social sensor，S^2ensor)用于采集制造服务订单相关的人-人、人-机等社交上下文数据。在上述数据采集方案配置的基础上，建立CPSS互联互通的网络架构，并构建CPS节点、RFID设备和S^2ensor间的集成接口，创成涵盖跨企业和企业内面向智能制造服务的CPSS协同环境，实现对多源异构智能制造服务数据的感知、采集与关联集成。

2.1 面向设备工况状态数据采集的CPS节点配置

数据驱动的制造服务智能化体现为以制造价值网络和端到端的数字化集成为纽带，来实现包括外包、众包、PSS、群智服务等在内的服务机理驱动的网络化、智能化、服务化以及企业内和企业间制造系统的纵向和横向集成，而CPS正是实现上述愿景的关键技术。基于CPS技术，物理空间内的物理实体(如机床、刀具、传感器、执行件等)与信息空间内的信息实体(如各类企业信息系统、制造数据流等)实现了互联共享和统一管理。从控制逻辑的角度来看，CPS可视为“感知-计算-通信-反馈控制”的集成体，通过传感器、执行件、控制器、网络设备、功能应用等模块的有机组成来完成上述控制逻辑。

制造服务的智能化要求对各种装备资源(包括制造设备和产品)进行 CPS 化，能够通过权限接口被企业内部和外部的用户访问，用户可获知哪台设备正在服务哪个产品订单的特定工序，以及当前设备/产品的参数、运行状态、周围环境等信息。具体来说，制造设备的 CPS 化服务于生产相关(production-related)的智能制造服务，即制造企业对产品制造过程中涉及的各制造设备进行 CPS 化，以采集各制造设备/工序节点产生的实时制造数据，并依托这些制造数据进行决策和优化，实现分布式生产过程控制。而产品的 CPS 化则服务于产品相关(product-related)的智能制造服务，即制造企业对制造系统生产的产品进行 CPS 化，以采集产品的远程运维服务所需的状态参数等信息，构建 CPS 赋能的 PSS 模式。

基于以上分析，本小节从扩充装备资源自感知、自通信和自决策的角度出发，建立以装备资源为核心的 CPS 节点模型，实现装备资源工况数据的采集，为 CPS 节点的自治及其分布式制造服务协同提供数据支撑。

2.1.1　CPS 节点的定义与功能模块

CPS 节点定义为一种以机床、传送带、机械手等装备资源为核心的软硬件集成的智能体系统，通过对装备资源进行适当的硬件与软件配置后，使其具有自感知、自认知、自通信、自决策以及协同交互的能力，据此能实现单个装备的自治运行以及多个装备间的服务协同[1]。每个装备 CPS 节点配置有唯一的统一资源标识符(uniform resource identifier，URI)地址，用于自治协作网络中智能体的主动发现、识别和索引。

CPS 节点的功能模块主要包括六个部分：装备资源模块、传感器模块、控制/执行件模块、人机交互界面(human machine interface，HMI)模块、网络网关模块和功能应用模块，如图 2-1 所示。

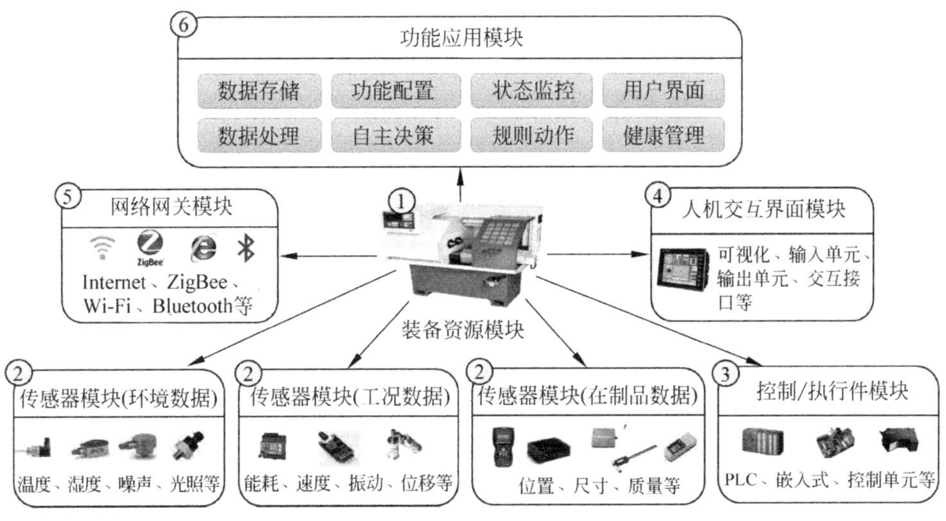

图 2-1　CPS 节点功能模块

(1) 装备资源模块。装备资源模块是构建CPS节点的基体,其他物理部件的部署以及软件功能模块的开发均是围绕装备资源的技术规格、能力和状态来实施,以形成一个具有完整智能体功能的CPS节点。根据装备资源的不同种类,CPS节点可以划分为机床CPS节点(MT_CPSN)、机械手CPS节点(RT_CPSN)、传送带CPS节点(CB_CPSN)等。装备资源的类型决定了CPS节点提供的能力类型和大小。

(2) 传感器模块。传感器模块由绑定或依附于装备资源的一系列物理传感器组成。例如,用于采集制造环境数据的温度/湿度/噪声/光照等传感器,采集设备工况数据的能耗/速度/位移/振动等传感器,以及用于采集工件质量数据的数显卡尺/粗糙度仪等。

(3) 控制/执行件模块。控制/执行件模块由绑定或依附于装备资源的一系列控制与执行单元组成,用于执行生产指令或动作,并对执行过程进行控制。例如,PLC从上层信息系统或在CPS节点交互过程中接收指令,驱动控制器或装备资源执行相应的动作;而嵌入式设备依据指令汇总特定物理传感器采集的实时数据并对其进行预处理。

(4) 人机交互界面模块。人机交互界面模块是操作者与装备资源、传感器、执行件等物理资源进行交互的媒介。通过RS232、CAN和RJ45等接口与物理资源进行数据通信,并通过中间件实现传感器数据的处理与可视化。该模块还提供操作者输入参数/指令的触摸屏,实现人为干预的CPS节点控制与管理。

(5) 网络网关模块。网络网关模块融合多种网络协议与网络连接方式(如以太网、Wi-Fi、ZigBee等)来实现CPS节点与外界互联。该模块还包括用于设备间互操作的即插即用配置接口以及CPS节点的私有网关。同时,该模块为CPS节点配置本地数据库,用于存储相关知识/规则库以及CPS节点运行过程中的临时数据等。

(6) 功能应用模块。功能应用模块是CPS节点的软件应用部分,将物理空间的硬件资源与信息空间的数据/计算能力建立关联。通过该模块的数据采集、计算/处理、传输、存储与共享,可实现CPS节点的动态自配置、规则化运行、实时状态监控、自主决策与健康自管理等。

2.1.2 CPS节点的工作原理

CPS节点的工作原理体现在CPS节点对生产指令的响应以及CPS节点之间的通信与交互等方面。下面以生产相关的智能制造服务场景为例,来说明CPS节点的工作原理。在跨企业层面,外部参与者如用户、供应商等通过S^2ensor(见2.3节)与企业内部的管理者、员工、智能工件(smart workpiece,SW)(见2.2.3节)和CPS节点进行交互,把产品生产需求信息、原材料/模块供应信息、外协协作信息等直接传递给企业内的人员、CPS节点等,同时接收企业在产品生产过程中的生产进度、生产质量、实时生产数据等。在企业内部,企业管理者或员工通过S^2ensor将待加工零件的工序信息和质量要求信息写入基于RFID的智能工件,如图2-2所示。

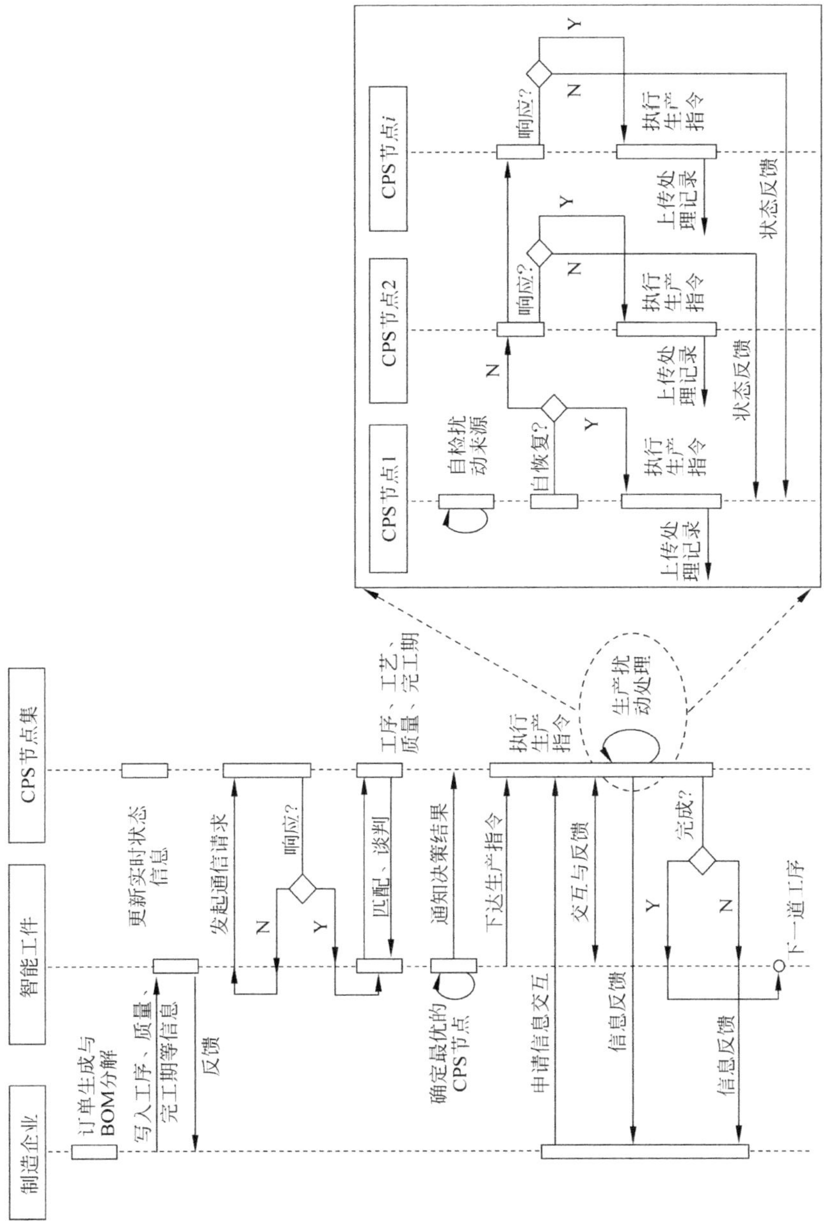

图 2-2　CPS 节点工作原理

生产执行过程中,CPS 节点与智能工件进行通信,通过匹配和博弈谈判从智能工件获取某道工序的生产指令,CPS 节点将依据传输的指令要求准备生产资料并执行生产动作。同时,CPS 节点采集自身的实时状态数据,并与其他 CPS 节点通信交互。若发生生产中断,该 CPS 节点将与其他 CPS 节点协调交互,选择备选 CPS 节点执行中断后的生产指令。CPS 节点的具体工作原理(见图 2-2)表示如下:

(1) 制造企业根据制造订单要求,确定待加工零件的工序及其质量要求信息,通过 RFID 读写设备写入智能工件中。

(2) 智能工件进入制造车间,针对工序流中的第一道工序,向车间内的所有 CPS 节点发起通信请求,并将该工序详细信息广播给 CPS 节点。

(3) CPS 节点根据"需求-能力"匹配及其产能评估结果,具有制造能力且处于空闲状态的 CPS 节点将接受请求,向智能工件发送响应报文(如是否接受该指令、成本、工时等信息)并进行谈判,由智能工件从所有响应的 CPS 节点集中确定最优的 CPS 节点。

(4) 智能工件将第一道工序的工艺规划信息和生产指令下达至所选 CPS 节点,该 CPS 节点的加工设备、传感器、执行件、数字量/检具等物理资源根据生产指令要求执行相应的动作,并采集实时状态数据用于动态生产决策。

(5) 若发生生产扰动(如加工设备宕机),首先 CPS 节点根据采集的实时状态数据自检扰动来源,根据存储于本地数据库中的规则/知识库判断是否可自修复。若可以自修复,则确定对应的解决方案并执行;若该 CPS 节点不能通过自修复解决上述生产扰动,其将与附近的 CPS 节点通信,并将该工序指令分发到附近各 CPS 节点,根据这些 CPS 节点的实时状态和响应情况,判断并选择最优的 CPS 节点代替其执行被中断的工序指令。同时,该 CPS 节点将上述交互与执行结果以报文的形式反馈至上层信息系统作为生产执行过程记录。

(6) 第一道工序完成后,智能工件与其他 CPS 节点进行交互,根据下一道工序指令要求和各 CPS 节点的当前状态,来确定执行下一道工序的 CPS 节点。依此类推,直至所有工序指令执行完毕。

在产品相关的智能制造服务场景中,CPS 节点主要采集产品的状态信息,实现产品的状态监测、远程诊断、健康维护等 PSS 服务。其基本功能和原理与上述场景类似,在此不进行赘述。

2.1.3 CPS 节点配置

1. 基于本体的装备资源虚拟化描述

信息-物理-社交互联的生产场景要求异构的装备资源之间能进行数据交换、共享和互操作,即要求不同装备资源对应的数字化表征具有通用的语义信息模型。信息模型(information model)是一种机器可读(machine-readable)的概念化表征,用于描述制造企业中装备资源的物理部件组成、层级关系、技术规格、状态、能力等属性特征。通过信息模型，可实现装备资源在信息结构上的统一描述。提出的装备资源通用信息模型如图 2-3 所示，其形式化描述可用一个八元组表达为

$$GM ::= \{B\_Info, Capab, Interf, Loc, Sta, Doc, Constr, Cont\} \tag{2-1}$$

式中：B_Info——装备资源的基本信息，包括唯一 ID(通常用 URI 表示)、名称、资源描述、生产厂家、型号等；

$Capab$——装备资源的能力信息，包含针对加工设备的加工能力、运输设备的运输能力、传感器的测量能力等；

$Interf$——接口信息，用于设备之间的数据交换，包含数据广播接口、数据推送接口和数据接收接口三类，具体内容为接口的实现协议及详细的使用方法；

Loc——装备资源所在位置，如所在城市、企业、车间、具体坐标信息等；

Sta——装备资源状态信息，用于描述制造资源当前状态，例如机床的“在加工”状态、机械手的“搬运”状态、传感器采集到的最新数值等；

Doc——装备资源的文档信息，如帮助手册、在线文档链接等信息；

$Constr$——装备资源的访问约束信息，包括对外共享等级、安全与权限等信息；

$Cont$——联系人信息，如负责该装备资源的操作工。

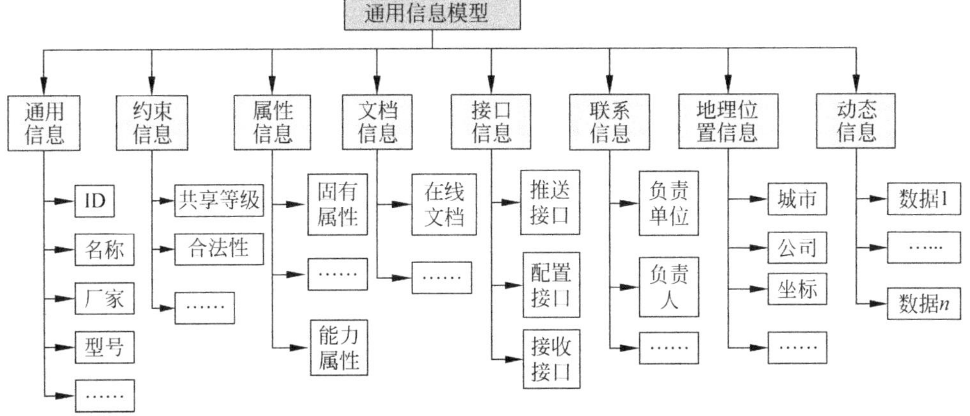

图 2-3　装备资源通用信息模型

在上述信息模型中，各种与装备资源相关的知识通过本体进行形式化描述。本体是共享概念模型明确的形式化规范说明，其能准确地描述概念的含义及概念之间的内在关联，同时可以通过逻辑推理获取概念之间蕴涵的关系，具有很强的表达概念语义和获取知识的能力。装备资源的本体模型如下所示：

$$Onto ::= \{IRI, C, OP, DP, CK\} \tag{2-2}$$

式中：IRI——本体网络中所有制造资源的唯一定位地址；

C——所有本体类(class)的集合；

OP——对象属性(object property),描述了两个制造资源之间的语义关联关系；

DP——数据属性(data property),描述了制造资源个体和属性值之间的关系；

CK——约束知识(constraint knowledge),对本体类、对象属性、数据属性进行约束的公理、规则等知识。

Protégé 软件是构建本体模型的有效工具。本体库的构建是一个循环往复的过程,需要开发人员根据具体应用需求不断修改本体,使其由粗到精,持续精细化,增强其解决问题的能力。在确定本体的领域、范围、表示方法和描述语言后,CPS 节点本体的建立步骤包括定义类及其层次结构、类关系属性、类的数据属性,最后使用本体描述语言将资源个体进行实例化描述。图 2-4 是采用 Protégé 进行 CPS 节点本体建模的示例。值得一提的是,上述提到的资源的描述信息必须符合 Web 资源信息的描述规范。由于可扩展的资源描述框架语言(resource description framework,RDF)非常适合表达 Web 资源的元数据信息,其可作为一种通用的文件格式,实现异构平台的数据交换[2]。因此,采用 RDF 作为本体描述的语言规范。

图 2-4 采用 Protégé 进行 CPS 节点本体建模的示例

2. CPS 节点功能应用实现

为更好地实施功能模块的开发,首先需要对其整体的运行原理进行规划,如图 2-5 为CPS 节点的整体运行原理。其中被控实体(装备资源)为 CPS 节点的物理实体部分,是整个 CPS 节点的最终执行部分。嵌入式设备是 CPS 节点的运行载体,提供数据计算、网络通信等硬件支撑,同时也是软件系统与物理实体进行信息交互的桥梁。驱动程序作为 CPS 节点的最底层应用,是上层功能模块与底层硬件进行信息交互的桥梁,是 CPS 节点正常运作的基础。CPS 节点的运行流程如下：

(1) 加载本体文件。本体文件(RDF/XML 格式)保存着 CPS 节点的所有信息,通过本体模块将其加载到 CPS 节点的运行环境中,为各模块的运行提供语义数据支撑。

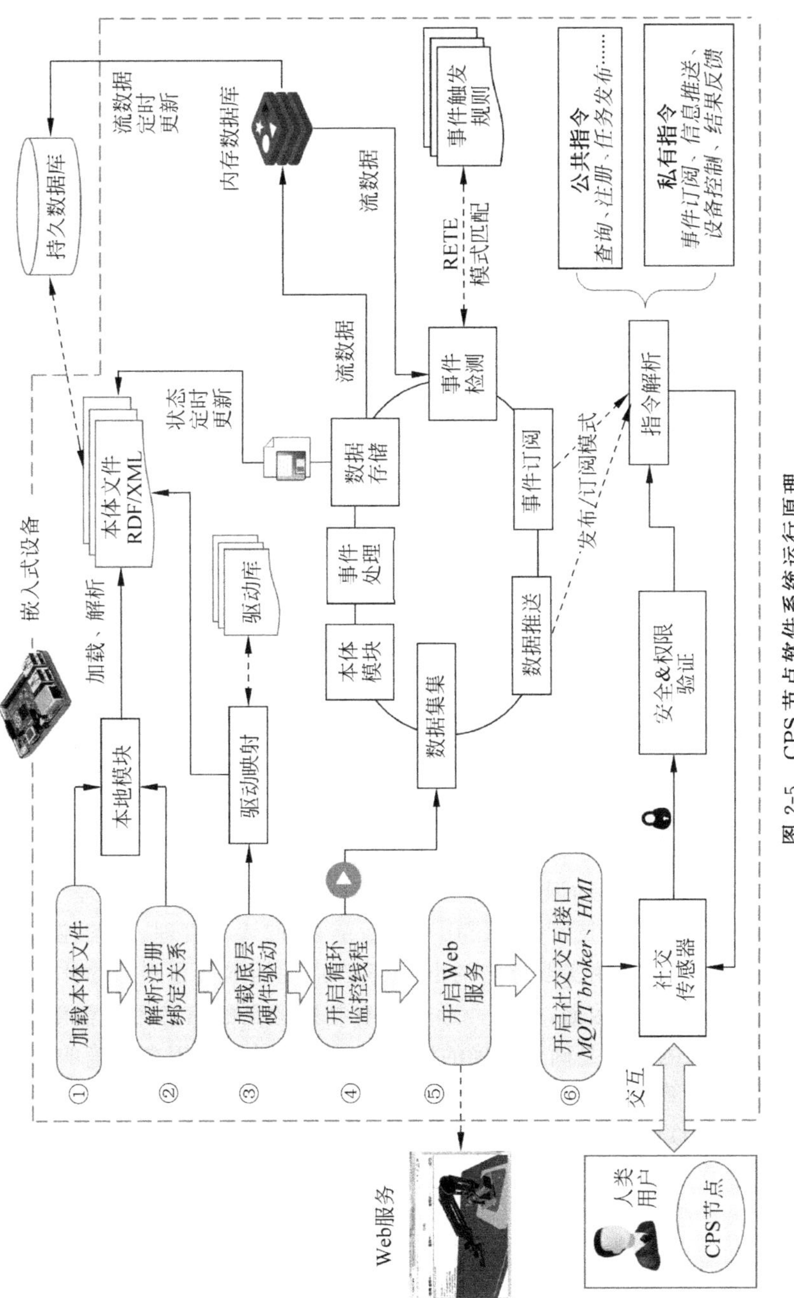

图 2-5　CPS 节点软件系统运行原理

(2) 解析注册绑定关系。通过本体模块解析 CPS 节点与各物理资源的注册绑定关系，感知自身的组件构成、状态信息和能力等。

(3) 加载底层硬件驱动。驱动映射模块从本体文件中提取相关硬件的驱动路径，并根据路径从驱动库中加载对应的驱动程序。

(4) 开启循环监控线程。在该线程的运行周期内，将调用各类应用模块完成实体状态信息的获取、信息的分析及处理、系统异常状态的监控、本体信息实时更新及存储、相关事件的感知、处理以及信息推送等。

(5) 开启 Web 服务。CPS 节点的 Web 服务模块为应用提供基于 REST (representational state transfer)的 Web 服务，从而实现可视化的生产过程运动仿真与实时监控。

(6) 开启社交交互接口。S^2ensor 是 CPS 节点与外界进行信息交互的前端接口，外界环境通过 S^2ensor 向 CPS 节点发送指令。CPS 节点进行安全与权限验证，并进一步进行指令解析，根据解析结果执行相应的操作，如 CPS 节点状态查询、资源节点注册、生产任务发布、事件订阅、信息推送、设备控制、结果反馈等。CPS 节点及其 S^2ensor 的通信能力基于发布/订阅传输协议 MQTT 实现。

基于 CPS 节点的功能应用和运行原理，采用基于 Python 语言的 Tornado 框架[3]对 CPS 节点进行功能应用的实现。首先采用 Owlready2 本体库[4]将 OWL 本体文件加载到编程环境中，对 CPS 节点中各部件本体进行增删改查、推理等操作，然后分别实现 CPS 节点的各功能应用模块。

2.2 面向工序物流数据采集的 RFID 配置

在 CPSS 驱动的智能制造服务中，RFID 扮演采集制造工序流过程数据的角色。通过 RFID 标签与 RFID 读写器/天线之间的无线通信，可实现对绑定有 RFID 标签的物体的自动识别；基于 Auto-ID 计算和实时数据处理形成物体的状态流转信息。当前，该技术已广泛用于供应链管理、库存管理、门禁控制、工件跟踪等工业场景中。由应用实践可归纳出：RFID 应用的本质是跟踪物体的状态、位置等随时间不断变化的数据，并融合形成具有制造意义的信息用于辅助制造服务决策；RFID 应用的目标是确保正确的物体在正确的时间出现在正确的位置，执行正确的动作，并达到正确的结果。

因此，RFID 设备串联了跨企业的业务流/物料流和企业内的工序流/物料流。本节通过建立 RFID 配置方案，为企业内 CPS 节点、AGV 小车、物理资源等以及跨企业的出入厂门禁、物流运输车辆等配置相应的 RFID 读写器/天线，实现对跨企业制造工序流过程数据的采集与物体状态的监控。

2.2.1 RFID 相关定义与应用场景抽象

RFID 与物体状态跟踪的相关定义如下[5]：

定义 2-1　RFID 贴标物体(RFID-tagged object)：是指绑定有 RFID 标签的物理实体，通过 RFID 标签可与 RFID 读写器/天线进行通信与交互。其中，RFID 标签既可以是被动式标签(passive tags)，也可以是主动式标签(active tags)。

定义 2-2　RFID 工位(RFID workstation)：是指安装有 RFID 读写器/天线的工位，实现对物体"进入/停留/离开工位"的状态监控。RFID 工位可以是 CPS 节点、质检台等固定工位，也可以是物流运输车、库存叉车等移动工位。

定义 2-3　RFID 探测空间(RFID detecting space)：是指 RFID 设备所发出的无线射频信号的覆盖范围，仅在该范围内 RFID 设备可探测到 RFID 标签信息。RFID 探测空间与 RFID 工位为一一映射关系，每个 RFID 工位均与一个 RFID 探测空间对应。因此，RFID 探测空间亦有固定和移动的属性差别。

定义 2-4　RFID 标签状态(RFID tag state)：是指 RFID 贴标物体与 RFID 探测空间之间的相对位置关系，例如：标签"进入/停留/离开"状态分别对应于 RFID 贴标物体"进入/停留/离开探测空间"。RFID 标签状态反映了 RFID 贴标物体在某工位上执行工序时的"准备""执行"和"后处理"三个子工序的执行状态。

RFID 相关定义之间的逻辑关系可通过"物体进入/停留/离开工位"的应用场景来描述，如图 2-6 所示。

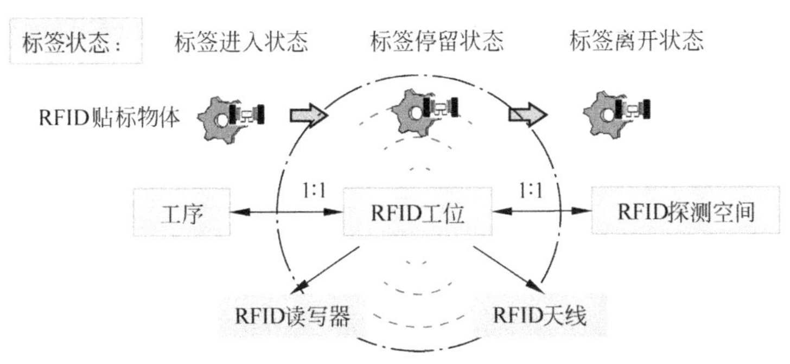

图 2-6　RFID 相关定义之间的逻辑关系

RFID 在制造车间数据采集、制造过程实时跟踪与产品质量回溯等方面应用的优势日趋显著，被认为是最具潜力且在制造信息化中发挥巨大作用的技术革新。因此 RFID 技术在智能制造服务中的应用可以归纳为三个方面：

(1) 在生产制造过程中，RFID 主要应用于工件自动识别管理、生产过程控制、智能物件跟踪定位等。工件自动识别管理是指对于按订单生产的制造过程，需及时准确地识别出生产线上的工件信息，以保证在正确的工位装配正确的零部件；生产过程控制可以细分为生产状态监控及可视化、闭环生产计划及控制、车间物理控制优化等几个方面；智能物件跟踪定位指通过 RFID 技术跟踪这些绑定 RFID 标签的智能物件的过去、现在和未来的潜在状态信息并加以利用、处理。

(2) 在供应链管理过程中，RFID 主要应用于精确化物理配置管理、仓储可视化管理、制造供应链 RFID 应用整合等方面。

(3) 在产品服务过程中，RFID 主要应用于产品溯源与回收管理、维护维修和大修服务等方面。

根据 RFID 相关定义以及 RFID 技术在制造、物流/供应链、产品服务等行业的工业应用案例，可抽象出以下四种普适的 RFID 应用场景：

(1) 基于固定 RFID 读写器/天线的固定探测空间控制模式(FS)。即在固定 RFID 探测空间内，安装于固定工位处的固定 RFID 读写器/天线探测 RFID 贴标物体的“进入/离开”事件。

(2) 基于固定 RFID 读写器/天线的移动探测空间控制模式(MS)。即在移动 RFID 探测空间内，安装于运输小车、库存叉车等的车载 RFID 读写器/天线探测 RFID 贴标物体的“进入/离开”事件。

(3) 基于固定 RFID 读写器/天线的门禁控制模式(FG)。即在进出门禁或固定探测点，固定的 RFID 读写器/天线探测 RFID 贴标物体的“进入/离开门禁”事件。考虑到这两个事件发生的瞬时性，可将其融合成一个“经过门禁”事件。

(4) 基于移动 RFID 读写器/天线的随机探测空间控制模式(MG)。即利用手持式 RFID 读写器(含天线)对 RFID 贴标物体进行随机的状态跟踪，既可以是在固定 RFID 探测空间(如在固定工位通过手持式 RFID 读写器扫描获取物体的状态信息)，也可以是在移动 RFID 探测空间(如在仓库中通过手持式 RFID 读写器扫描定位目标物体并读取其状态信息)。

上述四种 RFID 应用场景是对 RFID 技术应用的普适概括，RFID 应用场景亦可归纳为以上四种。图 2-7 给出了上述四种 RFID 应用场景案例。其中，案例一为

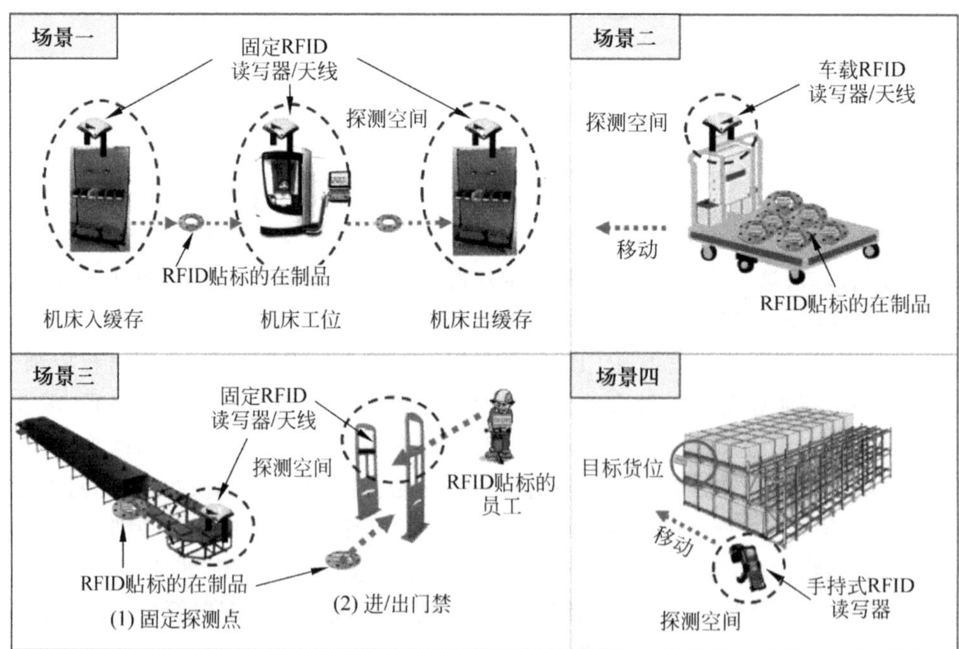

图 2-7　四种典型 RFID 应用场景在制造业中的案例

CPS 节点工位的 RFID 应用,对应于场景一；案例二为 AGV 或运输小车的 RFID 应用,对应于场景二；案例三为跨企业门禁和传送带固定工位的 RFID 应用,对应于场景三；案例四为库存管理中物料盘点时的 RFID 应用,对应于场景四。

2.2.2　RFID 状态块图式描述元模型

对应于四种普适的 RFID 应用场景,本节采用图式建模方法建立 RFID 状态块图式描述元模型。一方面,该元模型建立了工序节点数据(如工序内容、操作者、工序开始/结束时间、触发事件、质量要求等)与四类典型应用场景中 RFID 工位之间的关联,为工序节点数据的采集、建模与关联提供了支持；另一方面,该元模型建立了四类典型应用场景中的 RFID 工位与 RFID 设备配置方案之间的关联,为面向制造工序流的 RFID 动态配置提供了支持。

定义 2-5　改进的 RFID 状态块(enhanced state block,ESB)：是指描述 RFID 贴标物体的状态、位置、触发事件、操作者等属性的图式单元。对应于四种 RFID 应用场景,改进的 RFID 状态块图式描述元模型可分为四种,如图 2-8 所示。上述四种元模型是后续构建 RFID 动态配置方案的基本元素。

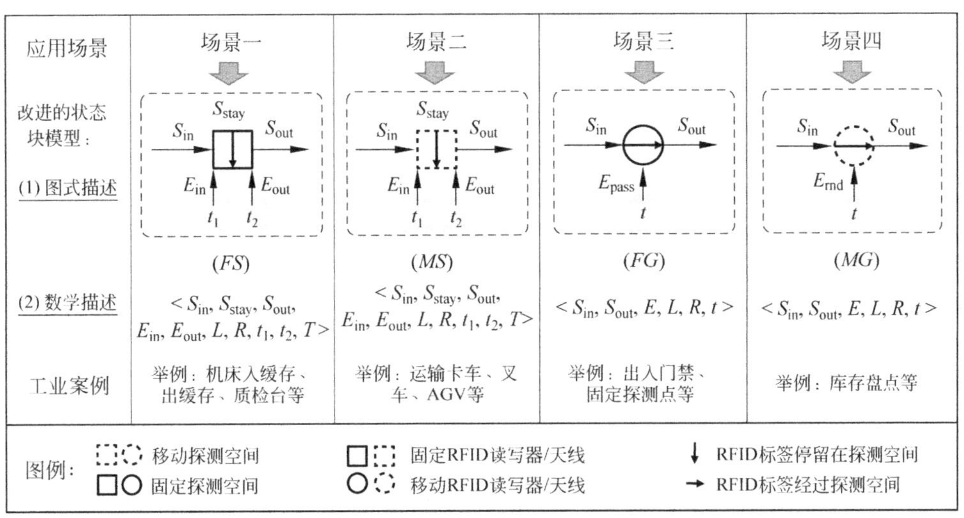

图 2-8　四种改进的 RFID 状态块图式描述元模型

根据上述图式可知,"[↓]"可表示场景一"基于固定 RFID 读写器/天线的固定探测空间控制模式",其他场景可依此类推获得。

采用集合论和关系代数,对 RFID 状态块图式描述元模型进行形式化描述如下：

$$\begin{cases} ESB(S_{in}, S_{stay}, S_{out}, E_{in}, E_{out}, L, Fr, To, R, t_1, t_2), & \forall ESB \in \{FS, MS\} \\ ESB(S_{in}, S_{out}, E, L, Fr, To, R, t), & \forall ESB \in \{FG, MG\} \end{cases} \tag{2-3}$$

$$ESB ::= \{FS, MS, FG, MG\} \tag{2-4}$$

$$S_{\text{stay}} = \varnothing, \quad t_1 = t_2, \quad \forall ESB = FG, MG \tag{2-5}$$

$$\begin{cases} ESB\_SD = \prod\limits_{S_{\text{in}}, S_{\text{stay}}, S_{\text{out}}} (ESB) \\ ESB\_ED = \prod\limits_{E_{\text{in}}, E_{\text{out}}, t_1, t_2} (ESB) \\ ESB\_RD = \prod\limits_{L, Fr, To, R} (ESB) \end{cases} \tag{2-6}$$

式中：ESB——改进的 RFID 状态块；

FS,MS,FG,MG——四种 RFID 状态块元模型；

$S_{\text{in}},S_{\text{stay}},S_{\text{out}}$——“标签进入”“标签停留”和“标签离开”状态；

$E_{\text{in}},E_{\text{out}}$——$FS,MS$ 状态块中工序“开始”和“结束”触发事件；

E——FG,MG 状态块中的“经过门禁”事件或“随机”事件；

$E_{\text{in}},E_{\text{out}}$ 分别触发了 RFID 贴标物体的“$S_{\text{in}} \rightarrow S_{\text{stay}}$”和“$S_{\text{stay}} \rightarrow S_{\text{out}}$”状态变迁，$E$ 触发了 RFID 贴标物体在经过门禁时的“$S_{\text{in}} \rightarrow S_{\text{out}}$”状态变迁；

L——RFID 工位位置；

Fr,To——RFID 贴标物体的上一个工位和下一个工位；

R——当前工位对 RFID 贴标物体执行相应工序操作的操作者；

t_1,t_2——FS 和 MS 状态块中当前工位工序的开始时间和结束时间，分别对应于“开始”事件和“结束”事件的触发时间；

t——FG 和 MG 状态块中表示 RFID 贴标物体经过门禁的时间；对于 FS 和 MS 状态块，其当前工位工序的持续时间可表示为 $T=t_2-t_1$；而对于 FG 和 MG 模块，其持续时间约等于 0；

ESB_SD、ESB_ED、ESB_RD——RFID 状态块图式描述元模型的状态域、事件域和关联信息域，可从 ESB 抽象提取出上述三个域的相关数据。

2.2.3 RFID 设备配置

1. RFID 读写器和天线配置

对应于四种 RFID 状态块元模型，建立 RFID 读写器/天线的配置准则，如表 2-1 所示。其中，状态块 FS 和 FG 的标准配置为 1 台固定 RFID 读写器和 1 台固定 RFID 天线；状态块 MS 的标准配置为 1 台车载式 RFID 读写器和 1 台车载式 RFID 天线；状态块 MG 的标准配置为 1 台手持式 RFID 读写器(内置 RFID 天线模块)。需指出的是，对于状态块 FS 和 FG，为节省 RFID 硬件配置成本，一般多个相邻的 RFID 工位可共享 1 台固定 RFID 读写器，但 RFID 天线仍是一个 RFID 工位配置 1 台。每台固定 RFID 读写器可连接的 RFID 天线数取决于该读写器配备的连接端口数。

表 2-1 RFID 状态块元模型对应的 RFID 读写器/天线配置

状态块类型	状态块图式	RFID 读写器		RFID 天线	
		类型	数量	类型	数量
FS	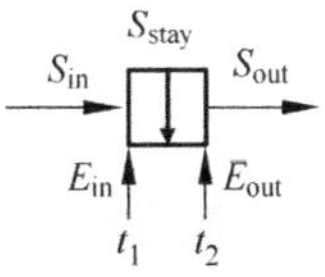 S_{stay} S_{in} S_{out} E_{in} E_{out} t_1 t_2	固定式	1(或共享)	固定式	1
MS	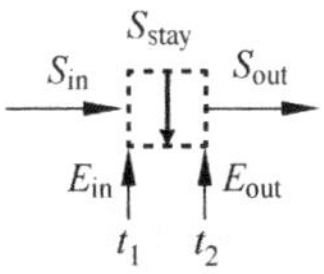 S_{stay} S_{in} S_{out} E_{in} E_{out} t_1 t_2	车载式	1	车载式	1
FG	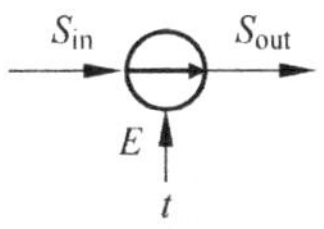 S_{in} S_{out} E t	固定式	1(或共享)	固定式	1
MG	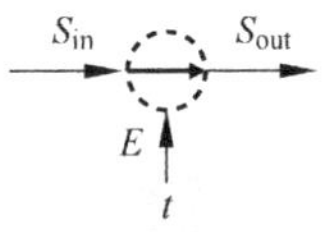 S_{in} S_{out} E t	手持式	1	内置	1

进一步地，将 RFID 读写器/天线的配置准则形式化描述为

$$Rc_i(id, Name, CM, RN, AN, WS, MA, MR, RF) \tag{2-7}$$

式中：Rc_i——第 i 个 RFID 读写器/天线配置方案；

$id, Name$——配置方案的编号和名称；

CM——RFID 读写器/天线的配置模式，与状态块 ESB_i 的类型对应；

RN, AN——状态块 ESB_i 所占有的 RFID 读写器和 RFID 天线的数量，$RN=1/n, n\in\mathbf{N}^+, AN\in\{0,1\}$，其中 n 即为 RFID 读写器配备的连接端口数；

WS——RFID 读写器/天线的当前工作状态；

MA, MR, RF——RFID 读写器/天线的监控精度、监控范围和工作频率。

根据上述配置准则，可在企业内和跨企业两个层次配置相应的 RFID 读写器/天线，形成 RFID 静态配置方案。

2. 被动式 RFID 标签配置

除了配置 RFID 读写器/天线以外，还需对物理资源(物料/工件、刀具、人员、

量/检具等)和工件/产品进行 RFID 标签配置,用于对物理资源和工件/产品的自动识别与实时状态数据采集。根据类型和相关属性不同,可将 RFID 标签配置分为被动式标签配置和主动式标签配置。

对于需要唯一识别的刀具、人员、量/检具等物理资源,采用一对一映射配置方案,为每个物理实体配置唯一的 RFID 标签。因其不参与主动通信与自主决策,只进行被动识别,所以为其配置被动式 RFID 标签。通过配置被动式 RFID 标签,可依据生产指令判断其任务执行正确与否并记录其工作负荷情况。

基于上述 RFID 标签配置方案,可将贴有 RFID 标签的物理资源形式化描述为

$$T ::= \{T_{\mathrm{id}}, Type, Name, Info\} \tag{2-8}$$

式中:T_{id}——RFID 标签的 EPC 编码;

$Type$,$Name$——贴有 RFID 标签的物理资源的类型和名称;

$Info$——贴有 RFID 标签的物理资源的详细信息。

物理资源的类型不同,包含的详细信息也不同。具体地,对于贴有 RFID 标签的刀具、人员、量/检具等,其详细信息可形式化描述为

$$Info ::= \{Parameter, Function, Supplier, LifeTime, Other\} \tag{2-9}$$

式中的集合元素分别表示贴有 RFID 标签的刀具、人员、量/检具等物理资源的工作参数、功能列表、提供商、使用寿命以及其他相关信息。

3. 主动式 RFID 标签配置

在智能制造服务协同过程中,企业制造车间内不断流转的工件需被唯一识别,且主动发起与 CPS 节点和物理资源的通信(其工作原理见 2.1.2 节)。因此,需为其配置唯一的主动式 RFID 标签和嵌入式系统模块,形成智能工件。当智能工件完成当前工序时,将与制造车间内的 CPS 节点通信,并根据交互结果确定最优的 CPS 节点执行下一道工序。主动式 RFID 标签将实时记录通信内容和工序相关信息(如实际工艺路线、加工进度、工序质量等)。

定义 2-6 智能工件:是指绑定有主动式 RFID 标签和嵌入式系统,可被唯一识别,了解自身全部制造工序、制造过程历史(历史工序相关信息)和当前制造工序,能与 CPS 节点进行主动通信的工件实体。

智能工件包括四个部分:工件、主动式 RFID 标签、嵌入式系统和托盘,如图 2-9 所示。其中:

(1) 工件是指企业车间中流转的、即将被加工的产品,连接主动式 RFID 标签、嵌入式设备和托盘。

(2) 主动式 RFID 标签,一方面用于工件实时、自动识别,另一方面通过调用嵌入式系统的通信模块与 CPS 节点进行网络通信。此外,主动式 RFID 标签还存储了工艺和制造 BOM、生产指令等基础信息,作为制造执行过程交互与控制的依据。

(3) 嵌入式系统负责智能工件与外部的通信,存储用于制造过程自主决策的

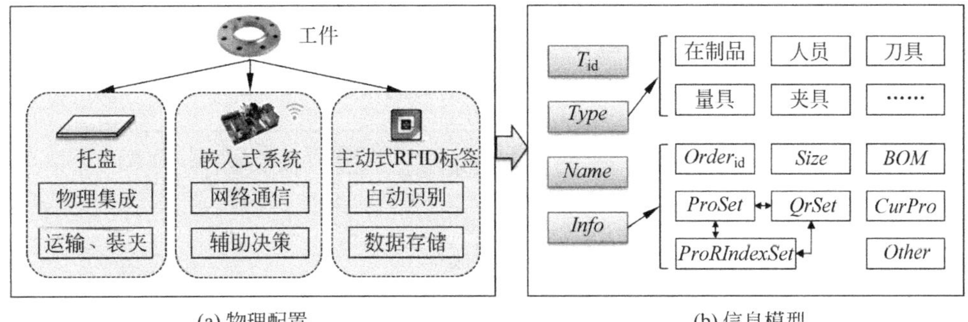

(a) 物理配置　　　　　　　　　　　　(b) 信息模型

图 2-9　智能工件的组成部分及其信息模型

相关规则/知识，并提供相关功能应用中间件来处理数据计算与分析、辅助决策等问题。

(4) 托盘用于将工件与主动式 RFID 标签、嵌入式设备绑定，便于智能工件在车间流转时的运输以及加工时的装夹等。

对于 RFID 贴标的智能工件而言，其详细信息可形式化描述为

$$T ::= \{T_{id}, Type, Name, Info\} \tag{2-10}$$

$$Info ::= \{Order_{id}, Size, BOM, ProSet, QrSet, CurPro, ProRIndexSet\} \tag{2-11}$$

式中：$Order_{id}$——工件所属的订单编号；

$Size$——工件的尺寸大小；

BOM——工件的制造 BOM；

$ProSet$，$QrSet$——工件的制造工序集和对应的质量要求集；

$CurPro$——工件的当前工序编号；

$ProRIndexSet$——与工件制造工序集对应的相关信息索引集，即对应于每一道工序，用到的刀具、人员、量/检具等的 RFID 标签编号，用于从数据库中索引刀具、人员、量/检具等的详细信息，据此可获取该工序的详细状态信息。

智能工件与 CPS 节点共同实现了工业 4.0 要求的自主式、分布式制造过程控制，企业层面上的集中式控制决策权将被释放到各 CPS 节点，使得制造过程更加高效流畅。对制造系统生产的产品配置主动式 RFID 标签，赋予产品以自感知、自配置、自主交互与决策等智能化属性，形成了智能产品，为构建智能化的 PSS 提供数据支撑。

2.2.4　RFID 中间件

RFID 中间件旨在高效快捷地采集 RFID 数据，是 RFID 系统物理层和应用层的数据交换中介。应用层通过 RFID 中间件来控制物理层的 RFID 读写器，读写器

与 RFID 中间件直接互联，并通过 RFID 中间件进行数据处理，将获取的有效生产状态信息传递给应用层，从而减少了应用层的运行负担。根据 RFID 中间件的实现机理，其功能架构如图 2-10 所示，包括八个功能模块。

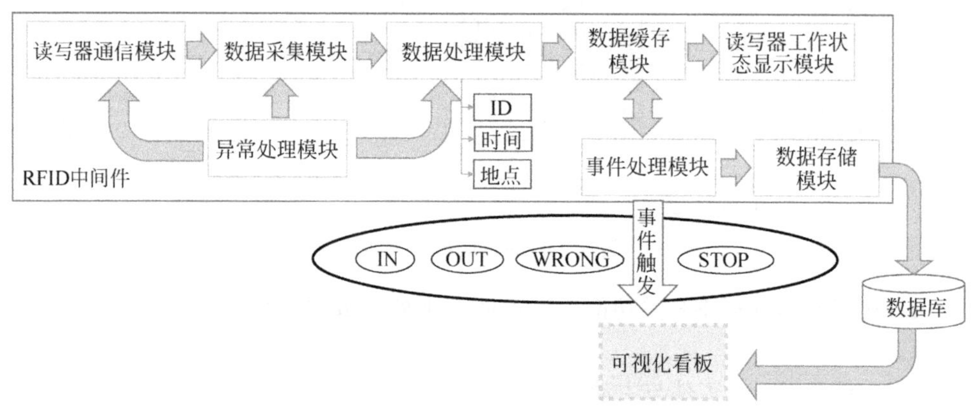

图 2-10　RFID 中间件的功能实现流程

(1) 读写器通信模块：根据 TCP/IP 网络通信协议，对 RFID 读写器进行网络环境配置，自动分配通信端口，采用“握手方式”保证了信息传递的安全性；通过多线程协同技术，可同时控制多个读写器，线程间采用“自锁和互锁”机制确保信息同步，通过线程代理实现了跨线程访问的安全；按照特定的读写器控制指令语义，通过建立好的网络通信套接字(socket)向读写器发送控制指令，进行读写器的读写控制和参数化。持续监听读写器的数据传送信道，并将信息以数据流的形式传递给数据采集模块。

(2) 数据采集模块：在读写器通信模块与 RFID 读写器建立通信后，数据采集模块将多个读写器发送回来的数据流进行整合，去除信息头和信息分割符，从数据流中解析出基本的数据单元，然后按照指定的数据格式存储在虚拟缓存中，等待数据处理模块进行数据处理。

(3) 数据处理模块：循环处理数据采集模块获取的基本数据单元，将基本数据单元与标准数据比对，判断数据合法性，去除冗余数据。然后对合法的基本数据单元进行信息分解，按照规定好的数据结构，分离出标签 ID，标签识读时间和标签识读地点信息，并将这些信息进行关联，存储到数据缓存模块中。

(4) 数据缓存模块：是一个随着信息量增加可以动态扩展容量的虚拟存储空间，用来暂时存储数据处理模块获得的关联信息。通过数据缓存可以显著减少系统与数据库的交换频率，提高系统运行效率。

(5) 事件处理模块：是 RFID 中间件的核心部分，完成了状态信息的获取。数据处理模块获取的基本信息只是描述了何时、何地识读到了某个标签，缺乏具体应用场景的物理意义。通过事件处理模块的推理机，可从获取的基本信息推理出工序操作/动作事件，然后结合设备约束和工艺约束，产生了“事件-时间-状态”执行动作序列状态信息，并将事件封装，用来驱动制造服务动作。

(6) 数据存储模块：是 RFID 中间件与系统数据库的接口，其频繁地与系统数据库交换，将 RFID 处理获得的生产状态信息同步到服务器数据库，保证信息的一致性，并从服务器数据库中查询事件推理模块所需要的约束信息和生产资源信息。

(7) 读写器工作状态显示模块：是 RFID 中间件的一个辅助模块，用于向操作者显示读写器的工作状态和程序运行日志，为用户提供了一个读写器的控制界面。

(8) 异常处理模块：负责捕获 RFID 中间件和 RFID 读写器的运行异常，并将异常事件传递给可视化看板。

2.3 面向生产社交数据采集的社交传感器配置

在智能制造服务中，外部客户、供应商、制造企业等外部参与者与企业内部的员工、装备资源均需互联，形成一个协作的生产网络。因此，为实现 CPS 节点与人以及 CPS 节点与 CPS 节点间的生产社交与自治协同，提出了 S^2ensor 的概念，将其集成到 CPS 节点中，以增强 CPS 节点的感知与交互能力。

2.3.1 社交传感器的定义与功能模块

定义 2-7 社交传感器(S^2ensor)：是指辅助完成产品制造过程中的社交交互，并对交互过程中的主观数据和客观数据进行采集、计算/处理、传输和存储的一类软硬件结合体[1,6]。

S^2ensor 采集/抓取跨企业商务社交过程中的数据，包括嵌入 S^2ensor 中的物理传感器采集的位置、关系、记录等客观数据，以及安装于 S^2ensor 中的移动 APPs (可视为虚拟传感器)采集的需求、情感等主观数据，并利用其计算功能对上述数据进行处理，生成易于传输与共享的标准格式数据，进而通过授权的网络接口上传至公共数据库供相关功能模块调用。同时，S^2ensor 接收来自他方的反馈数据，作为交互过程中动态、即时决策的依据。需注意的是，S^2ensor 依附于人员或 CPS 节点作为其交互前端，因此不能独立存在。通过将 S^2ensor 集成到 CPS 节点中，可增强 CPS 节点的感知与交互能力，能主动地与人(或其他 CPS 节点)进行交互，实现双方之间的能力、状态等数据的交互，最终实现无人干预的自主决策。

为阐明 S^2ensor 的内涵，将其与智能传感器进行对比分析。智能传感器只能采集、处理与输出传感器数据，不能处理多种类型的数据，也不能实现人机交互。而 S^2ensor 可在任何时间、任何地点为人提供与订单生产过程或产品运行过程等制造服务相关的几乎所有信息。通过 S^2ensor，可以获取来自客户的需求数据、来自供应链企业的生产供应数据、来自企业内部操作工的生产指令，以及来自装备资源的工业现场数据。此外，S^2ensor 的生产社交功能可帮助人与设备的无缝协作，相互补充对方的缺点和能力。因此，S^2ensor 能够增强装备的上下文感知能力，赋予它们 H2M/M2H 交互能力，回答操作工诸如“机床的当前状态是什么？”的自然语言问题。通过这种方式，S^2ensor 使操作工从重复的手工工作中解放出来，专注于需要复杂问题解决能力和社交交互能力的任务。

S^2ensor 的功能模块主要包括五个部分：传感模块、预处理模块、应用模块、传输模块和辅助模块，如图 2-11 所示。

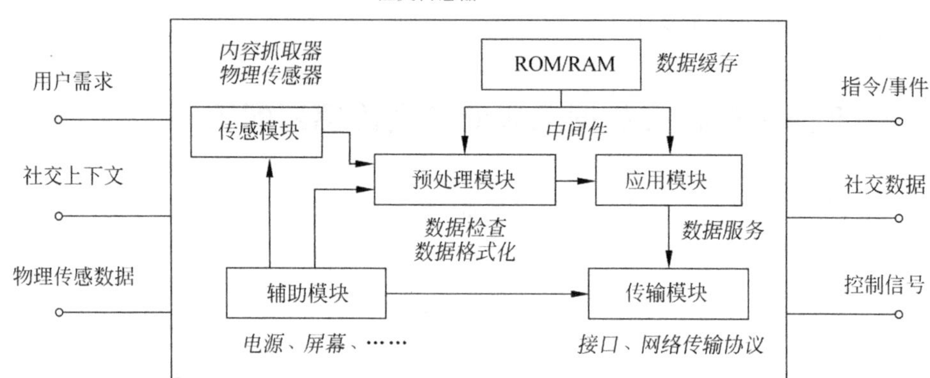

图 2-11　S^2ensor 的功能模块原理图

（1）传感模块。传感模块主动抓取社交过程中的主观数据和客观数据。主观数据来自安装于 S^2ensor 中的移动 APPs，客观数据主要来自于绑定到 S^2ensor 的物理传感器。该模块调用兼容 API 接口来集成移动 APPs 和物理传感器实现数据采集。

（2）预处理模块。预处理模块主要执行原始数据校验、清洗、降噪、去重等工作，按规范化、易于传输的数据格式（如 JSON 等）将预处理后的数据表达为有效数据。同时，预处理模块调用统一的数据缓存来应对非预期的网络中断问题，网络中断时数据将存储于数据缓存中。当网络恢复时，上述数据将被同步至公共数据库。

（3）应用模块。应用模块调用嵌入 S^2ensor 的各类算法工具（如数据统计、支持向量机、数据聚类算法等）来将预处理后的有效数据融合成具有工程意义的信息/知识，为后续的数据服务提供支持。该模块的体现形式为各类数据处理中间件。基于该模块，可为用户或企业提供辅助决策支持，提升个性化产品制造过程的自控制、自管理能力。

（4）传输模块。传输模块通过特定的数据接口和网络协议将预处理后的有效数据和应用模块中产生的信息/知识从一个 S^2ensor 传输至另一个 S^2ensor 或公共数据库，以实现上层的数据互操作与应用。

(5) 辅助模块。辅助模块为上述模块提供辅助支持，如提供电源、屏幕、数据缓存等。需指出的是，S^2ensor 中的屏幕起 HMI 的作用，HMI 为用户提供了一种输入指令、查询数据、反馈等的方式。随着虚拟现实和增强现实技术的发展，HMI 将为 S^2ensor 的传感、交互和数据采集提供更有效的途径。

2.3.2　社交传感器的应用场景

S^2ensor 的应用场景可分为 H2H 交互场景、H2M/M2H 场景和 M2M 交互场景，分别对应三种类型的 S^2ensor，即面向 H2H 交互的 S^2ensor、面向 H2M/M2H 交互的 S^2ensor、面向 M2M 交互的 S^2ensor，如图 2-12 所示。

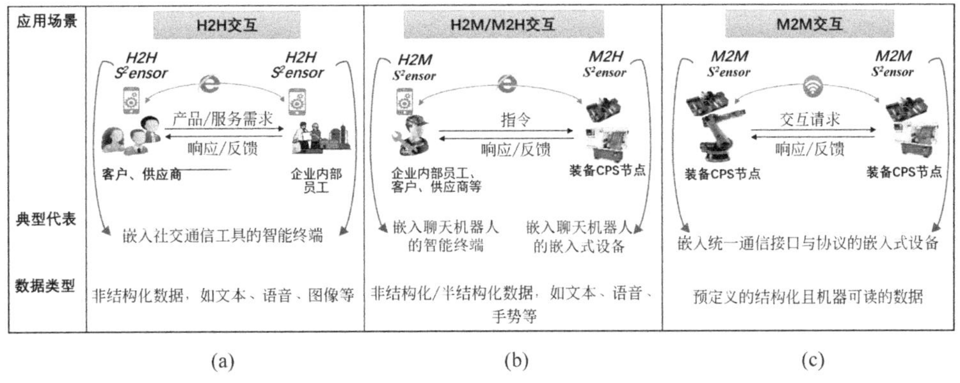

图 2-12　S^2ensor 的三种应用场景

S^2ensor 的应用场景一般可分为人-人交互场景和人-机交互场景。在人-人交互场景下，S^2ensor 可具象化为安装有各类移动 APPs 的智能终端，以用户和企业管理者之间的交互场景为例，说明 S^2ensor 的工作原理如图 2-12 所示。

(1) 图 2-12(a)中 H2H 交互存在于客户、制造企业中的操作者与管理者、供应商以及其他上下游企业之间涉及人参与的点对点交互(私聊)以及群体交互(群聊)场景。因此面向 H2H 的 S^2ensor 附加于上述交互主体上，充当前端接口进行需求沟通、订单生成、生产进展反馈等商务社交活动。在该类场景下，具有社交媒体/社交网络的智能终端如智能手机、平板电脑、可穿戴设备等可视为有代表性的 H2H 社交传感器。

(2) 图 2-12(b)中 H2M/M2H 交互存在于制造企业内部的操作者/管理者与 CPS 节点之间的交互场景。面向 H2M 和 M2H 的 S^2ensor 分别部署到人和 CPS 节点上。借助于 H2M/M2H 社交传感器，人可将生产任务/指令下达给 CPS 节点，并以更“自然”的方式接收它们的反馈。在该类场景下，带聊天机器人的智能终端可视为典型的 H2M 社交传感器[7]。人-机交互处理模块如聊天机器人可嵌入到 CPS 节点的控制器中，充当 M2H 社交传感器。值得一提的是，H2M/M2H 场景也存在于制造企业外部的客户、供应商及其他生产节点的人与内部的CPS节点之间的交互。当制造企业将CPS节点的访问权限通过接口开放给外部参与者时，可实现外部的人与内部的CPS节点之间的直接通信。

(3) 图2-12(c)中M2M交互存在于CPS节点间的交互场景，面向M2M的S^2ensor部署到加工设备中，实现M2M互联与交互。在该种场景下，集成有M2M通信的编程通信接口或协议(如MQTT和MTConnect)的功能应用模块嵌入到CPS节点的控制器中，充当M2M社交传感器。

2.3.3 社交传感器配置

为实现跨平台的准入、互联、发现、数据交互与共享，对S^2ensor进行虚拟化、形式化描述如下：

$$S^2ensor ::= \{URI, PhySenList, MobiAppList, Cont, ValidT, SecuCons, Info\} \tag{2-12}$$

式中：URI——S^2ensor的唯一资源定位符，使其在特定权限控制下被唯一识别，并与其他S^2ensor实现互联、共享和互操作；

$PhySenList$——物理传感器集合，各集合元素代表一种物理传感器；

$MobiAppList$——移动APPs集合，各集合元素代表一种移动APP；

$Cont$——S^2ensor归属的用户；

$ValidT$——S^2ensor的有效可工作时间；

$SecuCons$——安全与权限约束条件；

$Info$——S^2ensor的其他相关描述信息，如功能组件等。

可扩展标记语言(extensible markup language, XML)作为一种统一的、规范化的结构化数据标记语言，已被广泛应用于Web资源数据描述和交换。国际开放地理空间联盟(open geospatial consortium, OGC)建立了一套基于XML的传感器描述模型和编码标准(sensor model language standard, SensorML)，用于对地理空间中分布式多源异质物理传感器(无论是动态/静态的、现场/远程的)进行形式化描述，并支持感知数据的处理分析和监测值的地理定位[8]。SensorML为Web化物理传感器的发现、任务分配及其观测数据的获取提供了一种有效的数据交换与传输方式。然而，SensorML无法对S^2ensor之间的社交上下文进行描述，尤其是交互过程中双方的主观数据。

基于XML并将SensorML拓展为S^2ensorML规范化标记语言，据此对S^2ensor进行Web化封装。S^2ensorML不仅描述了S^2ensor的各类硬件资源，更聚焦于对其功能应用的描述，例如在过程方法中定义商务社交数据描述与处理的模型与算法，如社交上下文计算、数据聚类算法等。图2-13给出了采用S^2ensorML描述S^2ensor的实例。

```
<SensorML xmlns="http://www.opengis.net/sensorML/1.0.1"
    xmlns:xsi="http://www.w3.org/2001/XMLSchema-instance"
    xmlns:swe="http://www.opengis.net/swe/1.0.1"
    xmlns:gml="http://www.opengis.net/gml"
    xmlns:xlink="http://www.w3.org/1999/xlink"
    xsi:schemaLocation="http://www.opengis.net/sensorML/1.0.1"
    http://schema.opengis.net/sensorML/1.0.1/sensorML.xsd version="1.0.1">
    <member xlink:arcrole="urn:ogc:def:process:OGC:detector">
      <ProcessModel>
        <gml:description>This is an MM-S2ensor</gml:description>
        <gml:name>MM-S2ensor</gml:name>
        <!--metadata-->
        <keywords>Machine-to-machine interaction,EB,Machine 1</keywords>
        <identification>http://115.154.191.25/S2ensors/MM-S2ensor/EB/1</identification>
        <classification>MM-S2ensor</classification>
        <characteristics>feature 1,feature 2</characteristics>
        <contact>EB manager</contact>
        <!--I/O-->
        <inputs>vibration,voltage,electric current,spindle speed,deviation,current task,...</inputs>
        <outputs>working-state,task-state,production-capacity,...</outputs>
        <parameters>A1,A2,α,γ,PList</parameters>
        <!--process method-->
        <method xlink:href="http://115.154.191.25/S2ensors/ProcessMethod/MM-S2ensor/Data-fusion"/>
      </ProcessModel>
    </member>
</SensorML>
```


图 2-13　基于 S^2ensorML 的描述实例(局部)

2.4　跨企业 CPSS 制造服务数据采集与关联

前述小节分别对 CPS 节点、RFID 设备、S^2ensor 进行了单独配置，然而在智能制造服务中各类制造服务主体之间频繁交互、联动运作，实时制造数据需要在各个层次进行及时、高效共享。因此，需将 CPS 节点、RFID 设备和 S^2ensor 互联形成其硬件基础，并搭建多层次互联互通的网络架构，将规模化、分散的传感与物联设备、加工设备、物流运输车辆等物理资源无缝连接，形成分布式的多层次协同制造环境，为智能制造服务模式下多制造服务主体之间的服务协同交互、联动运作与信息共享提供支持。

2.4.1　跨企业 CPSS 互联互通网络架构

本节从物理空间、信息空间和社交空间三个层次构建 CPSS 互联互通的网络架构模型，如图 2-14 所示。

(1) 物理层：该层首先通过私有网关将加工设备与传感器、执行件、控制器等设备互联，形成各类 CPS 节点，进而通过公有网关及相关通信协议(如 MTConnect、TCP/IP、Modbus、Profibus、CAN、RS485 等)将车间/企业内的 CPS 节点、RFID 设备互联，实现车间/企业内物理资源间的通信和即插即用配置；其次，通过 REST 架构的 API 接口与信息层连接，实现跨企业物理资源的互联，制造数据的传输、存储、计算、应用与共享。公有网关和私有网关具有基础通信功能和数据处理/运行控制能力，有效地屏蔽了异构物理资源之间的差异性，实现面向数据应用的底层数

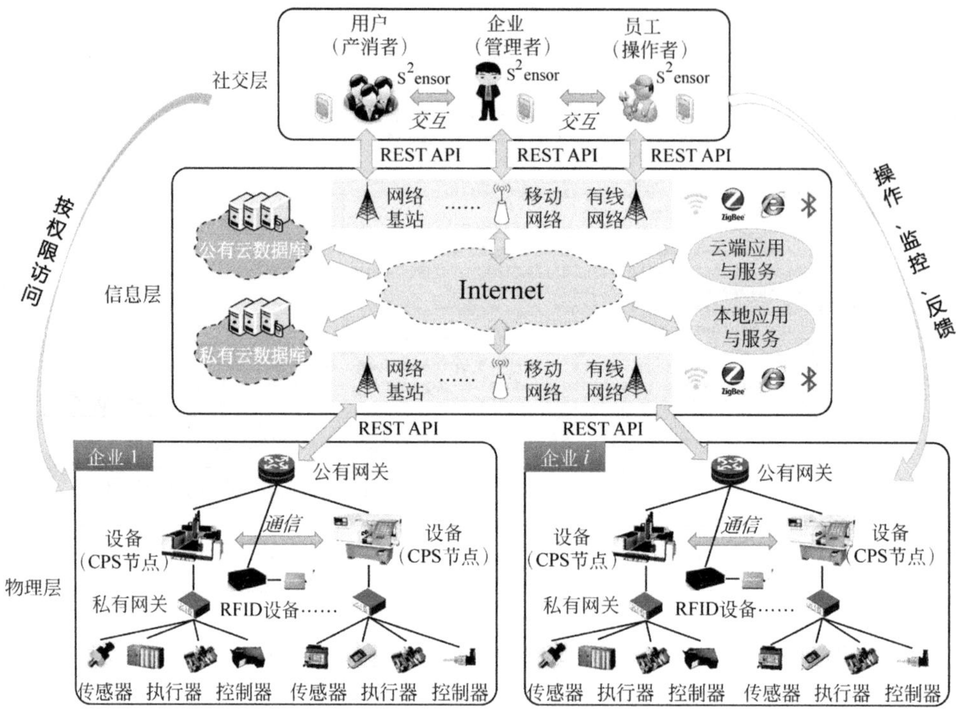

图 2-14　CPSS 互联互通的网络架构模型

据互操作。

(2) 信息层：该层首先通过基站等基础网络设施建立移动网络和有线网络连接；其次，通过 Internet 将公有数据库和私有数据库连接，用于存储各生产主体之间的社交数据、制造过程数据等动态数据，以及用于辅助决策的规则/知识库、系统参数等静态数据；最后，通过 Internet/Intranet 和权限访问机制，实现不同生产主体以及 CPS 节点、RFID 设备等对相关应用与服务(本地或云端)的调用。

(3) 社交层：该层通过 REST 架构的 API 接口实现 S²ensor 与信息层的连接，各生产主体借助 S²ensor 进行社交交互，并构建围绕产品生产的智能制造服务网络，便于动态需求挖掘、大众智力利用以及无缝协作与社会化共享。

在构建 CPSS 互联互通网络架构基础上，一方面，车间/企业外部用户可在权限访问机制下，使用 S²ensor 通过公有网关访问车间/企业内的 CPS 节点数据，监控制造订单在特定制造设备点处执行工序时的实时状态和制造环境，据此远程参与产品制造过程，并针对该制造过程与企业进行动态交互；另一方面，企业管理者与员工之间使用 S²ensor 通过移动互联网进行随时随地交互，动态、精准地向各员工或 CPS 节点下达生产指令，而操作者则通过 S²ensor 与 CPS 节点进行交互，实现对制造过程的即时、高效管理。

2.4.2　CPSS 制造服务数据采集

1. 基于智能网关节点的传感网络设计

为了兼容接入集成系统内多类型异构传感器，为所有传感器资源节点提供统一的无缝接口平台，提出了基于智能网关节点的异构传感器网络接入方法[9]。如图 2-15 所示，车间内分布的各类型传感器，主要按照其通信原理和传感器在车间中的区域划分为数个簇，簇内的传感器节点统一连接到同一个智能网关节点上。

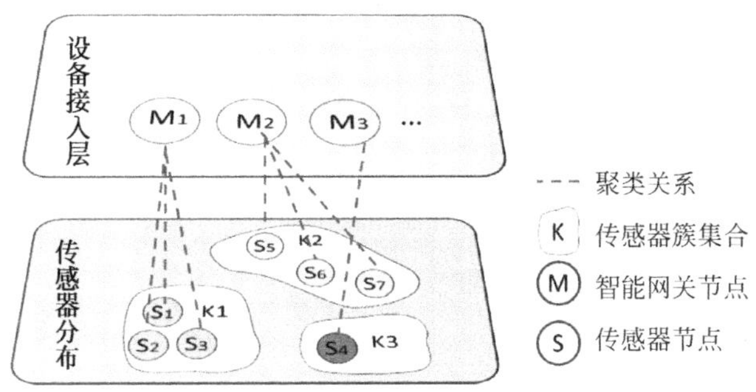

图 2-15　分簇聚合的车间传感器节点

由于智能网关节点扩展了多类型的数据通信接口，并有较强的计算能力，因此，定义智能网关节点作为区域内的簇首节点。作为簇首节点的智能网关不仅仅能与区域内的簇节点进行信息交换，还能通过自身的 Web 接口，为簇内其他传感器节点提供互联网接入方法。在集成系统数据采集网络中，传感器节点只有将自身的 RDF 模板加入到智能网关的 RDF 模板集中，才能加入该智能网关所在的簇，这一过程称为传感器节点的注册。作为簇首的智能网关节点对簇内注册传感器节点的管理过程如图 2-16 所示。智能网关保存有所有注册传感器节点的模板信息，所以当智能网关在启动时，会创建用于管理所有簇内节点的线程池，并根据注册的 RDF 模板信息，创建与传感器节点相对应的线程队列。智能网关以线程作为管理传感器节点的最小单位，每一个线程负责管理一个簇内传感器节点的状态变化，并通过建立的线程队列完成对传感器节点的状态监测、信息获取、信息填充等工作。同时，为了探讨传感器节点在智能网关线程管理下的状态变化过程，定义了传感器节点接入智能网关的三种工作状态：就绪状态、等待状态、唤醒状态。每种状态对应着智能网关节点对传感器节点的一个管理过程。

2. 基于 REST 架构的 Web 交互接口设计

目前在解决分布式系统组件间的开放式问题上，通常采用 Web 服务技术。在 Web 体系标准下，目前 SOAP(simple object access protocol)服务及 REST 服务使用最为广泛。两种服务相比较而言，REST 更简洁、更灵活，耦合度更低，且在响应时间、吞吐量和数据传输等性能方面都要优于 SOAP 服务[10]。因此，选用 REST

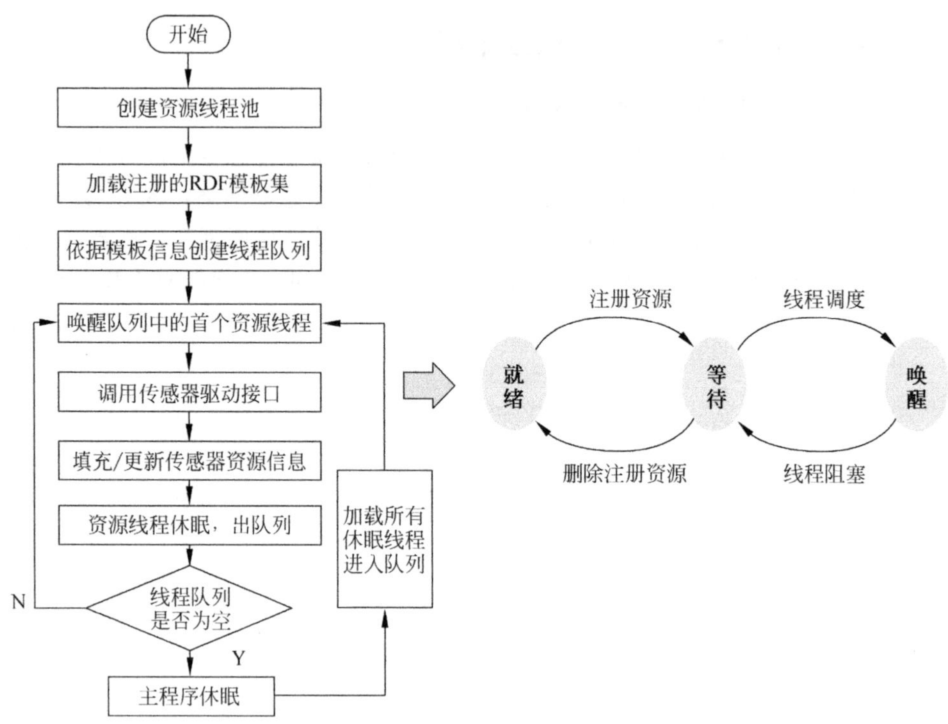

图 2-16　智能网关节点对簇内传感器节点的管理流程及其引起的传感器节点状态变迁关系

风格架构来开发集成系统的 Web 交互接口。

REST 作为一种基于资源的服务访问框架,其描述了一种 Web 系统体系结构的设计原则,并以某种方式对网络上的资源进行了抽象[11]。在 REST 的概念中,整个 Web 被看作一组资源的集合,资源位置由 URI 进行标识,对资源进行的操作由客户端指定的 URI 和 HTTP 协议动词的组合来实施,同时将资源和资源的表述分开,为构建可扩展、简单性、可移植和松耦合的 Web 程序提供了一个架构上的准则[12]。

整个架构以面向资源(resource-oriented)为核心展开,所有的操作对象都抽象为资源(resource)。集成系统在 REST 的架构中,可被看作一组资源的集合,每个资源节点配有资源标识符 URI,标识资源在网络中的地址。在 REST 中,定义四种对资源的操作接口 GET/POST/PUT/DELETE。基于这四种统一的操作接口,实现对集成系统及其内部资源的操作和访问。CPSS 及其内部资源可以等效为 REST 架构下分布的资源,如图 2-17 所示。每一个资源都能等效为可寻址、可操作的资源节点。上层应用通过唯一标识的 URI 找到所需的资源节点,同时,通过定义的统一的资源操作接口对资源进行相应的操作。

根据 REST 架构资源表现形式,从实现角度给 CPSS 及其内部资源节点的 URI 和资源操作接口设计方法。由于 CPSS 及其内部资源通过本体进行了语义描

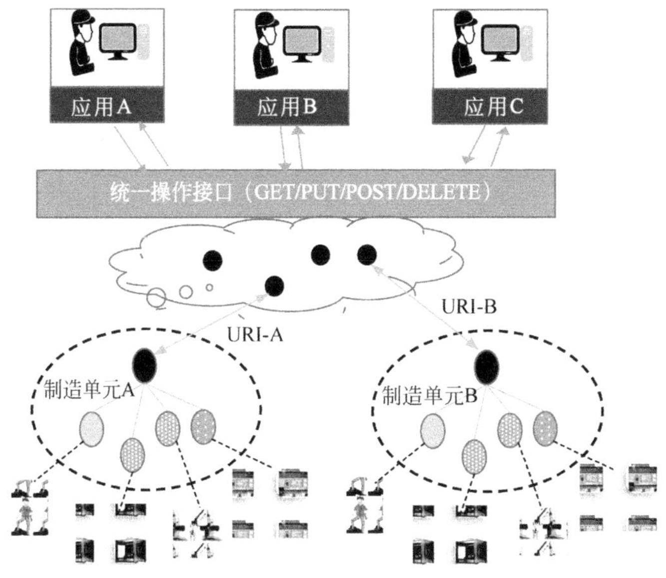

图 2-17 REST 架构下的制造单元资源映射示意图

述，本体信息中的 URI 为其内容资源的唯一 ID，但本体中的 URI 不可以直接作为 Web 资源的唯一资源标识符 URI。因此需要将本体 URI(* _O_URI)映射到 Web 资源 URI(* _W_URI)。此外，考虑到 CPSS 及其内部资源节点是以解耦的形式存在，两者之间通过 MQTT 通信协议进行信息的交互，因此需要将 REST 的四种方法与 MQTT 通信指令进行映射。PUT 方法用于修改资源的属性信息或动态状态信息，当修改资源的动态状态信息时将会映射为 MQTT 控制指令，以控制资源进行运行状态的改变。图 2-18 为 REST 架构下的资源操作运行原理，首先通过正则匹配定位资源的位置，然后确定操作方法并将相关方法与 MQTT 指令进行映射，最后实现信息的查询、资源的添加、资源的删除、资源信息的修改或状态控制。

结合四种基本操作方法和 URI 地址指向的特征，在资源操作接口上定义了一系列补充的资源操作，如获取集成系统内所有资源节点的信息集合，修改集成系统的相关数据属性信息等操作方法。

2.4.3 跨企业 CPSS 制造服务数据关联建模

在获取制造服务数据的基础上，需对相关数据进行关联建模。然而跨企业制造工序流执行过程中产生的 CPSS 制造服务数据体量大、繁杂、异构且处理困难，同时 CPSS 制造服务数据与跨企业制造工序流强相关，因此可建立多源异构 CPSS 制造服务数据之间的关联关系，实现跨企业制造过程的跟踪与监控。

1. 工序节点级制造服务数据的关联

由于 RFID 设备、CPS 节点、辅助物理资源节点均与具体的工序节点相关，因

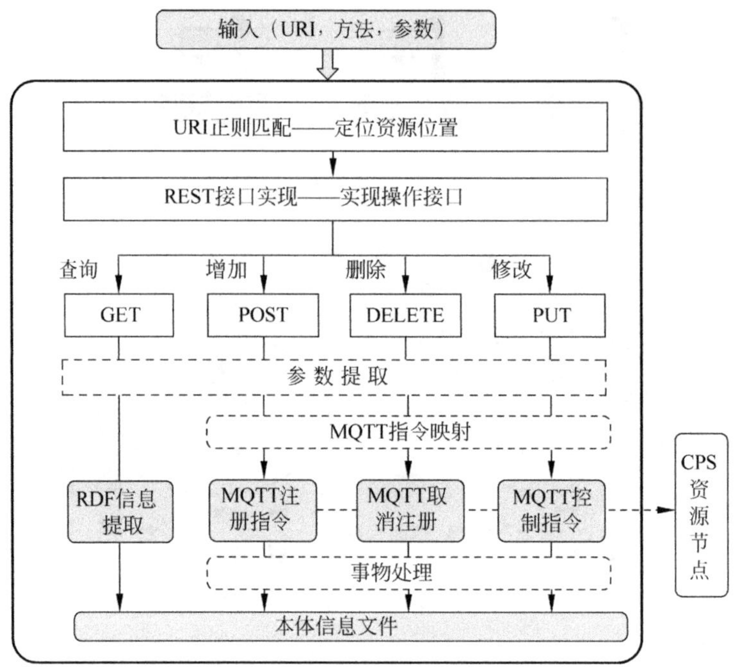

图 2-18　REST 架构下的资源操作运行原理

此它们之间可通过工序节点建立关联关系。以工序节点数据为中心，可建立工序节点级制造数据关联模型，如图 2-19 所示。

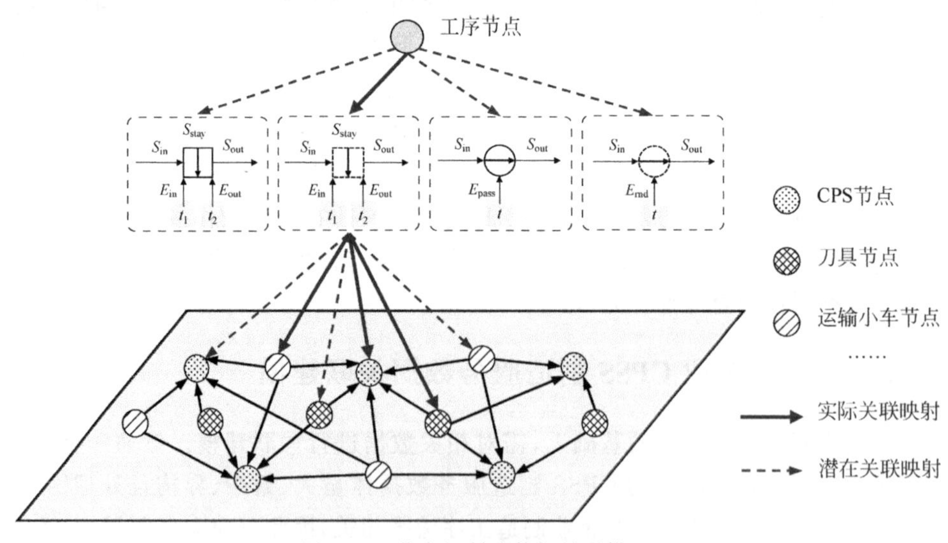

图 2-19　节点级制造数据关联模型

根据该关联模型，可将工序节点级制造数据形式化描述为

$$Data_{i,j}^{P} ::= P_{\mathrm{id}} \bowtie RFID_{\mathrm{id}} \bowtie CPS_{\mathrm{id}} \bowtie CT_{\mathrm{id}} \bowtie MT_{\mathrm{id}} \bowtie Op_{\mathrm{id}} \tag{2-13}$$

式中：$Data_{i,j}^{P}$ 表示企业节点 i 中第 j 个工序节点的制造数据集，$Data_{i,j}^{P}$ 中关联的数据分别表示工序节点 ID、与工序关联的 CPS 节点 ID、刀具 ID、量具 ID 和操作者 ID。根据上述 ID 可分别索引工序节点、RFID 节点、CPS 节点、刀具/量具/夹具/操作者等辅助物理资源的详细信息。

图 2-19 所示的工序节点级制造数据关联模型还建立了各物理资源之间的功能约束关系，例如，车削加工 CPS 节点需与车刀、特定夹具、操作者等组成制造单元来完成一道车削加工工序，因此上述物理资源节点之间存在功能上的约束关系。将各物理资源视为节点 v_p^R，将两个物理资源节点 v_p^R 和 v_q^R 之间的关联关系视为边 $e_{p,q}^R$，边上的赋值为 $R_{p,q}^R=0$ 或 1。其中，0 表示两个物理资源节点之间没有功能上的关联关系，1 表示两个物理资源节点之间有功能上的关联关系。由边 $e_{p,q}^R$ 组合形成物理资源功能关联矩阵 $\boldsymbol{R}^{\boldsymbol{R}}$。按资源类型进行集聚分类，并建立其关联矩阵 $\boldsymbol{R}^{\boldsymbol{R}}$ 如下：

$$\boldsymbol{R}^{\boldsymbol{R}} ::= \left\{\begin{array}{c|cccccc} & CPS & CT & MT & FT & Op & V \\ \hline CPS & 1 & \boldsymbol{R}^{\mathrm{ct,cps}} & \boldsymbol{R}^{\mathrm{mt,cps}} & \boldsymbol{R}^{\mathrm{ft,cps}} & \boldsymbol{R}^{\mathrm{op,cps}} & \boldsymbol{R}^{\mathrm{v,cps}} \\ CT & \boldsymbol{R}^{\mathrm{cps,ct}} & 1 & \boldsymbol{R}^{\mathrm{mt,ct}} & \boldsymbol{R}^{\mathrm{ft,ct}} & \boldsymbol{R}^{\mathrm{op,ct}} & \boldsymbol{R}^{\mathrm{v,ct}} \\ MT & \boldsymbol{R}^{\mathrm{cps,mt}} & \boldsymbol{R}^{\mathrm{ct,mt}} & 1 & \boldsymbol{R}^{\mathrm{ft,mt}} & \boldsymbol{R}^{\mathrm{op,mt}} & \boldsymbol{R}^{\mathrm{v,mt}} \\ FT & \boldsymbol{R}^{\mathrm{cps,ft}} & \boldsymbol{R}^{\mathrm{ct,ft}} & \boldsymbol{R}^{\mathrm{mt,ft}} & 1 & \boldsymbol{R}^{\mathrm{op,ft}} & \boldsymbol{R}^{\mathrm{v,ft}} \\ Op & \boldsymbol{R}^{\mathrm{cps,op}} & \boldsymbol{R}^{\mathrm{ct,op}} & \boldsymbol{R}^{\mathrm{mt,op}} & \boldsymbol{R}^{\mathrm{ft,op}} & 1 & \boldsymbol{R}^{\mathrm{v,op}} \\ V & \boldsymbol{R}^{\mathrm{cps,v}} & \boldsymbol{R}^{\mathrm{ct,v}} & \boldsymbol{R}^{\mathrm{mt,v}} & \boldsymbol{R}^{\mathrm{ft,v}} & \boldsymbol{R}^{\mathrm{op,v}} & 1 \end{array}\right\}, \quad \forall \boldsymbol{R}^{i,j} \in \boldsymbol{R}^{\boldsymbol{R}} \tag{2-14}$$

式中的矩阵元素 $\boldsymbol{R}^{p,q}$ 表示不同类型物理资源集之间的功能关联与约束关系。例如，$\boldsymbol{R}^{\mathrm{cps,ct}}$ 表示 CPS 节点集中的各 CPS 节点与刀具集中的各刀具节点之间的功能关联与约束关系。需指出的是，$\boldsymbol{R}^{\boldsymbol{R}}$ 是企业制造车间内不同物理资源为执行生产指令而进行分布式自主配置与决策的约束条件。

基于复杂网络理论，可由节点 v_p^R、边 $e_{p,q}^R$ 和边权重 $R_{p,q}^R$ 构成企业内物理资源关联网络 G^R，进一步可通过复杂网络分析得出关键的物理资源节点、约束关系边等，为企业物理资源优化配置提供支持。

2. 企业级 CPSS 制造服务数据的关联

企业级 CPSS 制造服务数据是指围绕特定订单或任务展开的工序执行过程中所有相关制造服务数据的总和，由工序连接符将工序节点级 CPSS 制造服务数据按其在企业内执行的逻辑关系连接而成，因此企业级 CPSS 制造服务数据的关联依赖于各工序之间的逻辑关系。据此可将企业级 CPSS 制造服务数据形式化描述为

$$\boldsymbol{Data}_i^{\boldsymbol{E}} ::= \{Data_1^P, Data_2^P, \cdots, Data_M^P\} \bowtie \boldsymbol{R}^{\boldsymbol{P}} \tag{2-15}$$

式中：$\boldsymbol{Data}_i^{\boldsymbol{E}}$——企业节点 i 的制造服务数据集；

$\boldsymbol{R}^{\boldsymbol{P}}$——工序节点之间的逻辑关系。

3. 跨企业级 CPSS 制造服务数据的关联

跨企业级 CPSS 制造服务数据是指集成系统中围绕特定的产品生产而产生的、与跨企业制造工序流对应的制造服务数据的总和，并通过 S^2ensor 和数据接口在不同的企业之间进行有权限的共享。将企业级 CPSS 制造服务数据抽象为节点，跨企业 CPSS 制造服务数据则由上述各节点按照其逻辑关系连接而成。因此，可将跨企业级 CPSS 制造服务数据形式化描述为

$$\boldsymbol{Data}^{C} ::= \{\boldsymbol{Data}_{1}^{E}, \boldsymbol{Data}_{2}^{E}, \cdots, \boldsymbol{Data}_{N}^{E}\} \bowtie \boldsymbol{R}^{E} \bowtie \boldsymbol{A}^{E} \bowtie \boldsymbol{SC}^{E} \tag{2-16}$$

$$\boldsymbol{A}^{E} ::= \{A_{i,j}^{m,k} \mid \forall i, j, m, k\} \tag{2-17}$$

$$\boldsymbol{SC}^{E} ::= \{SC_{i,j}^{m} \mid \forall i, j \leqslant N, m \leqslant M\} \tag{2-18}$$

式中：$\boldsymbol{Data}^{C}$——跨企业 CPSS 制造服务数据集，$\boldsymbol{Data}^{C}$ 可视为从制造服务数据的视角出发，对跨企业制造工序流(或 RFID 状态块流)的一种构建方式；

$\boldsymbol{R}^{E}$——企业节点之间的逻辑关系；

$\boldsymbol{A}^{E}$——各企业节点之间的数据接口权限，若 $\boldsymbol{A}_{i,j}^{m,k}=1$，则企业节点 j 可获取企业节点 i 的第 m 个实时制造数据的第 k 个数据字段；

$\boldsymbol{SC}^{E}$——企业节点 i 和 j 之间通过 S^2ensor 进行商务社交产生的社交数据。

将上述三个层次的 CPSS 制造服务数据关联模型合并，可建立整体的面向跨企业制造工序流的 CPSS 制造服务数据关联模型，如图 2-20 所示。

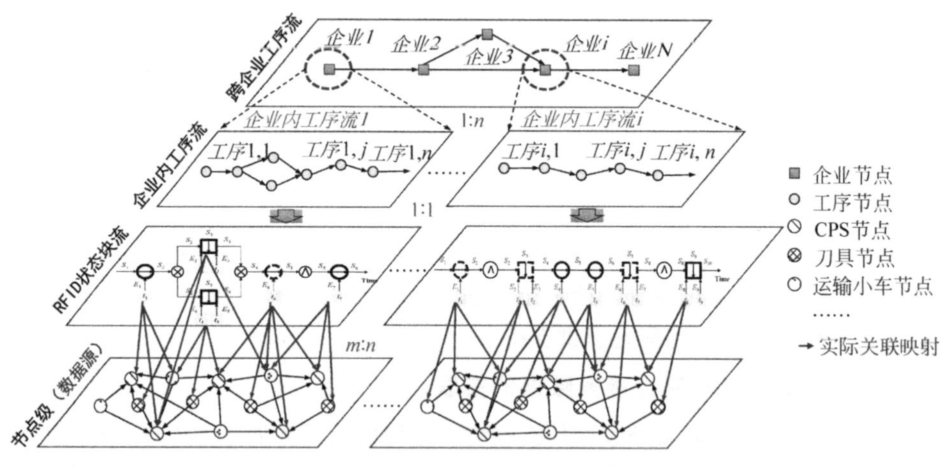

图 2-20　制造数据关联模型

该关联模型包含三类节点和三类关联关系边。其中，三类节点是指企业节点、工序节点和制造资源节点，三类关联关系边是指跨企业制造关联关系、工序间逻辑关系和制造资源间约束关系。模型中关联的数据既包括静态 CPSS 制造服务数据，也包括动态 CPSS 制造服务数据。

2.5　案例研究

2.5.1　CPS 节点配置

为了验证基于 CPS 节点的软硬件配置方案的可行性，将某制造车间的三个加工工位配置为对应的三个 CPS 节点。三个加工工位分别为 EMCO Mill 55 数控铣削中心工位、MANIX 360 数控铣床工位、XianDao C56A 数控车床工位，构成了一个制造单元，其物理布局和详细配置如图 2-21 所示。

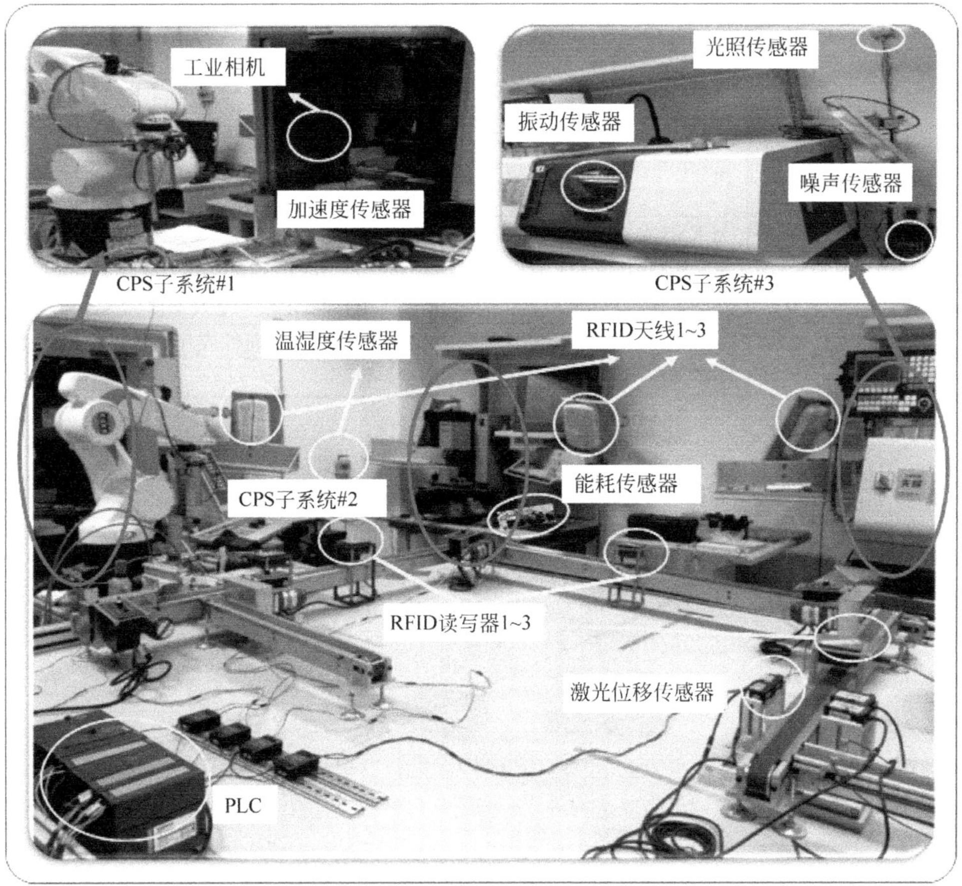

图 2-21　某制造车间布局与配置

以 EMCO Mill 55 数控铣削中心工位(CPS 节点 No. 1)为例，该 CPS 节点的各模块配置信息如表 2-2 所示，对应的物理接线和通信示意如图 2-22 所示。其中，智能网关节点(公有网关和私有网关)选用树莓派嵌入式开发板来实现。型号选用树莓派 2 代 B(Raspberry Pi 2 Model B，RPi2 B)，该型树莓派具有 900MHz 的 Broadcom BCM2836 ARM Cortex-A7 四核处理器、1GB LPDDR2 SDRAM、10/100 BaseT RJ45

以太网插座、4 个 USB 2.0 插座、Micro SD 卡插槽、HDMI 接口等,支持从 MicroSD 卡启动运行 Linux 操作系统,同时支持 Windows 10 以及 SnappyUbuntuCore。在本案例中树莓派的运行系统为 Debian 操作系统,允许使用 C、Java、Python 等编程语言。

表 2-2 CPS 节点 No. 1 的模块配置信息

模　　块	名　　称	型　　号	用　　途
制造设备模块	数控铣削中心	EMCO Mill 55	用于工件的铣削加工
传感器模块	主轴振动传感器	BeeTech A302EX	用于采集机床实时工况数据
	激光位移传感器	Keyence LK-G30	用于采集工件加工质量数据
	能耗传感器	Janitza UMG604	用于采集机床实时能耗数据
	温湿度传感器	AoSong AW5145Y	用于采集实时加工环境数据
	噪声传感器	BR-ZS2	用于采集实时加工环境数据
执行件/控制器模块	机械手	KUKA	执行工件的抓取/装载/卸载
	PLC	Siemens SIMATIC S7-300	用于实现自动化控制
HMI 模块	与 EMCO Mill 55 匹配的工位机		
网络网关模块	用于接入 Internet 的以太网模块和车间 Wi-Fi 模块、用于集成各类传感器的 CPS 节点私有网关以及配置在工位机上的本地数据库		
功能应用模块	集成于嵌入式系统设备树莓派中的数据处理中间件应用、集成于工位机中的 CPS 节点状态监控 WebAPPs 等		

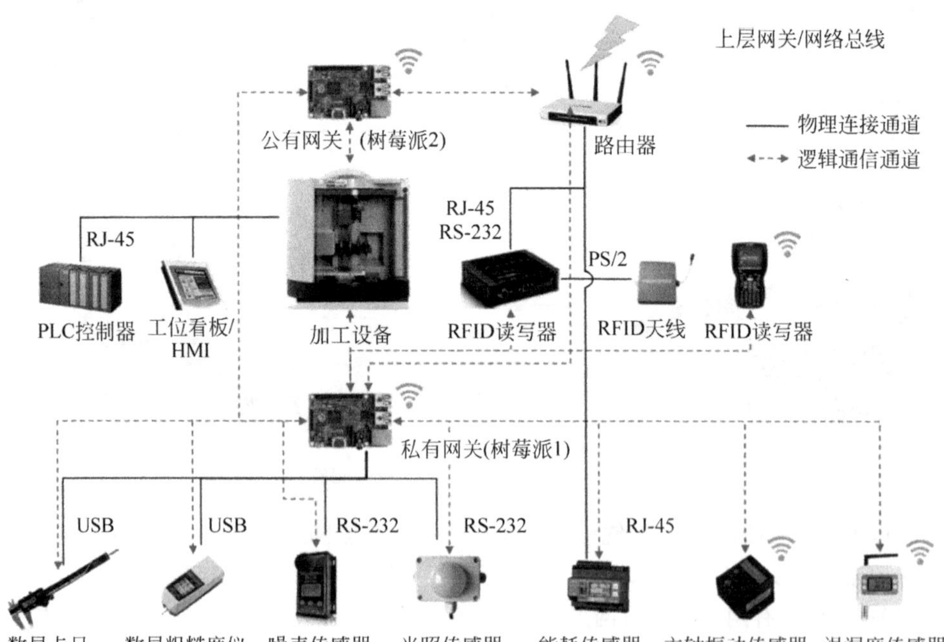

图 2-22 CPS 节点 No. 1 的物理接线和通信示意图

2.5.2　RFID 设备配置

根据 RFID 状态块图式元模型，对该微型制造车间进行 RFID 读写器/天线配置，基于不同类型的 CPS 节点工位分别配置不同类型的 RFID 读写器/天线。以 EMCO Mill 55 工位为例，该工位对应于 *FS* 状态块图式元模型。因此，需配置 1 台固定 RFID 天线（Alien ALR-8696）和 1 台固定 RFID 读写器（Alien ALR-9900＋）。RFID 读写器/天线的接线示意如图 2-22 所示。同理，XianDao C56A 工位节点和 MANIX 360 工位节点也对应于 *FS* 状态块图式元模型，其 RFID 读写器/天线配置方案与 EMCO Mill 55 工位节点相同。而质检台工位节点则对应于 *MG* 状态块图式元模型，需为其配置 1 台手持式 RFID 读写器。ROBT 小车节点对应于 *MS* 状态块图式元模型，需为其配置 1 台车载式 RFID 读写器和 1 台车载式 RFID 天线。该制造车间 RFID 静态配置的最终方案见表 2-3。

表 2-3　制造车间 RFID 静态配置方案

序号	监控节点位置	RFID 设备配置				
		读写器	数量	天线	数量	图示
1	XianDao C56A 工位	Alien ALR-9900＋	1	Alien ALR-8696	1	 Alien ALR-9900＋
2	EMCO Mill 55 工位	Alien ALR-9900＋	1	Alien ALR-8696	1	Alien ALR-8696
3	MANIX 360 工位	Alien ALR-9900＋	1	Alien ALR-8696	1	
4	成品质检台处	Teklogix PRO7527	1			 Teklogix PRO7527
5	ROBT 运输小车处	Intermec IV7	1	Intermec IA33E	1	 Intermec IV7
6	物流运输卡车处	Teklogix PRO7527	1			 Intermec IA33E

此外，还需对RFID标签进行配置。对于该微型制造车间内的固定制造资源(如刀具、夹具、量具、操作者等)，采用一对一映射配置方案进行RFID标签配置，且为固定制造资源配置的标签为被动式RFID标签(Alien ALN-9630)，因其不参与主动通信交互，仅作为唯一识别。

对于进入制造车间的工件，亦采用一对一映射配置方案进行RFID标签配置，且为其配置的标签为主动式RFID标签(Siemens RF340T)，并配置嵌入式设备(树莓派)和托盘形成智能工件。该智能工件可主动与车间内的三个CPS节点进行通信交互，并进行自主生产决策(如工艺路线规划等)。

2.5.3 社交传感器配置

针对跨企业的交互与共享，需为车间管理者或CPS节点配置S²ensor作为人-人、人-机之间社交交互的工具。配置的S²ensor以移动智能终端为硬件载体，并安装QQ、微信、微博等移动APPs用于社交交互，安装中间件应用于数据抓取、处理和应用分析。集成上述软硬件功能应用的S²ensor可通过移动网络绑定到人员或CPS节点上，并通过URI唯一识别。根据前述章节对S²ensor的形式化描述方法，可对S²ensor进行描述。例如，对该微型制造车间管理者的S²ensors描述为

$$S^2\text{ensor} ::= \left\{\begin{array}{l}115.154.191.25:8088/\text{XJTU\_Lab}/S^2\text{ensor}\#1,\\ [\text{Acc},\text{Gyr},\text{GPS},\text{cam}],[\text{QQ},\text{WeChat},\text{Mid1},\text{Mid2}],\\ \text{Daniel},29\text{-}08\text{-}2016,\text{N/A},\text{Info}\end{array}\right\} \tag{2-19}$$

集合中的元素分别表示S²ensor的URI地址为http://115.154.191.25:8088/XJTU_ Lab/S²ensor#1；配置的物理传感器包括加速度传感器、陀螺仪、GPS和摄像头；安装的移动APPs包括QQ、微信和两个中间件应用；使用者为Daniel；可访问日期为2016年8月29日起；无访问安全与权限约束条件。图2-23分别描述了该制造车间管理者和操作者使用S²ensor时的应用场景。

基于对CPS节点、RFID设备和S²ensor的配置，进一步通过该制造车间的公有网关和权限接口将上述资源以基于REST接口的Web服务方式共享给其他制

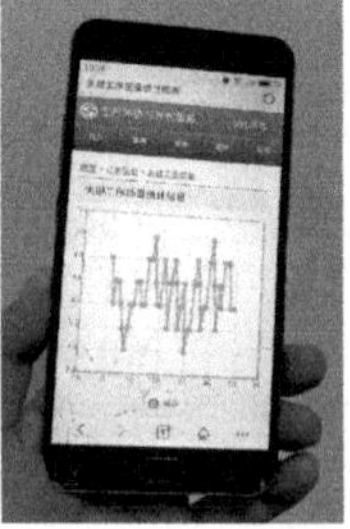

(a) 车间管理者使用界面

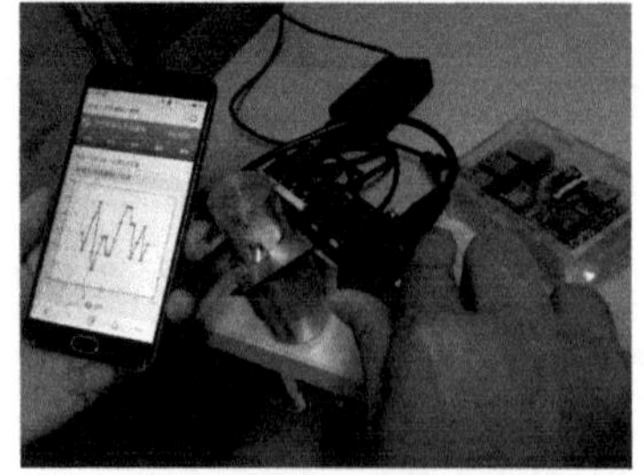

(b) 车间操作者使用界面

图2-23 车间管理者和操作者使用S²ensor时的场景

造服务主体，构建信息-物理-社交互联互通网络，从而实现跨企业制造服务数据的采集。

2.6 本章小结

本章对面向智能制造服务数据采集的 CPSS 互联配置技术进行了研究，构建了人-机-物互联的分布式协同制造环境，实现了多种制造服务数据的采集，具体包括：

(1) 配置了用于制造工序节点数据采集的 CPS 节点功能模块，采用本体对 CPS 节点进行建模，并采用 XML/RDF 语言进行了形式化描述，实现了 CPS 节点的功能应用；

(2) 依据四种普适的 RFID 应用场景，建立了 RFID 状态块图式元模型，在此基础上配置了用于制造工序流过程数据采集的 RFID 读写器/天线，并为物理资源和工件配置了 RFID 标签，形成了 RFID 设备配置方案；

(3) 配置了用于社交数据采集的 S^2ensor 的功能模块，阐述了 S^2ensor 的工作原理，并采用 S^2ensorML 语言对 S^2ensor 进行了形式化描述；

(4) 构建了集成 CPS 节点、RFID 设备和 S^2ensor 的跨企业 CPSS 互联互通网络架构模型，设计了 CPSS 制造服务数据采集方案，建立了 CPSS 制造服务数据关联模型，为制造服务的智能化提供了数据基础。

参考文献

[1] DING K,JIANG P Y. Incorporating social sensors,cyber-physical system nodes,and smart products for personalized production in a social manufacturing environment[J]. Proceedings of the Institution of Mechanical Engineers,Part B: Journal of Engineering Manufacture, 2018,232(13): 2323-2338.

[2] LASSILA O,SWICK R P. Resource description framework (RDF) model and syntax specification[S/OL]. [2019-03-27]. https://www. w3. org/TR/PR-rdf-syntax/.

[3] NN. Tornado web server—documents[EB/OL]. [2019-03-27]. http://www. tornadoweb. org/en/stable/.

[4] NN. Owlready2's documentation [EB/OL]. [2019-03-27]. https://pythonhosted. org/Owlready2/.

[5] DING K,JIANG P Y,SUN P L,et al. RFID-Enabled physical object tracking in process flow based on an enhanced graphical deduction modeling method[J]. IEEE Transactions on Systems Man and Cybernetics Systems,2016,47(11): 3006-3018.

[6] DING K,JIANG P Y. Social Sensors (S^2ensors): A kind of hardware-software-integrated mediators for social manufacturing systems under mass individualization [J]. Chinese Journal of Mechanical Engineering,2017,30(5): 1150-1161.

[7] KASSNER L，HIRMER P，WIELAND M，et al. The social factory：connecting people，machines and data in manufacturing for context-aware exception escalation [C]// Proceedings of the 50th Hawaii International Conference on System Sciences (HICSS)，Hawaii，USA，Jan. 4-7，2017，1673-1682.

[8] OGC. SensorML：model and XML encoding standard[S/OL]. [2019-03-27]. http://www.opengeospatial.org/standards/sensorml.

[9] LIU C，JIANG P Y，ZHANG C Y. A resource-oriented middleware in a prototype cyber-physical manufacturing system[J]. Proceedings of the Institution of Mechanical Engineers，Part B：Journal of Engineering Manufacture，2018，232(13)：2339-2352.

[10] 高攀攀，王健，黄颖，等. 互联网上基于 SOAP 和 REST 的 Web 服务的对比分析[J]. 小型微型计算机系统，2015，36(11)：2417-2421.

[11] COLITTI W，STEENHAUT K，DE CARO N，et al. Rest enabled wireless sensor networks for seamless integration with web applications [C]// 2011 IEEE Eighth International Conference on Mobile Ad-Hoc and Sensor Systems，Valencia，Spain，Oct. 17-22，2011：867-872.

[12] 吴振宇. 基于 Web 的物联网应用体系架构和关键技术研究[D]. 北京：北京邮电大学，2013.

第 2 章教学资源

第3章

制造服务中的智能计算与决策

智能制造服务是借助物联网、大数据、知识图谱等新一代信息技术，通过智能工件、智能设备、智能车间及智能工厂等硬件平台，采用符号智能（symbolic intelligence）、计算智能（computational intelligence）与知识工程（knowledge engineering）等工具与方法，分析服务企业、制造企业和终端用户等服务交互主体在制造服务活动中的交互关系和业务需求，对制造服务资源进行智能化的描述、设计、配置、评估和管理，在合适的时间为有针对性的服务对象提供其所需的服务，从而充分满足市场和用户动态、多样的服务需求。智能计算与决策为智能制造服务的实施提供基础性的智能算法技术支持。

3.1 智能制造服务的符号智能与决策

符号智能与决策指采用计算技术获取用类自然语言或结构化符号等描述的陈述性知识，并以此类陈述性知识为处理对象，进行推理计算的方法[1]，主要有基于规则、基于框架、基于实例推理方法（case-based reasoning，CBR）等的推理或聚合计算等。本节首先介绍符号智能的分类与应用，然后借助案例，阐释符号智能与决策在智能制造服务中的应用。

3.1.1 符号智能的分类与应用

符号智能的推理与计算决策是建立在符号化知识的基础上的，符号化知识指用特定的逻辑与物理数据结构进行描述与存储的陈述性知识。例如：产生式规则、框架、本体、基于实例推理方法、知识 Blog 等均属符号化的知识。而以符号化的知识为处理对象的推理算法或基于符号匹配的、生成新符号化知识的计算方法被定义为符号智能的推理计算方法，主要包括规则的正向推理、框架匹配、本体推理、实例提取、Blog 聚合搜寻算法等[2]。符号化的知识与符号智能计算之间的关系如图 3-1 所示。其中，符号化知识的获取过程一般指从大量的数据、信息、经验中加工产生二次可复用信息，并存储到特定的数据结构，形成符号知识的过程。其中，符号化知识描述模型占据重要地位。

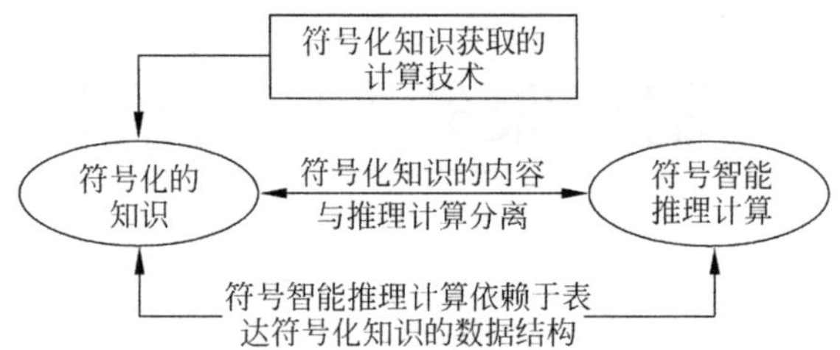

图 3-1 符号化知识与符号智能推理计算之间的关系

符号化知识可根据所采用的符号不同,分为产生式规则、框架、本体、示例等不同类型。每类符号化都有独立的知识表示模型和常用的数据结构,且其间有"1∶M"映射关系,如图 3-2 所示。

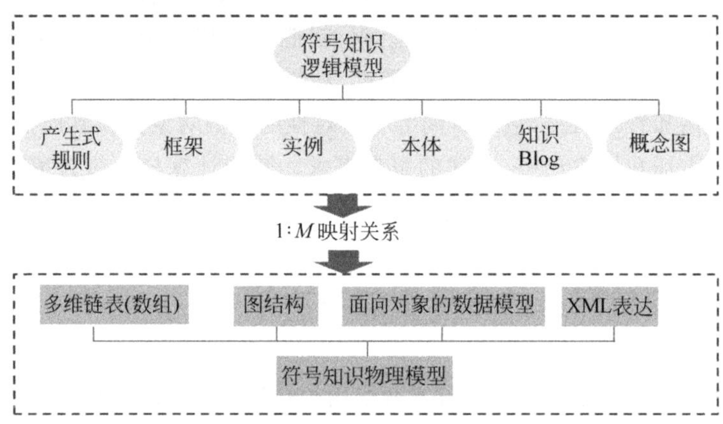

图 3-2 符号化知识的特定逻辑与物理数据结构模型之间的映射关系

现将常用符号智能算法介绍如下。

1. 产生式规则推理

产生式一词最早由 Post 于 1943 年提出,用于构造 Post 机计算模型[3]。产生式系统的最基本三要素为规则库、动态数据库(上下文)、推理机。其中:规则库的作用是存放领域专家提供的求解问题的规则和静态事实;动态数据库是用于存放问题求解过程中反映当前求解状态下动态产生的符号化事实的集合(包括问题求解的有关初始事实、来自规则库的所有静态事实、求解期间由所有被触发的规则产生的新事实序列等);推理机指使用特定的控制策略,用上下文中的状态事实序列与规则匹配,通过触发可用规则产生新的事实,以修改上下文,循环直至获得解结果。

2. 框架推理

知识的框架表示法于 1975 年由 Minsky 提出,最早用作视觉感知、自然语言处理等问题求解中的知识表示,现已作为一种通用数据结构来表示知识对象(实体)。在符号化知识推理中,框架推理系统也是最常用的一种系统,其基本三要素包括框架库、动态框架数据库(上下文)、框架匹配器等[4]。基于框架推理的基本架构包括人机接口、解释机制、知识获取机制、框架库、动态数据库、推理机等。其中:人机接口旨在实现从"用户输入"到"框架推理系统内部表示形式"的转换;解释机制指回溯问题的求解过程;知识获取机制指通过自动或交互的规则学习方法补充框架库中的知识;框架库指存放领域专家提供的求解问题的静态框架知识;动态数据库指用来存放问题求解过程中动态产生的"属性-值"框架或其集合。

3. 本体推理

本体论(ontology)原本是一个哲学上的概念,它表示对客观存在的一个系统的解释或者说明,关心的是客观现实的抽象本质,后来被演绎成一种研究事物本质的普遍方法。在知识工程领域中,本体论的定义有四层含义,即概念模型、明确化、形式化和共享。本体就是通过对于概念、属性及其相互关系的规范化描述,勾画出某一领域的基本知识体系和描述语言,是一个已经得到公认的形式化知识表示体系。

4. 基于实例推理

基于实例推理方法(CBR),是一种类比推理方法,就是采用目标实例与源实例的匹配结果来指导目标实例求解的一种策略[5]。基于实例的推理在人类生活中普遍存在。例如,医生给病人看病时,总是在回忆以往有类似症状的案例,参考原有的病例对新病人作出相应的诊断。如今,CBR成为人工智能领域中一项重要的解决方法与技术[6]。CBR本质上是一种基于记忆的推理,符合人的认知过程。当面临新问题时,系统首先对新问题进行描述,得到一个目标实例;然后利用目标实例的关键特征属性,从实例库中检索找出最佳相似实例,必要时进行适当的调整与修改以适应新问题,从而得到目标实例的最终解方案[7]。基于实例的推理的关键技术有实例的表示、实例的检索与实例的复用。

3.1.2 符号智能与决策在智能制造服务中的应用

每种符号智能与决策算法都有自己适用的问题领域,本节以案例的形式,介绍产生式规则和框架推理符号智能与决策在智能制造服务系统中的应用。

1. 基于产生式规则的供料智能出库决策服务

某汽轮机组的制造过程中实现了供料智能出库决策服务,其服务过程是依该汽轮机组的生产计划,查询其对应制造单下所有配套零部件的生产状态,并对该制造单能否出库作出判断。对因部分零部件生产暂未完成而导致整体不能出库的制造单进行标识,并自动从其他制造单中匹配筛选,挑选出可用于借用出库的相同零部件。这里主要是采用基于产生式规则的表示和推理来实现的。某一制造单能否出库,取决于对其生产状态的判断,某汽轮机配套零部件制造单的生产状态共有18种,如图3-3所示,其解释如表3-1所示。

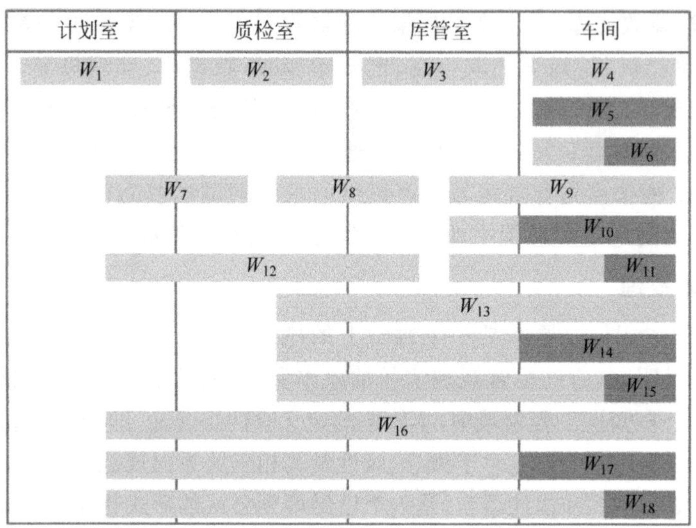

图 3-3　汽轮机配套零部件制造单的 18 种生产状态

表 3-1　汽轮机配套零部件制造单 18 种生产状态的解释

状态名称	状态解释
W_1	制造单全部处在计划环节
W_2	制造单全部处在检验环节
W_3	制造单全部处在入库环节
W_4	制造单全部处在出库环节
W_5	制造单全部处在出库环节,但是全部被其他制造单借用
W_6	制造单全部处在出库环节,但部分被其他制造单借用
W_7	制造单部分处在计划环节,部分处在检验环节
W_8	制造单部分处在检验环节,部分处在入库环节
W_9	制造单部分处在入库环节,部分处在出库环节,且没有被其他制造单借用
W_{10}	制造单部分处在入库环节,部分处在出库环节,且全部已被其他制造单借用
W_{11}	制造单部分处在入库环节,部分处在出库环节,且部分已被其他制造单借用
W_{12}	制造单部分处在计划环节,部分处在检验环节,部分处在入库环节
W_{13}	制造单部分处在检验环节,部分处在入库环节,部分处在出库环节,且没有被其他制造单借用
W_{14}	制造单部分处在检验环节,部分处在入库环节,部分处在出库环节,且全部已被其他制造单借用
W_{15}	制造单部分处在检验环节,部分处在入库环节,部分处在出库环节,且部分已被其他制造单借用
W_{16}	制造单部分处在计划环节,部分处在检验环节,部分处在入库环节,部分处在出库环节,且没有被其他制造单借用
W_{17}	制造单部分处在计划环节,部分处在检验环节,部分处在入库环节,部分处在出库环节,且全部已被其他制造单借用
W_{18}	制造单部分处在计划环节,部分处在检验环节,部分处在入库环节,部分处在出库环节,且部分已被其他制造单借用

通过与相关专家的交流以及阅读分析相关资料[8]，可建立如图 3-4 所示的制造单生产状态判断的产生式规则“与或树”。

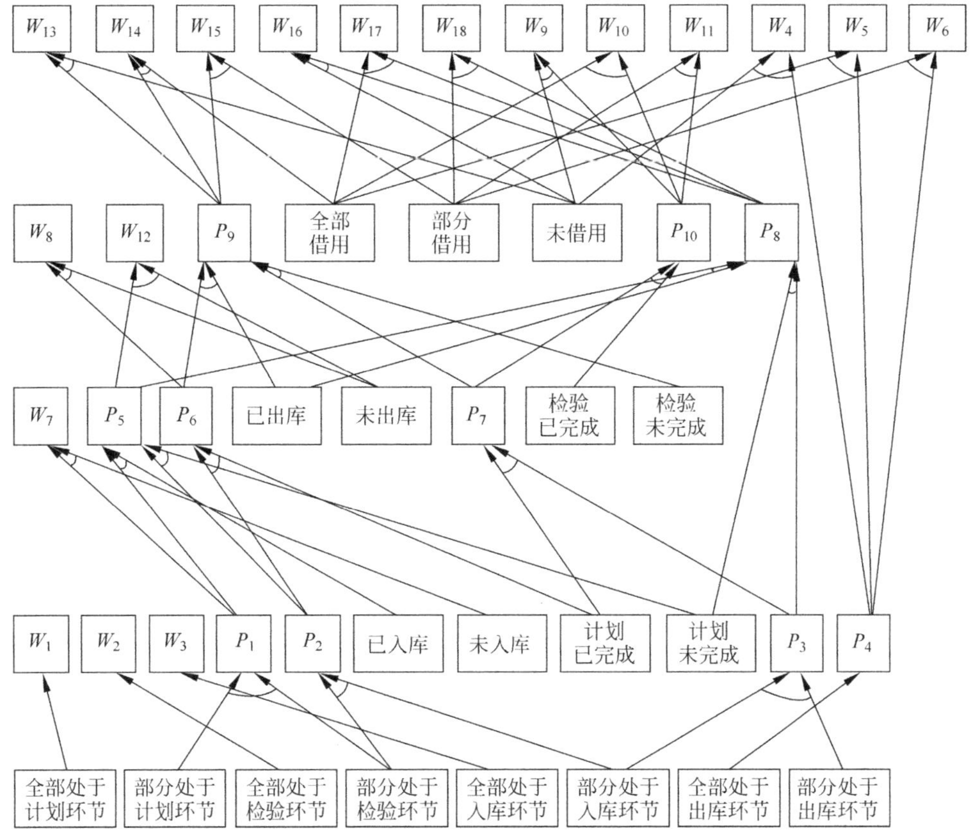

图 3-4　制造单生产状态判断的产生式规则“与或树”

图 3-4 中，“全部处于计划环节”“全部处于检验环节”“已入库”“已出库”等为根据制造单下各零部件所处的生产环节情况分析出的基本条件，其中：

P_1 表示制造单为 W_7、W_{12}、W_{16}、W_{17}、W_{18} 这几种状态中的一种；

P_2 表示制造单为 W_8、W_{12}、W_{13}、W_{14}、W_{15}、W_{16}、W_{17}、W_{18} 这几种状态中的一种；

P_3 表示制造单为 W_9、W_{10}、W_{11}、W_{13}、W_{14}、W_{15}、W_{16}、W_{17}、W_{18} 这几种状态中的一种；

P_4 表示制造单为 W_4、W_5、W_6 这几种状态中的一种；

P_5 表示制造单为 W_{12}、W_{16}、W_{17}、W_{18} 这几种状态中的一种；

P_6 表示制造单为 W_8、W_{13}、W_{14}、W_{15} 这几种状态中的一种；

P_7 表示制造单为 W_9、W_{10}、W_{11}、W_{13}、W_{14}、W_{15} 这几种状态中的一种；

P_8 表示制造单为 W_{16}、W_{17}、W_{18} 这几种状态中的一种；

P_9 表示制造单为 W_{13}、W_{14}、W_{15} 这几种状态中的一种；

P_{10} 表示制造单为 W_9、W_{10}、W_{11} 这几种状态中的一种。

制造单的生产状态判断完成后，就可以对制造单能否整体出库进行决策服务。表 3-1 表示汽轮机配套零部件生产过程中制造单的生产状态共有 18 种，其中 W_3、W_4 和 W_9 三种状态下制造单已全部完成计划和检验，且没有被其他制造单借用，可正常出库，除此以外所有状态都必须先检索其他制造单，判断是否存在可用于借代出库的相同零部件，进而判断能否借代出库。因此，可建立如图 3-5 所示替代制造单搜索的产生式规则“与或树”。

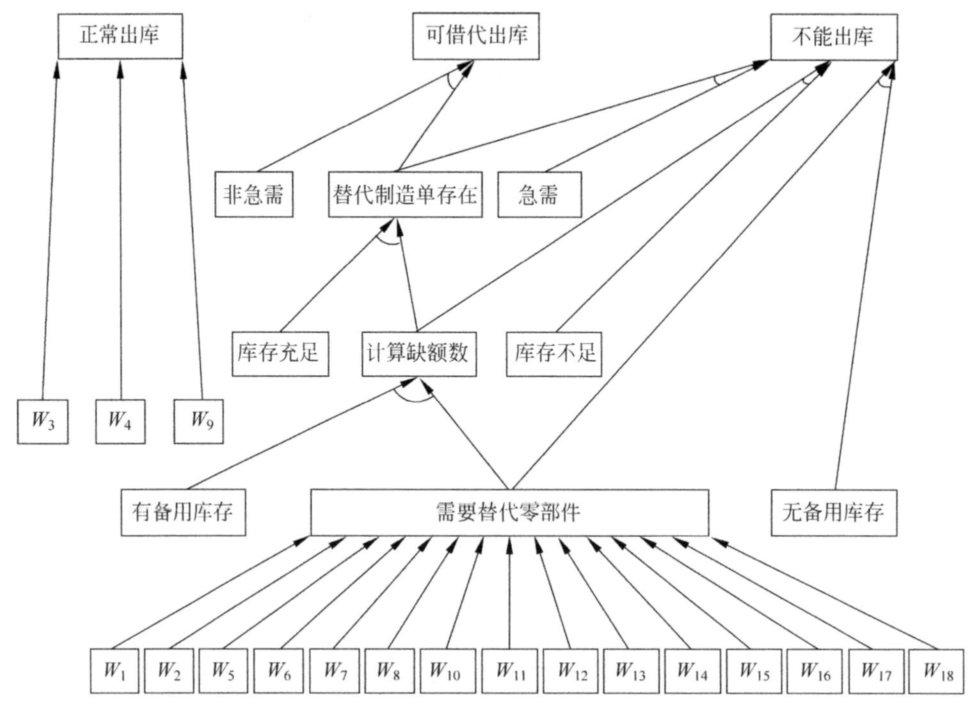

图 3-5　替代制造单搜索的产生式规则“与或树”

2. 基于框架推理的供应商准确选择服务

某汽轮机的配套零部件供应商仅凭经验选择，未考虑到供应商历史的合作信息，程序和机制不太合理，较难保证每次选择的针对性、准确性和稳定性。现采用框架推理来实现供应商的准确选择服务，其示意图如图 3-6 所示。其中输入信息为供应商选择的限定条件，系统在推理时首先将该限定条件转化为初始描述框架，然后在由供应商基本信息框架、外包合作框架和历史统计框架组成的三层框架系统中进行匹配推理。推理过程中先在顶层框架中找到满足条件的基本信息框架集，接着在这些基本信息框架集的子框架中寻找满足其他条件的外包合作框架集，最后在筛选出的外包合作框架集的子框架中匹配满足剩余条件的历史统计框架

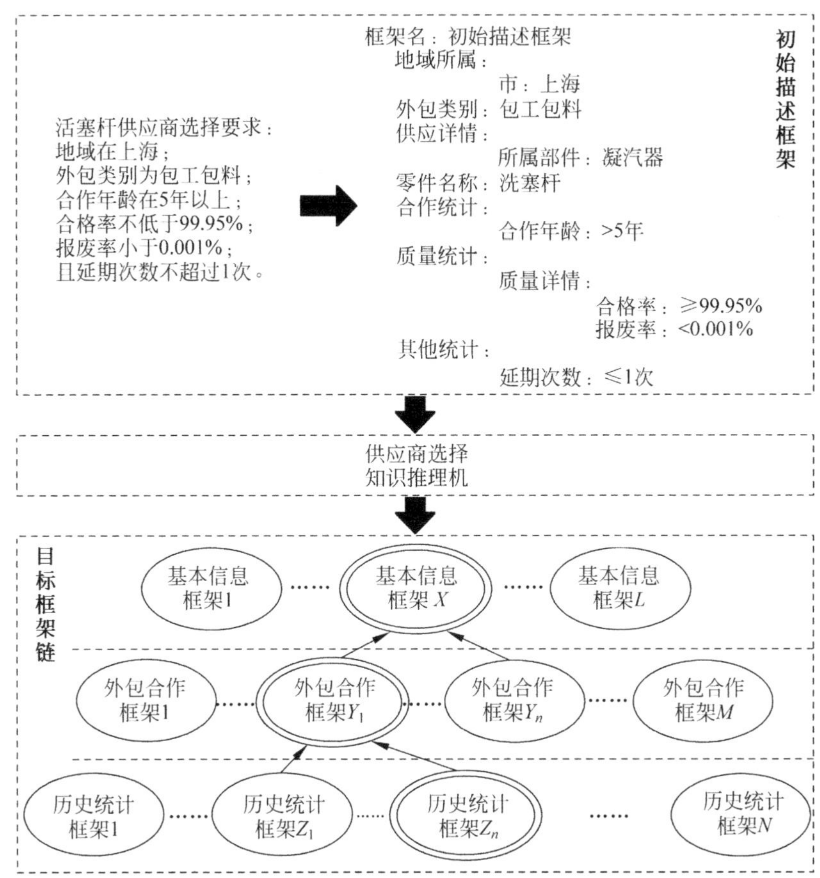

图 3-6　基于框架推理的供应商的准确选择

集。经过不断的递归和回溯过程，最终找到满足全部限定条件的框架链，并输出该供应商的信息。

采用如图 3-7 所示推理机，推理结束后，输出对应供应商信息，完成供应商选择服务。

3. 基于本体知识库的知识推理

某汽轮机流转装配阶段，零部件的质量信息追溯服务必须快速、高效，以防止造成难以估计的损失。当存在质量问题时，系统需及时发现并自动预警。这就需要在智能制造服务的计算与决策信息本体的基础上，构建相关 SWRL(semantic web rule language)规则，并结合 Jess 推理引擎，通过挖掘隐含关系，定位出存在质量问题的环节和因素。

质量信息追溯服务的知识推理机如图 3-8 所示。其中，本体初始化部分主要是为了构建质量信息本体的 OWL(web ontology language)模型以及建立对应的

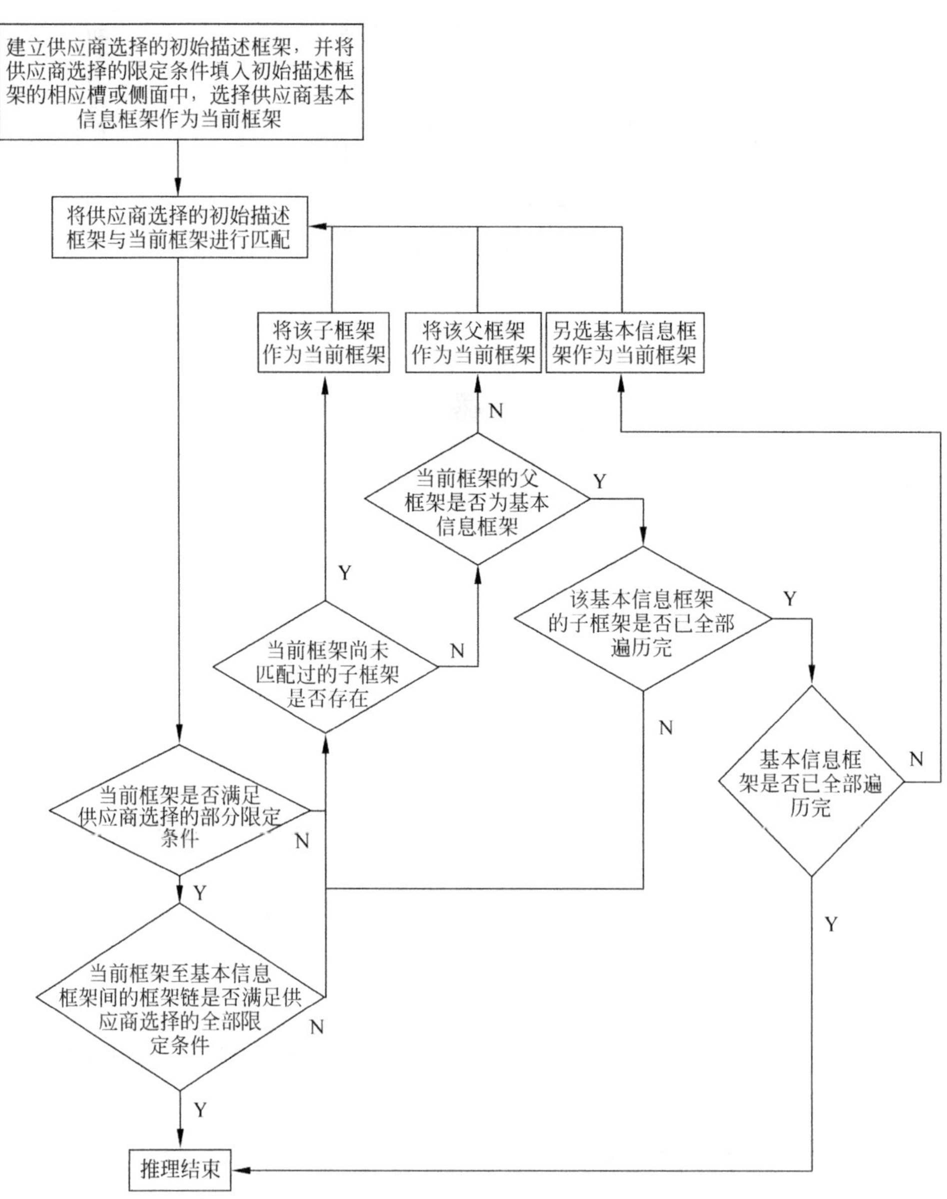

图 3-7　基于框架算法的供应商选择的知识推理机

SWRL 规则集合。本体实例化部分通过提取智能制造服务的过程数据，构建 OWL 本体模型中相应类的实例并对实例属性值进行填充。本体推理部分首先创建 Jess 推理机，然后将 OWL 本体和 SWRL 规则转换为 Jess 的事实库和规则库，接着调用 Jess 推理引擎进行推理，最后对质量信息追溯服务推理的结果进行翻译和输出。由此可见，整个过程的关键在于 SWRL 规则集合的建立以及 OWL 本体

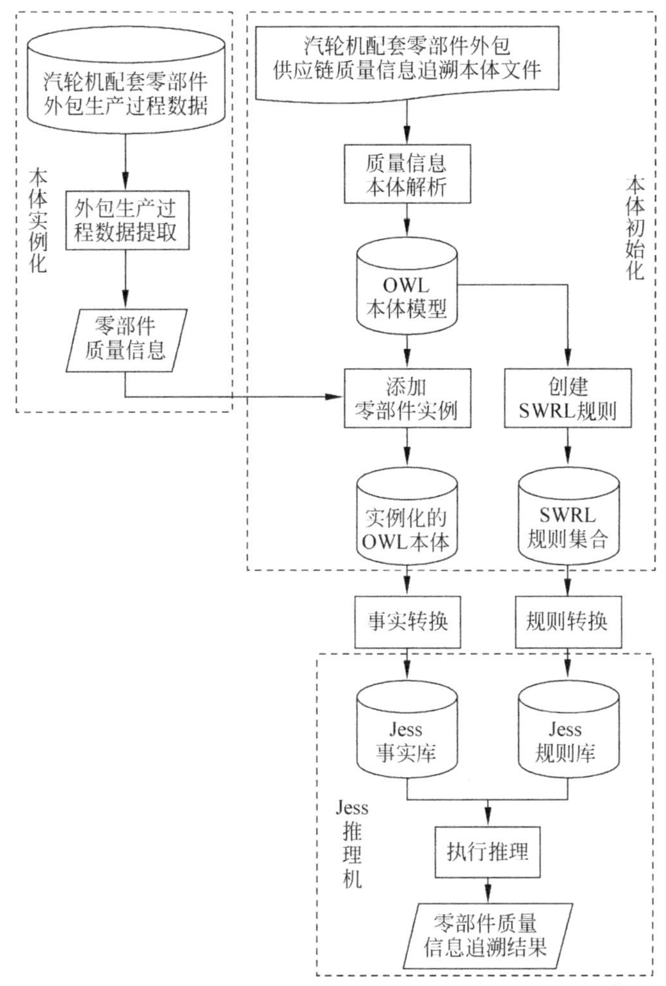

图 3-8　质量信息追溯服务的知识推理机

和 SWRL 规则向 Jess 事实库和规则库的转换。

通过与某汽轮机制造企业相关专家的交流以及阅读分析相关专业文献，建立了该汽轮机配套零部件外包供应链质量信息本体的 SWRL 规则集合，其中部分 SWRL 规则如图 3-9 所示。这些 SWRL 规则包括 body 和 head 两个部分，其中 body 是对规则前提的描述，head 是对规则结论的说明，它们都由原子限制式构成。body 部分可以有多个原子限制式，而 head 部分只能有一个原子限制式，且这些原子限制式都是来自建立的汽轮机配套零部件外包供应链质量信息本体中的类或属性。以供料出库阶段进行质量追溯的 SWRL 规则 16 为例，它的解释如表 3-2 所示。

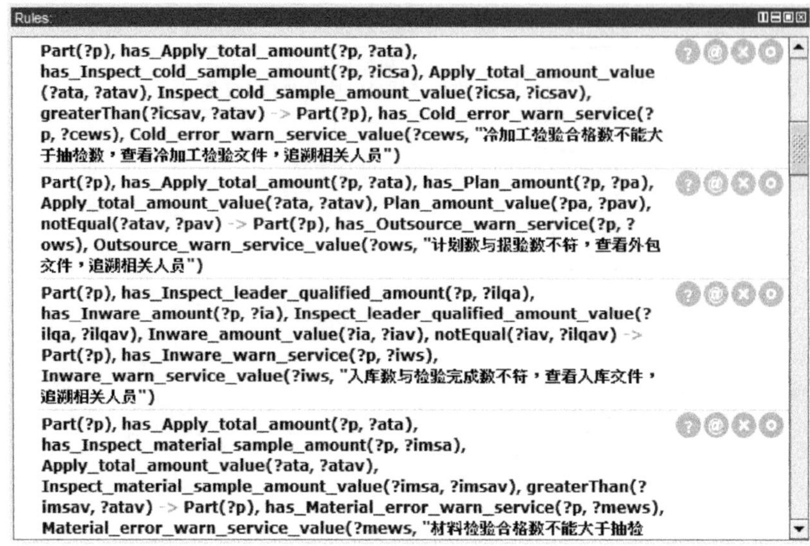

图 3-9 汽轮机配套零部件外包供应链质量信息本体的部分 SWRL 规则集合

表 3-2 供料出库阶段质量追溯服务规则解释

原子限制式	解释说明
Part(?*p*)	*p* 是零件信息类(*Part*)的实例
has_Inware_amount(?*p*,?*ia*)	有入库数 *ia*
Inware_amount_value(?*ia*,?*iav*)	入库数 *ia* 的值为 *iav*
has_Outware_amount(?*p*,?*oa*)	有出库数 *oa*
Outware_amount_value(?*oa*,?*oav*)	出库数 *oa* 的值为 *oav*
swrlb：*notEqual*(?*oav*,?*iav*)	入库数 *iav* 不等于出库数 *oav*
has_Outware_warn_service(?*p*,?*ows*)	调用出库追溯预警服务
Outware_warn_service_value(?*ows*,"出库数与入库数不符,查看出库文件,追溯相关人员")	提示出库数与入库数不符,查看出库文件,追溯相关人员

汽轮机配套零部件外包供应链质量信息本体的 SWRL 规则集合建立完成后，即可将 OWL 本体和 SWRL 规则向 Jess 事实库和规则库转换。从质量信息 OWL 本体到 Jess 事实库的转换包括以下几种：

(1) 以零件信息类(*Part*)为例,OWL 本体对类的表示方式为

<*owl*：*Class rdf*：*ID*=“*Part*”/>

对应的 *Jess* 表示方式为

(*deftemplate Part* (*slot name*))

(2) 以生产计划类(*Plan*)继承于外包知识类(*Outsource_knowledge*)为例，OWL 本体对关系的表示为

<*owl*：*Class rdf*：*ID*=“*Plan*”/>

<rdfs:subClassOf rdf:resource="#Outsource_knowledge"/>
</owl:Class/>

对应的Jess表示方式为

(deftemplate Plan extends Outsource_knowledge)

(3) 以零件信息类(*Part*)的实例"静叶片"为例,OWL本体对实例的表示方式为

<Part rdf:ID="静叶片"/>

对应的Jess表示方式为

(assert (Part (name 静叶片)))

(4) 以零件信息类(*Part*)的实例"静叶片"具有5件为例,OWL本体对函数的表示方式为

<Part rdf:ID="静叶片"/>
<has_Plan_amount rdf:resource="#5"/>
</Part>

对应的Jess表示方式为

(assert (has_Plan_amount 静叶片 5))

从质量信息本体的SWRL规则到Jess规则库的转换包括以下几种:

(1) 以零件信息类(*Part*)为例,SWRL规则对概念类限制式的表示方式为

Part(?p)

对应的Jess表示方式为

(Part(name ?p))或者(assert(Part(name ?p)))

(2) 以"具有计划数量(*has_Plan_amount*)"对象属性为例,SWRL规则对对象属性限制式的表示方式为

has_Plan_amount(?p,?pa)

对应的Jess表示方式为

(has_Plan_amount ?p ?pa)或者(assert(has_Plan_amount ?p ?pa))

(3) 以"计划数量值为(*Plan_amount_value*)"数据属性为例,SWRL规则对数据属性限制式的表示方式为

Plan_amount_value(?pa,5)

对应的Jess表示方式为

(Plan_amount_value ?pa 5)或者(assert(Plan_amount_value ?pa 5))

(4) 以"多于(*greaterThan*)"大小关系为例,SWRL规则对内置函数限制式的表示方式为

swrlb:greaterThan(?value1,?value2)

对应的Jess表示方式为

test(> value1 value2)

质量信息 OWL 本体和 SWRL 规则向 Jess 的事实库和规则库转换完成后，即可启动 Jess 推理引擎进行推理。例如汽轮机静叶片的某实例化质量信息本体中，报验总数为 5 件，但组长仲裁合格数为 4 件，仲裁不合格 NCR 号没有，按照 SWRL 规则集合中的规则 10，需要提示"仲裁结果异常，查看组长仲裁文件，追溯相关人员"。根据前面的转换方法，转换后的部分 Jess 事实和规则如表 3-3 所示。

表 3-3 转换后的部分 Jess 事实和规则

Jess 事实	(*assert* (*Part* (*name* 静叶片))) (*assert* (*has_Apply_total_amount* 静叶片 5)) (*assert* (*has_Inspect_leader_qualified_amount* 静叶片 4)) (*assert* (*has_Inspect_leader_ncr_number* 静叶片 *NULL*))
Jess 规则	(*defrule aRule* (*Part* (*name* ?*p*)) (*has_Inspect_leader_ncr_number* ?*p* ?*ilnn*) (*has_Apply_total_amount* ?*p* ?*ata*) (*has_Inspect_leader_qualified_amount* ?*p* ?*ilqa*) (*Inspect_leader_ncr_number_value* ?*ilnn* ?*ilnnv*) (*Apply_total_amount_value* ?*ata* ?*atav*) (*Inspect_leader_qualified_amount_value* ?*ilqa* ?*ilqav*) (*test* (= ?*ilnnv NULL*)) (*test* (< ?*ilqav* ?*atav*)) =>(*assert*(*has_Leader_lost_warn_service* ?*p* "组长仲裁结果异常，查看组长仲裁文件，追溯相关人员"))

表 3-3 中 Jess 事实对应 OWL 本体中的"报验总数为 5 件，但组长仲裁合格数为 4 件，仲裁不合格 NCR 号没有"，Jess 规则对应 SWRL 规则 10。然后，将转换完成后的 Jess 事实库和规则库导入 Jess 推理引擎工作区，启动 Jess 自带的 Rete 算法对 SWRL 规则集合进行模式匹配。当某条 SWRL 规则的事实部分全部匹配成功，该条规则被激活，最后执行该条规则的结论部分，启动对应的追溯内容，其推理过程如图 3-10 所示。

当 Rete 算法匹配到 SWRL 规则 10 时，其前提部分与当前 Jess 事实全部匹配成功。因此，SWRL 规则 10 被激活，Jess 调用执行引擎执行该条规则的结论部分，追溯组长仲裁文件和相关人员。

4. 基于 CBR 的装配顺序规划服务

装配顺序规划解决的问题是对于给定的产品，以什么样的次序来装配产品零部件。产品的装配顺序直接影响到产品的可装配性、装配质量以及装配成本。生产实际中，装配工艺师根据相关知识和已有经验规划产品装配顺序，这种手工方法十分费时且容易出错。而基于实例的装配顺序规划方法可以使用以往相似的装配结构和装配方案来解决当前装配顺序规划问题，提高了问题求解效率。下面以发

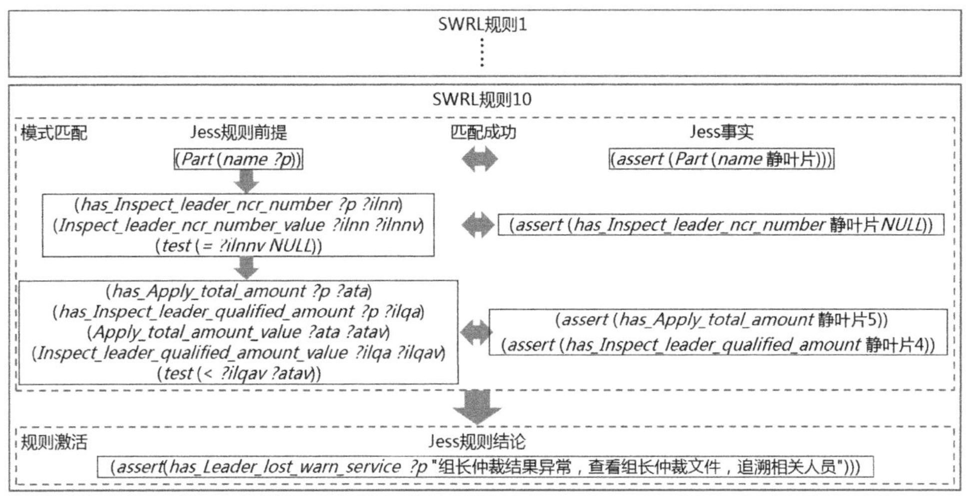

图 3-10　Jess 引擎的推理过程

动机中油缸的装配顺序规划服务为例进行说明，具体的过程如图 3-11 所示。

首先，将典型部件的装配方案以一种结构化的形式进行有效的组织，形成装配工艺实例库。实例由两部分组成，一是实例的内容即装配顺序；二是实例的索引，即实例的特征项，不同的特征将影响实例匹配结果，进而影响问题最终的求解精度。这里选取组件的装配语义及其包含的零件数目为实例的特征项。一个装配顺

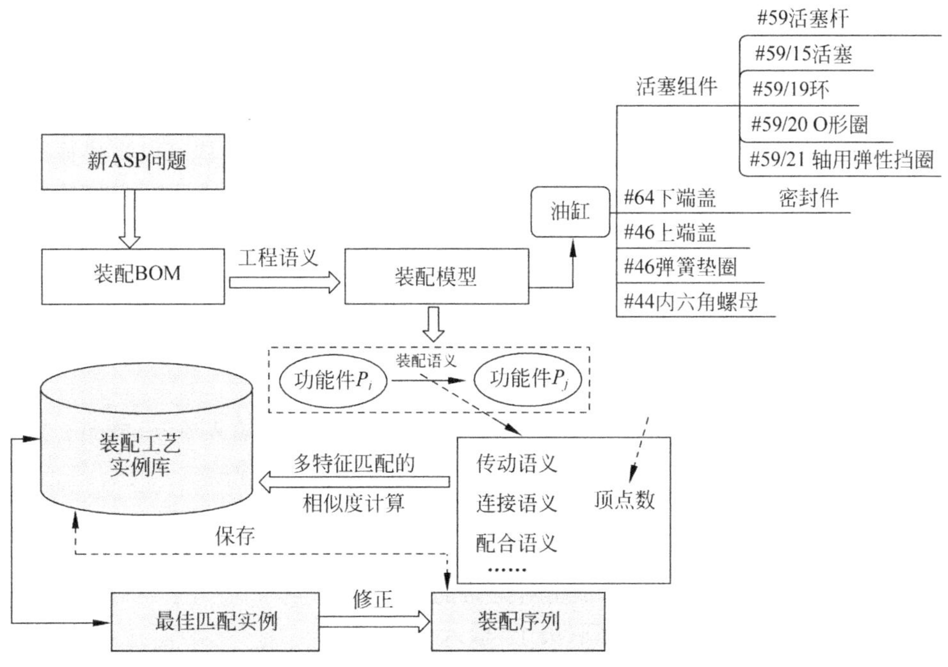

图 3-11　基于实例的装配顺序规划案例

序实例可以用四元组的形式表示为 $A\ Case=(I,S,N,AO)$。其中 I 代表实例的名称,S 为装配语义列表,N 为装配零件数目,AO 代表解方案即装配顺序。

其次,将油缸的装配 BOM(bill of material)转化为装配模型,然后从中提取到装配语义(过盈连接、密封连接、螺纹连接等)和零件数目(9 个),并在装配工艺实例中进行特征相似度计算,与某发动机活塞组件的相似度最高为 89.87%,找到最佳匹配实例为活塞组件。

最后,装配工艺师参考匹配的活塞组件的装配顺序,根据实际约束条件修正后,得到油缸的装配顺序依次为缸体、下端盖、弹簧垫圈、六角螺母、活塞杆、活塞环、O 形圈、上端盖。

3.2 智能制造服务的计算智能与决策

计算智能与决策指利用自然(生物界)规律的启迪,根据其所蕴含的原理,模仿而求解问题的算法,如神经网络算法、遗传算法、蚁群算法、免疫算法、深度学习算法等,在智能制造服务中应用较为广泛。

3.2.1 计算智能的分类与应用

计算智能与决策方法的核心是仿生的计算思想,下面以常用的神经网络方法、遗传算法以及最近较为流行的深度学习算法为例,介绍计算智能与决策方法。

1. 神经网络方法

人工神经网络是在对人脑神经元结构与运行机制的认识理解基础之上,模拟其结构和智能行为的一种工程系统方法。神经系统的基本构造是神经元,它是处理人体内各部分之间相互信息传递的基本单元。根据神经元结构可以构建神经元数理模型,如图 3-12 所示。作为神经网络的基本处理单元,神经元(数理)是一个“多输出-单输入”的非线性器件,可表示为

$$\sigma_i=\sum_{j=1}^{n}w_{ji}x_{ji}+s_i-\theta_i,\quad \boldsymbol{y}_i=\boldsymbol{f}(\boldsymbol{\sigma}_i) \tag{3-1}$$

式中:θ_i——神经元 i 的阈值;

x_{ji}——神经元 j 的输入,$j\in[1,n]$;

w_{ji}——从神经单元 j 到神经单元 i 的权值,单元 j 为输入单元,单元 i 为接受输入的单元。

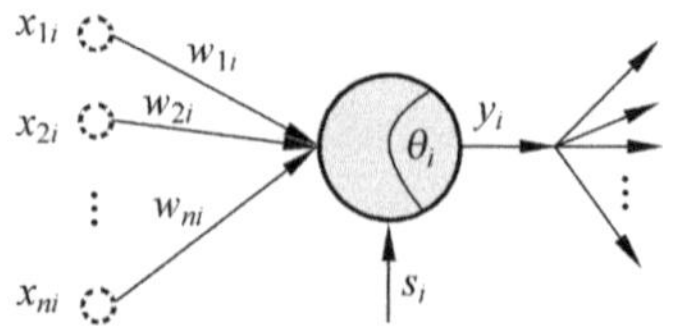

将神经元按一定结构的网络连接规则相连,即构成了神经网络模型的“拓扑结构”。各相互连接的神经单元之间的权值由对网络的训练(学习)获得。对网络的训练取决于“输入-输出”/“输入”样本集及相应的学习算法。经训练

图 3-12 (有 n 个输入的)神经元 i

后的神经网络模型的应用包括计算功能(优化等)和推理功能等。拓扑结构、权值训练(学习算法)、训练样本、应用(计算、推理等)是神经网络模型的四大功能要素。

2. 遗传算法

遗传算法(genetic algorithm,GA),也称作基因算法,是一类借鉴生物界的进化规律(适者生存,优胜劣汰遗传机制)演化而来的随机搜索方法[9]。遗传算法中涉及的生物学概念有种群、个体、基因、染色体、适者生存、遗传与变异等概念。其中种群指生物进化的群体形式,个体指组成种群的单个生物,基因指一个遗传因子,染色体指包含一组的基因,适者生存指对环境适应度较高的个体参与繁殖的机会比较多、后代就会越来越多,遗传与变异指新个体会遗传父母双方各一部分的基因且同时有一定的概率发生基因变异。

遗传算法借鉴生物进化理论,将要解决的服务工程问题抽象成一个生物进化的过程,通过复制、交叉、突变等一系列操作产生下一代的解,并逐步淘汰低适应度函数解,增加高适应度函数解。这样进化 N 代后就很有可能进化出适应度函数值很高的个体。遗传算法本质上是一种优化算法,通过进化和遗传等生物机理,从给出的原始解群中,不断进化产生新的解,最后收敛到一个特定的最优解。遗传算法基本步骤包括编码、初始群体的生成、适应度值评估检测、选择、交叉、变异等步骤,如图 3-13 所示。

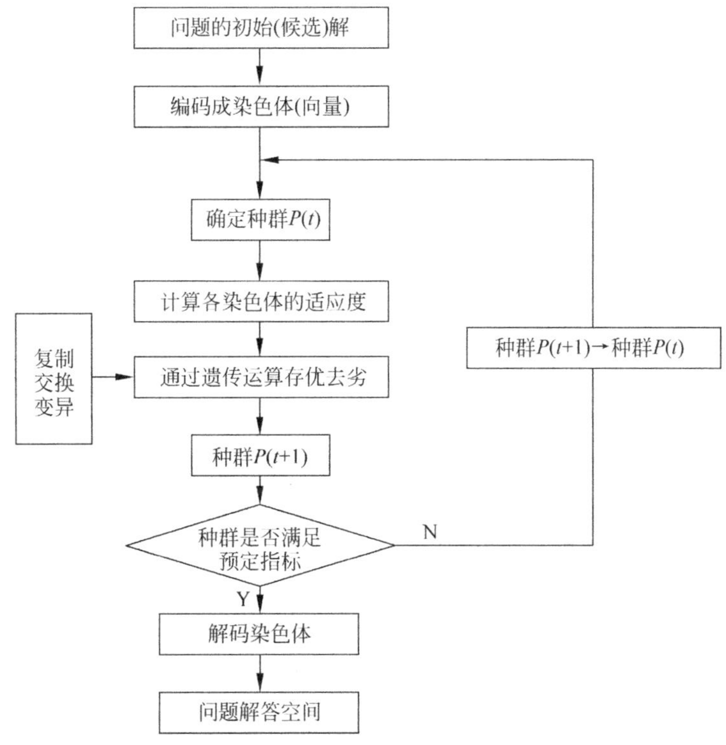

图 3-13　遗传算法一般流程

3. 深度学习算法

深度学习(deep learning)的概念起源于人工神经网络研究。在2006年之前的人工神经网络研究中,当增加网络层时通常会容易落入局部最适条件而导致学习效果不升反降。深度学习方法取得的突破是采用了先贪婪式(无监督式)逐层预训练后监督微调神经元参数的训练策略[10]。当前,深度学习研究包括了三种主流的学习模型:卷积神经网络、深度信念网络和堆栈自编码器。有学者引入了一些深度学习模型来解决实体关系抽取问题。例如,Zeng等提出了采用卷积深层神经网络学习词汇和句子层面的特征向量[11];Ebrahimi和Dou提出了一种基于最短路径依赖图的递归神经网络以抽取两个实体之间的关系[12]。这些模型相比传统的机器学习方法如支持向量机和其他浅神经网络有更好的泛化能力和学习效果。

3.2.2 计算智能与决策在智能制造服务中的应用

每种计算智能与决策算法都有自己适用的问题领域,本节以案例的形式,分别介绍上述两种典型计算智能算法在制造服务中的应用。

1. 基于神经网络的加工设备的工时预测

加工工时是指在某一加工设备上完成零件的某一道工序的加工服务所需要的时间。BP神经网络具有很强大的非线性映射能力和泛化能力,非常适合用于工时预测问题[13]。神经网络将以工时的影响因素作为输入,利用现有的历史工时样本对数据进行训练,实现对新工时的预测。神经网络的工时预测服务过程中主要分为三个阶段,即工时预测网络的训练存储阶段、工时预测阶段和工时进化阶段。

某加工过程中,以同一型号的切削加工设备为预测神经网络的最小承载单位,根据其加工类型和加工特征的不同,创建工时预测网络;训练样本则先从该台设备的历史工时数据中提取,再根据加工类型和加工特征进行分类,最终获取可用于训练的加工工时样本数据。在进行BP神经网络的训练前,参照公式确定隐藏层节点数目,再选择合适的学习率和动量系数,建立神经网络训练模型,设置允许的误差值和最大训练次数后开始训练;根据算法的收敛情况,调整隐藏层节点数、学习率和动量系数后再次训练,直到形成较好的预测网络。

之后,将预测网络的关键信息保存到数据库中,其中包括输入层节点数、隐藏层节点数、输入层-隐藏层权值矩阵、隐藏层-输出层权值矩阵、归一化最值、学习率、动量系数等,形成工时预测网络库,可在新工时预测服务场景中使用,具体的工时预测网络库的创建逻辑如图3-14所示。

若要进行工时预测时,根据要预测的设备类型编号、加工类型和加工特征名从工时预测网络数据库中提取预测网络的关键信息,复建工时预测网络,将参数(加工特征的几何尺寸参数、表面粗糙度值、加工精度等级、操作员技术等级、材料)输入,便获得预测的工时数值。图3-15为工时预测服务流程逻辑图。

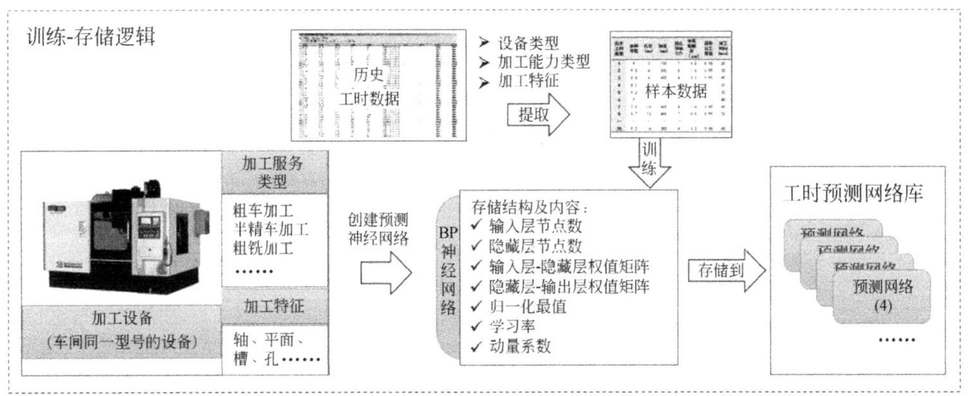

图 3-14　工时预测网络库的创建逻辑

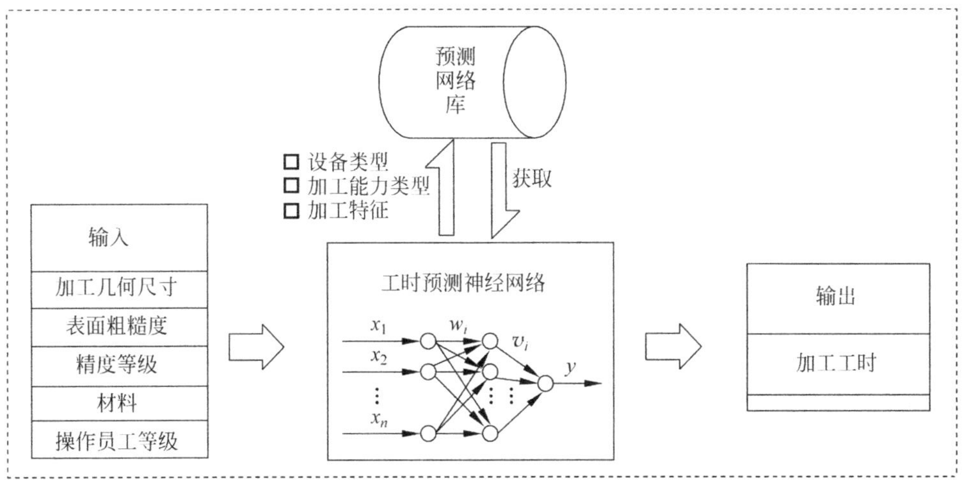

图 3-15　工时预测服务流程逻辑

由于训练样本的限制和环境因素的影响，训练后得到的神经网络难以持续性地保持高准确性，所以随着实际制造服务过程的进行，需要不断对已有的预测网络进行优化调整，使其能够始终保持较高的预测准确性，真实反映实际工时情况。

2. 基于自适应遗传算法的工艺排序实现

工艺路线排序和决策是一个十分复杂的过程，不仅受到加工方法、机床选择和刀具的影响，而且也要受到工艺约束的影响，而工艺约束一方面是指加工特征之间的先后关系约束，另一方面也包含具有普适性的加工顺序约束，即需要遵循先粗后精、先主后次、先面后孔、基面优先等加工制造准则。因此，工艺排序问题可以抽象成为一个带有约束关系的非线性规划问题，工艺排序服务本质上就是根据当前生产环境，生成一个最优化或者接近最优化的工艺路线的过程。针对上述问题，采用自适应遗传算法来进行工序间的优化排序，得到了满足给定约束关系的最优工艺路线。自适应遗传算法驱动的工艺排序的流程如图 3-16 所示,其主要有工艺路线的交叉、工艺路线的变异和工艺路线的适应度函数确定等核心问题。

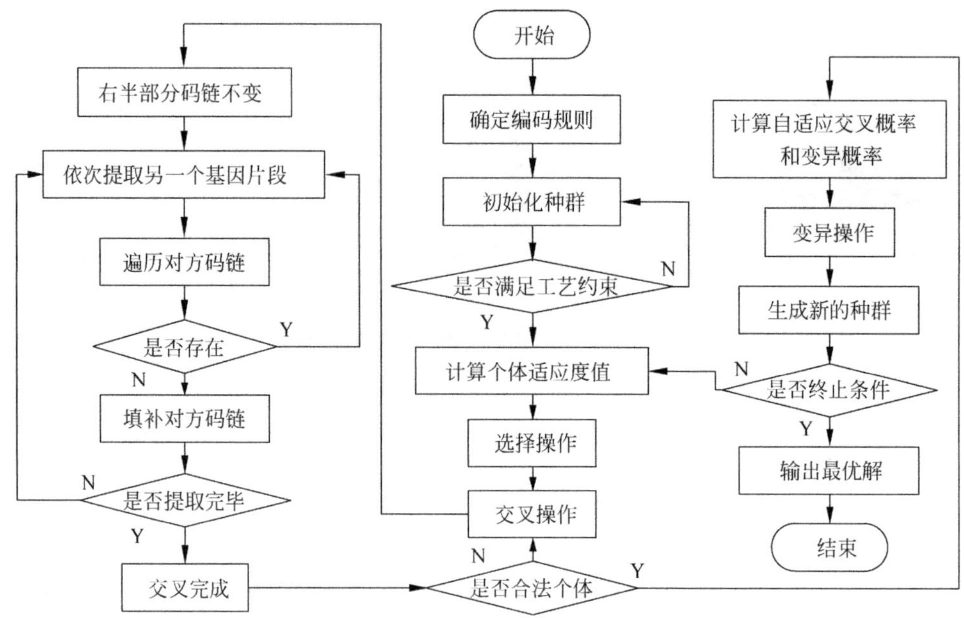

图 3-16 基于自适应遗传算法的工艺排序流程

1) 工艺路线的交叉方式

工艺路线的交叉方式和传统变换二进制码链的方式存在很大的差异,传统交叉方式是直接交换两个父代特定部分的码链,而工艺路线则是采用实数编码的一系列自然数,直接交换会导致一些加工特征单元在码链中缺失或重复。为解决这一问题,采用如下工艺路线的交叉方式:

选择两个父代个体,设定每个个体的右半部分基因码链保持不变,对于其中一个父代,在另一个父代个体中寻找自身右半部分缺失的基因码,按顺序依次填入,由此可以形成两个新子代个体,交叉流程如图 3-17 所示。

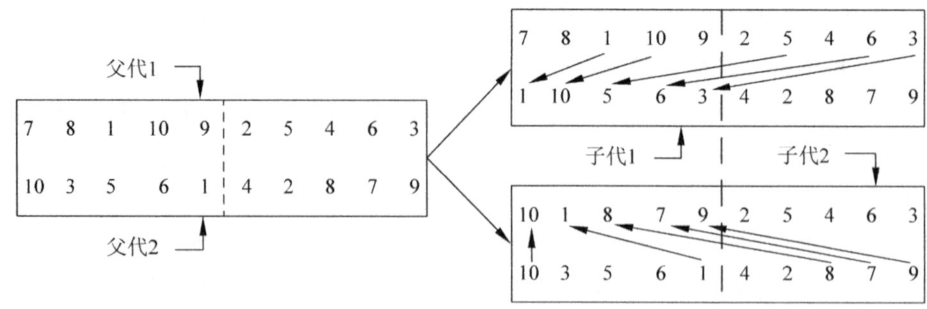

图 3-17 工艺路线交叉方式示意图

2）工艺路线的变异方式

为了确保种群个体的多样性，避免算法陷入局部最优，通过变异操作得到新的个体。与传统二进制码链 0、1 变异方式不同，工艺路线码链上的每一个基因码均代表一个加工特征的工艺片段，无法进行单点变异，因此，通常选择两个变异位置 pos_1 和 pos_2，将两个位置上的基因码相互交换形成一个新个体，通过校验算法判断该个体是否有效，若有效则加入下一代种群，否则重新进行变异操作。变异操作的流程如图 3-18 所示。

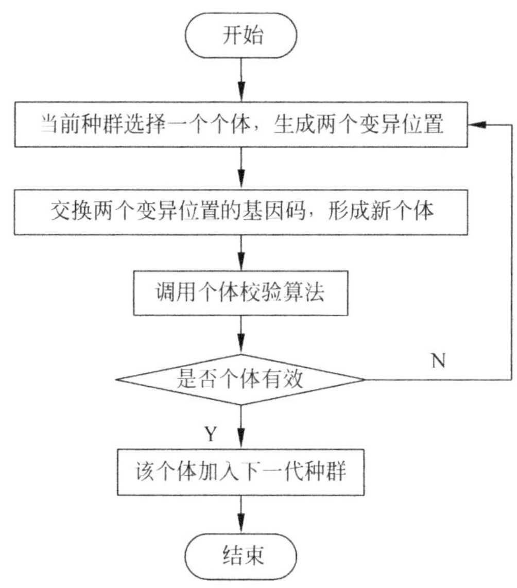

图 3-18　工艺路线变异方式流程图

3）工艺路线的适应度函数

工艺排序本质上是一个带有约束关系的多目标优化问题，生产实践表明，机床、刀具和夹具的频繁更换既降低生产效率、增加生产成本，同时也会对零件的加工精度造成不利的影响，因此，本例以减少机床更换次数、换刀次数和装夹次数作为工艺路线优化排序的目标。

设定 $\mathbf{R}^n$ 为 n 维工艺路线码链的解空间，则目标函数可表示为

$$\min C(x) = \min\left[\alpha_F C_F(x) + \alpha_T C_T(x) + \alpha_M C_M(x)\right], \quad x \in \mathbf{R}^n \tag{3-2}$$

式中：α_F——装夹次数的权重系数；

α_T——换刀次数的权重系数；

α_M——机床更换次数的权重系数；

$C_F(x)$——装夹次数；

$C_T(x)$——换刀次数；

C_M——机床更换次数；

$C(x)$——综合工装更换次数。

在自适应遗传算法中，个体的适应度越大，则个体越优异，因此，需要对目标函数进行转化以得到适应度函数，本例中所采用的适应度函数表示为

$$F(x)=\begin{cases}C_{\max}-C(x), & C(x)<C_{\max}\\ 0, & C(x)\geqslant C_{\max}\end{cases} \tag{3-3}$$

式中：$C_{\max}$——一个足够大的常数以保证适应度为正值，取 $C(x)$的最大值即可。

3. 采用深度学习方法挖掘和抽取服务交互关系

一般来说，服务交互过程会产生大量的交互上下文数据，这些数据具有海量、高维度、高稀疏性的特点，可用于辅助服务决策的信息类别也众多。具体来说，“需求”实体指一个企业想转包给其他企业的各种级别（包括工序和零部件加工）的制造服务，“能力”实体指企业能够制造什么以及制造多少产品。由于不同类别的关系通常意味着不同的文法、布局和语法的上下文文本，因此本节针对每个关系类别单独建立深度学习神经网络以达到更高的挖掘性能。

首先，通过对初始非结构化上下文文本数据的预处理，得到含有实体对的带标签数据作为模型的输入；其次，基于上下文将带标签数据向量化，从而得到深度学习模型的训练样本集；再次，在神经网络训练阶段，先对多个隐含层进行非监督式的逐层贪婪预训练，然后向后传播进行监督式参数微调优化，其中神经网络的多个隐含层可获得更高水平的特征提取和抽象效果；最后，深度神经网络经过训练阶段后已经学习和记忆下所有隐含在样本数据中的实体关系映射模式，使用此神经网络作为实体关系抽取工具可以从同一上下文中提取最具代表性的关系特征向量，这种自动提取的句子级别的特征实体关系可以聚合成为社群化制造配置的初始空间网络，进而可以支持跨企业制造服务资源和能力的整合决策。

1) 输入数据建模

深度学习的目标是获得一个能够从训练样本中记忆输入语句数据（$\boldsymbol{X}$）和相应的关系标签（***X_label***）之间潜在映射关系的神经网络，因此，输入数据建模至关重要，一个好的输入数据建模方法可以减少原始信息的损失。

文本语句是由多个单词或词组组成的，第一个步骤是将每个输入词标记转换为向量，这里采用建立和查找词袋（word embeddings）的方法。词袋不应只是随机初始化形成，而应该包含整个上下文中的句法和语义信息，因此词袋的建立是一项较难的任务。这里直接采用 Turian 方法[14]来聚合和建立上下文词袋。

将上下文中所有词语均表示为向量。虽然这种向量化表示已被证明与人类判断词语相似度的方法能很好地耦合，然而基于单一词向量模型的挖掘效果仍然有限。因为词向量模型不能捕获语句中的距离特性和语义组合性，这会导致神经网络不能很好地理解长句表达的深层含义。因此，在本研究中采用如图 3-19 所示句子层次的特性来作为深度学习实体关系抽取模型的输入，句子中每个词采用词特征（word feature，WF）和位置特征（position feature，PF）描述。

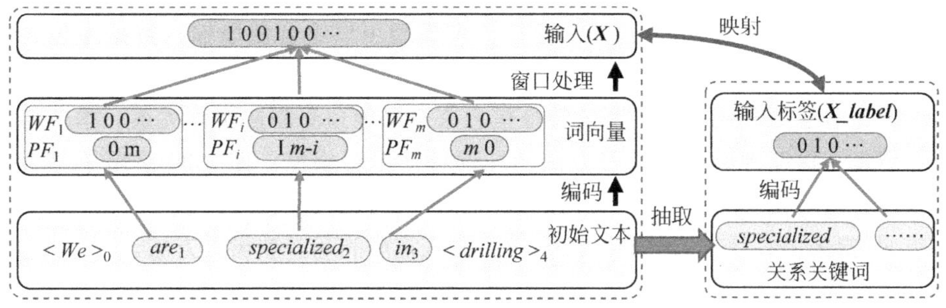

图 3-19　输入数据预处理与编码方法

分布假设理论[15]表明出现在相同上下文中的词汇往往有相似的含义。因此，为了使得词特征包含上下文信息，将词特征设计为由词本身及其前后相邻词汇组合在一起形成的向量。以下列句子为例：

$$\boldsymbol{x}: \langle We \rangle_0\_are_1\_specialized_2\_in_3\_\langle drilling \rangle_4 \tag{3-4}$$

式中：$\boldsymbol{x}$——由词向量列表(x_0,x_1,x_2,x_3,x_4)组成的句子，x_i 为句中第 i 个索引词的向量。

使用大小为 w 的窗口向量以聚合到上下文更丰富的实体关系特征信息。例如 $w=3$，那么给定单词 x_i 的词特征可表示为

$$WF_i=(x_{i-1},x_i,x_{i+1}) \tag{3-5}$$

进而，整个句子可以表示如下：

$$\boldsymbol{x}=\{(x_s,x_0,x_1),(x_0,x_1,x_2),\cdots,(x_3,x_4,x_e)\} \tag{3-6}$$

除了基本的词特征外，实体在句中的结构特点也是决定其关系的重要线索。为了进一步捕获实体的结构信息，提出使用词与两个实体之间的最短路径作为当前词的位置特征(PF)。例如，式(3-4)中词语“*specialized*”相对于前后两个实体“*we*”和“*drilling*”的距离分别是 2 和 −2。这两个相对距离被映射为表示位置特征的一个向量。将当前词相对实体 e_1 和 e_2 的两个距离向量 $\boldsymbol{d}_1$ 和 $\boldsymbol{d}_2$ 追加到词特征向量中组成 $[WF_i,PF_i]^{\mathrm{T}}$。最后，整个句子可表示如下：

$$\boldsymbol{x}=\{[WF_0,PF_0]^{\mathrm{T}},[WF_1,PF_1]^{\mathrm{T}},\cdots,[WF_4,PF_4]^{\mathrm{T}}\} \tag{3-7}$$

通过上述数据建模方法，可将所有采集到的上下文文本语句聚合为输入样本矩阵 $\boldsymbol{X}$。需要注意的是，小写粗体符号代表向量，大写粗体符号表示矩阵。对于输入数据中的训练样本标签，即预定义两个命名实体之间的关系，同样采用词特征向量表示：

$$\boldsymbol{x\_label}=\{[WF_0]^{\mathrm{T}},[WF_1]^{\mathrm{T}},\cdots,[WF_j]^{\mathrm{T}}\} \tag{3-8}$$

式中：j——预定义标签词在特征词袋中的词序号；

WF_j——第 j 个词的特征量，若出现则为 1，反之为 0。

最终，所有训练样本相应的第二部分标签信息聚合为 $\boldsymbol{X\_labels}$。

2）深度堆栈自编码模型

从技术层面上看，上节建立的窗口处理模型可以组合获取输入数据中包含的上下文信息。然而，这种建模方法只能捕捉到局限在一个句子里面的局部特征信息。因此有必要利用所有局部的特征信息来全局地预测制造实体关系。本节将深入介绍基于深度神经网络学习方法的局部特征融合模型。图 3-20 给出了基于堆栈去噪自编码器[16-17]的深度学习算法流程，下文将细化其模型的核心步骤，包括激活单元、损失函数计算、正则化方法、噪声注入策略和超参数设置方法。

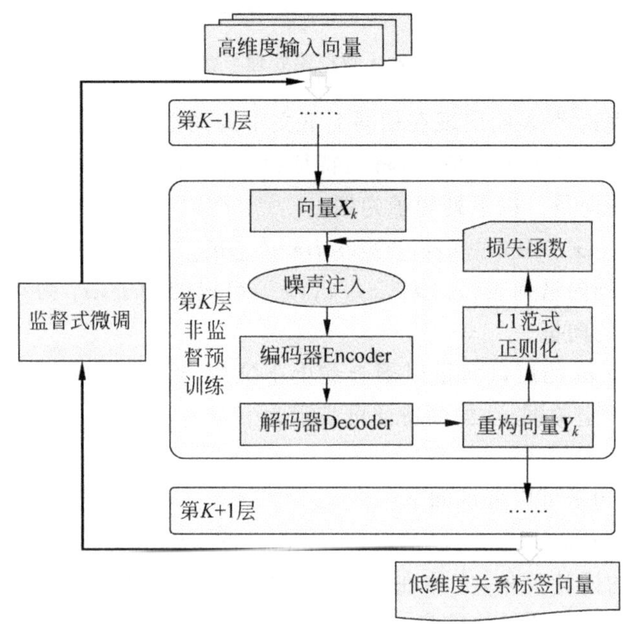

图 3-20　基于堆栈去噪自编码的深度神经网络学习算法逻辑

记 $\boldsymbol{x}\in\mathbf{R}^N$ 为一个神经元的输入，$\boldsymbol{z}\in\mathbf{R}^M$ 为神经元编码；其中 N 和 M 分别表示输入和输出的数据维度。记 $\boldsymbol{W}_\mathrm{e}\in\mathbf{R}^M$ 和 $\boldsymbol{W}_\mathrm{d}\in\mathbf{R}^N$ 分别为编码器(encoder)和解码器(decoder)的权重矩阵，$\boldsymbol{b}_\mathrm{e}\in\mathbf{R}^M$ 和 $\boldsymbol{b}_\mathrm{d}\in\mathbf{R}^N$ 分别为编码器和解码器的偏距；将权重和偏距组合起来，那么 $\boldsymbol{\theta}_\mathrm{d}=\{\boldsymbol{W}_\mathrm{d},\boldsymbol{b}_\mathrm{d}\}$ 和 $\boldsymbol{\theta}_\mathrm{e}=\{\boldsymbol{W}_\mathrm{e},\boldsymbol{b}_\mathrm{e}\}$ 可以分别表示解码器和编码器。编码器和译码器可分别表示如下：

$$\boldsymbol{y}=f_{\boldsymbol{\theta}_\mathrm{e}}(\boldsymbol{x})=s(\boldsymbol{W}_\mathrm{e}*\boldsymbol{x}+\boldsymbol{b}_\mathrm{e}) \tag{3-9}$$

$$\boldsymbol{z}=g_{\boldsymbol{\theta}_\mathrm{d}}(\boldsymbol{y})=s(\boldsymbol{W}_\mathrm{d}*\boldsymbol{y}+\boldsymbol{b}_\mathrm{d}) \tag{3-10}$$

式中：s——神经元激活函数。

考虑输入数据已被编码为二进制型，这里采用 sigmoid 形的激活函数：

$$s(\boldsymbol{x})=\frac{1}{1+\mathrm{e}^{-x}} \tag{3-11}$$

每个神经元的编码-解码(encoding-decoding)过程会产生一个需要优化的重构

误差(损失),神经网络的深度学习过程就是通过样本训练最小化这个重构误差(或最大化输入和学习到的特征之间的互信息)。引入信息熵函数来度量这个重构过程中的信息损失。对于给定训练样本($\boldsymbol{x}^{(i)}$,$\boldsymbol{x\_label}^{(i)}$),其优化目标可以表示为

$$\boldsymbol{L}(\boldsymbol{x},\boldsymbol{z})=-\sum_{i}\left[\boldsymbol{x}^{(i)}*\log\boldsymbol{z}^{(i)}+(1-\boldsymbol{x}^{(i)})*\log(1-\boldsymbol{z}^{(i)})\right] \tag{3-12}$$

$$\boldsymbol{\theta}_{\mathrm{e}},\boldsymbol{\theta}_{\mathrm{d}}=\underset{\boldsymbol{\theta}_{\mathrm{e}},\boldsymbol{\theta}_{\mathrm{d}}}{\operatorname{argmin}}\boldsymbol{L}(\boldsymbol{x},\boldsymbol{z}) \tag{3-13}$$

如图 3-21 所示,一个深度神经网络是由互相连接在一起的多个神经层组成的,上一个层次神经元的输出是下一个层次神经元的输入。单层去噪自编码器(denoising auto-encoders,DAE)[18]训练单层神经网络以重构被随机加噪的输入数据,将这些单层去噪自编码器拓扑地叠加起来形成深度学习架构,即堆栈去噪自编码器(SDAE);当训练上一层次的编码器之后,又将其学到的编码函数 $f_{\boldsymbol{\theta}_{\mathrm{e}}}^{(i)}$ 作为下一层编码器的输入以训练下一个编码函数 $f_{\boldsymbol{\theta}_{\mathrm{e}}}^{(i+1)}$。堆栈去噪自编码器是一个前馈神经网络,因为其连接图没有任何有向链接循环。

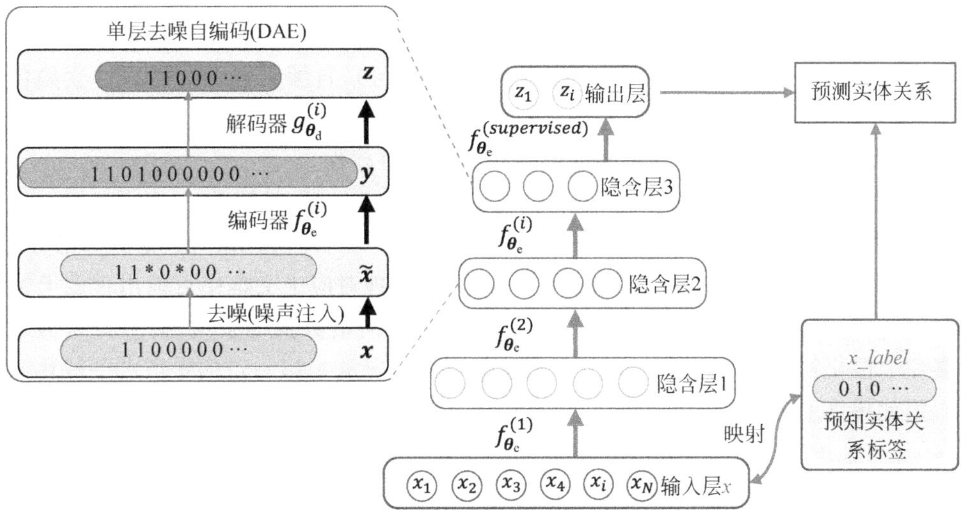

图 3-21　基于堆栈去噪自编码模型的实体关系抽取示意图

有别于其他传统浅层次神经网络的随机初始化权重参数,无监督式逐层预训练参数是深度学习能获得优秀预测性能的关键步骤,但是利用带标签数据进行反向传播权重调整同样重要,因为反向传播训练是一个监督调优的过程,它可以避免过度学习问题[19]。反向传播是在衡量每个编码和解码对产生预测值和预定义值之间误差的作用的基础上,在下一个学习迭代过程中做一些参数调整。对于神经元节点,网络的激活和真正的目标值之间的差异可以通过式(3-12)直接测量。为了减少权重的变化幅度和防止过度学习,反向传播过程中引入了正则化项(也称为权重衰减),如下式所示:

$$\boldsymbol{J}(\boldsymbol{\theta}_{\mathrm{e}},\boldsymbol{\theta}_{\mathrm{d}})=\boldsymbol{L}(\boldsymbol{x},\boldsymbol{z})+\delta*\sum_{j=0}^{|\boldsymbol{\theta}_{\mathrm{e}},\boldsymbol{\theta}_{\mathrm{d}}|}|\boldsymbol{\theta}_{\mathrm{e}j},\boldsymbol{\theta}_{\mathrm{d}j}| \tag{3-14}$$

式中：$\boldsymbol{\delta}$——控制权重相对重要性的衰减超参数(hyper-parameter)。

反向监督调优的目标是最小化以$\boldsymbol{\theta}_{\mathrm{e}}$和$\boldsymbol{\theta}_{\mathrm{d}}$为自变量的函数$\boldsymbol{J}(\boldsymbol{\theta}_{\mathrm{e}},\boldsymbol{\theta}_{\mathrm{d}})$；参数$\boldsymbol{\theta}_{\mathrm{e}}$和$\boldsymbol{\theta}_{\mathrm{d}}$将初始化为一个随机接近于零的值，然后通过调整优化来训练神经网络。由于$\boldsymbol{J}(\boldsymbol{\theta}_{\mathrm{e}},\boldsymbol{\theta}_{\mathrm{d}})$是一个非凸函数，理论上而言，梯度下降法容易陷入局部最优；然而，在实践中梯度下降通常很有效。为优化$\boldsymbol{J}(\boldsymbol{\theta}_{\mathrm{e}},\boldsymbol{\theta}_{\mathrm{d}})$采用了随机梯度下降(stochastic gradient descent，SGD)优化技术。因为深度神经网络有多层的神经元参数，采用差异链式法反向传播微调直到输入层。对于给定训练样本$(x^{(i)},x_label^{(i)})$和预设的学习率l，基于随机梯度下降的参数更新规则可表示如下：

$$\boldsymbol{\theta}_{\mathrm{e}}\leftarrow\boldsymbol{\theta}_{\mathrm{e}}-l*\frac{\partial\boldsymbol{J}(\boldsymbol{\theta}_{\mathrm{e}},\boldsymbol{\theta}_{\mathrm{d}})}{\partial\boldsymbol{\theta}_{\mathrm{e}}},\quad\boldsymbol{\theta}_{\mathrm{d}}\leftarrow\boldsymbol{\theta}_{\mathrm{d}}-l*\frac{\partial\boldsymbol{J}(\boldsymbol{\theta}_{\mathrm{e}},\boldsymbol{\theta}_{\mathrm{d}})}{\partial\boldsymbol{\theta}_{\mathrm{d}}} \tag{3-15}$$

3) 噪声策略

反向传播过程中一个至关重要的问题是泛化能力。一个能成功预测给定训练样本的神经网络并不能保证对未经训练的新输入进行有效的预测，其原因来自两个方面：一方面，根据 Bengio 等[20]的研究，当自编码器的输出层维度大于或等于输入层维度时(短语句样本对应的输入向量很稀疏)，自编码器可能做线性变换的学习，并不能实现特性抽象或提取的目的；另一方面，输入的文本通常包含一些个性化的符号和语言，因此训练模型必须有更好的鲁棒性。

为了提高深度神经网络的泛化能力，采取椒盐噪声策略(salt-and-pepper noise)在网络训练过程中给原始输入注入微量噪声[16]，即选择输入数据的一部分1替换为0，另一小部分数据0替换为1。这两个处理对应于文本中可能出现的上述两种情况：前者是考虑到可能会有一些高维输入向量数据的丢失，而后者是为了避免个性化符号输入影响。噪声注入过程后输入向量$\boldsymbol{x}$以一定的噪声水平转化为$\tilde{\boldsymbol{x}}$，因此梯度下降优化算法可进一步表示如下：

$$\boldsymbol{\theta}_{\mathrm{e}},\boldsymbol{\theta}_{\mathrm{d}}=\underset{\boldsymbol{\theta}_{\mathrm{e}},\boldsymbol{\theta}_{\mathrm{d}}}{\operatorname{argmin}}\boldsymbol{J}(\boldsymbol{x},g_{\theta_{\mathrm{d}}}(f_{\boldsymbol{\theta}_{\mathrm{e}}}(\tilde{\boldsymbol{x}}))) \tag{3-16}$$

需指出，堆栈去噪自编码的目标仍是最小化原始输入和重构向量之间的重构损失。

3.3 智能制造服务的知识工程方法

智能制造服务属于典型的知识密集型服务，如何将制造服务过程中海量的知识进行有序表达、高效推理并系统存储，是解决制造服务领域中知识高效利用的关键问题，而知识工程方法则是解决该问题的有效途径之一。知识工程是一门以知识为研究对象的学科，研究如何将知识以计算机能识别的方式存储，并在此基础上对问题进行自动推理求解[21]。知识工程的研究包括知识表示、知识存储、知识推理、知识重用、知识繁衍等，其中知识表示是知识工程的基础。知识工程最早是由美国斯坦福大学的 Feigenbaum 教授在 1977 年第五届国际人工智能会议上提出的，他将知识工程定义为一种采用人工智能原理和方法，求解这些需要领域专家知识才能解决的应用难题的手段[22]。近年来，知识图谱(knowledge graph，KG)作为现代人工智能技术中的重要组成部分，能够在制造服务数据的存储、管理以及在此基础上的搜索、智能问答、情报分析等领域中发挥重要作用。其中，知识图谱构建技术方面主要有专家构建方式、众包构建方式和自动构建方式等。

3.3.1 全生命周期制造服务经验的知识化

知识是制造过程的智能化的载体，通过在制造过程中应用知识工程，可以快速实现制造过程的信息化、智能化。知识表示则是将知识以某种形式符号化的过程，方便计算机对其进行存储和管理，以及结合具体问题进行推理应用。[23]同时，一种好的知识表示方法是知识库易于维护和知识推理高效的前提，更是知识系统能有效解决问题的决定性因素。因此，知识表示一直以来都是知识工程领域研究的热点与核心。目前，国内外学者已经提出多种知识表示方法，包括一阶谓词逻辑、语义网络、产生式规则、框架、实例等。[24-26]

一阶谓词逻辑是一种采用经典谓词逻辑形式来表示知识的方法。语义网络是一种采用带有标记的有向图来表示知识的方法。产生式规则是一种采用“If A Then B”的形式来表示知识的方法，意思是如果前提部分 A 的条件满足，则执行 B 中规定的动作。框架实际上是对象、属性和属性值的集合，包含若干个槽或侧面，它们分别描述对象某个方面的属性。实例是对以往解决问题的客观描述，它将问题求解的初始条件、方法过程和求解结果存储起来，隐含了求解过程中所运用的知识和经验。本体表示法的目标是统一人类对某领域知识的共同理解，实现人和计算机某种程度上对知识资源的共享和重用[2]。这几种知识表示方式的优缺点如表 3-4 所示。

表 3-4　几种知识表示方式的优缺点比较

知识表示法	优　　点	缺　　点
一阶谓词逻辑	接近人类语言，易于接受	事实较多时推理易出现组合爆炸
语义网络	反映人类思维联想过程，自然清晰	形式多样导致处理复杂性大大提高
产生式规则	善于表示过程性知识和因果性知识	不便于表示结构性和层次性知识
框架	善于表示结构性和层次性知识	不便于表示过程性知识和因果性知识
实例	便于存储问题求解时的隐含经验	具体表示形式和标准不统一
本体	便于描述事物之间的复杂联系	关系描述过多时导致推理过程复杂

智能制造服务过程中所蕴含的知识的形式和结构各不相同,不便于统一描述、组织和管理。因此,为了对这些不同类型的知识进行统一表达,还需建立支持多种知识共存的智能制造服务的混合知识表示模型,采用思维导图来实现。

思维导图最初是由 20 世纪 60 年代英国的 Tony Buzan 提出的,其充分运用源自大脑的神经生理学习互动模式和多感官学习特性,极大地展现了个人智力潜能,提升思考技巧,提高记忆力、组织力与创造力等[27]。目前,思维导图已被广泛应用于文化、教育、商业、行政等领域,但是这些领域中思维导图往往只是被当作一种静态的、常识性的知识描述工具[28],很少体现出其在动态知识推理方面的价值。如果将某领域的知识在思维导图中以一定的结构表示和组织起来,那么在求解该领域具体问题时通过调用相关的知识推理算法对思维导图中的节点进行遍历和匹配,即可找出该问题的解。由此可见,思维导图不仅能静态地表示知识,还能通过动态的知识推理来解决实际问题。因此,提出了如图 3-22 所示的基于思维导图的知识表示模型。基于思维导图的知识表示具有以下特点:

(1) 知识主题被置于思维导图的中心;

(2) 由知识主题开始呈放射状向四周发散形成由一级知识节点构成的主分支;

(3) 一级知识节点继续向外辐射形成不同层次的各级知识节点构成的若干子分支;

(4) 整个基于思维导图的知识表示模型成多叉树结构。

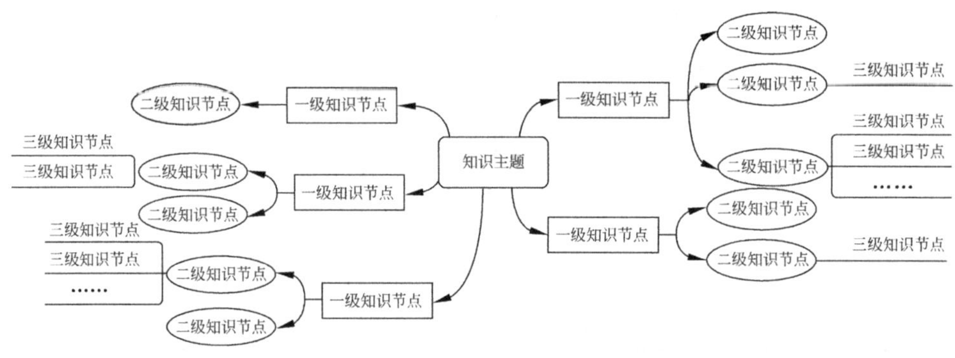

图 3-22 基于思维导图的知识表示模型

3.3.2 智能制造服务的知识工程

在完成全生命周期制造服务经验的知识化后,需要借用知识工程工具解决实际制造服务问题。智能制造服务的知识工程主要分为知识存储和知识推理两部分,下面分别进行论述。

1. 智能制造服务的知识存储

知识库是为了满足某领域问题的求解需要,而将相互联系的知识集合以某种表示方式存储在计算机中,以方便知识的组织、管理及推理应用的一种手段[29]。

知识库是知识工程和数据库技术发展相交融的重要产物，它使得基于知识的系统具有智能性，其核心在于面向某些领域问题，通过知识的共享和重用，来完成知识的推理应用。

知识库和数据库的侧重点不同。数据库用于企业的数据管理，存储类型不同、形式各样的数据，而知识库面向的是知识工程领域问题的智能求解，存储的是多样化、易于使用以及全面有组织的知识集群，且这些知识表现形式和逻辑结构各不相同[30]。但知识库和数据库的联系又非常紧密。知识库的构建离不开数据库的支撑，知识库是用来存放知识的实体，不同表示方式的知识最终都将转化为合适的数据结构存入计算机中，目前通常采用关系数据库来实现。随着知识工程的发展，从知识库中存取知识如同从数据库中存取数据一样方便，已经成为当前知识库研究的主要趋势[31]。

知识库是否易于维护、知识存取能否快捷是衡量一个知识系统效率高低的关键性因素[32]。智能制造服务的计算与决策中包括框架、实例、产生式规则以及本体不同类型的知识。若将这些知识全部存放在一个知识库中，不仅将直接增加知识管理的难度，更会导致知识库的存取效率下降。因此，针对智能制造服务的计算与决策的混合知识表示模型，提出了如图 3-23 所示的知识库逻辑结构。

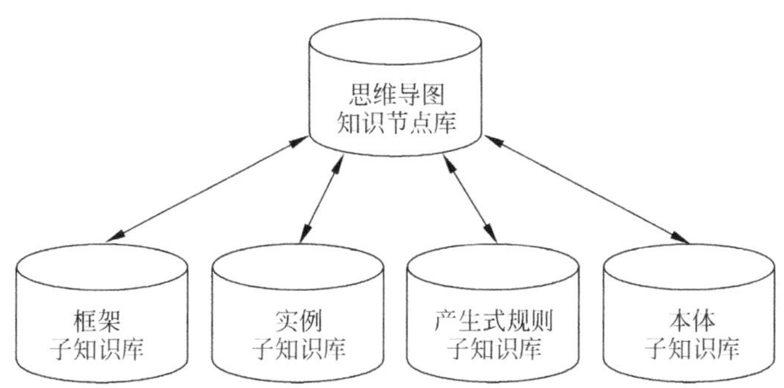

图 3-23　智能制造服务的计算与决策知识库的逻辑结构

图 3-23 中整个智能制造服务的计算与决策知识库以思维导图知识节点库作为统领，按照知识节点内容的不同，分别将不同类型的知识节点与对应的框架、实例、产生式规则、本体子知识库相关联，从而形成以思维导图为导引的知识库。这种逻辑结构可以有效地提高智能制造服务的计算与决策知识库的知识存取效率，通过对不同类型知识进行分类存储，有利于对知识的组织，更是为推理过程中知识的高效提取创造了条件，同时也使得对不同类型知识的维护更加便利。此外，由于思维导图具有极好的延伸性和拓展性，也为知识库的继续扩充留下了余地。

2. 智能制造服务的知识推理

广义上的推理是指人类根据既定的事实进行思维拓展、演绎推理出结论的过程，它是人类高级思维的一种重要体现。知识推理是指利用计算机模拟人类的思考推理方式,根据一定的求解策略,在已经建立的知识集合中自动推理搜寻问题解的过程[33]。知识推理按照其知识形式不同,相关方法也有所不同。

(1) 采用框架推理来求解问题时,首先需要建立待求解问题的初始描述框架,然后将完成填充后的初始描述框架与框架库中已有的框架进行部分槽或侧面的匹配,从而找到满足某些条件的预选框架。最后通过预选框架中其他槽或侧面的内容以及框架系统间的联系,得到进一步的启发,使得问题的求解不断向前推进。

(2) 实例推理的基本思想是,将以往求解问题时的条件、方法和结果以实例的形式存储起来放入实例库中,当下次要解决类似的问题时,首先对当前问题进行描述,然后在实例库中寻找与当前问题最为相似的实例,并根据需要对搜索出来的实例进行修改以满足新的问题求解要求,最后对修改完成后的实例进行保存。

(3) 产生式规则推理包括正向推理、反向推理和混合推理三种。正向推理是一种从已有的事实出发,通过遍历规则库中的产生式规则来逐步推断出新结论的推理方法。反向推理是一种从问题的求解目标出发,通过不断地提出结论来逐步寻找前提证据的推理方法。混合推理是正向推理与反向推理同时进行的推理方法。

(4) 由于本体描述语言无法描述复合属性,因此 SWRL 规则往往与其结合起来被用于本体推理中。通常本体推理采用 OWL+SWRL+Jess 的结构,其中 OWL 本体描述语言对本体概念类及其关系进行表述,SWRL 本体规则进一步对本体内因果过程关系进行说明,Jess 推理机将 OWL 描述语言和 SWRL 规则转换为 Jess 支持的事实库和规则库,并在此基础上推理出隐含事实。

3.3.3 智能制造服务中的知识图谱技术

基于领域知识图谱的服务数据空间,可实现大规模的查询与自动推理。其利用语义本体对服务流为中心的相关概念进行形式化描述,并对涉及的服务约束知识进行建模,最终实现服务数据空间模式层的建模。同时,结合 Datalog 和 R2RML,可把在领域知识图谱上的 SPARQL 查询转换为关系数据库的 SQL 查询,以构建基于查询重写的映射规则,实现服务数据空间实例层的映射。

基于领域 KG 的 SD 模型,一方面方便了多类型服务交互以统一的方式获取各类制造与服务数据,辅助生产决策;另一方面为多层级交互与协作提供了统一的数据接口,实现多服务主体节点间的数据交换与共享。基于领域 KG 的 SD 并非像传统数据仓库那样需要额外提供一个固化的存储空间来存储各个数据源的数据,而是提供一种中间映射结构,将数据源与领域 KG 进行映射,因此领域专家可借助映射关系(RDB)快速高效地写出语义查询语句,避免了因缺乏 IT 知识不能写出复杂的 SQL 查询语句的问题。

SD 模型由三个部分构成,形式化描述为

$$DataSpace=(D,K,M) \tag{3-17}$$

式中：D——SD 的数据源，通常为关系数据库，包括数据库模式和实例数据，其中关系数据库模式包含了数据表和数据列的定义、主键和外键等一致性约束；

K——知识库，这里为领域本体，为 SD 提供高层面的数据概念视图、数据查询词汇和推理所需的本体公理。目前，描述本体模型的标准语言为 W3C 最新标准 OWL2，本文使用其子语言 OWL2 QL 构建领域 KG 的模式层；

M——语义映射规则集合，描述了数据源中的数据如何填充到本体中的类和属性中，每一个映射规则形如 m：$SQL(X) \rightarrow Triple(X)$，$SQL(X)$表示在 RDB 上的 SQL 查询，$Triple(X)$是构建在领域 KG 上的 RDF 三元组模板，表示如何将从 RDB 中获取到的值赋给 RDF 项，从而实例化本体类与属性。描述语义映射规则 m 的标准语言为 W3C 标准 R2RML，通过 R2RML 可构建 RDB 和 RDF 图之间的映射关系。

RDB 转换为领域 KG 的模型与方法，是针对当前制造服务数据杂乱无章和关系复杂背景下的制造服务数据统一集成与管理的思路，这套方法包括了以静态服务资源和动态服务流为中心的 SD 模式层构建及利用本体公理进行知识约束建模方法；RDB 与领域 KG 的映射方法，即利用 Datalog 和 R2RML 集成的方式实现 SPARQL 到 SQL 的映射。

3.4　本章小结

制造服务中的智能计算与决策涵盖了符号智能、计算智能以及知识工程方面等手段与方法，主要用于支持制造服务智能匹配、管理与决策，为后续的智能制造服务的顺利实施提供基础的智能算法技术支持。从生产外包/众包服务过程的智能化实现，到产品服务系统驱动的智能制造服务集成，再到智能服务的设计、运行、监控及评估，这些过程都离不开智能计算与决策的支持。同时，以深度学习为代表的新一代智能计算方法，也正驱动着计算效率与优化效果大大提升。可以预见，随着智能制造服务在企业中应用范围逐渐扩大，应用场景逐渐加深，上述的符号智能、计算智能和知识工程对制造服务的智能化具有更强劲的促进作用。

参考文献

[1]　李鹤. 基于规则引擎的注塑模具设计知识库构建与应用[D]. 武汉：华中科技大学，2015.

[2]　CHEN Y J. Development of a method for ontology-based empirical knowledge representation and reasoning[J]. Decision Support Systems，2010，50(1)：1-20.

[3] BALAKIRSKY S. Ontology-based action planning and verification for agile manufacturing [J]. Robotics and Computer-Integrated Manufacturing,2015,33：21-28.

[4] GUO Y,HU J,PENG Y. A CBR system for injection mould design based on ontology：A case study[J]. Computer-Aided Design,2012,44(6)：496-508.

[5] 史忠值. 高级人工智能[M]. 北京：科学出版社,1997.

[6] 王永庆. 人工智能原理与方法[M]. 西安：西安交通大学出版社,1998.

[7] 赵卫东,李旗号,盛昭瀚. 基于案例推理的决策问题求解研究[J]. 管理科学学报,2000(4)：29-36.

[8] 马平杰. 东方汽轮机有限公司的配送物流的设计研究[D]. 成都：电子科技大学,2010.

[9] KANNAN G,SASIKUMAR P,DEVIKA K. A genetic algorithm approach for solving a closed loop supply chain model：A case of battery recycling[J]. Applied Mathematical Modelling,2010,34(3)：655-670.

[10] HINTON G E,OSINDERO S,TEH Y. A fast learning algorithm for deep belief nets[J]. Neural Computation,2006,18(7)：1527-1554.

[11] ZENG D,LIU K,LAI S,et al. Relation classification via convolutional deep neural network [C]//the 25th International Conference on Computational Linguistics. Dublin,Ireland,2014：2335-2344.

[12] EBRAHIMI J,DOU D. Chain-based RNN for relation classification Proceedings of the 2015 Conference of the North American Chapter of the Association for Computational Linguistics. Denver, Colorado,2015：1244-1249.

[13] YANG B,HAN T,KIM Y. Integration of ART-Kohonen neural network and case-based reasoning for intelligent fault diagnosis. Expert Systems with Applications[J]. Geophysical Research Letters,2013,13(2)：125-128.

[14] TURIAN J,RATINOV L,BENGIO Y. Word representations：A simple and general method for semisupervised learning[C]//Proceedings of the 48th Annual Meeting of the Association for Computational Linguistics. Uppsala,Sweden,2010：384-394.

[15] HARRIS Z. Mathematical Structures of Language[M]. New York：Wiley,1968.

[16] VINCENT P,LAROCHELLE H,BENGIO Y,et al. Extracting and composing robust features with denoising autoencoders[C]//Proceedings of the 25th international conference on Machine learning,Helsinki,Finland,2008：1096-1103.

[17] VINCENT P,LAROCHELLE H,LAJOIE I,et al. Stacked denoising autoencoders：learning useful representations in a deep network with a local denoising criterion[J]. Journal of Machine Learning Research,2010,11(12)：3371-3408.

[18] CHEN M,XU Z E,WEINBERGER K Q,et al. Marginalized stacked denoising autoencoders for learning workshop[C]//Proceedings of the 29th International Conference on Machine Learning,Edinburgh,Scotland,2012：1627-1634.

[19] AMALRAJ R,DHARMALINGAM M. A work point count system coupled with back-propagation for solving double dummy bridge problem[J]. Neurocomputing,2015,168：160-178.

[20] BENGIO Y,LAMBLIN P,LAROCHELLE H,et al. Greedy layer-wise training of deep networks[J]. Advances in Neural Information Processing Systems,2007,19：153-160.

[21] SANDBERG M,LARSSON T C. Knowledge-based engineering [J]. Luleå Tekniska

Universitet, 2015, 12(5): 114-126.

[22] 陆汝钤. 世纪之交的知识工程与知识科学[M]. 北京：清华大学出版社，2001.

[23] BRACHMAN R, LEVESQUE H. Knowledge Representation and Reasoning[M]. Londons Springer, 2007: 59-63.

[24] 贲可荣. 人工智能实践教程[M]. 北京：机械工业出版社，2016.

[25] 耿明顺. 叶片数控砂带磨削工艺参数决策系统研究与开发[D]. 重庆：重庆大学，2016.

[26] 凌平. 基于装夹实例推理的夹具设计系统研究[D]. 南京：东南大学，2015.

[27] ALE EBRAHIM N. Introduction to the research tools mind map[J]. Mpra Paper, 2013, 10(3): 5-9.

[28] BALIM A G. Use of technology-assisted techniques of mind mapping and concept mapping in science education: a constructivist study[J]. Irish Educational Studies, 2013, 32(4): 437-456.

[29] FLEMMING K. The knowledge base for evidence-based nursing: A role for mixed methods research? [J]. Advances in Nursing Science, 2007, 30(1): 41-51.

[30] CROFT D, MUNDO A F, HAW R, et al. The reactome pathway knowledgebase[J]. Nucleic Acids Research, 2014, 42: 472-477.

[31] XIAO A, WU Y, YANG Z, et al. EENdb: A database and knowledge base of ZFNs and TALENs for endonuclease engineering[J]. Nucleic Acids Research, 2013, 41: D415.

[32] FAGERBERG J, FOSAAS M, SAPPRASERT K. Innovation: exploring the knowledge base[J]. Working Papers on Innovation Studies, 2012, 41(7): 1132-1153.

[33] LIETO A, MINIERI A, PIANA A, et al. A knowledge-based system for prototypical reasoning[J]. Connection Science, 2015, 27(2): 137-152.

第 3 章教学资源

第4章

制造服务模式与制造服务智能化

当前，全球经济的发展趋势正从产品经济向服务经济过渡，制造业与服务业相互融合和渗透，促使着制造价值链的不断扩展和延长；与此同时，制造企业更加专注于自身的核心竞争力，通过外包或众包的形式围绕着产品的全生命周期相互提供生产性服务和服务性生产，即制造服务。为深入剖析制造与服务的融合所引起的制造模式的服务化演变，洞悉不同模式下的制造服务提供机理，以及制造服务的智能化实现方法，本章依托服务型制造、社群化制造、云制造和工业产品服务系统作为先进制造服务模式的典型代表，着重分析该模式的特点、使能关键技术及其制造服务的智能化方法。基于先进制造服务模式的特点，从制造服务需求分析与供需匹配、服务资源组织与配置、服务过程跟踪与质量管控、制造服务评估与改进、制造服务分析与改进、工具化开放式服务平台的制造服务智能化实现等方面进行概述。

4.1 先进制造服务模式概述

本节以服务型制造、云制造、社群化制造和工业产品服务系统作为先进制造服务模式的典型代表，阐述了制造服务模式的概念、系统框架及其运行逻辑，作为制造服务智能化技术的应用基础。

4.1.1 服务型制造

早在1966年，美国经济学家格林福尔德在研究服务业分类时就提出了生产性服务业(producer services)的概念，解释了服务与制造的不断融合[1]。20世纪80年代，以GE、IBM等为代表的公司率先进行由产品向服务转型的尝试，为顾客提供产品服务和解决方案等。20世纪90年代，欧美学者开始以实践完善理论，以理论反哺工程实践，分别提出了服务型制造的概念和实现策略[2]。我国学者、企业和政府从2000年开始关注服务型制造，2006年后结合我国国情特点的服务型制造的研究体系、政策和战略逐渐完善[3]。同时，国内的制造企业也开始向服务型制造转型，如陕鼓的压缩气体服务[4]、海尔的COSMOPlat[5]和上海电气的电站成套解决方案[6]等。

在阐述服务型制造概念之前，首先对生产性服务、服务性生产和顾客参与这三个概念进行解释并将其作为服务型制造模式的基石。

定义 4-1　生产性服务：在理论内涵上是指市场化的中间投入服务，即可用于商品和服务的进一步生产的非最终消费服务。

定义 4-2　服务性生产：是指企业采用制造外包的方式，进行零部件加工、制造组装等制造业务流程协作，共同完成物理产品的加工和制造[7]。

定义 4-3　顾客参与：在服务型制造中，顾客全程参与制造和服务的生产和传递过程中。

从制造企业的角度来讲，服务型制造是指基于制造的服务和面向服务的制造，是企业面向服务所产生的一系列制造活动形成的集合，是以服务转型和服务提供为目的的制造企业发展转型的一种战略[8]。从服务型制造的实现和目标角度来讲，服务型制造是为了实现制造价值链中各利益相关者的价值增值，通过产品和服务的融合、顾客全程参与、企业相互提供生产性服务和服务性生产，实现分散化制造资源的整合和各自核心竞争力的高度协同，达到高效创新的一种制造模式，如图 4-1 所示。

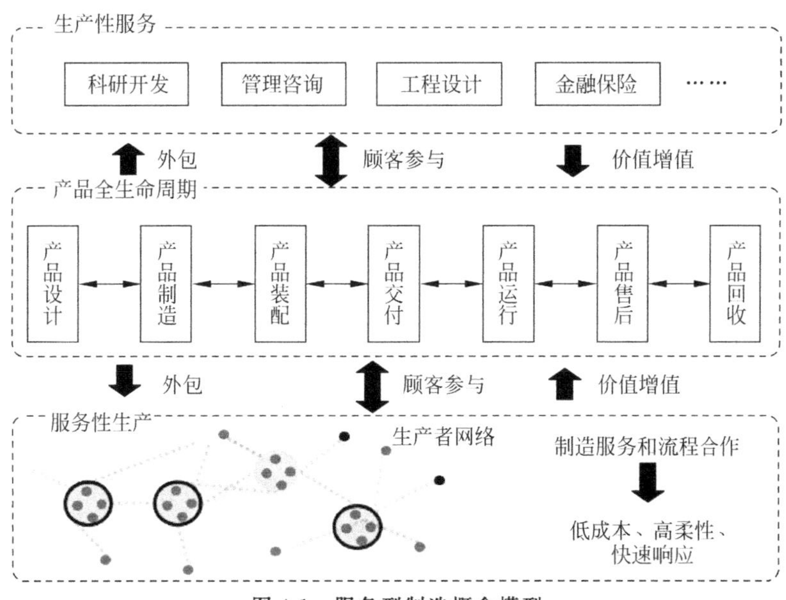

图 4-1　服务型制造概念模型

企业将产品的全生命周期进行分解，为了获得竞争优势，服务型制造系统中的企业通常会将自己的非核心业务或不具有竞争优势的环节外包给专业化的企业。一方面，将支撑生产的生产性服务外包，企业能够在更广泛的范围内实现产品差异化，进行价值的创造，也使传统的制造价值链的覆盖范围得以拓展和延长。另一方面，将非核心的加工和制造业务进行外包，构建生产者网络以实现低成本、高柔性和快速响应的产品制造。顾客全程参与制造和服务的外包和传递过程,并与生产者网络中的成员进行交互,满足价值链各环节顾客的个性化需求,实现联合的需求创新和产品系统创新。

4.1.2 云制造

云计算作为一种新的服务化计算模式,通过互联网来提供动态易扩展且虚拟化的资源,正在改变行业和企业在互联网上提供动态可伸缩和虚拟化资源的服务方式[9]。通过云计算平台把大量的高度虚拟化的计算资源管理起来,组成一个大的资源池,用来统一提供服务,通过互联网上异构、自治的服务形式为个人和企业用户提供按需随时获取的计算服务。利用云计算的计算模式和运营模式,将其中的"计算资源"转变为"制造资源",再结合物联网(internet of things,IoT)和信息物理系统(CPS),实现终端物理设备智能嵌入式接入,形成制造云资源,为制造业信息化走向服务化、高效低耗提供一种可行的新思路。针对云制造的智能化,可以从制造资源智能感知和访问、制造资源的封装和虚拟化、制造资源智能调度、制造云服务成本建模、云制造的安全及保障技术等方面展开研究。

2010 年,李伯虎等[10,11]针对网络化制造在服务模式、制造资源共享与分配技术、终端物理设备嵌入式接入的安全等方面存在的问题,结合云计算理念、商业运营模式和技术,以及 IoT、高性能计算、云安全等,提出了一种面向服务的网络化制造模式——云制造(cloud manufacturing)。2012 年,李伯虎等[12]又在新一代信息和通信技术(如大数据、移动互联网、高性能计算等)、人工智能技术(如机器深度学习、大数据驱动下的知识工程、基于互联网的群体智能等),以及新兴的制造技术(如 3D 打印、智能化机器人、智能制造装备等)基础上提出了以互联化、服务化、协同化、个性化、柔性化、社会化为主要特征的"智慧云制造"。

云制造是一种利用网络和云制造服务平台,按用户需求组织网上制造资源(制造云),为用户提供各类按需制造服务的一种网络化制造新模式。它融合现有网络化制造和服务、云计算、物联网等技术,实现各类制造资源(制造硬设备、计算系统、软件、模型、数据、知识等)的服务化封装并以集中的方式进行管理,顾客根据自己的需求请求产品设计、制造、测试、管理和产品生命周期的所有阶段的服务[11]。

云制造体系包括制造资源、制造云服务和制造云三大部分,其运行主要有一个核心(知识)、两个过程(聚合、调用)和三种用户(制造资源提供商、制造云运营商、顾客)[13]。云制造的基本运行原则及其资源之间的逻辑关系如图 4-2 所示。

云制造体系中一些关键概念的描述如下[14,15]:

(1) 知识:在云制造环境下,为制造服务提供支撑的相关资源都可以称作知识,如工艺知识、制造知识、管理知识、决策知识等。知识是云制造运行的核心,其运行过程中的每个阶段都需要相应的知识来实现。

(2) 聚合:在云制造系统中,各种制造资源和能力可以被智能感知并连接到互

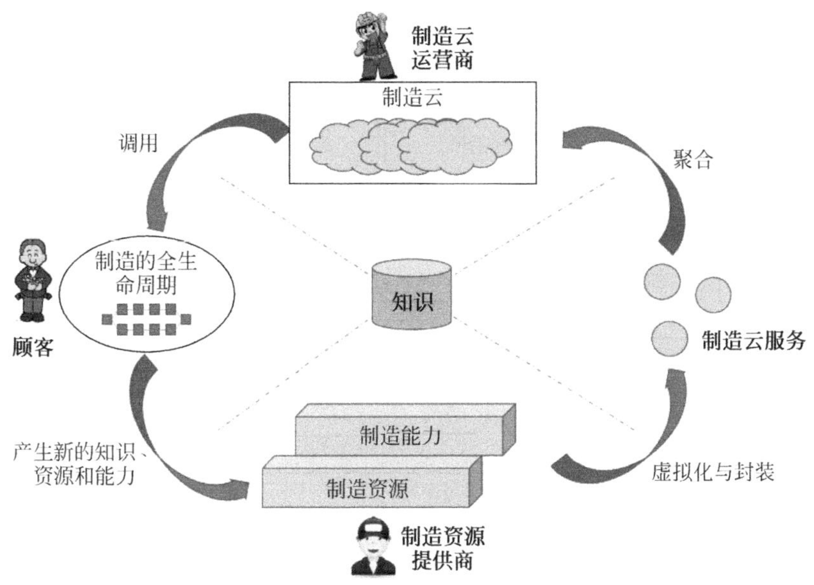

图 4-2　云制造模式的逻辑关系

联网，并使用物联网技术（如 RFID、有线和无线传感器网络、嵌入式系统）进行自动管理和控制。通过虚拟化技术、面向服务的技术和云计算技术，将制造资源和能力虚拟化并封装到不同的制造云服务中，根据特定的规则和算法对制造云服务进行分类和聚合，构建不同类型的制造云。

(3) 调用：不同的用户可以根据他们的需求来访问、调用、部署和按需使用相关的制造云，并在云计算、面向服务的技术和先进的计算机技术的支持下，将其组装成虚拟制造环境或解决方案，以完成全生命周期生产任务。

(4) 制造资源提供商：提供商拥有并提供在制造过程中全生命周期所涉及的制造资源和能力，可以以个人、组织、企业或第三方的形式出现。

(5) 制造云运营商：运营商运营云制造平台，向制造资源提供商、顾客和第三方提供服务和功能。负责处理制造云服务的组织、销售、许可和咨询，并向制造云服务和平台提供、更新和维护运营中所涉及的技术和服务。

(6) 顾客：顾客可以向云制造服务平台提出制造需求并选择可用的云制造服务。根据自己的需要，按运营费用向制造运营商购买制造云服务的使用权。

在云制造逻辑关系的基础上，提出了云制造服务系统框架，如图 4-3 所示，包括云制造平台、资源层、感知层、核心功能层、平台门户层、应用层和云安全中心[16]。

(1) 资源层：表示物理的制造资源及其制造能力，制造资源包括硬件制造资源（如机床、加工中心、仿真设备和测试设备）和软件制造资源（如计算模型、数据、软件和制造过程中的知识）。制造能力是由资源、人员（或组织）和知识构成的，反映了在相关制造资源和知识支持下完成制造任务的能力，包括设计能力、仿真能力、

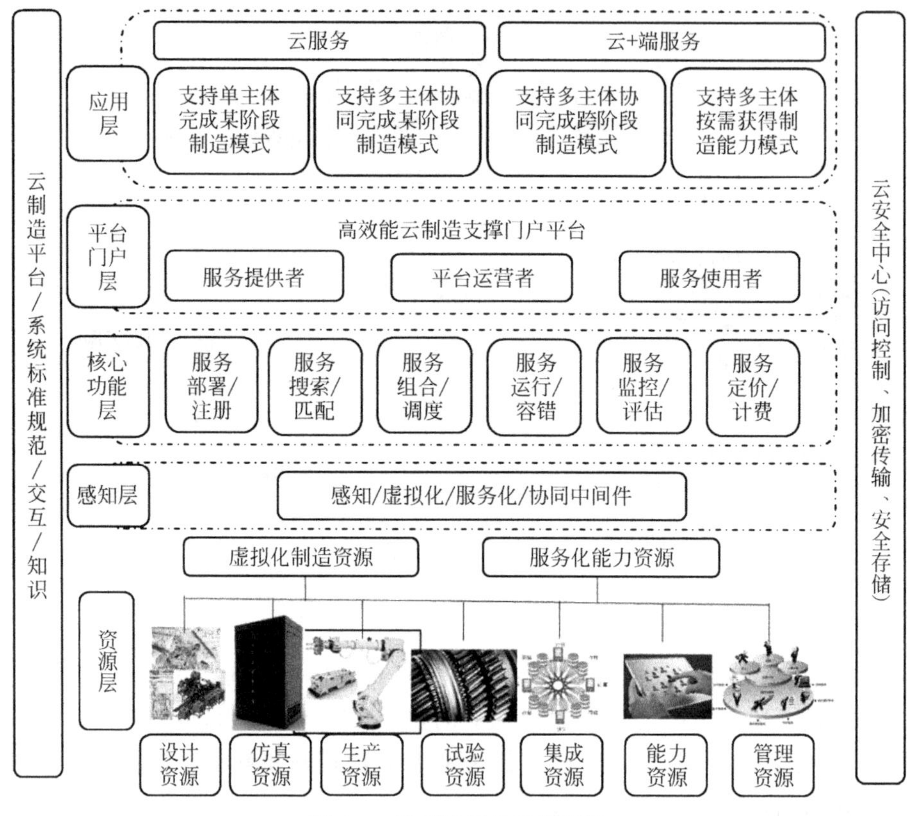

图 4-3　云制造服务系统框架

生产能力以及与制造过程生命周期相关的其他能力。

(2) 感知层：负责感知物理制造资源及其制造能力，使其接入网络，利用RFID、IoT等技术处理相关数据和信息，实现各种制造资源和能力的全连接。同时，将制造资源和能力虚拟化并封装到相关的云服务中，然后形成云服务池。

(3) 核心功能层：主要提供两类服务，即制造云服务和云制造核心服务。制造云服务是制造资源和服务能力封装的结果，最终顾客可以调用这些资源和能力。云制造核心服务是云制造平台为三类用户(制造资源提供商、制造云运营商和顾客)管理、访问和调用制造云服务提供的主要服务，包括服务部署、匹配、调度、运行、监控、定价等。

(4) 平台门户层：为用户在云制造中访问和调用制造云服务提供各种人机交互界面和接口。

(5) 应用层：在企业现有制造系统与云制造集成的基础上，应用层根据具体需求开发了专用的制造应用系统，如协同供应链管理系统、基于云制造的企业资源计划(enterprise resource planning，ERP)等。同时，提供了具体应用接口和相关的终端交互设备，不同的用户可以根据需要访问和使用云制造中的云服务。

(6) 标准、规范和知识层：提供其他层所需的各种标准、规范和知识，如生产规范、制造知识、管理决策等。

(7) 云安全层：为云制造系统提供不同的安全体系结构、机制和策略。

4.1.3 社群化制造

社群化制造是一种基于互联网和面向服务并且包含产品全生命周期所有阶段的先进制造模式[17]。在考虑到社会媒介与环境使得商业中基于互联网的连接和交流行为成为可能，社会化制造资源通过社区和社群化制造网络进行组织，利用产品订单驱动的基于外包和众包机制以及产品服务系统的运行逻辑，并且依托一种新型社交媒介类工业软件模型的数字化支持，向顾客提供制造服务，如图 4-4 所示。社群化制造组织模式也是一个动态变化的社会技术系统，为进一步解释该组织模式，先定义以下重要概念。

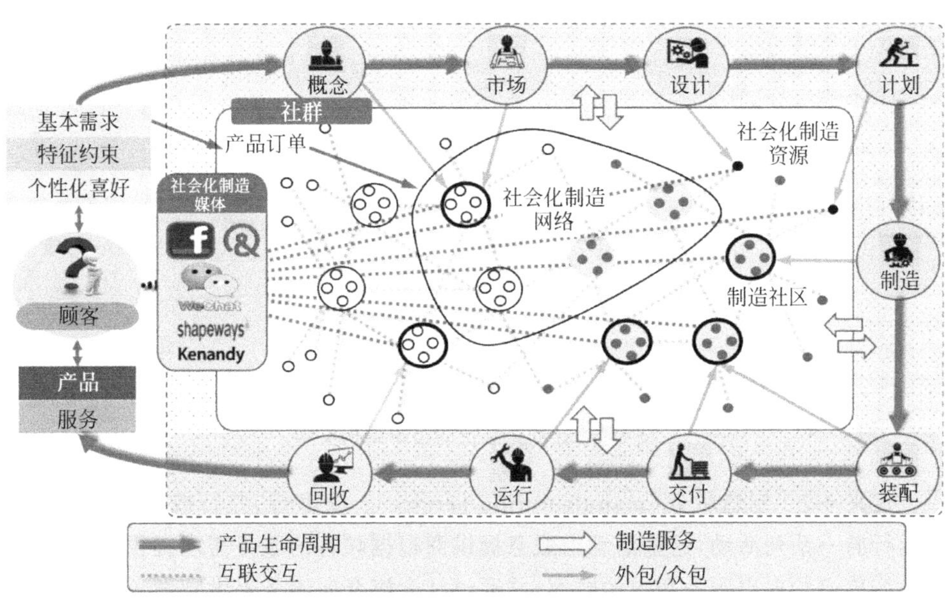

图 4-4 社群化制造模式概念示意图

定义 4-4 社群化制造资源(socialized manufacturing resources)：是指产品全生命周期活动中所涉及的各类资源的总和，具有对外提供专业化制造服务的能力。由场地、设备、人力、制造能力等构成的有形和无形主体的一种组合，具有独立的财务及营运权力，拥有特定制造和服务能力并且在地理上离散分布在各个地点。

定义 4-5 制造社群/社区(manufacturing community)：是指一类特殊的社会关系连接形成的群体网络，具有较稳定的群体结构、较一致的群体意识和行为规范、较持续的互动关系和较明确的分工协作，是群体成员之间关系的逻辑上聚合；而社区是与社群对应的一种物理体现，将特定领域的社会化制造资源作为节点进行聚类的子网络。这意味着制造社区的成员之间存在着共同的利益,为了使任何一个制造社区都能很好的运作,需要使用与之相适应的社会媒介。

定义 4-6 社群化制造组织结构(organizational structures of social manufacturing):一种连接不同制造业社区和独立的社会化制造资源的分布式模型。这里有两种主要的分布式组织结构,即盟主式和联邦式组织结构,如图 4-5 所示。盟主式的组织结构意味着核心制造企业作为社会化的制造资源,将主导制造社区的构建过程,并通过管理关键产品制造活动来控制运行制造社区的大部分或部分运行权力。联邦式组织结构是指所有相关社区和独立的社会化制造资源根据产品制造活动的动态需求相互联系,共同平等地工作。

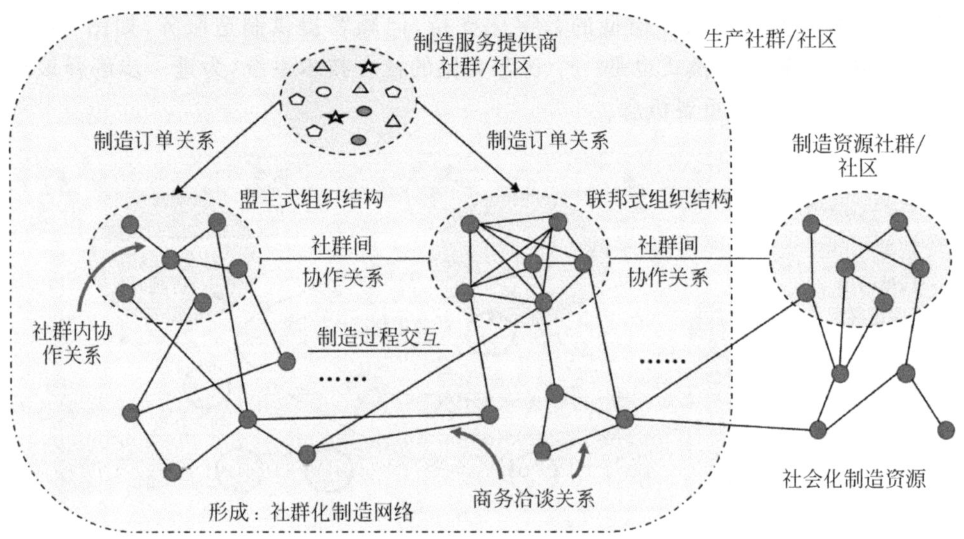

图 4-5 社群化制造的组织结构类型

定义 4-7 制造服务(manufacturing service):以串行、并行或条件连接的形式运行的一系列活动,这些活动由服务提供商根据顾客的服务需求提供,将这些服务内容传递给提出服务需求的顾客,并通过社会媒介向服务提供商发送反馈信息。

定义 4-8 社会媒介(social media):一种实现服务各方交互的工具集或平台,包括 Facebook、微信、Twitter、QQ 和 QQ 空间等。在产品生命周期的全部阶段中,准确完成与产品制造活动相关的连接、交流、制造数据计算和转换等功能。

定义 4-9 社群化制造网络(social manufacturing network):根据所选择的社群化制造组织结构,将相关的制造社区与独立的社会化制造资源动态联系起来的一种网络。一旦产品订单到达,就建立了一个基于产品订单的社会制造网络。

4.1.4 工业产品服务系统

随着工业产品利润的下降和设备制造商之间的竞争,现代设备制造商期望找到一种可改变传统的产品销售模式的方法，即顾客直接从市场上购买产品，并利用它们来创造新的产品或价值。因为单一的产品销售可能会遇到市场饱和、新产品更新缓慢和一些环境问题的瓶颈。在这种情况下，一些制造企业正在从以产品为中心的模式向以服务为中心的模式转变，以实现利润最大化和完全满足顾客需求[18]。

1999 年，Goedkoop 在荷兰政府报告中提出了产品服务系统（product service system，PSS）的雏形，正是为适应制造企业向制造服务企业战略转移而提出的新理念，顾客可以在不购买有形产品的情况下获得所需要的产品服务，而企业或服务提供商可以通过建立与顾客的长期服务合作关系而获得持续的利润[19]。产品服务系统通过整合各方资源来满足用户需求，它对社会生产和生活水平的提高、企业增值、环境保护具有重要的意义。在广义产品服务系统的基础上，针对工业产品提供的相关服务，学者提出了工业产品服务系统（industrial product service system，IPS2）。

产品服务系统的定义还在不断地完善，但是产品服务系统必须包含无形服务、有形产品、PSS 提供者、顾客和支持网络等部分。因此，它可以被描述为产品和服务的组合，系统地交付所需的效用或功能，以满足顾客的需求。工业产品服务系统是在产品服务系统的基础上发展而来的，主要的区别在于工业产品服务系统建立了一种新的商业关系，这种关系的主要利益相关者是顾客、原始设备制造商（OEM）、产品服务供应商（工业产品服务系统模块、产品和服务供应商）和社会（如政府、竞争对手），工业产品服务系统的服务对象为工业产品，是用于生产或辅助生产产品的产品。需要指出的是，产品服务供应商角色可以由原始设备制造商充当，也可以由专业的第三方产品服务供应商充当。

工业产品服务系统的概念可以概括为：产品和服务共享的规划、开发、提供和使用，是一个预先设计好的包含产品、服务及支撑结构的系统，无形的服务附着在有形的工业产品上，共同完成工业产品生命周期内的各项工业活动，实现产品价值的延伸[20]。从上述定义可以看出，工业产品服务系统的最终目标是通过产品服务来保障和提高工业产品的生产能力。根据工业产品服务系统中的服务对工业产品生产能力贡献的大小作为分类的标准，将工业产品服务系统分为以下三类[21]（见图 4-6）：

（1）产品为导向的工业产品服务系统：在传统的推广/销售工业产品行为的基础上，通过增加附加服务，如产品的售后服务、维护、修理、重用和回收，并通过培训和咨询帮助顾客优化产品的应用效果等服务类型。该类型的工业产品服务系统主要是保证工业产品的正常使用，从而保障顾客高效持久地获取工业产品的生产能力，最大限度地降低长期使用工业产品的成本，并在设计工业产品时考虑到产品的寿命（可重复使用/容易更换/可回收的部件）。

（2）应用为导向的工业产品服务系统：通过租赁、共享等形式为顾客提供产品

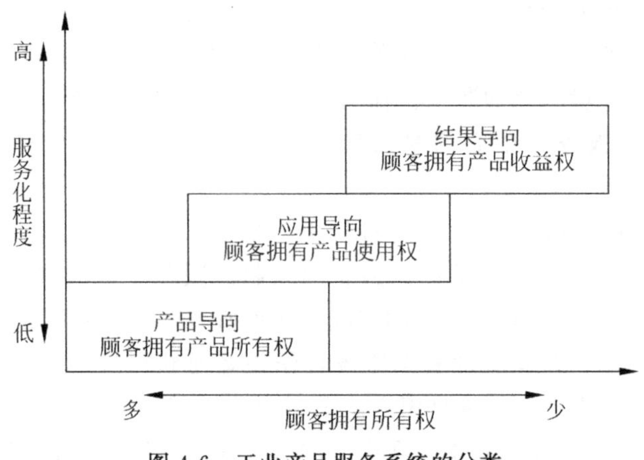

图 4-6　工业产品服务系统的分类

的使用权或可用性，同时提供工业产品应用过程中相关的产品服务，如机床制造商将数控机床租赁给顾客，并为其提供数控机床的编程、工艺和维护等服务[22]。此时，工业产品的所有权并未发生变化，只是将工业产品的生产能力通过产品服务的形式提供给顾客。该类型的工业产品服务系统主要是最大限度地满足使用需求，并延长工业产品的使用寿命和可靠性。

(3) 结果为导向的工业产品服务系统：通过销售结果或能力而不是产品来满足顾客需求。例如：销售刀具加工后的产品而不是销售刀具[23]、销售发动机的运转时间而不是发动机本身[24]。该类型的工业产品服务系统为顾客提供产品全生命周期内各阶段的生产性服务，其中产品服务提供商保持产品的所有权，而顾客仅为提供商定的结果付费。

这三种类型的工业产品服务系统解决方案都通过系统化的工业产品和服务组合来满足顾客的需求，从而交付所需的产品或生产能力。然而，结果为导向的工业产品服务系统更加复杂，代表了对工业产品服务系统特性最贴切的解释。工业产品服务系统的驱动因素是多种多样的，为了提供高质量的工业产品服务系统解决方案，企业必须能够在不饱和的产品市场中竞争，并将当前的生产和消费机制导向更可持续的方向。为了实现这一目标，必须建立全新的、可靠的工业产品服务系统框架[25]。该框架包含工业产品服务系统的各种驱动力、工业产品服务系统生命周期的三个主要阶段以及相关技术能力、成功的工业产品服务业务所需的商业环境，如图 4-7 所示。

(1) 驱动力：工业产品服务系统的驱动力包括顾客负担能力、创收机会、全球竞争、技术发展和环境可持续性。顾客负担能力表示顾客是否愿意或有能力承担产品服务的成本，顾客负担能力通常与顾客价值相关；创收机会是对于产品服务提供商来说，高的顾客满意度意味着更长的或新的长期服务合同，从而带来稳定的、长期的收入；工业产品服务系统通过扩展功能、价值和效益来提高企业的竞争

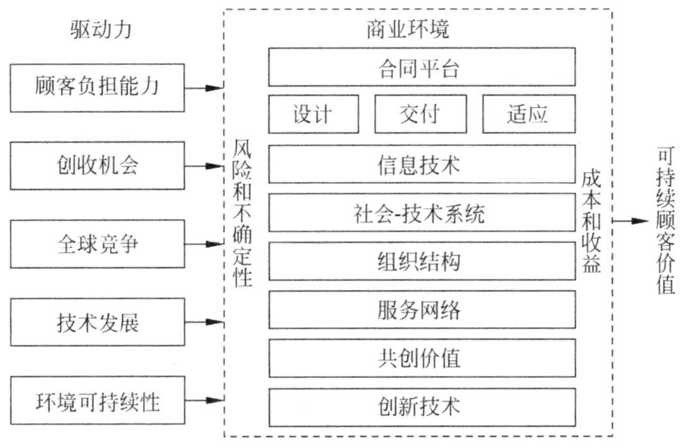

图 4-7　工业产品服务系统框架

力，同时也提高了企业的可持续性；快速的技术发展提高了制造企业的能力，推动行业考虑创新的商业模式；工业产品服务系统实现的结果定义为功能经济，其目标是在尽可能长时间内创造尽可能高的使用价值，同时消耗更少的资源，从而减少对环境的影响。

(2) 全生命周期：工业产品服务系统的全生命周期主要分为设计、交付和适应三个阶段。工业产品服务系统设计与单纯的产品或服务设计有很大的区别，因为它不仅要根据顾客的需求设计产品，还要根据不确定性、实时性、供应链和基础设施能力来设计产品和服务，从而提供更有效益和更可持续的工业产品服务。工业产品服务系统的交付就是满足顾客需求的过程，目标为最小化顾客期望和交付感知之间的差异。对工业产品服务系统进行恰当的修改以适应顾客的特定需求，是当前快速变化的顾客需求和市场竞争所必需的。

(3) 商业环境：主要包含三方面，即各利益相关者之间的合同、风险与不确定性以及成本与收益。成本、收益、风险和不确定性在产品服务交易中发挥着重要作用，各利益相关者之间应通过服务合同进行合理的沟通和交互。在签订产品服务同时，顾客和服务提供商应理解需要交付的服务和该服务存在的风险和责任，早期的知识共享和交流可以避免在服务设计过程中可能出现的许多冲突。成本估算的准确性对产品服务至关重要，低估会导致风险、财务损失和灾难，高估会导致企业失去订单。顾客和产品服务提供商在合同投标、成本控制和预算方面都需要良好的评估。

(4) 基本功能：构建工业产品服务系统，需要一些关键的技术来支撑，包括信息技术、社会-技术系统、组织结构、服务网络、共创价值和创新技术。互联网等信息技术极大地改变了倾听顾客需求的方式，从而改善了产品和服务，随着技术的发展，信息交换已经变得便宜、准确和快捷；服务的设计不同于产品，为了实现具有竞争力的产品服务，服务供应商应该具有这种社会技术能力；顾客与服务提供商之间一般是一对多的关系，服务提供商需要建立相应的服务网络来实现协同服务、结构化开发和任务分配等内容；服务网络根据顾客需求的变化进行动态调整，最终覆盖产品服务全生命周期；在工业产品服务系统中，顾客参与到产品服务的全生命周期中，并扮演着重要的角色，与服务提供商共同创造价值。

(5) 可持续顾客价值：顾客价值是基于感知利得与利失的权衡或对产品与服务效用的综合评价，包括产品特性、质量和服务，还要考虑到顾客使用、维护和处置产品或服务的成本。工业产品服务系统的目标是提供可持续的产品服务，让顾客和服务提供商实现更高的、可持续的价值和满意度。因此，工业产品服务系统不仅仅提供顾客价值，而且通过合同、服务网络等技术保证了顾客价值提供的可持续性。

4.2 制造服务需求分析与供需匹配的智能化技术

4.2.1 制造服务需求分析

制造服务是以顾客需求为导向的，充分分析和理解顾客需求是实施制造服务设计的基础。顾客需求分为显性需求和隐性需求。针对显性需求进行整理和规范，实现服务需求的统一化；针对隐性需求进行需求挖掘，从多个角度分析顾客的真实需求。制造服务需求分析的智能化方法与产品需求类似，包括质量功能展开(quality function deployment，QFD)、层次分析法(analytic hierarchy process，AHP)等[26]。基于顾客服务需求的智能制造服务设计流程如图 4-8 所示。

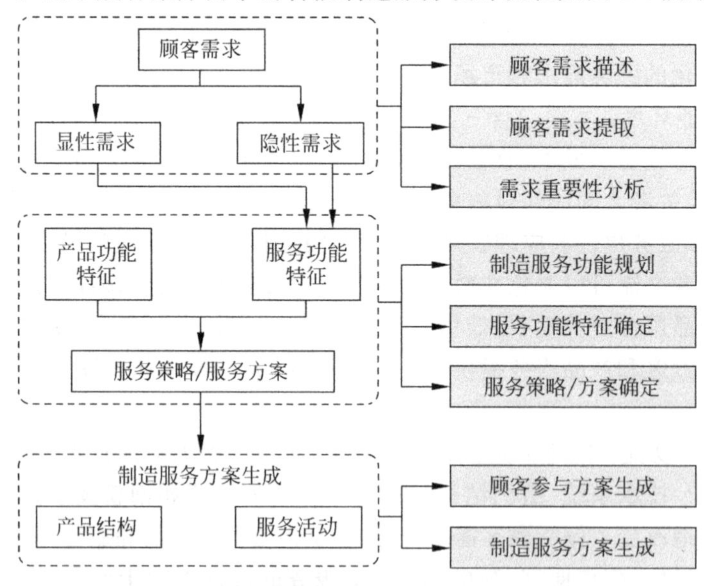

图 4-8　基于顾客服务需求的制造服务设计流程

社群化制造是大规模个性化需求驱动的制造模式，而这些需求等关键信息往往隐含在制造服务交互过程产生的上下文中，如何从跨企业的社交上下文中识别需求与能力是社群化制造模式运行的关键问题。一些智能算法被引入来挖掘顾客的需求，如支持向量机（support vector machine，SVM）[27]、深度学习（deep learning）[28]等。基于深度学习算法的制造服务交互上下文中的实体关系抽取逻辑如图 4-9 所示。

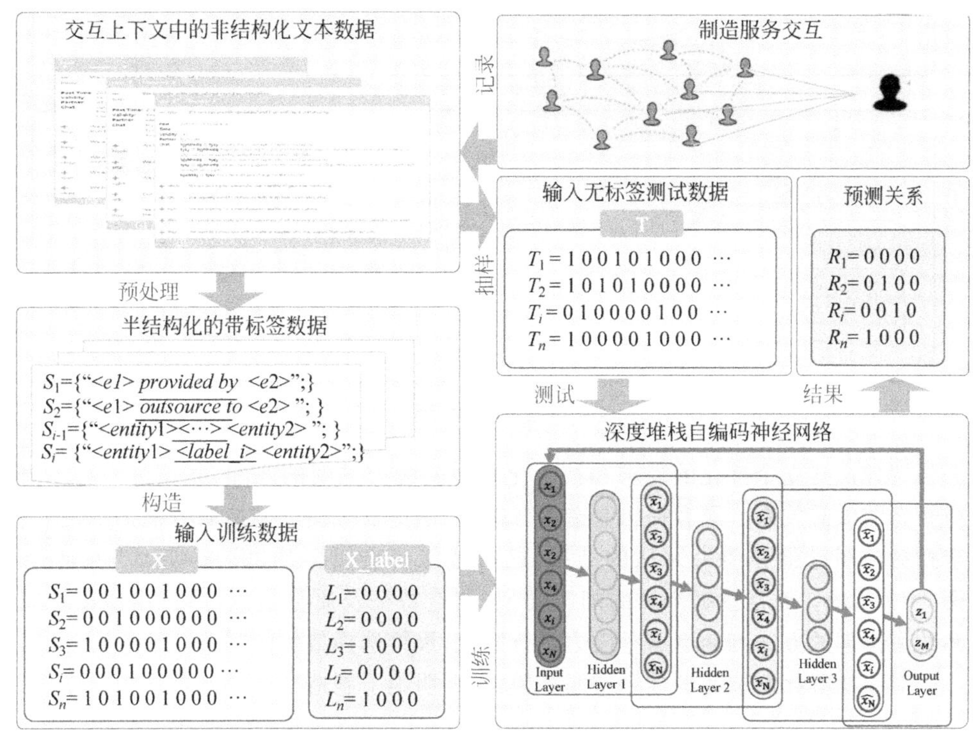

图 4-9　基于深度学习算法的制造服务交互上下文中的实体关系抽取逻辑

4.2.2　制造服务能力评估

在制造资源社会化环境下，由离散的社会化资源参与各种社会化生产。制造服务能力评估是动态预测其能力和状态，以使决策者能够清楚社会化制造资源可以完成哪些制造任务需求。智能制造服务能力评估分为单制造资源能力评估和多制造资源能力评估，可以采用基于 Web 的本体语言或语义规则语言从加工服务能力和生产服务能力两方面进行评估[29]。制造服务能力的评估模型如图 4-10 所示。

4.2.3　制造服务供需匹配

制造服务供需匹配，包括制造服务需求与能力的匹配和制造服务订单的分配。该步骤是识别潜在的社会化资源以匹配制造需求，并创成一个按需服务。制造服

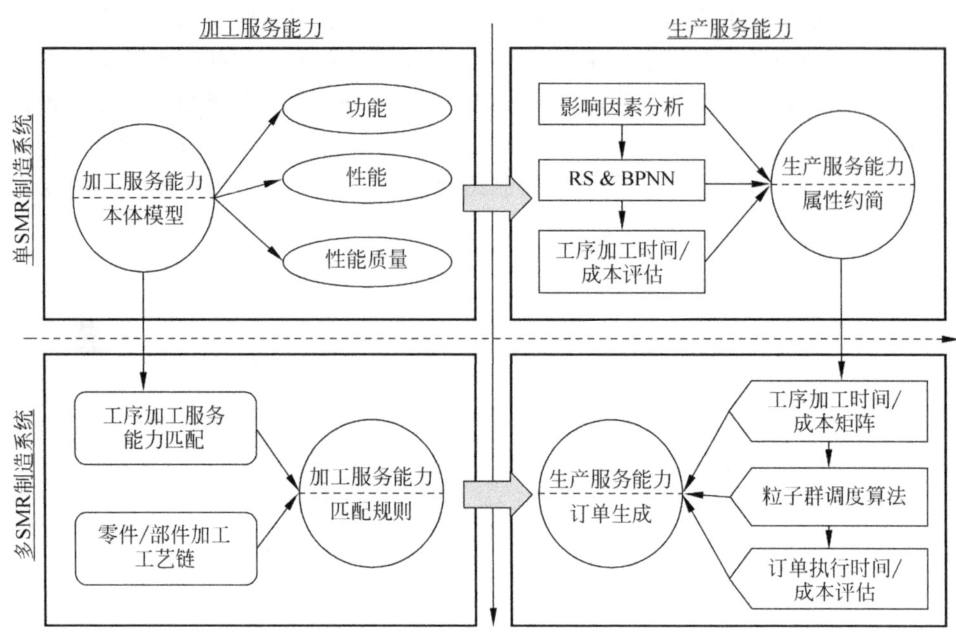

图 4-10　制造服务能力评估模型

务强调如何建立个性化的需求和社会化资源的能力之间的匹配，并保持一种动态或暂态的供需关系。顾客提出制造服务需求，制造资源提供制造服务能力，根据需求挖掘和制造服务能力评估的结果，进行智能制造服务的“需求-能力”匹配，如图 4-11 所示。通常依据产品的加工类型、制造特征及质量信息，通过相似度计算和约束推理的方法与制造服务能力进行匹配，最终选择最优的制造社区承接订单。

对于社群化制造等群体制造服务模式，在明确了制造社区的制造能力基础上，

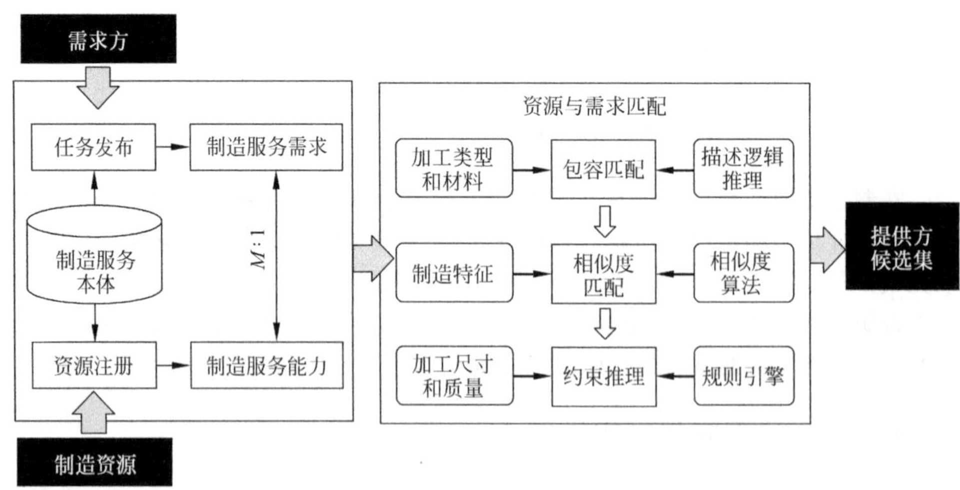

图 4-11　“需求-能力”匹配流程图

承接方以怎样的价格、批量及交货要求来提供制造服务成为亟待解决的问题。智能制造服务订单协调的本质就是能让制造社区内每个制造服务提供商最大化个人利益的情况下寻找一个博弈均衡点。针对不同情景下的面向制造服务订单多方利益协调需求，为辅助决策者在生产周期、批次、订单量、定价以及投入产能等变量上达成协调，有必要将这种制造服务关系描述为博弈模型，并构建相应的数学模型与智能求解算法以寻找均衡解，决策生成多形态制造服务关系[30]。

4.3　服务资源组织与配置的智能化技术

制造与服务融合的基础是制造资源和服务资源的融合及其社会化过程。制造服务资源通过资源整合与协作，向顾客提供制造能力来满足顾客需求，制造服务资源的组织和配置方式与传统制造不同。

随着制造企业不断地向制造服务企业转型，其企业内部的制造资源组织、管理和运行也发生了相应的变化。根据上述所介绍的四种制造服务模式可以看出：制造服务资源与能力的共享、价值创造载体、价值衡量标准、价值链与企业协作的构成、用户参与制造都在向共享化和社会化方向发展。为了更好地分享有限的资源和有效地增加价值，制造资源向制造服务资源的演变和发展也必须适应这种社会化的趋势[31]。

4.3.1　制造资源的社会化和服务化

制造资源的社会化和服务化可以从不同的角度进行分析，从社会化的程度来看，制造服务资源由企业内部的资源共享、企业之间的资源共享到产业及跨产业之间的共享；从价值创造和增值的方式来看，价值创造的载体由产品向服务转变，价值创造的评判标准由利润向顾客满意度转变，价值创造的形式由企业独立完成向企业合作联盟转变；从顾客参与的角度来看，顾客从只购买产品到参与产品的设计、制造和服务的转变。当然，实现制造服务资源的社会化转变需要相关的技术支持，实现制造服务资源的挖掘、组织与配置显得尤为重要，实现框架如图4-12所示。

实现制造服务资源社会化的基础就是将已有的制造资源进行社会化转变，资源社会化的过程就是实现制造服务资源向开放式、共享式和协作式的转变。因此，需要一个资源社会化平台来实现制造服务资源的社会化，该平台的主要功能是在信息技术的基础上将封闭的、独立的制造资源可视化、开放化和网络化，即制造服务资源在互联网中可以随时随地被查询和调用，为顾客访问和调用制造服务提供各种人机交互界面和接口。平台的另一个功能就是为其他功能的实现提供操作平台，如服务资源管理、供需匹配、服务过程管控等。

制造服务的目标是满足顾客需求，配置最优的制造服务资源组合是满足顾客需求的关键步骤。对顾客需求进行分析后生成制造服务订单。在制造服务资源描述的基础上,进行制造服务资源与制造服务订单的供需匹配。由于不同的制造属性有不同的特点和权重,针对表征加工能力的重要属性提出了三步混合匹配策略(见图 4-12),即包容匹配算法、相似匹配算法和约束推理[32]。针对材料和尺寸属性中的相同或(间接)相等概念,采取包容匹配方法;针对加工类型和制造特征中的相似概念,采取相似匹配算法;针对精度和粗糙度两类属性的匹配,采用约束推理方法。

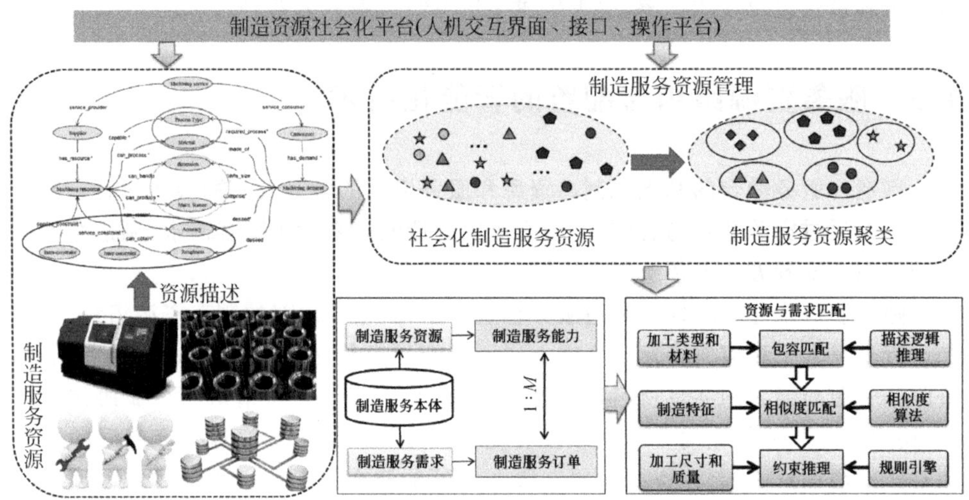

图 4-12　制造服务资源制造与配置框架

制造服务资源通过平台实现了社会化,企业的制造资源被分割为多个独立的单元,这些制造服务资源通过协作来提供制造服务能力以满足顾客需求。因此,制造服务资源的组织方式与传统制造资源不同,需要考虑对资源的描述、聚类/分类进行研究。首先,对社会化的制造服务资源进行结构化的描述,为将来精确的工序匹配提供依据。结构化描述是为了展现制造服务资源的制造服务能力,包括加工服务能力和生产服务能力,一般采用本体网页语言(OWL)[33]和语义网页规则语言(SWRL)[34]进行实现;然后,对制造服务资源进行聚类/分类,将具有相同或相似制造服务能力的资源划分到一起。一般来说,资源的种类无法提前确定,资源聚类成为资源划分的主要手段,一般采用聚类算法(clustering algorithm)[35]、支持向量机[36]等算法。聚为一类的资源协作向顾客提供制造服务能力。

4.3.2　制造资源的感知与封装

制造资源智能感知和访问是制造服务资源组织的基础关键技术之一,利用 IoT 技术实时采集制造资源状态信息,并传输到制造云进行数据分析处理,形成一个庞大的智能信息交互网络,实现对制造资源的智能识别、监控和管理。制造服务环境下的制造资源不仅包含硬件制造资源,也包含软件制造资源和计算资源,针对这三类资源提出了相应的感知和访问框架,如图 4-13 所示[37]。

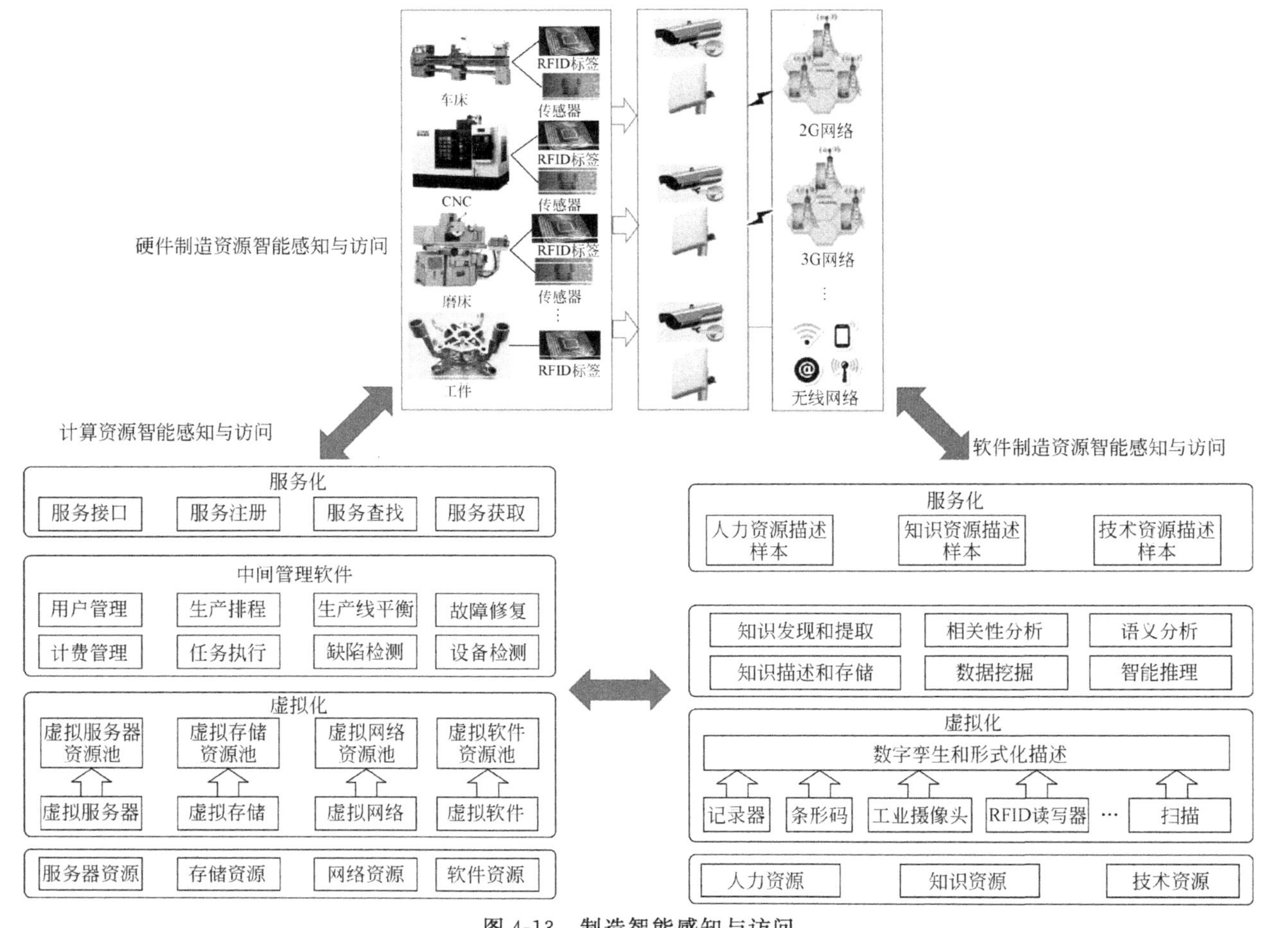

图 4-13　制造智能感知与访问

制造资源虚拟化是将物理资源数字化并封装到制造服务中,是制造服务实现的前提和基础,是提高整个制造服务系统鲁棒性的关键。图 4-14 所示为制造资源封装虚拟化的理论框架示意图,共分为五个层次:制造资源、IoT/CPS 基础设施、物理资源管理、虚拟制造云池以及虚拟资源管理[38]。

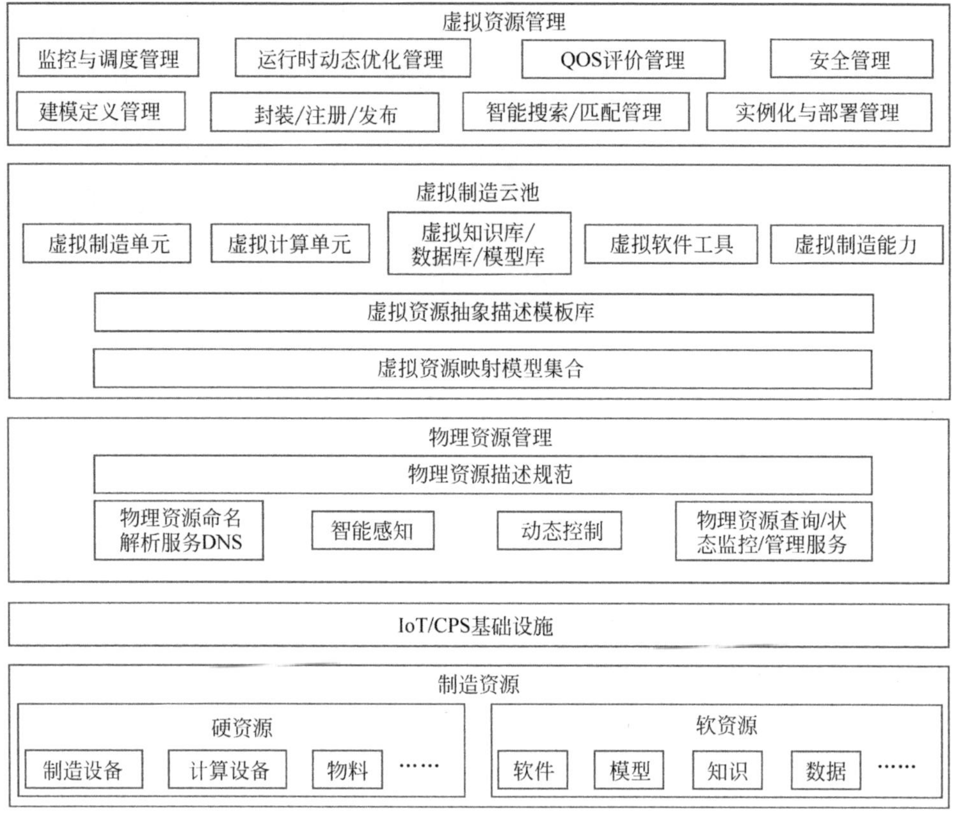

图 4-14　制造资源的封装虚拟化

4.3.3　制造资源的管理

制造服务与传统的制造模式不同,是通过产品与服务融合形成统一的服务资源并对外提供制造能力。因此,服务资源的管理方式与传统制造资源的不同,主要体现在服务资源的虚拟化、结构化和信息化。基于网络的制造资源管理框架如图 4-15 所示,其中涉及知识管理、协同服务、数据分析等多个服务智能化技术[39]。

对于具有资源社会化属性的制造服务模式,例如云制造、社群化制造等,资源自行组织各自与产品相关或与生产相关的制造服务能力,以满足顾客的需求。社会化制造资源进行自组织的目的是将服务能力相同或相似的制造资源聚类到一起,并创成可以对外提供特定制造服务能力且满足顾客需求的制造社区。针对较为稳定的制造社区,传统的模糊 K-means、自组织聚类(self-organizing map,SOM)等算

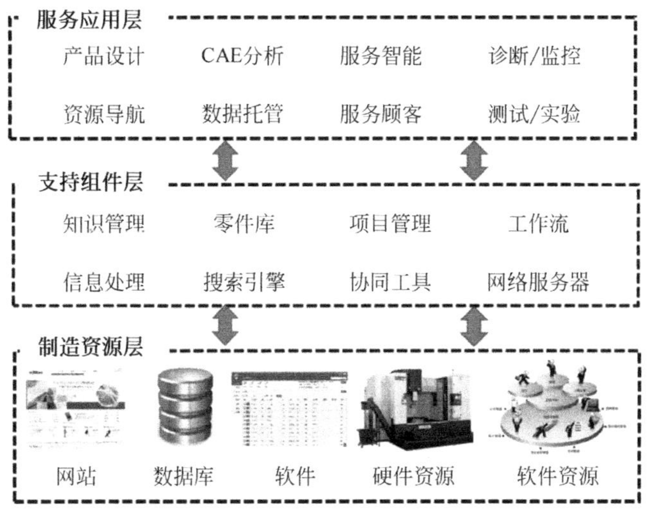

图 4-15　基于网络的制造资源管理

法就可实现社区创成[40]。在社群化制造环境下，制造资源是动态变化的，一些增量式的、可增长的聚类算法被用来创成动态资源的制造社区，如增长型分层自组织映射(growing hierarchical self-organizing maps，GHSOM)[35]。

4.4　服务过程跟踪与质量管控的智能化技术

制造服务过程跟踪与质量管控，一方面是企业自身业务过程管控的需要，另一方面也是顾客对其制造服务订单进行可视化监控、降低外包/众包风险的手段。从技术手段上来看，条码技术、RFID/IoT 技术、GPS 技术等已被用于车间 MES (manufacturing execution system)应用(如在制品跟踪、生产过程控制、生产排程与调度决策、质量控制等)、供应链管理、库存管理、物流管理、门禁管理等方面[41]。相较于条码技术，RFID/IoT 技术具有效率高、精度高、抗污染、可自动识别、容错率高、人工成本低等特点，因此更易于在制造业中应用。从实施范围来看，企业内和跨企业两个层次均存在对制造服务过程跟踪与质量管控的需求。其中，企业内层次具体是指对外协加工工序流转过程进行跟踪与监控，跨企业层次具体是指对供应链级的物流运输和仓储过程进行跟踪与监控。通过贴有 RFID 标签的物体与 RFID 读写器/天线的通信实现物体的自动识别、定位和流转过程跟踪。同时，通过对采集的 RFID 进行实时数据分析，可实现企业内和跨企业的辅助决策，如生产调度、物流路径规划等。

4.4.1　制造服务运行过程跟踪

制造服务运行过程跟踪的对象是围绕个性化产品生产的跨企业制造工序流，

依据是通过 RFID 采集的实时制造数据。通过实时制造数据在纵向和横向两个层面上的有效共享、业务流程在纵向和横向两个层面上的有效集成，为顾客、制造服务提供商的运作与质量管控提供支持。制造服务运行过程管控涉及对制造与物流执行过程正确与否的判断、跟踪与监控、对执行质量的反馈与制造资源动态调度，其逻辑思路如图 4-16 所示。

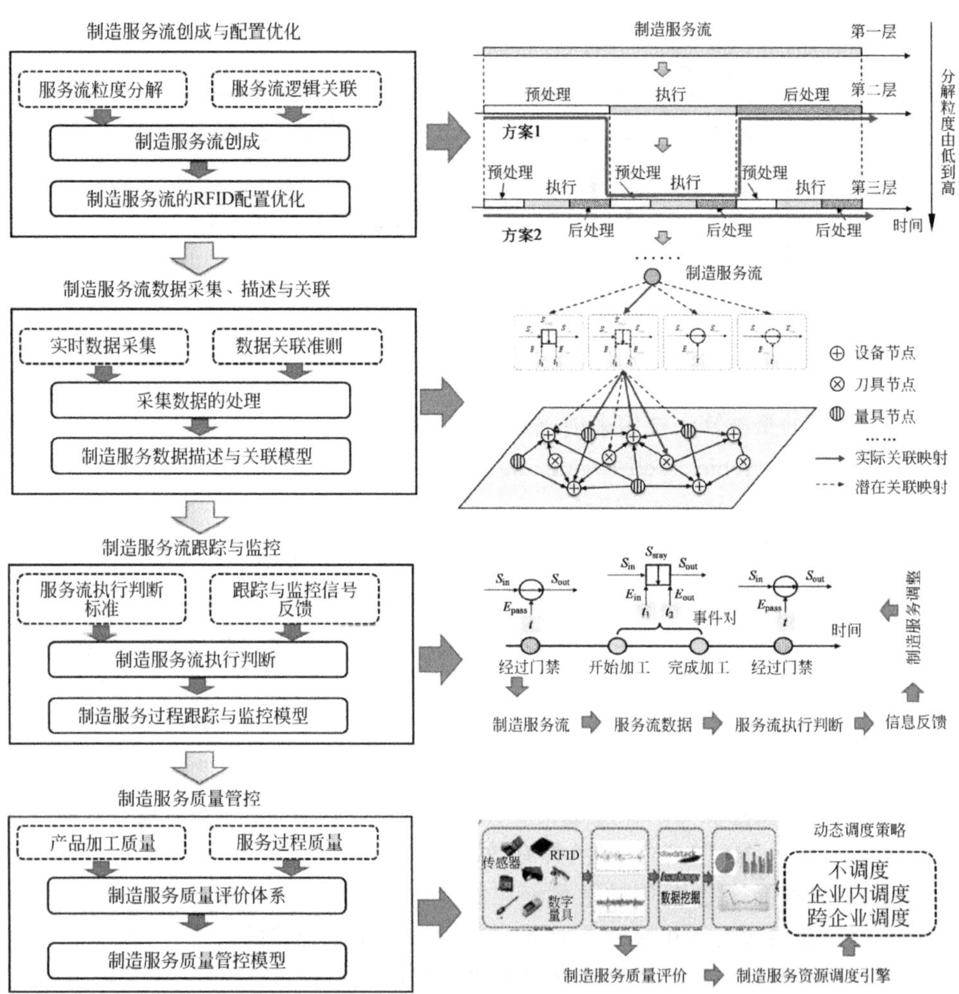

图 4-16　制造服务过程跟踪与质量管控框架

（1）根据跟踪与监控粒度的需求，首先，对制造服务过程进行粒度分解，并结合服务之间的逻辑关联，建立制造服务流；其次，依据制造服务触发事件自动生成机制，建立与制造服务流对应的服务触发事件序列流；再次，建立其与 RFID 状态块的映射关系，创成 RFID 状态块流模型，实现 RFID 动态配置优化和制造服务流数据的实时获取；最后，通过与已有的 RFID 静态配置方案对比，实现制造服务流驱动的 RFID 动态配置优化。RFID 配置需依据制造服务流的具体跟踪与监控需求来进行，RFID 配置不足会存在跟踪和监控漏洞，RFID 配置过量会增加跟踪与监控成本。

(2) 采集制造服务运行过程中的实时制造服务流数据，并对其进行分类、形式化描述和关联，建立制造服务数据描述与关联模型。制造服务数据的类型不同，其采集的方法亦不同，如连续式采集、阶段性采集、触发式采集等。采集的数据类型主要包括节点设备状态数据、节点服务状态数据、服务流过程数据、服务质量数据。制造服务流数据体量大、繁杂、异构且处理困难，需要在数据之间建立关联关系，如节点设备服务数据应与该节点的机床、刀具、夹具和操作者建立关联关系，便于对其处理分析形成制造服务流信息。

(3) 依据上述关联模型对实时制造服务数据进行逻辑运算生成制造服务流触发事件，并建立事件驱动的执行判断准则，对制造服务的执行情况进行判断，实现制造服务过程跟踪与监控，据此建立事件驱动的执行判断准则以监控制造服务流是否正确执行。制造服务流过程监控包含两方面，即企业内制造服务流跟踪与监控和跨企业协作制造服务流跟踪与监控。制造服务流的执行判断准则包括服务延迟、服务提前、服务正常和常规服务错误提示等。

(4) 根据上述制造服务流跟踪与监控的结果对制造服务的质量进行管控，并建立制造服务质量评价体系，实现最优化的制造服务过程与服务体验。针对制造服务的质量需从两方面进行评价：产品质量和服务质量。产品质量包括尺寸、精度、粗糙度等，可以使用游标卡尺、粗糙度仪等工具测量。服务质量包括准时性、可靠性、灵活性等，这些数据可以从 RFID 的跟踪与监控数据中获取，然后进行服务质量评价。根据评价的结果，对制造服务资源进行动态调度，包括企业内资源调度和跨企业资源调度，最终实现对制造服务质量的管控。

4.4.2　制造服务运行过程协同

制造服务涉及多种制造资源，资源的共享和交互发生在不同类型的企业之间，顾客向制造服务平台发送服务请求后，需求接收方需尽快地从制造云服务池中找出合适的制造资源，然后集成制造服务资源以满足顾客需求，因此如何提高制造资源的利用率，实现制造资源的最优分配和调度成为实现制造服务的关键问题。资源调度技术是构建制造服务平台的核心技术，包括云搜索、匹配管理、云合成工具、算法工具、调度工具、发布管理、容错管理等。

提供个性化、高质量、低成本的服务是制造服务的优势所在，一个企业很难快速响应并独立完成所有的生产过程。因此，为了提高制造能力，大量的企业进行了密集的合作。基于服务的制造协同网络应运而生，网络的合作伙伴包括供应商、服务提供商、制造商、分销商和顾客。基于服务的制造协作网络业务模型包括信息技术外包(information technology outsourcing)、业务流程外包(business process outsourcing)、企业转型外包(business transformation outsourcing)[4]。利用复杂网络分析、社会网络分析等方法对制造网络进行分析,有助于制造网络的健康发展和延伸。

针对工业产品服务系统,其成功不仅依赖于一个好的设计,而且依赖于它的运行和管理。顾客需求的差异会直接影响服务交付,针对服务需求的不同应智能生成相应的服务策略来应对交付阶段的挑战。服务策略受工业产品服务系统模型、合同、客户和知识的影响,服务交付框架如图 4-17 所示。

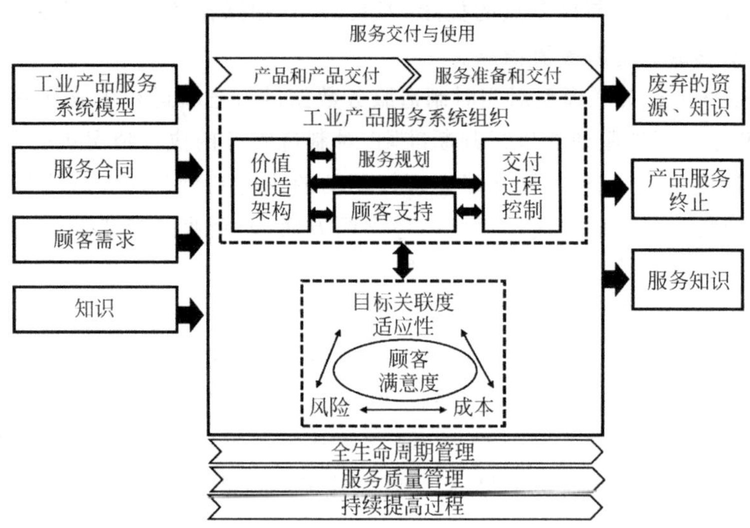

图 4-17　工业产品服务系统交付框架

4.5　制造服务评估与改进的智能化技术

制造服务相对于传统的产品制造最大的不同在于:制造服务以最终的服务能力提供和服务结果为导向,而产品制造是以产品销售为导向。产品制造指的是以大批量生产为基础的大众消费品生产过程,而制造服务则是通过制造服务能力的提供满足顾客个性化服务需求的过程。一般来说,产品的工艺和制造流程相对稳定,而服务的内容会根据顾客需求进行动态适应。因此,对制造服务的分析和改进可以更好地满足顾客需求。

制造服务的本质就是为了改变顾客的状态[42],制造服务分析与改进保证顾客状态朝着正确的方向改变,如图 4-18 所示。首先,要确定从哪些方面对制造服务展开分析,选择最能体现制造服务性能的参数作为评价指标。制造服务性能分析可以从服务质量、服务时间、服务成本、服务稳定性和可靠性这五个方面进行分析。

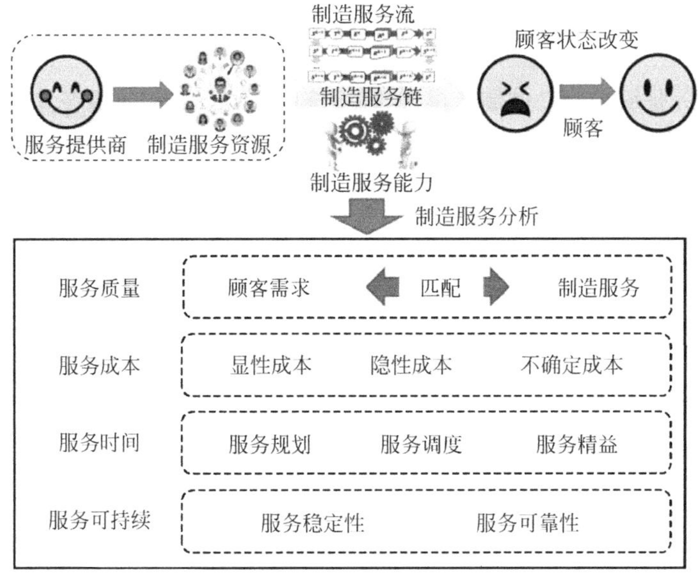

图 4-18 制造服务分析

其中,服务质量作为制造服务的核心参数,用来评价制造服务是否满足顾客的关键需求;服务时间用来评价服务提供商是否能在确定的时间点完成制造服务,过早或过晚都会影响制造服务的性能;服务成本用来评价服务提供商完成某项制造服务的成本,顾客不会接受过高的服务成本,过低的服务成本又会影响服务提供商的效益;除此之外,制造服务的稳定性和可靠性,也是分析的关键指标。稳定性是指在制造服务过程中,能够持续提供制造服务能力,而可靠性是指在稳定性的基础上,提供满足顾客需求的制造服务能力。其次,根据制造服务性能指标分析的结果,针对某一项或某几项指标设定改进目标。最后,对制造服务进行改进,实现全方面满足顾客的需求。

服务质量的分析主要是评估服务提供商所提供的制造服务和顾客需求之间的差距,差距越小,则服务质量越高,反之亦然。常用的服务质量评估的智能方法包括质量功能展开[43]、网络分析法(analytic network process,ANP)等;服务成本分析主要是对显性成本、隐性成本和不确定成本的评估。显性成本和隐性成本一般使用活动成本分析(activity-based costing,ABC)[44]和按绩效付费(pay-for-performance)[45]等,不确定成本可以使用蒙特卡洛方法(Monte Carlo method)[46]等统计模拟方法;服务时间分析主要包括服务响应时间、服务完成时间的评估,涉及服务规划、服务调度和服务精益等内容。针对服务可持续分析包括服务稳定性和服务可靠性的评估,采用可持续服务效率(sustainable service efficiency)[47]和模糊德尔菲法(fuzzy delphi method)[48]等。

4.5.1 制造服务成本建模与评估

制造服务是服务驱动的制造模式，顾客按照所调用的制造服务来付费。因此，研究制造服务中服务的成本是服务定价和服务评估的基础。制造服务的成本构成可以从三个角度进行考虑：产品全生命周期的角度、服务提供商/运营商/顾客的角度及制造服务平台的角度，如图 4-19 所示[49]。从不同角度对服务成本构成进行分析，得出的服务成本往往也不尽相同。

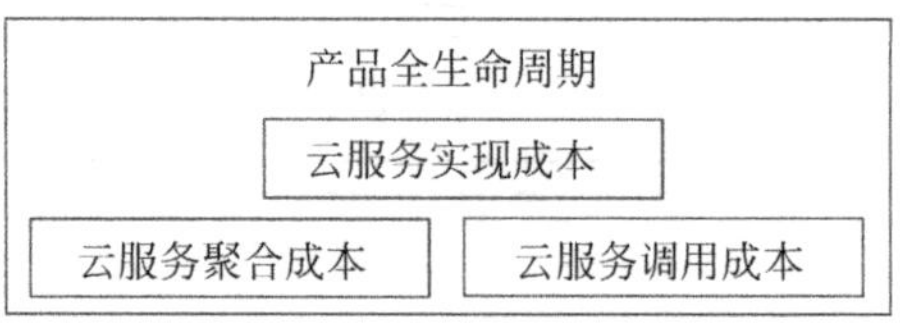

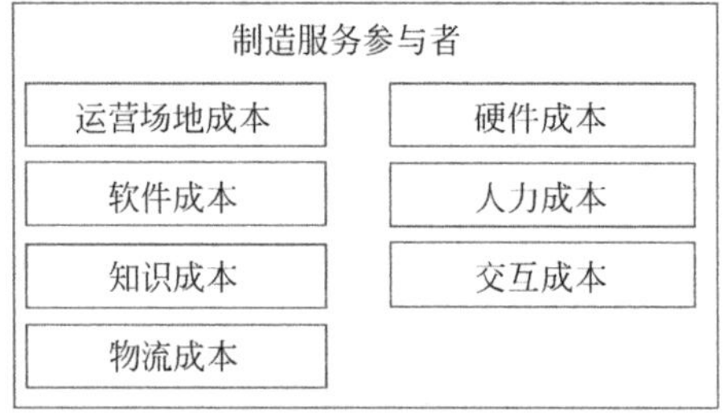

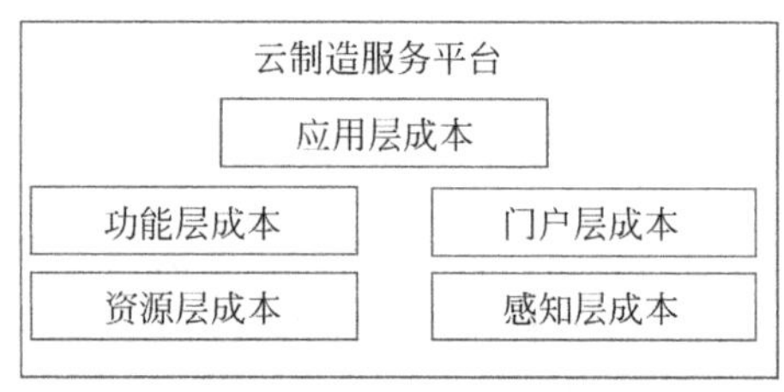

图 4-19 制造云服务成本分析的三个角度

在制造服务中，服务提供商最关心的是使用产品和服务的组合交付满足客户需求的服务结果的成本，该成本直接决定了服务提供商的定价和服务策略。服务成本的评估方法主要包含两种，即确定性服务成本方法和不确定性服务成本方法。确定性服务成本智能评估方法主要有基于活动的成本评估[50]和生命周期成本评估[51]。不确定性服务成本评估方法主要有蒙特卡洛方法[46]等。

4.5.2 制造服务风险评估

顾客想要可靠性更高的服务并愿意为降低的风险支付额外的费用，这促使传统企业向服务供应商转变。制造服务可以在一定程度上降低或分担顾客和服务提供商的风险，但是服务提供商仍需要对服务存在的风险进行管理和评估。服务风险包括交付能力风险、技术风险、行为风险，服务提供商通过智能手段来识别风险、选择风险应对策略，通过监控结果来进行风险管理，具体的服务风险管理流程如图 4-20 所示。

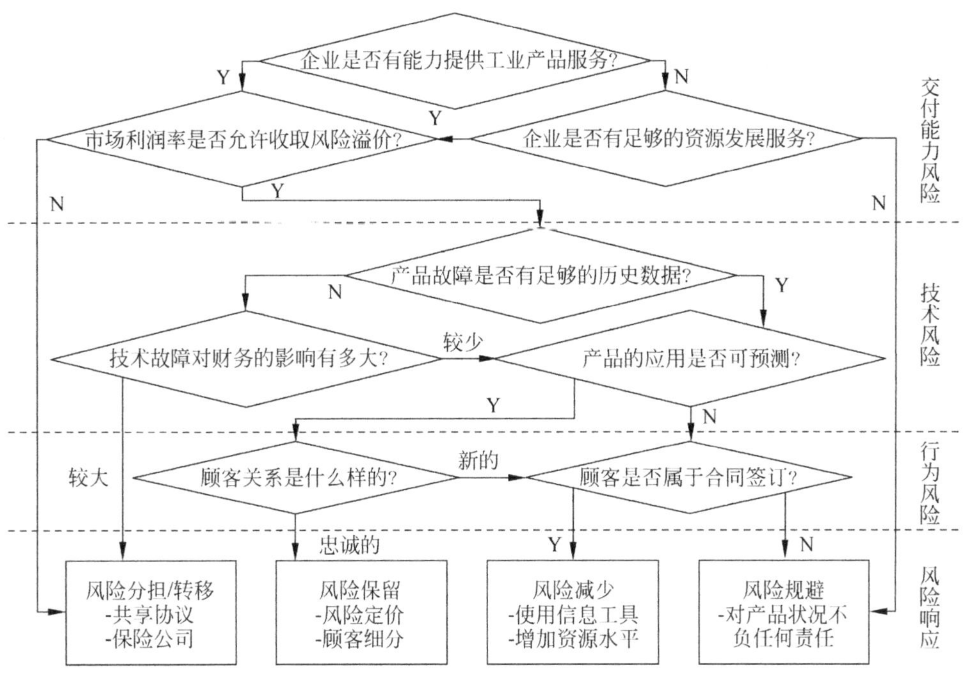

图 4-20　制造服务风险管理决策树

4.6　工具化开放式制造服务平台

为了响应《中国制造 2025》和《发展服务型制造专项行动指南》的号召，从国家层面和产业、企业层面都出现了多样化的制造服务平台。由中国机械工业联合会组织建设的制造业协同服务平台，集成了项目组近年来承担的国家科技支撑计划、国家科技基础条件平台项目成果，采用先进的地理信息技术、协同创新技术以及智能化决策技术，致力于推进制造业信息化，加强制造企业间协同服务；由企业自主开发的制造服务平台，如制造云平台、海尔云制造服务平台(COSMOPlat)、中机云创平台、中国工控网等专业化程度较高的制造服务平台。这些平台面向广大的制造业企业和专业技术人群，提供海量、全面、新颖、实用的工业云资源、工业云软件和工业云服务，提供制造系统解决方案能力提升，涉及自动化、智能装备、工业软件、电子信息等多个技术和专业领域，涉及技术、数据、产品、流程、管理等多个环节，涉及咨询、实施、运营、维护等诸多方面。

上述制造服务平台主要的功能是通过集成和整合离散的社会化制造服务资源向顾客提供制造服务能力。一方面，这种类型平台导致服务提供商完全依赖于平台，顾客很难参与到制造服务中，同时平台也未对顾客和服务提供商提供相应的工具来辅助制造服务提供商和参与者之间的交互。另一方面，平台一般都是由开发者维护和运营,服务对象也是开发者,平台处在封闭式管理和运行当中。封闭式的平台已经不能适应时代的需要,企业需要探索新的服务路径,逐渐由封闭式平台慢慢转变为开放式平台(open platform)。企业应该改变传统的内部服务模式,实施开放式服务,集成所有可利用的供应商、顾客等服务资源,而不应该仅仅依靠内部的服务与知识。同时,企业不仅可以从外部吸收知识,也可以将企业产生的知识向外扩散。开放式服务平台通过对外提供应用程序编程接口(application programming interface,API)与外部程序和数据进行交互,在确保平台安全性的情况下实现了开放式交互。

传统的服务平台除了封闭式管理外,还存在所提供的功能模块化程度低、平台权限管理混乱等明显特征。传统的服务平台提供的功能之间存在关联关系,无法实现某个功能的独立使用。一方面,服务平台的柔性较低,一旦顾客需求、服务方式或类型发生变化,服务平台对某些功能的更新将影响整个平台的运行。另一方面,在制造服务活动的某个阶段,可能只需要使用平台的某个功能,而并不是将整个流程完整地运行一遍。平台功能模块化为平台权限管理提供了基础,平台权限管理可以保证角色访问而且只能访问自己被授权的资源。而传统的服务平台中的角色只有顾客、服务提供商和平台管理员,并没有对角色进行细化,例如,服务提供商可以被细分为制造、运输、管理等角色。针对传统的制造服务平台所存在的问题,一种新的工具化开放式制造服务平台受到越来越多的关注,其核心架构如图 4-21 所示,该架构仅展示了在传统制造服务平台架构基础上,实现工具化和开放式平台的核心部分。

(1) 平台支撑资源层。提供制造服务平台的数据库、网络等基础支撑环境。同时,外部的程序或数据库可以通过开放的 API 与平台中的程序或数据库进行交互和调用。

(2) 业务流程管理层。存储制造服务全生命周期中所有的业务流程。业务流程作为制造服务工具集成的框架,工具可以在业务流程框架的基础上,根据制造服务的需求进行配置。配置完成的业务流程作为知识,可以指导新业务流程的配置。

(3) 功能模块化层。将传统制造服务平台提供的功能进行划分并形成独立的模块化制造服务工具。根据顾客对制造服务的需求,将这些工具组合成满足需求的业务流程。每个业务流程都对应一个制造服务工具集,每个工具集包含多个该业务可能使用的制造服务工具。服务提供商可以参考已有的业务流程完成制造服务,也可以创建新的业务流程。

(4) 角色权限管理层。根据制造服务的类型和内容,将参与制造服务的角色(顾客、服务提供商、平台管理者)进行进一步的细分。然后,对这些角色分配相应的权限,包括对制造服务项目的创建权限、使用权限、查看权限等。权限存在包含关系,例如:创建权限包含修改权限,两者都包含查看权限。

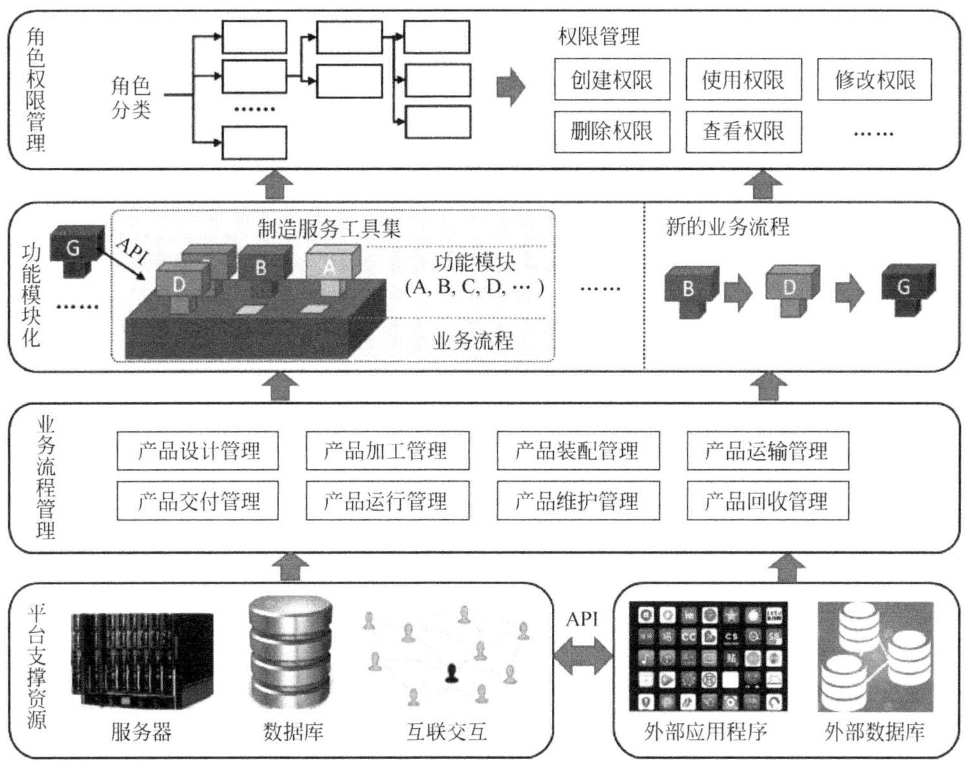

图 4-21　工具化开放式制造服务平台核心架构

4.7　本章小结

本章对服务型制造、社群化制造、云制造和工业产品服务系统作为先进制造服务模式的典型代表进行概述，包括制造服务模式的概念、系统框架和执行逻辑等。在此基础上，分别从制造服务需求分析与供需匹配、服务资源组织与配置、服务过程跟踪与质量管控、制造服务评估与改进、制造服务分析与改进、工具化开放式服务平台的角度，诠释了如何实现制造服务的智能化以及智能化技术如何在制造服务模式中应用。需要强调的是制造服务智能化的技术和方法，不仅可以应用在本书所介绍的先进制造服务模式中，也可以应用在其他制造或服务模式中。

参考文献

[1] GREENFIELD H. Manpower and the growth of producer services[R]. New York: Economic Development, 1966.

[2] BOWEN D, SIEHL C, SCHNEIDER B. Developing Service-oriented Manufacturing[M].

San Francisco,CA：Making Organizations Competitive,Jossey-Bass,1991.
[3] 汪应洛.创新服务型制造业,优化产业结构[J].管理工程学报,2010(S1)：2-5.
[4] GAO J,YAO Y,ZHU V C Y,et al. Service-oriented manufacturing：A new product pattern and manufacturing paradigm[J]. J Intelligent Manufacturing,2011,22(3)：435-446.
[5] 曹仰锋.海尔 COSMOPlat 平台：赋能生态[J].清华管理评论,2018(11)：28-34.
[6] 谢文明,江志斌,储熠冰.服务型制造在传统制造业的应用——上海电气案例研究[J].工业工程与管理,2012,17(6)：91-96+106.
[7] 李刚,孙林岩,李健.服务型制造的起源、概念和价值创造机理[J].科技进步与对策,2009,26(13)：68-72.
[8] 何哲,孙林岩,朱春燕.服务型制造的概念、问题和前瞻[J].科学学研究,2010,28(1)：53-60.
[9] XU X. From cloud computing to cloud manufacturing [J]. Robotics and Computer-Integrated Manufacturing,2012,28(1)：75-86.
[10] 李伯虎,张霖,柴旭东.云制造概论[J].中兴通讯技术,2010,16(4)：5-8.
[11] 李伯虎,张霖,王时龙,等.云制造——面向服务的网络化制造新模式[J].计算机集成制造系统,2010,16(1)：1-7.
[12] 李伯虎,柴旭东,张霖.智慧云制造——一种互联网与制造业深度融合的新模式、新手段和新业态[J].中兴通讯技术,2016,22(5)：2-6.
[13] 陶飞,张霖,郭华,等.云制造特征及云服务组合关键问题研究[J].计算机集成制造系统,2011,17(3)：477-486.
[14] TAO F,ZHANG L,VENKATESH V C,et al. Cloud manufacturing：A computing and service-oriented manufacturing model[J]. Proceedings of the Institution of Mechanical Engineers,Part B：Journal of Engineering Manufacture,2011,225(10)：1969-1976.
[15] REN L,ZHANG L,TAO F,et al. Cloud manufacturing：from concept to practice[J]. Enterprise Information Systems,2015,9(2)：186-209.
[16] ZHANG L,LUO Y,TAO F,et al. Cloud manufacturing：A new manufacturing paradigm [J]. Enterprise Information Systems,2014,8(2)：167-187.
[17] PINGYU J,KAI D,JIEWU L. Towards a cyber-physical-social-connected and service-oriented manufacturing paradigm：Social manufacturing[J]. Manufacturing Letters,2016,7：15-21.
[18] MONT O,TUKKER A. Product-Service Systems：Reviewing achievements and refining the research agenda[J]. Journal of Cleaner Production,2006,14(17)：1451-1454.
[19] GOEDKOOP M,HALEN V. Product service systems,ecological and economic basics[R]. 1999.
[20] 江平宇,朱琦琦,张定红.工业产品服务系统及其研究现状[J].计算机集成制造系统,2011,17(9)：2071-2078.
[21] BAINES T S,LIGHTFOOT H W,EVANS S,et al. State-of-the-art in product-service systems[J]. Proceedings of the Institution of Mechanical Engineers,Part B：Journal of Engineering Manufacture,2007,221(10)：1543-1552.
[22] 鲍世赞,蔡瑞林.智能制造共享及其用户体验：沈阳机床的例证[J].工业工程与管理,2017,22(3)：77-82.
[23] ZHU Q Q,JIANG P Y,HUANG G Q,et al. Implementing an industrial product-service

system for CNC machine tool[J]. The International Journal of Advanced Manufacturing Technology,2011,52(9-12): 1133-1147.

[24] KERLEY W, WYNN D C, ECKERT C, et al. Redesigning the design process through interactive simulation: A case study of life-cycle engineering in jet engine conceptual design[J]. International Journal of Services and Operations Management, 2011, 10(1): 30-51.

[25] ROY R,CHERUVU K S. A competitive framework for industrial product-service systems [J]. International Journal of Internet Manufacturing and Services,2009,2(1): 4-29.

[26] KIMITA K, AKASAKA F, SHIMOMURA Y, et al. Requirement analysis for user-oriented service design [J]. Asian International Journal of Science and Technology Production & Manufacturing Engineering,2009,2(3): 11-23.

[27] SEMANJSKI I, GAUTAMA S, AHAS R, et al. Spatial context mining approach for transport mode recognition from mobile sensed big data[J]. Computers Environment and Urban Systems,2017,66: 38-52.

[28] LENG J W, JIANG P Y. A deep learning approach for relationship extraction from interaction context in social manufacturing paradigm[J]. Knowledge-Based Systems,2016, 100: 188-199.

[29] CAO W, JIANG P Y, JIANG K. Demand-based manufacturing service capability estimation of a manufacturing system in a social manufacturing environment [J]. Proceedings of the Institution of Mechanical Engineers, Part B: Journal of Engineering Manufacture,2017,231(7): 1275-1297.

[30] GUO W, JIANG P Y. Manufacturing service order allocation in the context of social manufacturing based on Stackelberg game[J]. Proceedings of the Institution of Mechanical Engineers,Part B: Journal of Engineering Manufacture,2018,233(8): 1890-1901.

[31] TAO F, CHENG Y, ZHANG L, et al. Advanced manufacturing systems: Socialization characteristics and trends [J]. Journal of Intelligent Manufacturing, 2017, 28 (5): 1079-1094.

[32] LENG J W, JIANG P Y, DING K. Implementing of a three-phase integrated decision support model for parts machining outsourcing[J]. International Journal of Production Research,2014,52(12): 3614-3636.

[33] ALSAFI Y, VYATKIN V. Ontology-based reconfiguration agent for intelligent mechatronic systems in flexible manufacturing[J]. Robotics and Computer-Integrated Manufacturing,2010,26(4): 381-391.

[34] LIN L F, ZHANG W Y, LOU Y C, et al. Developing manufacturing ontologies for knowledge reuse in distributed manufacturing environment[J]. International Journal of Production Research,2011,49(2): 343-359.

[35] GUO W,JIANG P Y. An investigation on establishing small-and medium-sized enterprises communities under the environment of social manufacturing[J]. Concurrent Engineering-Research and Applications,2018,26(3): 251-264.

[36] SUYU H,KUIYANG L,RAMANI K. SVM-based semantic clustering and retrieval of a 3D model database[J]. Computer-Aided Design and Applications,2005,2(1-4): 155-164.

[37] TAO F, ZUO Y, XU L D, et al. IoT-based intelligent perception and access of

manufacturing resource toward cloud Manufacturing[J]. IEEE Transactions on Industrial Informatics,2014,10(2): 1547-1557.

[38] 任磊,张霖,张雅彬,等.云制造资源虚拟化研究[J].计算机集成制造系统,2011,17(3): 511-518.

[39] DONG B,QI G,GU X,et al. Web service-oriented manufacturing resource applications for networked product development[J]. Advanced Engineering Informatics, 2008, 22(3): 282-295.

[40] KESKIN G A. Using integrated fuzzy DEMATEL and fuzzy C: Means algorithm for supplier evaluation and selection[J]. International Journal of Production Research,2015,53(12): 3586-3602.

[41] 王闯,江平宇,杨小宝.智能车间 RFID 标签有效识别及制造信息自动关联[J].中国机械工程,2019,30(2): 149-158.

[42] ARAI T, SHIMOMURA Y. Proposal of service CAD system—A tool for service engineering[J]. CIRP Annals-Manufacturing Technology,2004,53(1): 397-400.

[43] YOON B,KIM S,RHEE J. An evaluation method for designing a new product-service system[J]. Expert Systems with Applications,2012,39(3): 3100-3108.

[44] TSAI W, CHEN H, LEU J, et al. A product-mix decision model using green manufacturing technologies under activity-based costing [J]. Journal of Cleaner Production,2013,57: 178-187.

[45] GOK M S,Altlndağ E. Analysis of the cost and efficiency relationship: Experience in the Turkish pay for performance system[J]. The European Journal of Health Economics, 2015,16(5): 459-469.

[46] LANZA G,RÜHL J. Simulation of service costs throughout the life cycle of production facilities[J]. CIRP Journal of Manufacturing Science and Technology, 2009, 1(4): 247-253.

[47] CHOU C,CHEN C,CONLEY C. An approach to assessing sustainable product-service systems[J]. Journal of Cleaner Production,2015,86: 277-284.

[48] HU H A,CHEN S H,HSU C W,et al. Development of sustainability evaluation model for implementing product service systems[J]. International Journal of Environmental Science and Technology,2012,9(2): 343-354.

[49] CHENG Y,ZHAO D,HU A R,et al. Multi-view Models for Cost Constitution of Cloud Service in Cloud Manufacturing System[M]. Berlin,Heidelberg: Spriger,2011.

[50] KIMITA K,HARA T,SHIMOMURA Y, et al. Cost Evaluation Method for Service Design Based on Activity Based Costing[M]. London: Springer,2008.

[51] KROZER Y. Life cycle costing for innovations in product chains[J]. Journal of Cleaner Production,2008,16: 310-321.

第4章教学资源

第5章

智能制造服务的层次模型

本章主要对描述服务提供与服务接受——产消者、产品全生命周期制造服务源等相关概念进行描述,从生产性服务和产品服务的视角对智能制造服务源进行辨识。其中,生产性服务包括基于众包模式的产品设计服务、基于外包模式的工序和零部件加工服务、面向生产外协加工的物流配送服务;产品服务系统方面包括高端/特种/稀有装备驱动的多iPSS、零库存与公共外库。最后,构建基于产品BOM的智能制造服务层次模型,对发展和应用智能制造服务起到纲要和总领作用。

5.1 服务提供与服务接受——产消者的概念

制造业与服务业的深度融合,必将对生产者与消费者的角色进行重新定位,对生产者与生产者、生产者与消费者之间的链接关系重构解析[1]。从横向来看,生产者与生产者、生产者与消费者之间可以存在多重的服务与被服务关系;从纵向来看,制造服务从链式供应合作关系向服务增值网络进行扩展和延伸。生产者与生产者、生产者与消费者角色之间都属于服务与被服务的关系,他们之间的服务关系涵盖了产品全生命周期的各个阶段。具体表现在:传统的制造商逐渐由单一的产品供应商向产品服务供应商转变;用户可以通过个性化需求来定制产品,积极参与到产品的前端设计、生产过程和服务决策过程中;制造企业在加工与装配阶段,将低附加值的零部件加工活动外包给第三方企业,自己聚焦于核心部件的加工或者装配活动,以此来获取较高的企业利润。

因此,制造服务驱使消费者逐渐从单一的买家角色转变为“消费者即生产者”的双重角色——产消者(prosumer)[2]。产消者的这种双重角色特点在多层次的制造服务转包中更明显,企业对于下层的制造服务承接方而言是消费者角色,而对于上层的需求方而言是生产者的角色。企业和消费者间正在形成扁平化的直接沟通桥梁,消费者参与到产品生命周期的设计与制造活动中,消费者在研发环节通过社交媒介可以参与产品的个性化定制,设计者根据消费者的需求在生产环节提供智能制造服务。产消者的组织方式有两种:一种是一些公司如小米搭建自己的产品交流平台,通过与消费者的不断互动,挖掘出消费者的需求,并将满足消费者需求贯穿于产品全生命周期的服务活动之中。这些公司在没有任何生产线的情况下取得成功，他们鼓励消费者关注创意产品，这种方式下，企业将管理平台的注意力转移到收集消费者的信息，并和消费者共同创造新价值。第二种方式是一些新出现的平台(如 Quirky 和 Shapeways)，其成员通过众包或外包方式参与产品开发的整个个性化过程，包括概念形成、价值挖掘、产品开发、生产和销售。

需要指出的是，加工任务的承包和发包在传统制造模式中扮演着最基础、最重要的角色。为了更加明确产消者的内涵，这里以加工任务外协为例对制造服务的需求方与提供方进行阐述。

5.1.1 智能制造服务需求方

制造服务的需求方指的是制造企业/车间将产品制造过程中部分零部件或加工工序，以外协加工服务的形式发包给第三方中小型加工服务车间，由加工服务车间负责制造过程的智能化监控和质量检测，发包车间以加工服务费的形式向其支付费用，并从中获得额外的服务增值。此外，考虑设备维护保养或投资过大等因素，也有将稀有/高端/精密加工装备等以制造服务的方式外包给第三方专业服务提供商。

制造企业/车间将制造任务外包有两种情况：一种是将低增值或低附加值的工序制造任务(如毛坯的预处理、粗加工等)进行服务外包以缩减成本；另一种是将车间不具备的工序制造能力的工序进行服务外包以满足车间加工能力的扩展。

5.1.2 智能制造服务提供方

制造服务的提供方是指以单件/小批量/大批量类型的加工任务为承接任务类型的，以某类零件(如小型燃气轮机叶片精加工、非标件专用齿轮等)或重要工序(如大型精密模锻加工、高同轴度双孔加工)为承接加工对象的，以生产资源的合理高效利用为约束的，以获取更大利润为增值目标的，一种跨企业/车间的智能化加工任务处理方式。

提供外协加工任务的企业有两种：一种是专业性的加工服务企业，这种企业可能掌握着某些零部件加工的核心技术(如叶片精加工技术等)，并以承接外协加工任务为生；另一种是拥有过剩生产能力(如在某时间段、某些制造设备处于空闲状态)的大型制造企业，这种企业为合理高效地利用已有车间加工资源，提高企业生产附加值，也会承接部分外协加工任务。

5.2 产品全生命周期制造服务源的辨识

服务型制造模式更突出地强调了服务对制造业价值增值的作用，通过在产品全生命周期的各个环节融合外包/众包/产品服务系统等高附加值的服务方案，重构与优化“服务发包方和接收方”的生产组织形式、运营管理方式和商业发展模式，来拓展和延伸制造产业链的价值链，实现生产者与消费者的共赢局面。在服务型制造的发展过程中，制造企业的升级转型呈现出了新特征。首先，一个产品的制造需要越来越多的制造服务企业参与。由于社会分工细化，服务企业参与产品制造的机会增多，它们之间的服务行为也会增多。在传统的产品制造过程中，只有到最终产品的时候才有消费者、才有服务。而在服务型制造过程中，生产者和消费者的关系是可转化的。因此，产消者贯穿于产品制造的每个环节。如中间产品既是下游企业的消费品，也是上游企业的销售品，服务关系就此形成。制造服务企业的角色多样化、企业之间服务与被服务的关系构成了复杂的服务交互网络形态。其次，制造过程中服务性收益比例会越来越大。在服务型制造过程中，产品服务行为的出现使得制造价值链得到延伸，通过为用户提供一体化的产品服务解决方案使得服务的利润得到极大的提升。此外，制造企业生产的产品不以销售的形式出现，而是采用金融租赁、PSS等形式与用户实现服务合作，通过租赁费和服务费来获得利润。

依据多向多维的服务机制，面向产品全生命周期的制造服务需求具有以下特点：

(1) 加工任务的多样性。制造需求是多种多样的，包括零件的机加工、热处理、冲压件加工、电火花加工、铸造等类型，对于每一类型的制造需求，其加工方式和对于加工能力的需求不尽相同，这导致制造需求描述变得很复杂。

(2) 加工任务的多层次性。产品的制造过程包括产品层、零件层、特征层和工序层，这使得制造需求具有多层次的特点，如何合理、完整地组织和反映制造需求的层次结构，在不同层次上构建符合其特点的制造需求描述理论和模型，是制造需求描述过程的一个重要问题。

(3) 加工任务的多态性和协作性。产品的制造过程是一个动态、复杂的流程，通常需要多资源进行协作，即使对于简单的零件加工，也需要多台机床，按照一定的工艺流程进行协作。同时，同样的制造需求由于工艺水平和资源条件的差异，具有多种制造流程，而且在制造流程中受到各种因素的影响，需要动态调整。

(4) 面向车间高端数控加工装备的服务。通过附加无形的加工服务(如切削参数配置、数控编程、加工操作、维护等)到有形的工业产品(数控加工装备)上，形成加工服务与高端数控加工装备的集成运作模式，为服务型制造车间提供各类加工服务。

(5) 面向车间多加工任务的刀具服务。刀具服务提供商是以制造企业对生产加工过程中的切削能力的需要为驱动，负责刀具产品全生命周期的资源管理，提供给多个制造企业可持续循环利用的刀具服务。

(6) 面向车间原材料/在制品/成品/备件存储任务的公共外库服务。“公共外库”是提供服务型制造车间库存服务的第三方物流供应链管理商，根据服务型制造车间的库存服务需求，为服务型制造车间提供运输、仓储、装卸/搬运、配送、包装、加工、动产质押监管、采购等多个环节的物流供应链管理服务。从服务型制造车间的库存服务需求角度，公共外库提供的是服务结果；从公共外库本身的主体角度，公共外库专注于自身库存服务水平的提高。

结合上述特点，面向产品全生命周期的制造服务源可以基于生产性服务与产品服务系统的视角进行辨识。

5.2.1 生产性服务方面

生产性服务是面向生产的服务，是作为其他产品和服务生产的中间投入的服务，贯穿于产品全生命周期的设计、制造、装配、物流等各个环节。

1. 基于众包模式的产品设计服务

产品众包设计是以用户对产品的需求为基础进行的产品众包需求设计[3]。产品众包设计参与的主体主要包括需求用户、设计用户。需求用户通常指对产品设计有个性化需求的个人或者企业，即用户社群的组成元素。设计用户是指产品设计者所组成的社群，包括专业人士和非专业人士的兴趣爱好者，可以是个人，也可以是团队。以“用户为中心”是行业中广泛认同的设计理念。随着用户群体自主意识不断增强，对自身需求更加明确，他们在设计过程中比以往发挥着更高的主动性和积极性。产生众包设计需求的核心是用户群体对产品情感价值的个性化需求，选择合适的产品也是用户参与的关键因素。需求用户与设计用户通过社交媒介进行交互，产生了大量的以产品为讨论中心的需求数据。需求用户参与的目的是通过互联网充分利用社会大众的集体智慧与创新资源整合，获取优质的、适合用户线性可变需求的创新方案，降低企业创新成本，提高企业竞争力。设计用户参与众包的形式主要为完成需求用户发布的项目需求，并在中标后获得奖励。同时，设计用户可以通过知识的分享与学习获取新的知识和技能。

满足用户需求是产品设计的最终目的，用户需求信息是产品设计的基础和依据，因此对用户需求信息的准确获取与整理在产品设计中至关重要。当前，用户需求获取的方式总体上可以分为外部市场调研、企业内部数据挖掘、网络获取这三类。互联网是一个巨大的资源宝库，目前页面数目已超过 800 亿，每小时还以惊人的速度增长，里面有大量有价值的信息，例如潜在客户的列表与联系信息，竞争产品的价格列表，实时金融新闻，供求信息等。用户需求主要包括消费者提供的需求、制造方提供的产品加工需求等产品全生命周期各环节的需求。以爱好驱动的(开源)产品个性化需求一般会产生在公共社交媒介(BBS、QQ、微信、Facebook 等)和产品众包设计媒介(小米之家、花粉俱乐部、RepRap community 等)上，一般以文本形式存在。

2. 基于外包模式的工序和零部件加工服务

当前，核心制造企业越来越聚焦于自身的核心竞争力，并逐渐向价值链的前端的产品设计环节和后端的运行与服务环节转移，而将价值链微笑曲线中间段的、包含附加价值低的工序和零部件制造过程以外协加工的方式外包给其他专业的制造服务提供企业，以达到降低成本、分散风险、提高效率、增强竞争力的目的。这就直接导致了现在制造业最重要特征之一的基于工序和零部件外协加工的生产外包活动近年来的爆炸式增长。制造活动的全球化、企业组织结构的哑铃化是促进这种服务驱动的工序和零部件生产外包乃至生产众包的源泉。

制造任务来源于订单或客户需求预测。核心企业通过订单或客户需求预测将众多的配套企业组织起来，共同完成产品的生产。在该过程中，核心企业的车间仅生产核心零部件或仅进行装配，相关配套企业车间以服务承包的方式接收核心企业发布的制造任务，构成了以核心企业车间为中心的服务集群的生产模式，并在交货期、成本、质量等多重条件约束下为核心企业服务，完成产品的制造。接收制造任务，既可以是小企业接收大企业的外包任务，也可以是大企业接收小企业的外包服务。其核心是产品驱动所形成的一系列外包服务活动链。

3. 面向生产外协加工的物流配送服务

物流服务外包概念相对于自营物流而言，是对生产/外协服务提供专业化的物流运输、仓储、配送等物流服务[4]。物流服务外包使得企业能够自由地协调制造业务、加强企业的灵活管理、专注于提高核心竞争力，不足之处在于企业不能直接控制物流，不能保证及时到货的优秀品质和客户服务，降低了企业对物流的可控性。

物流需求是指生产企业在生产过程中对原材料、半成品等生产资料在运输、配送、包装、仓储、流通等环节相关的物流服务信息需求，其界定范围为制造企业间物流。

物流能力是指物流服务企业针对客户需求开展与物流运输、运作、存储活动相关的资源与能力，包括物流运输设施、公共仓储、分拣设备等“有形资源”能力，同时也包括物流企业运作与管理、信誉度的“无形资源”能力。

针对以上的物流需求定义，采用集合论对物流需求进行数学描述：

$$LogRequest = \{<Id>, <Description>, <Intension>\} \tag{5-1}$$

式中：$<Id>$——物流需求的编码标识；

$<Description>$——物流需求的语义化描述；

$<Intension>$——物流业务名称，是由多个描述物流因素方面构成的集合，并且每一方面又是由一组详尽的物流特征概念实体及其联系构成的集合。

$$\begin{cases} <Intension> = U\{<Facet>_i\} \\ <Facet> = \{<Place>, <Date>, <Goods>, <Cost>\} \\ <Place> = (S\_station, Destination) \\ <Date> = (S\_time, End\_time) \\ <Goods> = (Type, Name, Number) \\ <Cost> = (Cost) \end{cases} \tag{5-2}$$

式(5-1)、式(5-2)从多方面对物流需求进行描述：运输地点、运输货物种类、成本、开始时间、结束时间等。通常情况下，在进行物流自营与外包的分析时，作如下假设：

(1) 外协加工企业自身有物流部门时才考虑物流服务是否外包。

(2) 外协加工企业有物流服务部门，但不能完全满足物流需求的要求，只能选择外包，不能采用横向物流服务外包方式即自身物流与专业物流服务商联合合作共同执行。

(3) 外协加工企业无物流服务部门时则采用物流服务外包。

5.2.2 产品服务系统方面

在传统制造中，制造设备所有权及使用权均归制造企业所有。在服务型制造中，工业产品服务系统(industrial product service system，iPSS)服务提供商将相关的制造资源如稀有与高端装备、仓库等作为工业产品，以"工业产品+服务"的模式辅助制造车间完成制造任务[5]。在这种模式下，制造资源的所有权既可属于制造车间也可属于 iPSS 服务提供商。以装备及其附属的刀具、夹具等为例，从制造资源所有权及使用权来考虑，其具有以下三种运行模式：

(1) 设备、刀具、夹具等所有权及使用权均属于制造车间，这种资源所属模式属于传统制造下的资源模式；

(2) 设备、刀具、夹具等所有权属于 iPSS 服务提供商，制造车间通过购买 iPSS 服务提供商所提供的设备、刀具的加工能力以满足制造任务需求；

(3) 设备所有权及使用权属于制造车间，设备的部分或全部附属设施(如刀具、夹具等)所有权属于 iPSS 服务提供商，iPSS 服务提供商提供相应的服务(如刀具服务、夹具服务等)满足制造需求。

1. 高端/特种/稀有装备驱动的多 iPSS

高端/特种/稀有装备驱动的多 iPSS 成为系统核心加工服务功能提升和服务增值的新途径[6,7]。iPSS 是指制造服务商通过将无形的生产能力服务与有形的工业产品(如加工装备、刀具等)结合起来为企业用户提供的长期或短期生产合作服务。从服务型制造车间运行者的角度看，车间内部接受来自不同的高端/特种/稀有装备服务商以及刀具、夹具等服务商构成的多 iPSS 服务机制，以购买加工能力服务的方式替代购买装备，能在最大限度节约固定资产投入的前提下有效地提升该服务型制造车间的核心制造能力和核心业务水准，实现生产性服务的增值，这也是当前服务型制造车间从非核心业务承包服务走向高端化和核心业务承包服务的新途径。

特别需要注意的是，刀具产品作为典型的消耗性工业产品，它贯穿制造企业在产品生产加工的整个过程，与制造车间生产装备、零件加工特征、零件加工工艺、零件加工质量技术要求等加工因素密切相关。加工工艺的确定、刀具的选用、切削参数的选用对技术人员都有着较高的要求，刀具的库存管理、安装组配以及及时配送对制造企业的车间管理要求也越来越高，刀具产品密切影响着零件生产的加工质量和加工效率。刀具产品服务系统，是从第三方刀具服务提供商的角度，将有形的刀具产品与无形的服务集成起来，通过刀具服务提供商向制造企业提供全方位的刀具服务来代替制造企业传统的刀具采购模式，以此来提高制造企业刀具管控水平，提升其零件加工质量和加工效率，降低其零件加工成本；同时，通过刀具产品服务系统的运行提升刀具产品的服务化程度，实现刀具产品的价值增值[8]。

2. 零库存与公共外库

随着"服务"理念的发展及其在制造物流中的不断深入，传统的每个企业都拥有自己仓库的模式，仓库的运作方式也都已经改变，一种新型的物流服务模式——公共外库逐渐开始出现[9-11]。公共外库可以同时为多家制造企业提供可定制的物流服务。同时，制造企业生产过程中的原材料库存、在制品库存以及成品库存都可以通过库存外包的方式转移给第三方专业的库存和仓储服务提供商，即公共外库，从而实现零库存的精益生产理念。制造企业与公共外库的深入合作，可以实现物流信息共享，利益双赢。

以公共外库方式所提供的原材料/半成品/成品库存已成为制造企业/车间在制品库存服务功能提升和服务增值的新机制。在传统制造车间中，原材料/半成品/成品的库存控制与管理依赖于车间自身，耗费大量的人力、物力和财力。将iPSS的理念引入在制品库存中就形成了公共外库服务方式，它可用来实现围绕以区域聚集(如工业园区)为特点的跨企业多服务型车间的低成本在制品物流服务，并在产业服务链的高度实现零部件在制品的统一控制与管理，具有效率高和成本低等优点。

5.3 BOM驱动的智能制造服务层次模型

5.3.1 基于BOM的服务组织结构

1. 面向产品BOM结构的制造任务智能化分解

为实现制造服务需求方和制造服务提供方的面向制造服务关系的对接，首先需要将层次较高、需求抽象的复杂产品制造任务进行分解，制定出企业自制、零部件外购、外协加工等任务的生产计划。这一过程涉及产品结构组成、配套企业外协能力等因素，是一个复杂的决策和优化问题，需要反复确定分解的层次、粒度和耦合性等，其分解原则如下：

(1) 任务独立性原则。由于制造企业实体分布式布局的特点，经由制造服务需求方分解后外协加工的任务必须有足够的独立性，否则，制造服务提供方之间的生产任务相关性过大，将导致后续任务很难进行，造成资源浪费和企业生产效率降低。

(2) 任务匹配原则。经由需求方企业任务分解得到的制造任务必须能够在制造服务提供方集合中找到合适的制造服务提供方来完成其加工制造任务,否则分解失去意义。此原则为决定性原则。

(3) 粒度适中原则。制造任务分解的粒度关系到生产计划和控制过程。粒度过大,制造任务实施的计划和进度难以精确控制;粒度过小,产品制造服务链上的某一环节的微小变化将导致项目协同过程的巨大波动,给制造服务订单的跟踪与管控带来困难。

因此,提出基于产品的BOM(Bill of Material,物料清单),并考虑任务相似度和任务匹配度的制造任务智能分解方案,可通过图5-1所示流程,进行制造任务的分解。

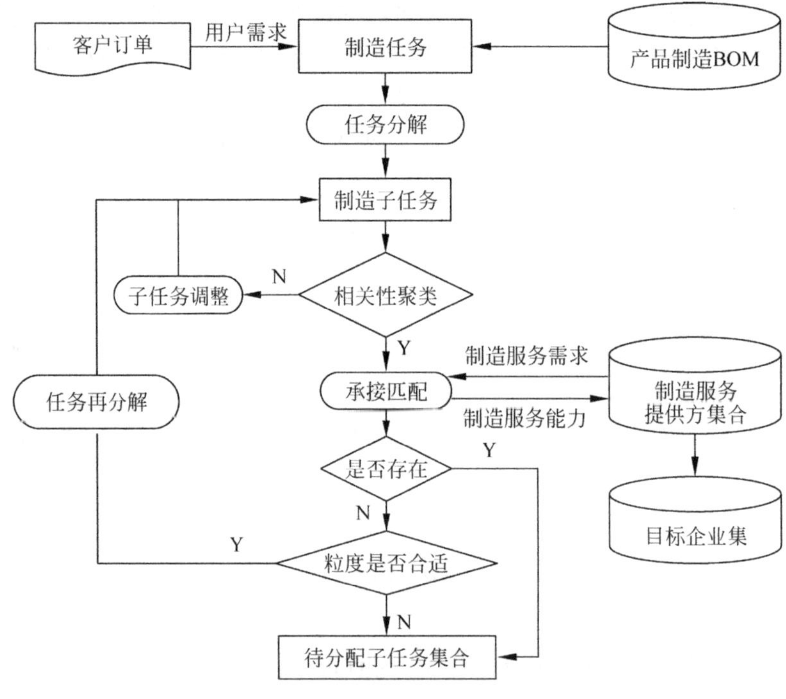

图5-1 制造任务分解流程图

其制造任务分解的关键步骤如下:

(1) 任务分解。根据产品结构进行制造任务的划分,形成细化的制造任务集合。

(2) 相关性聚类。自底向上,对制造任务之间的相关性进行判断,将相关性较强的制造任务进行聚类。如一对齿轮组件中,主被动齿轮的制造通常是由相同的制造服务提供方完成的。制造任务的相似性涉及装配过程的相关性,以及制造过程中的物流、信息、数据交互,可通过设计相应的算法实现计算。

(3) 承接匹配。对制造任务进行制造服务匹配,通过需求满足度计算的制造任务列入制造任务集合。制造任务涉及的功能方面的需求和属性方面的要求必须得到一定程度的满足才可以认定为该制造任务匹配到合适的制造服务提供方。该过程涉及制造服务需求/能力的建模与描述、制造服务需求/能力的匹配和搜索等。

(4) 粒度判断。对制造任务进行粒度控制,可以在满足制造任务需求的基础上,通过对过小的、与其他制造任务紧密相关的制造任务进行聚类来实现。必须指出的是,因为其高度的人机交互特性,制造任务分解还不能很好地通过智能化手段实现,大部分是人工实现的。

2. 多层次企业间制造服务订单信息表达

对于以产品过程链组织外包加工来完成产品制造的企业来说,制造服务订单信息模板是以产品 BOM 结构为基础建立的。所以,订单信息模板也要建立向产品结构的映射,划分层次结构。将制造服务订单分为产品层、部件层、零件层,分别对应不同粒度的订单信息模板,在继承产品结构配置的基础之上,增加静态和动态的管理、质量、进度、计划等订单信息。制造服务订单和产品 BOM 结构之间的映射关系如图 5-2 所示。

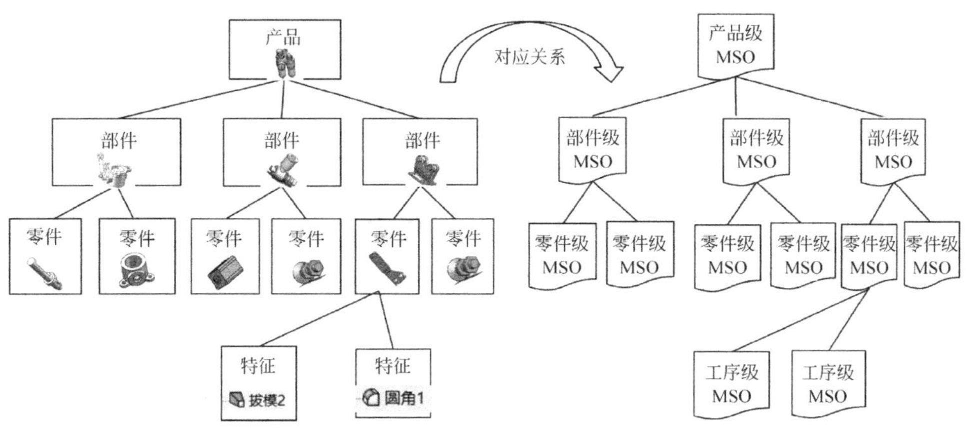

图 5-2 产品结构和制造服务订单的映射

在此基础上建立多层次的订单模型,其结构如图 5-3 所示,包括基本信息、排程信息、结构信息、质量需求、管理信息、进度与状态信息等部分,其中管理、质量信息是通用的类型定义。

首先对通用类型进行定义,包括管理类型和质量需求类型。

1) 通用类型定义

(1)管理信息:包含了与制造过程相关的通用人员信息、设备信息、车间信息等,每个子项又包含不同的属性信息,如设备信息包含了机床和刀具的编号、类型、特性等。

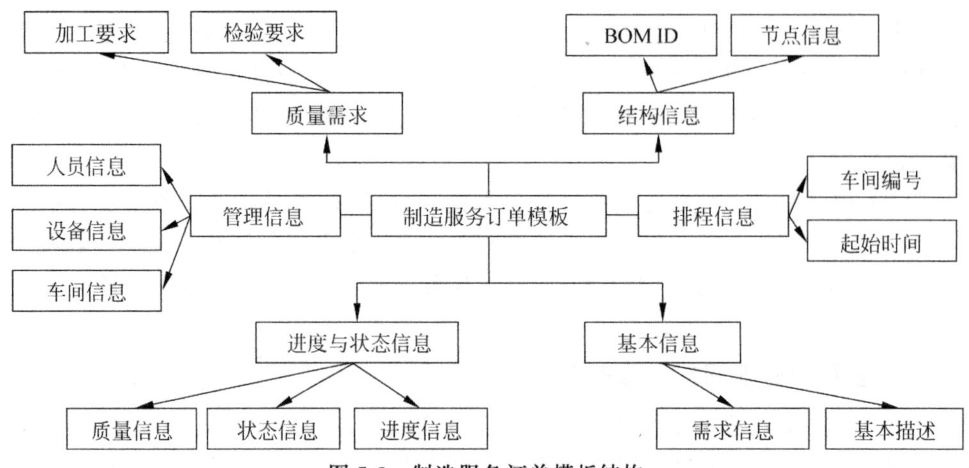

图 5-3　制造服务订单模板结构

$$\begin{cases} Manage = \{\{PersonalInfo\}, \{EquipmentInfo\}, \{PlantInfo\}\} \\ PersonalInfo = \{PersonID, PersonName, \cdots, Position\} \\ EquipmentInfo = \{MachineID, MachineName, MachineType, \cdots, \\ \qquad ToolID, ToolType\} \\ PlantInfo = \{PlantID, PlantLocation, PlantCapbility, \cdots\} \end{cases} \tag{5-3}$$

(2) 质量需求信息：包含制造质量要求，例如需要达到的产品特征、形状、性能指标和验收要求，包含与制造质量要求对应的检测结果是否达标，达到的标准等信息，如下式所示：

$$\begin{cases} QualityPqr = \{\{ManuRqr\}, \{CheckRqu\}\} \\ ManuRqu = \{\{PhysiRqr\}, \{GeomRqr\}, \{ChemRqr\}\} \\ CheckRqr = \{\{Item\}, \{Level\}, \cdots\} \end{cases} \tag{5-4}$$

2) 制造服务订单模板描述

在对通用数据类型进行定义的基础上，对各层次的制造服务订单模板进行描述。需要指出的是，在多层次制造服务订单描述模板中，工序级的模板是最底层的，也是最基础的，零部件级的制造服务订单模板由工序级的模板向上汇总而成。首先，采用集合论和关系代数的方法描述如下：

(1) 工序级制造服务订单信息模型。

工序级的制造服务订单模板可由一个四元组表示：

$$MSO^{(Pr)} ::= \{\{Basic^{(Pr)}\}, \{Structure^{(Pr)}\}, \{Schedule^{(Pr)}\}, \{Progress^{(Pr)}\}\} \tag{5-5}$$

式中：$Basic^{(Pr)}$——基本信息，包含了制造服务订单的 ID、内容、批次、批量、交货期和需求方等信息，其子项如下式所示：

$$Basic^{(Pr)} = \{ID, Name, Description, Batch, \cdots, DueDate, \cdots, Customer\} \tag{5-6}$$

$Structure^{(Pr)}$——结构信息，继承自产品结构配置相关的属性，包括制造服务订单ID、订单产品的BOM编号、制造服务父节点编号、子节点编号以及子节点的数量。这些信息为制造服务订单定位提供索引，如下所示：

$$Structure^{(Pr)} = \{BOMID, FatherID, ChildID, ChildAmount\} \tag{5-7}$$

$Schedule^{(Pr)}$——排程信息，包含了制造服务的全局规划信息，包括批次信息以及车间排程信息等，其子项如下式所示：

$$Schedule^{(Pr)} = \{PlantID, MachineID, ToolID, StartTime, EndTime\} \tag{5-8}$$

$Progress^{(Pr)}$——进度及状态信息，是关于订单进展情况和状的信息，包含了实际开始时间、状态信息和加工进度等，是随时间不断改变的信息。

$$\begin{cases} Progress^{(Pr)} = \{ProgressRate^{(Pr)}, Qualitycheck\} \\ ProgressRate^{(Pr)} = \{ActualStartTime, Status, Completion\} \\ Quaitycheck = \{ItemID, check\ Result, RateOfQualitified\} \end{cases} \tag{5-9}$$

(2) 零件级制造服务订单信息模型。

前文对工序级制造服务订单的描述是零件级制造服务订单的基础，定义零件级制造服务订单模型如下：

$$MSO^{(Pr)} ::= \{\{Basic^{(Pr)}\}, \{Structure^{(Pr)}\}, \{Schedule^{(Pr)}\}, \{Progress^{(Pr)}\}\} \tag{5-10}$$

式中：基本信息 $Basic^{(Pr)}$、结构信息 $Structure^{(Pr)}$ 的内涵与工序级制造服务订单描述一致，而排程信息 $Schedule^{(Pr)}$、进度信息 $Progress^{(Pr)}$ 是其所含工序的排程信息 $Schedule^{(Pr_i)}$、进度信息 $Progress^{(Pr_i)}$ 的集成和汇总。表述如下：

$$\begin{cases} Schedule_i^{(Pr)} = \bigcup\limits_{i \in A} Schedule^{(Pr_i)} \\ Progress^{(Pr)} = \bigcup\limits_{i \in A} Progress^{(Pr_i)} \end{cases} \tag{5-11}$$

式中：A——零件加工过程的工序集合。

同理，部件级以上的制造服务订单描述方式可依照零件级制造服务订单描述进行。

3. 基于XML的制造服务跟踪模板描述与封装

为了使制造服务订单描述模板能够实现网络辨识，需对其进行数字化描述。XML(extensive markup language)是在HTML的基础上发展起来的标记语言，规范统一、以纯文本存储的特性使其能够被异构的信息处理系统解析；其可扩展性便于用户根据对象的不同结构特性定义不同的描述模板语言，如TecML(技术数据标记语言)。因此，这里选择XML建立加工任务的数字化描述模型。以XML Schema为例，建立制造服务订单的描述模板，如图5-4所示。

```
<xs:element name="MSO">
        <xs:annotation>
            <xs:documentation>制造服务订单描述模板</xs:documentation>
        </xs:annotation>
        <xs:complexType>
            <xs:sequence>
                <xs:element name="Basic">
                    <xs:complexType>
                        <xs:sequence>
                            <xs:element name="ID" type="xs:string"/>
                            <xs:element name="NAME"/>
                            <xs:element name="Description" type="xs:string"/>
                            <xs:element name="Batch" type="xs:string"/>
                            <xs:element name="DueDate" type="xs:dateTime"/>
                            <xs:element name="Customer" type="xs:string"/>
                            <xs:element name="Matieral" type="xs:string"/>
                        </xs:sequence>
                    </xs:complexType>
                </xs:element>
```

图 5-4　制造服务订单描述 Schema

基于此 XML Schema，对订单内容进行描述，以滚筒体零件（见图 5-5）的加工订单为例说明其构建过程，如图 5-6 所示。

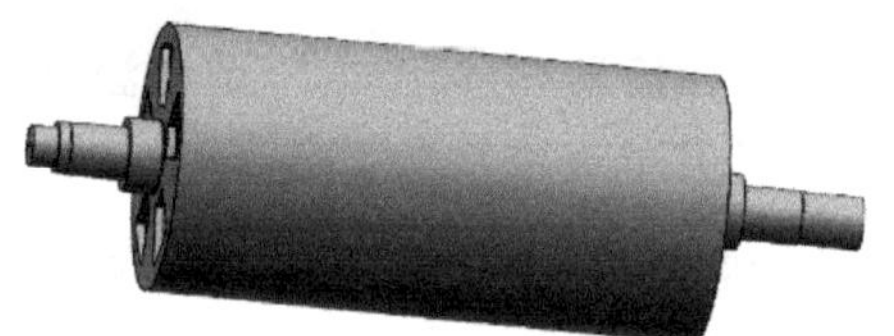

图 5-5　滚筒体零件

5.3.2　智能制造服务的层次结构模型

如图 5-7 所示，BOM 是产品结构的技术性描述文件，表明了产品的总装件、分装件、组件、部件、零件、直到原材料之间的结构关系。依据零件结构的层次隶属关系，可以推演出对应的生产性服务与产品服务系统支撑的层次结构模型。具体的过程如下：

1. 制造服务需求与服务能力辨识

一方面，制造服务需求方根据产品 BOM 对产品制造任务进行分解，形成任务驱动的制造服务需求列表；另一方面，不同的制造服务提供方具有不同的核心制造服务能力，对应不同类型的服务对象，形成服务能力与服务对象的映射列表。

```
<?xml version="1.0" encoding="UTF-8" ?>
edited by (ttt)
<MSO>
<Basic>
<ID>PTMSO2014001</ID>
<NAME>滚筒体</NAME>
<Description>压印滚筒滚筒体加工</Description>
<Batch>10</Batch>
<DueDate>2014-04-15</DueDate>
<Customer>北人印刷</Customer>
<Matieral>HT200</Matieral>
</Basic>
<Structure>
<BOMID>BOM001</BOMID>
<FatherID>ASMSO2014001</FatherID>
<ChildID>PRMSO201401</ChildID>
... 后续子任务 ID
<ChildAmount>5</ChildAmount>
</Structure>
<Schedule>
<Plant>
<PlantID>CM001</PlantID>
<PlantName>机加车间</PlantName>
<PlantLocation>渭南XX</PlantLocation>
</Plant>
<Mechine>
<MechineID>CM001</MechineID>
<MechineType>C630</MechineType>
<MechineName>车床</MechineName>
<MechinePare>XXX</MechinePare>
</Mechine>
<StartTime>2014-04-13</StartTime>
<EndTime>2014-04-13</EndTime>
<Tool>
<ToolType>车刀</ToolType>
<ToolDureation>20d</ToolDureation>
</Tool>
<personal>
<IDNO.>CM02</IDNO.>
<PersonName>王伟</PersonName>
<Level>操作工</Level>
</personal>
... 后续子任务 schedule
</Schedule>
<Progress>
<Processstate>
<ActualStartTime>2014-04-13</ActualStartTime>
<Status>finished</Status>
<Completion>100%</Completion>
</Processstate>
<QulityCheck>
<ItemCheck>
<ChekType>形位尺寸</ChekType>
<CheckID>XX</CheckID>
<CheckDescription>工序尺寸</CheckDescription>
<CheckLevel>一级</CheckLevel>
</ItemCheck>
<CheckResult>true</CheckResult>
<RateOfQulified>1</RateOfQulified>
</QulityCheck>
... 后续子任务 Progress
</Progress>
</MSO>
```


图 5-6　滚筒体零件加工 XML

2. 制造服务需求和能力描述与接入

采用本体语义描述建立包含制造服务需求/能力的各项属性和映射关系的制造服务需求/能力的形式化描述模型；采用基于 Web Service 技术，将制造服务需求/能力接入到制造服务队列，实现虚拟化封装与动态的组织聚集，以便实现需求与能力的匹配。

3. 制造服务需求与能力匹配

一方面，以制造服务需求为核心，通过基于规则推理与本体语义相似度的需求/能力匹配，为其推荐一个或多个制造服务提供方；另一方面，以制造服务能力为核心，通过匹配为其推荐一个或多个制造服务需求方，为外包关系创成提供基础。

4. 外包关系创成

基于对利益均衡和企业行为因素影响的考虑，通过与制造服务提供方(需求

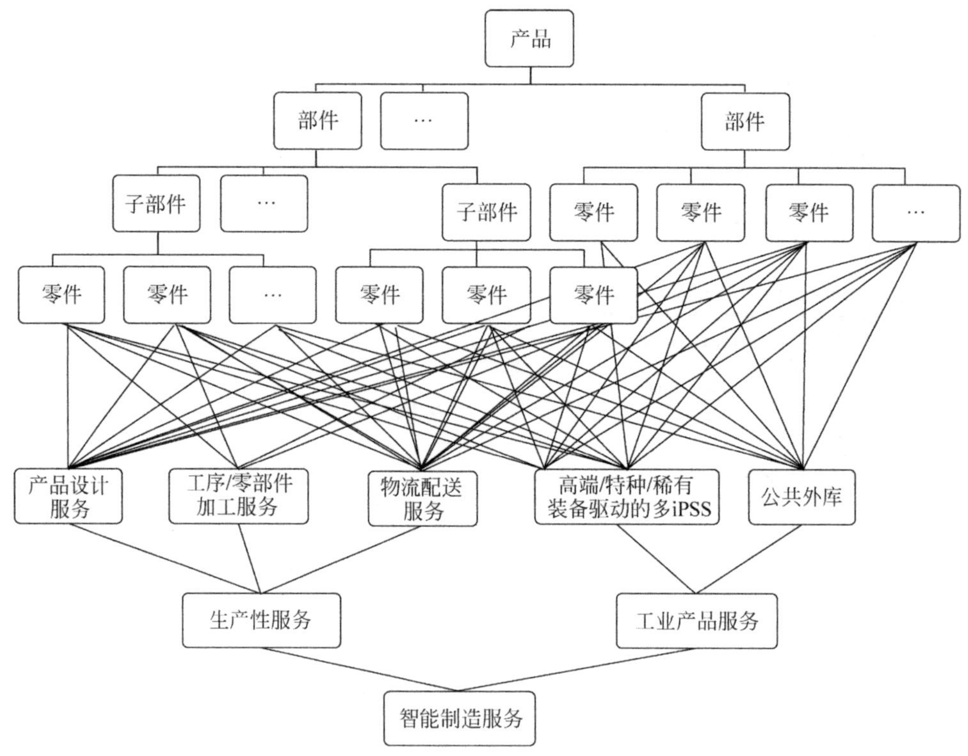

图 5-7　智能制造服务的层次结构模型

方)之间的博弈与谈判,制造服务需求方(提供方)从服务候选集中选择最优制造服务提供方(需求方)与之形成外包关系。

5.4　本章小结

本章对智能制造服务的层次模型进行了介绍。首先,澄清了服务提供与服务接受——产消者的概念。然后,基于产品全生命周期,从生产性服务和产品服务系统的视角对制造服务源进行了辨识。其中,生产性服务包括基于众包模式的产品设计服务、基于外包模式的工序和零部件加工服务、面向生产外协加工的物流配送服务;产品服务系统方面包括高端/特种/稀有装备驱动的多 iPSS、零库存与公共外库。最后,对 BOM 驱动的智能制造服务层次模型进行了构建。

参考文献

[1]　张富强,江平宇,郭威.服务型制造学术研究与工业应用综述[J].中国机械工程,2018,29(18):2144-2163.

[2] 江平宇，丁凯，冷杰武，等. 服务驱动的社群化制造模式研究[J]. 计算机集成制造系统，2015，21(6)：1637-1649.

[3] BRABHAM D C. Crowdsourcing as a model for problem solving an introduction and cases [J]. Convergence the International Journal of Research Into New Media Technologies，2008，14(1)：75-90.

[4] 杜明君. 面向生产外协加工的物流服务外包决策及过程跟踪技术的研究[D]. 西安：西安交通大学，2014.

[5] 江平宇，朱琦琦，张定红. 工业产品服务系统及其研究现状[J]. 计算机集成制造系统，2011，17(9)：2071-2078.

[6] ZHU Q Q，JIANG P Y. Machining capacity measurement of an industrial product service system for turning process[J]. Proceedings of the Institution of Mechanical Engineers Part B-journal of Engineering Manufacture，2011，225(3)：336-347.

[7] MU H，JIANG P Y，LENG J W. Costing-based coordination between mt-iPSS customer and providers for job shop production using game theory[J]. International Journal of Production Research，2017，55(2)：430-446.

[8] SUN P，ZHANG C，JIANG P Y，et al. Cutting-tool delivery method in the context of industrial product service systems[J]. Concurrent Engineering-Research and Applications，2016，24(2)：178-190.

[9] ZHANG F，JIANG P Y，LI J，et al. A distributed configuration scheme for warehouse product service system[J]. Advances in Mechanical Engineering，2017，9(5)：1-13.

[10] CAO W，JIANG P Y. Modelling on service capability maturity and resource configuration for public warehouse product service systems[J]. International Journal of Production Research，2013，51(6)：1898-1921.

[11] 张富强，李晶晶，惠记庄，等. 仓储产品服务系统的动态货位分配策略分析[J]. 计算机集成制造系统，2018，24(5)：1310-1316.

第 5 章教学资源

智能制造服务相关理论课件

第6章

生产性外包/众包服务及其智能化

本章主要研究智能制造服务的重要实现途径——外包/众包服务模式及其智能化升级,具体包括面向外包/众包服务的制造需求形式化表述、基于车间加工任务的发包服务、基于车间加工任务的承包服务、生产性外包/众包服务的智能化等。

6.1 面向外包/众包服务的制造需求特征

6.1.1 外包/众包模式概述

全球化和网络时代背景下,制造企业面临着竞争激烈、成本高昂、客户需求个性化等问题,导致了外包和众包两种业务模式的产生。1990 年,普拉哈拉得与哈默发表在哈佛商业评论上的《企业核心竞争力》一文中首次提出了“外包(outsourcing)”一词[1]。所谓外包是指企业将其非核心业务委托给外部优秀的专业化资源,从而使其专注核心业务,达到降低成本、提高效率、增强企业核心竞争力和对环境应变能力的一种管理模式。

众包(crowdsourcing)则是 2006 年由美国记者杰夫·豪在《连线》杂志上首次推出的[2]。所谓众包是指一个公司或机构把过去由内部员工执行的工作任务,以自由自愿的形式外包给非特定的(而且通常是大型的)外部大众网络群体解决或承担的做法。实际上,企业原本需要花钱雇人来做的事,现在依靠大众群体实现集思广益,从而解决公司面临的难题。

可以看出,两种模式都是将企业业务转包给外部资源,扩大了企业的边界,充分整合外部资源,降低企业运作成本,利用互联网突破时间和空间上的限制。外包是产业高度专业化的结果,企业将非核心业务转包给专业化机构;而众包则正好相反,通常企业将其创新设计领域的相关业务外包给大众网络。

6.1.2 面向外包/众包服务的制造需求特征

面向外包/众包服务的中小型企业制造需求是复杂多样的,如前所述具有以下特点:

1. 制造需求的多样性

制造需求是多种多样的,包括零件的机加工、热处理、冲压件加工、电火花加工、铸造等类型，对于每一类型的制造需求，其加工方式和对于加工能力的需求不尽相同，这导致制造需求描述变得很复杂。

2. 制造需求的多层次性

产品的制造过程包括产品层、零件层、特征层和工序层，这使得制造需求具有多层次的特点，如何合理、完整地组织和反映制造需求的层次结构，在不同层次上构建符合其特点的制造需求描述理论和模型，是制造需求描述过程的一个重要问题。

3. 制造过程的多态性和协作性

产品的制造过程是一个动态、复杂的流程，通常需要多资源进行协作，即使对于简单的零件加工，也需要多台机床，按照一定的工艺流程进行协作。同时，同样的制造需求由于工艺水平和资源条件的差异，具有多种制造流程，而且在制造流程中受到各种因素的影响需要动态调整。

基于上述的制造需求特征，面向外包/众包服务的制造需求与制造服务的映射关系如下：一方面，制造服务需求方根据预生产产品 BOM，对产品制造任务进行分解，形成任务驱动的制造服务需求列表；另一方面，不同的制造服务提供方具有不同的核心制造服务能力，对应不同类型的服务对象，形成服务能力与服务对象的映射列表。

6.1.3　外包/众包模式基本流程

外包/众包模式基本流程如图 6-1 所示。在云制造等外包/众包服务平台上，发包企业首先注册企业信息，进行制造任务的描述和发布；承包企业同样需要在服

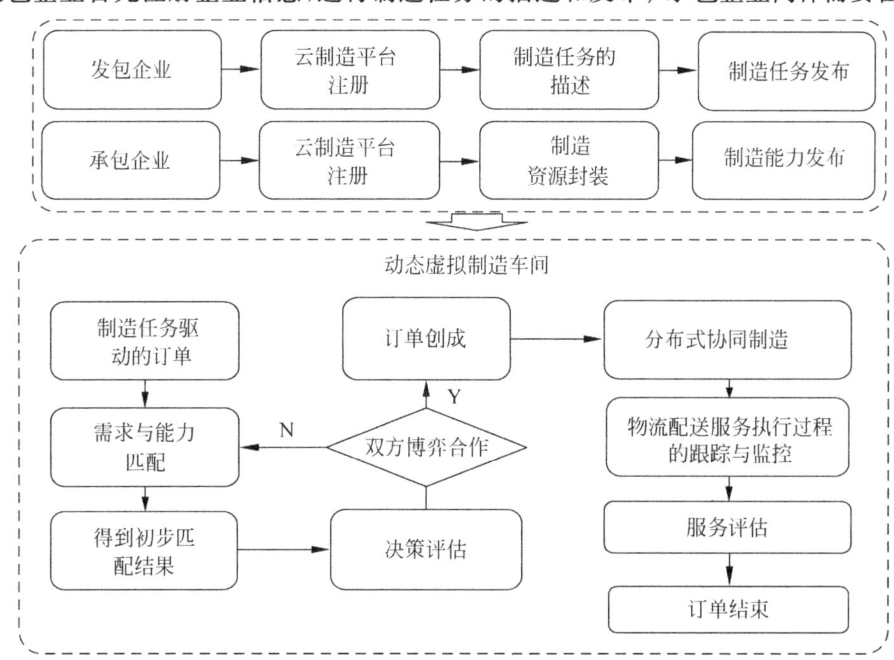

图 6-1　外包/众包模式基本流程

务平台上进行注册，并对自己的服务能力进行发布。针对某一项具体制造任务，需求方开始构建动态的虚拟制造车间，根据需求信息与能力信息进行服务商的粗匹配，在此基础上进行选择决策。通过博弈合作与博弈决策，生成服务订单，填写订单批次相关信息。在订单形成基础上，对制造服务的执行过程进行节点的监控和跟踪。订单执行完毕，双方可以对服务质量进行相互评估，流程结束。

6.2 基于车间加工任务的发包服务

6.2.1 发包服务的概念及意义

发包服务的定义：在服务型制造驱动的社群化/网络化协作背景下，部分车间基于产能限制、作业附加值低、高端精密装备缺乏、核心业务定位等因素考虑，将涉及产品加工阶段的部分或者全部作业任务以外包形式按照预定的质量、期限、数量等规范要求交由第三方个人/团体组织/车间/企业协作完成[3-11]。

制造业不断发展促使越来越多的制造企业将资源聚焦于自身的核心业务设计或者运营上，而将非核心业务所涉及的零部件加工外包给其他专业化制造企业。这种制造模式的出现和制造环境的变化给制造企业发展带来了机遇。本节以金属机械切削加工为主的工序外协和零件外协加工任务为研究对象，采用集合论、关系代数、可扩展标记语言建立工序外协加工任务的形式化描述和数字化描述模型。

6.2.2 工序级加工任务形式化描述

1. 工序外协加工任务建模及其形式化描述

工序外协加工任务是指制造企业将其产品的某个或某几个加工工序转包给其他制造企业。通过对传统工序级加工任务以及云制造环境下资源配置要求进行分析，建立包含管理属性、加工对象、生产要求、技术要求、交接要求以及费用等要素的工序外协加工任务模型，如图 6-2 所示。

采用集合论和关系代数对工序外协加工任务进行形式化描述：$ProcessTask=\{PrBasicInfo, PrMachineObject, PrProductRequirement, PrExtraRequirement\}$

其中：

1）基本属性

PrBasicInfo 表示工序外协加工任务的基本信息，用于对其进行标识、管理、统计、分析，包括加工任务标识、加工任务名称、加工任务内容和加工任务发布者等，其对应的子项代码为$\{TaskID, TaskName, TaskIntro, Customer\}$。

2）加工对象

PrMachineObject 表示工序外协加工任务要加工的对象信息，包括工序要加工的零件特征、特征要达到精度和期望的特征公差分布，加工对象的描述模型如图 6-3 所示。

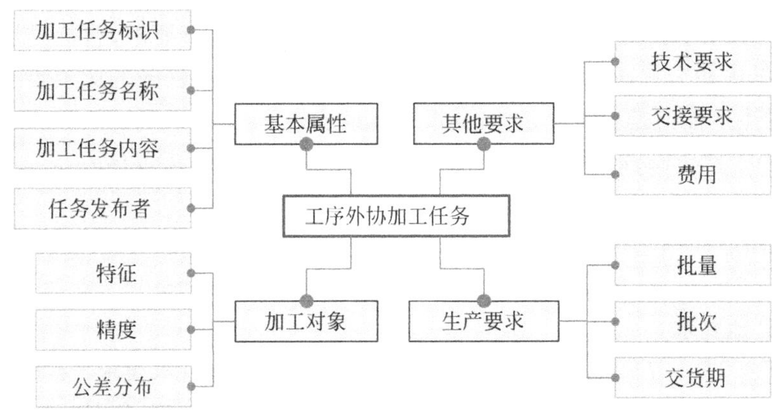

图6-2 工序外协加工任务模型

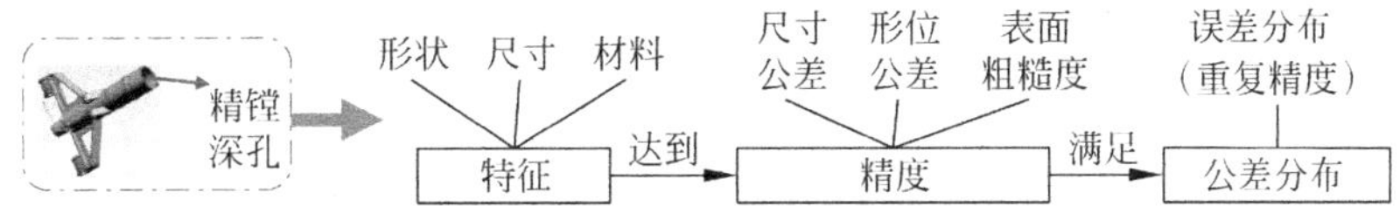

图6-3 外协加工任务的加工对象描述模型

为便于理解和应用加工对象模型,首先对特征、精度和公差分布等进行约定。

定义6-1 特征:是指工序外协加工任务中要加工零件的加工特征,包括加工的形状、尺寸和材料。

定义6-2 精度:是指工序外协加工任务中的零件加工特征经过多道工序达到的尺寸公差、形位公差和表面粗糙度等。

根据加工对象模型和以上约定,外协加工任务的加工对象的描述如下:

(1) 加工特征集合 $Feature=\{$孔,凸台,槽,台阶,面,型腔,…,螺纹$\}$;加工精度集合 $Performance=\{$尺寸,直线度,圆度,…,同轴度$\}$;质量控制参数的公差分布集合 $Quality=\{$均值,上限,下限,合格率$\}$。

(2) 不同的加工特征具有不同的加工精度,对于每个精度项都有其公差分布要求,而工序外协加工任务面向的是零件的某一加工特征,通过以上分析可将工序外协加工任务的加工对象形式化表达为

$$PrMachineObject=(\sigma_{Feature=?}R(Feature,Performance))\bowtie R(Performance,Quality) \tag{6-1}$$

式中:

$R(Feature,Performance)\subset Feature\times Performance$(“×”为集合的笛卡儿积);

$R(Performance,Quality)\subset Performance\times Quality$(“×”为集合的笛卡儿积);

σ——集合的条件选择运算符;

$\bowtie$——集合的连接运算符。

3）生产要求

PrProductRequirement 表示工序外协加工任务的生产要求，包括要加工的零件批量、批次和交货期限，制造服务平台根据工序外协加工任务的此项要求计算制造资源的生产能力是否符合条件，其形式化描述如下：

$$PrProductRequirement = \{LotSizing, Batch, DueDate\} \tag{6-2}$$

式中：*LotSizing*——生产批量；

Batch——生产批次；

DueDate——交货期。

4）其他要求

PrExtraRequirement 是指工序外协加工任务的其他技术要求、交接要求和发包商能支付的费用等，例如要求采用意大利深孔加工机床加工，每月底运输一批到某地，发包商支付每件多少费用，总价为多少。其形式化描述为

$$PrExtraRequirement = \{TechRequirement, DeliveryRequirement, Payment\} \tag{6-3}$$

可进一步改写为

$$PrExtraRequirement = \{TechRequirement, DeliveryRequirement, UnitPrice, TotalPrice\} \tag{6-4}$$

式中：*TechRequirement*——其他技术要求；

DeliveryRequirement——生产过程中或生产完成后的成品交接要求；

UnitPrice——单个零件单道工序的价格；

TotalPrice——整个工序外协加工任务的总价格。

2. 基于 XML 的工序外协加工任务数字化描述

在云制造环境下，工序外协加工任务的发布是基于互联网进行的，仅仅使用数学方法表达加工任务，还不能达到工业应用的程度，因此需要采用应用于互联网的技术来表达加工任务模型。可扩展标记语言（XML）是一种元语言，是 Internet 环境中跨平台的、依赖于内容的一项技术，广泛应用在基于网络的数据存储和通信过程中。采用 XML 建立工序外协加工任务的数字化描述模型如表 6-1 所示。

表 6-1　基于 XML 的工序外协加工任务模型

行号	XML 代码
1	<?xml version = "1.0" encoding = "gb2312"?>
2	< ProcessTask >
3	< PrBasicInfo >
4	< TaskID > PrT201204170001 </TaskID >
5	< TaskName >起落架外筒深孔精镗</TaskName >

续表

行号	XML 代码
6	<TaskIntro>精镗 XX 件起落架的深孔，精度达到 XX，表面粗糙度达到 XX </TaskIntro>
7	<Customer>XX 起落架有限公司</Customer>
8	</PrBasicInfo>
9	<PrMachineObject>
10	(孔，圆柱度，均值，上限，下限，合格率) ...
11	(孔，垂直度，均值，上限，下限，合格率)
12	</PrMachineObject>
13	<PrProductRequirement>
14	<LotSizing>120</LotSizing>
15	<Batch>10</Batch>
16	<DueDate>10 个月</DueDate>
17	</PrProductRequirement>
18	<PrExtraRequirement>
19	<TechRequirement>要求采用意大利深孔加工机床加工</TechRequirement>
20	<DeliveryRequirement>每月底运输一批到 XX </DeliveryRequirement>
21	<Payment>
22	<UnitPrice>XX</UnitPrice>
23	<TotalPrice>XXX</TotalPrice>
24	</Payment>
25	</PrExtraRequirement>
26	</ProcessTask>

6.2.3　零件级加工任务形式化描述

1. 零件外协加工任务分解

为实现零件外协加工任务与制造资源的对接，需要将层次较高、需求抽象的零件外协加工任务进行分解。加工任务的分解是对其进行形式化描述的基础，要遵循一定的分解原则、分解规则的约束才能顺利实现。任务分解是一个复杂的决策和优化问题，需要反复确定分解的层次、粒度和耦合性等，其分解原则如下：

1）层次分解原则

按照层次结构的形式将加工任务进行分解，不同层次的加工任务具有不同的粒度，高层次的加工任务由低层次的加工任务组合而成。对于零件外协加工任务，按照零件层—特征层—工序层的顺序从高到低逐层进行分解，形成三层结构的加工任务树。

2）粒度控制原则

在加工任务分解的过程中，其分解粒度是可以视实际情况进行调整的，最上层是零件级,最底层是工序级。粒度过粗导致加工任务的加工过程过于复杂,难以实现较优的制造资源配置;粒度过细同样会使分解过程复杂,各任务节点间的衔接工作增加,从而增加云平台运行调度和监控的难度。

3) 耦合原则

一方面,对于相同层次上的相互依赖度较高的任务节点,即强耦合的任务节点,可以将其整合为一个任务节点;另一方面,对于具有相似加工目标的多个任务节点,可以将其合并为一个任务节点。可见分解过程中同时进行着局部优化的过程。

在分解原则约束下,加工任务的分解还需要具体的加工任务分解理论和方法,本节采用与/或树来表示加工任务树。加工任务树中的节点表示一个可执行的加工任务,连接于两个节点之间的有向弧表示任务之间的层次包含关系。相关定义如下:

定义 6-3 加工任务树的树根:是指零件级加工任务,用 Part_Task 表示;中间节点是特征级加工任务,用谓词 Feature_Task 表示;叶子节点表示工序级加工任务,用 Process_Task 表示。

定义 6-4 加工任务之间的分解和继承关系:是指用谓词 super_task_of 和 sub_tasks_of 表示的,并且一个父节点可以分解为多个子节点,但一个子节点只能继承一个父节点。

定义 6-5 子节点之间的逻辑关系:在与/或树中,子节点间有“与关系”和“或关系”两种逻辑关系,根据以上关系,将加工任务的子节点之间的关系定义为与结构、或结构和混合结构三种,如图 6-4 所示。

(1) 与结构:表达子节点之间是一种“逻辑与”关系,当所有子节点执行完毕时,父节点才执行完毕,用谓词 and 表示;

(2) 或结构:表达子节点之间是一种“逻辑或”关系,当任何一个子节点执行完毕,那么父节点执行完毕,用谓词 or 表示;

(3) 混合结构:表达子节点之间同时具有与、或两种关系。

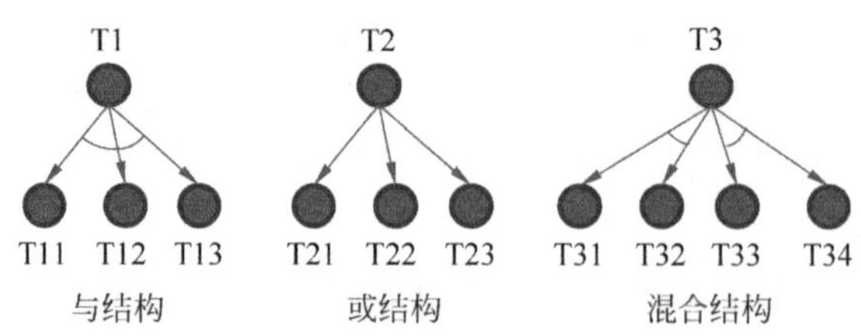

图 6-4 加工任务子节点之间的逻辑关系

将零件外协加工任务采用与/或树分解得到的加工任务树模型如图 6-5 所示。

加工任务的分解与/或树由加工任务节点、有向连接弧和节点逻辑关系三种元素组成,这里用一个三元组表示:$Task\_Tree=\{T,L,R\}$。其中:$T=\{task_1,$

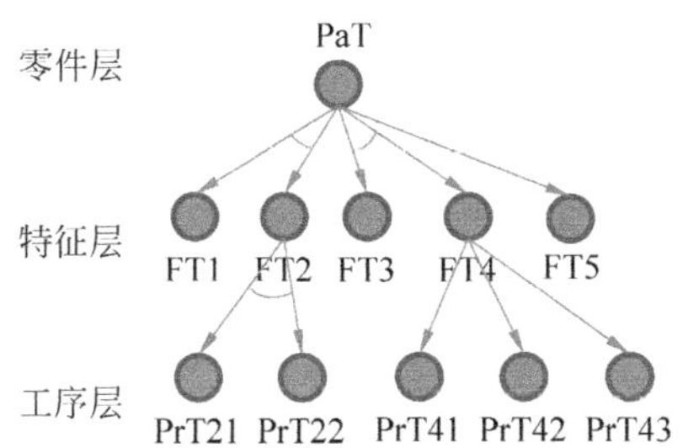

图 6-5 零件外协加工任务的分解与/或树

$task_2, \cdots, task_n\}$是加工任务节点的集合；$L=\{link_1, link_2, \cdots, link_m\}$是有向连接弧的集合，其中 $link_i=(task_j, task_k)$表示从节点 $task_j$ 指向 $task_k$ 的有向连接弧，$task_j, task_k \in T$；$R=\{relation_1, relation_2, \cdots, relation_m\}$是加工任务的节点逻辑关系集合，若 $relation_i(task_j, task_k)=and$ 表示 $task_j$ 和 $task_k$ 的关系为“逻辑与”，若 $relation_i(task_j, task_k)=or$ 表示 $task_j$ 和 $task_k$ 的关系为“逻辑或”。

2. 零件外协加工任务工艺链建模及其形式化描述

采用有向网络图表示上述零件外协加工任务的分解与/或树中的叶子节点及其执行顺序，建立的有向网络图即为零件外协加工任务工艺链。因此零件外协加工任务工艺链定义为：用于表达外协零件的整个加工过程的动态的、复杂的、基于时序的扩展有向网络图。

1) 扩展有向网络图

有向网络图由节点和连接弧组成，本节通过扩展节点的种类对有向网络图进行了扩展，增强了有向网络图的表达能力。为将扩展有向网络图应用于零件外协加工任务工艺链建模中，约定了扩展有向网络图的相关概念。

节点包含活动节点、逻辑节点和标志节点三种类型，如图 6-6 所示。

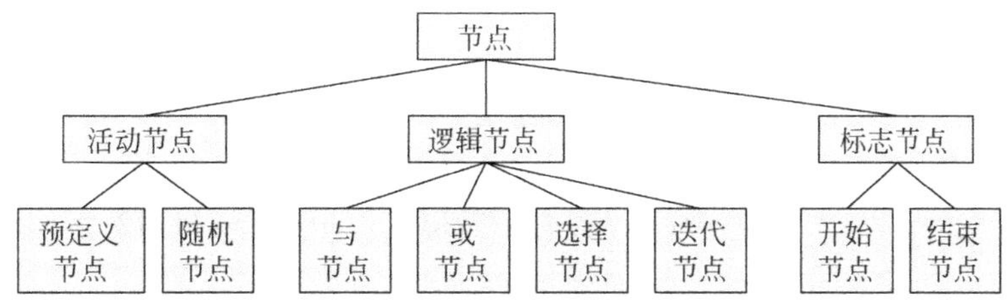

图 6-6 扩展有向网络图的节点类型

定义 6-6 活动节点：是指需要消耗一定时间的一项明确工作，一个活动节点是一个加工任务树中叶子节点的抽象表示，通常为一个工序级加工任务。可分为预定义节点和随机节点，预定义节点指制定零件加工计划时定义的节点，设定其类型编号为 11；随机节点指零件加工过程中动态添加的节点，设定其类型编号为 12。活动节点具有多重属性：

(1) 唯一性。其标识为活动节点的序号。

(2) 物理属性。活动节点代表一个加工任务,这个加工任务的相关信息作为它的第二重属性,如活动名称、开始时间、结束时间等。

(3) 协同性。如果节点与其他节点有信息交互,则该节点具有协同性,根据节点间连接弧的方向性,协同属性分为两种:前向信息交互节点和后向信息交互节点。

定义 6-7 逻辑节点:控制活动流流转,表示活动节点间串行、并行、选择、迭代等逻辑关系,是工艺链中辅助性节点,在工艺链中不必须存在,设定四种逻辑节点的类型编号分别为 21、22、23 和 24。

定义 6-8 标志节点:主要用来描述工艺链构建过程中的标志性动作,包括开始节点和结束节点,表示工艺链构建过程的开始和结束动作,设定两种标志节点的类型编号分别为 31 和 32。

定义 6-9 连接弧:是连接两个节点的有向线段,从前驱节点到后继节点,表示控制流和数据流的流动方向。连接弧与它们所连接的节点构成了整个加工过程的控制逻辑和时序关系。

2) 零件外协加工任务工艺链建模

根据零件外协加工任务的分解结果,将加工任务分解与/或树中的叶子节点抽象为活动节点,并按照与工序外协加工任务描述相似的方法配置活动节点的相关信息,得到基于扩展有向网络图的零件外协加工任务链模型。建模过程如下:

(1) 选取加工任务节点集中的所有叶子节点并抽象为有向网络图的活动节点。

(2) 确定有向网络图的起始位置、各活动节点间的先后顺序与依赖关系,在此基础上添加标志节点和逻辑节点。

(3) 分析各节点间的数据流和控制流,根据分析结果设置各节点间的连接弧。

(4) 按照工序外协加工任务描述方式,配置各活动节点的属性。

经过以上步骤,得到基于扩展活动网络图的零件外协加工任务工艺链模型,如图 6-7 所示。零件外协加工任务工艺链是一个有序的二元组 $Process\_Chain=\{N,E\}$,其中:$N=\{n_i|i=1,2,\cdots,m\}$是工艺链中节点的集合,其中节点

$$n_i=\begin{cases}\{nid,ntype,ProcessTask\}, & ntype=11,12\\ \{nid,ntype\}, & ntype=else\end{cases} \tag{6-5}$$

$E=\{e_i|i=1,2,\cdots,l\}$是工艺链中连接弧的集合,其中连接弧 $e_i=\{eid,n_j,n_k\}n_j,n_k\in N$ 表示从节点 n_j 指向节点 n_k 的有向边。

通过综合考虑制造服务环境下加工任务的管理和上述生产加工的工艺链等相关信息,可得零件外协加工任务的形式化描述为 $PartTask=\{PaBasicInfo,Process\_Chain\}$,其中:$PaBasicInfo=\{TaskID,TaskName,TaskIntro,Customer\}$为零件外协加工任务的基本信息,各子项分别表示加工任务唯一标识、

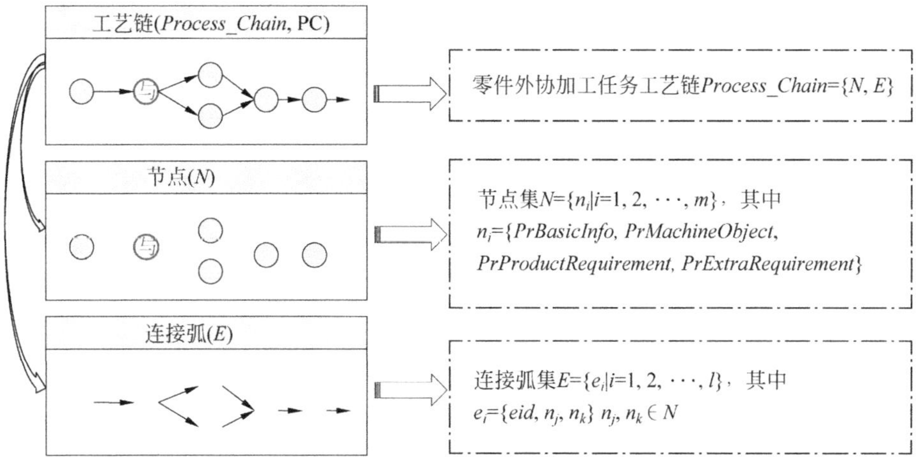

图 6-7　零件外协加工任务工艺链及其形式化描述

加工任务名称、加工任务简介和任务发布者；$Process_Chain=\{N,E\}$表示零件外协加工任务工艺链。

3. 基于 XML 的零件外协加工任务数字化描述

与工序外协加工任务的发布方法同理，零件外协加工任务的发布也是基于互联网技术实现的，除了使用与/或树、有向网络图、集合论等数学方法表达加工任务外，还需要采用 XML 建立零件外协加工任务的数字化描述模型，如表 6-2 所示。

表 6-2　基于 XML 的零件协加工任务数字化描述模型

行号	XML 代码
1	<?xml version = "1.0" encoding = "gb2312"?>
2	< PartTask >
3	< PaBasicInfo >
4	< TaskID > PaT201204170001 </TaskID >
5	< TaskName >起落架外筒加工</TaskName >
6	< TaskIntro >加工 XX 件起落架外筒，深孔精度达到 XX，表面粗糙度达到 XX </TaskIntro >
7	< Customer > XX 起落架有限公司</Customer >
8	</PaBasicInfo >
9	< ProcessChain >
10	< Nodes >
11	< Node id = "Pr201204170001" ntype = "11">
12	预定义活动节点
13	与工序外协加工任务数字化模型 ProcessTask.xml 格式相同

续表

XML 代码

```
</Node>
<Node id="Pr201204170002" ntype="11">
随机活动节点
与工序外协加工任务数字化模型 ProcessTask.xml 格式相同
</Node>
<Node id="Pr201204170003" ntype="21"/>
<Node id="Pr201204170004" ntype="22"/>
<Node id="Pr201204170005" ntype="23"/>
<Node id="Pr201204170006" ntype="24"/>
<Node id="Pr201204170007" ntype="31"/>
<Node id="Pr201204170008" ntype="32"/>
</Nodes>
<Edges>
<Edge id="E201204170001">
<FromNode>Pr201204170007</FromNode>
<ToNode>Pr201204170001</ToNode>
</Edge>
<Edge id="E201204170002">
<FromNode>Pr201204170001</FromNode>
<ToNode>Pr201204170002</ToNode>
</Edge>
</Edges>
</ProcessChain>
</PartTask>
```

6.3 基于车间加工任务的承包服务

6.3.1 承包服务的概念及意义

首先给出承包服务的概念：

定义 6-10 承包服务：是指在服务型制造驱动的社群化/网络化协作背景下，除了完成上级指派的生产任务外，部分个人/团体/车间/企业基于生产资源闲置、核心业务定位和熟人派单等因素考虑，对外承担一定的加工任务，并能够按照发包方的质量、期限、数量等规范要求完成协作任务。

制造企业依据自身的生产服务能力特点及技术优势，从企业战略方向上确定自身的核心业务和非核心业务，并且逐步将相对价值低、资源消耗多、技术含量较低的非核心业务外包给其他专业服务企业。而中小型制造企业的制造资源分布不均，导致制造服务资源闲置问题，需要通过制造服务平台等承接外部加工任务来提高资源的利用率。承包服务涉及车间生产能力和成本评估、虚拟制造车间配置等关键技术。

6.3.2 车间生产能力和成本评估

在制造服务平台上，通过制造资源搜索匹配算法可筛选出制造资源集，其加工能力满足外协加工任务的要求，但生产能力和生产成本是否满足外协加工任务要求还需进行评估。有两种方法评估候选资源的生产能力：①将各制造资源的生产能力转换为工序外协加工任务所要加工的工序产能，然后计算在这种产能下能否在交货期前完成加工任务；②将工序外协加工任务所加工工序的生产批量按比重分配到各制造资源上，并将分配的生产批量转换成各制造资源的典型工序的生产批量，分别计算各制造资源完成任务的时间，确定其中最晚的时间是否在交货期前。由于第二种方法难以确定比重，因此选择第一种方法评估制造资源的生产能力。

首先将各制造资源的典型工序产能转换为外协加工任务的工序产能，假设候选资源集中的第 j 个制造资源的典型工序产能为 M_{0j}，在第 j 个制造资源上加工任务所加工工序 i 的工序换算系数为 K_{ij}，可得在第 j 个制造资源上加工任务所加工工序 i 的产能为

$$M_{ij}=\frac{\omega_{ij}\times M_{0j}}{K_{ij}}\quad (j=1,2,\cdots,n,0<\omega_{ij}\leqslant 1) \tag{6-6}$$

式中：n——候选资源集中制造资源的个数；

ω_{ij}——加工工序 i 占用第 j 个制造资源能力的比例系数。

在式(6-6)的基础上，可进一步计算使用候选资源集执行外协加工任务的完工时间。假设加工任务的生产批量为 $LotSizing_i$，交货期为 $DueDate_i$，当前时间为 T_0，则可得加工任务的完工时间为

$$FinishDate_i=T_0+\frac{LotSizing_i}{\eta\sum_{j=1}^{n}M_{ij}}\quad (j=1,2,\cdots,n) \tag{6-7}$$

式中：η——考虑设备故障、物流耗时等情况的时间系数。

若 $FinishDate_i\leqslant DueDate_i$，则候选资源集中制造资源的总体生产能力满足外协加工任务要求；若 $FinishDate_i>DueDate_i$，则候选资源集中制造资源的总体生产能力不满足外协加工任务要求，需要重新从资源池中搜索制造资源。

对于单个制造资源的生产成本，有两种方法评估成本：①基于工时成本的生

产成本评估；②基于工序成本的生产成本评估。

(1) 若采用基于工时成本的生产成本评估方法，假设第 j 个制造资源的单位工时成本为 C_{tj}，则生产成本的计算公式为

$$TotalCost_i = \frac{LotSizing_i}{\eta \sum_{j=1}^{n} M_{ij}} \times \sum_{j=1}^{n} C_{tj} \tag{6-8}$$

(2) 若采用基于工序成本的生产成本评估方法，假设分配到第 j 个制造资源上的工序数量占整个加工任务生产批量的比重为 ω_j，第 j 个制造资源的单个工序成本为 C_{pj}，则生产成本的计算公式为

$$TotalCost_i = \sum_{j=1}^{n} \omega_j LotSizing_i C_{pj} \tag{6-9}$$

由于在生产排程之前难以确定分配到各制造资源上的生产批量，因此选择第一种方法评估生产成本，若 $TotalCost_i \leqslant TotalPrice_i$，则采用候选资源集的生产成本满足外协加工任务要求，若 $TotalCost_i > TotalPrice_i$，则采用候选资源集的生产成本不满足外协加工任务要求，需要重新从资源池中搜索制造资源。

6.3.3 基于车间加工任务的虚拟制造车间配置

通过以上步骤筛选出候选制造资源，然后采用无向图理论将候选制造资源配置成面向外协加工任务的虚拟制造车间。为便于虚拟制造车间配置，约定相关定义。

定义 6-11 无向图：是指由顶点和连接顶点的边组成的网络图，本节无向图用来描述虚拟制造车间，其形式化描述为 $G=\{V,E\}$。

定义 6-12 顶点：是指无向图的一种组成元素，每一个顶点代表一个制造资源，顶点集的形式化描述为 $V=(v_1,v_2,\cdots,v_n)$。

定义 6-13 边：是指无向图的另一种组成元素，用于连接顶点，表达制造资源之间的相对地理位置、物流成本等，边集的形式化描述为 $E=(e_1,e_2,\cdots,e_m)$。

根据以上定义，可将虚拟制造车间定义为

$$VirtualWorkshop = \{(v_1,v_2,\cdots,v_n),(e_1,e_2,\cdots,e_m)\} \tag{6-10}$$

$$v_i = VirtualResourceModel = \{VRID, VRIntro, VRBasicInfo, VRCapaInfo, VRMapInfo\} \tag{6-11}$$

$$e_j = \{eid, VR_x, VR_y, Distance, Logistics\} \tag{6-12}$$

式中：eid——边的唯一标识符；

VR_x、VR_y——制造资源 x 和 y；

$Distance$、$Logistics$——两个制造资源之间的距离和物流成本。

以上是虚拟制造车间的形式化描述，其可视化模型如图 6-8 所示。

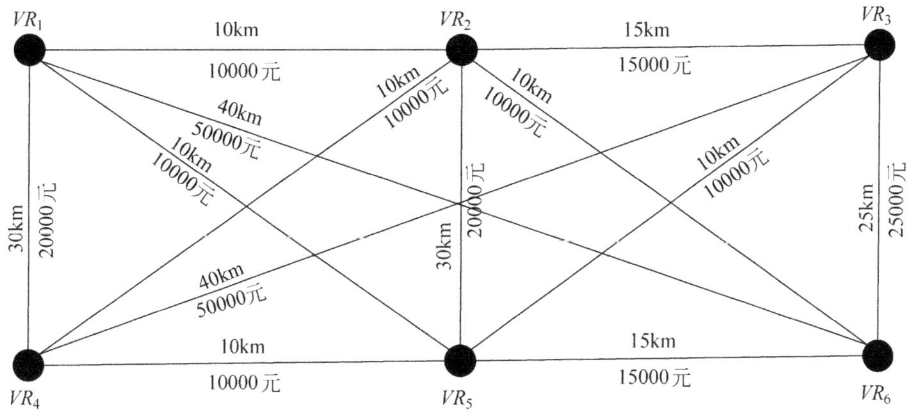

图 6-8　由 6 个制造资源组成的虚拟制造车间实例

6.4　生产性外包/众包服务管理的智能化

生产性外包/众包服务管理的智能化体现在两个方面：第一，外协加工任务驱动的动态虚拟制造车间生成算法，实现制造需求与制造资源的智能匹配；第二，基于 RFID 的外包/众包物流服务执行过程的跟踪与监控，实现对工件运输的智能管控。

6.4.1　外协加工任务驱动的动态虚拟制造车间生成算法

当终端客户发布外协加工任务后，制造服务平台需要为加工任务搜索匹配合适的制造资源，然后将这些制造资源配置成一个虚拟制造环境，并基于此环境执行外协加工任务。对于工序外协加工任务，直接根据加工任务的描述信息搜索制造资源，并配置成虚拟制造车间；对于零件外协加工任务，先将加工任务分解成工序级加工任务，再分别为各工序级加工任务搜索制造资源，最后将各工序级加工任务相应的制造资源汇总后配置成虚拟制造车间。为实现此服务逻辑，本节设计了外协加工任务驱动的虚拟制造车间生成算法，算法流程如图 6-9 所示。图中实线表示过程流，虚线表示信息流。

外协加工任务驱动的虚拟制造车间生成算法由四大模块组成：

(1) 基于规则推理的制造资源匹配算法。该模块主要考虑制造资源的加工能力与外协加工任务的加工对象，定义相关的语义推理规则，采用推理引擎推理出加工能力与加工对象的匹配等级，依据匹配等级筛选制造资源。

(2) 基于语义相似度的制造资源匹配算法。该模块与基于规则推理的制造资源匹配算法相似，主要考虑制造资源的加工能力与外协加工任务的加工对象，但匹配的精确度更高。通过定义加工能力和加工对象中的各个定性属性和定量属性的

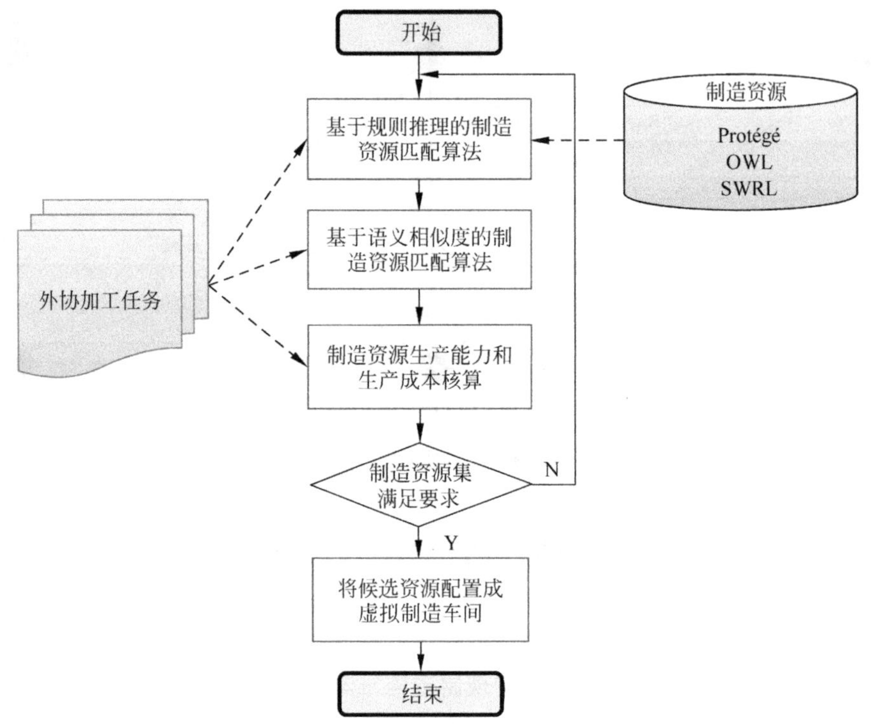

图 6-9 外协加工任务驱动的动态虚拟制造车间生成算法

语义相似度计算函数,计算出相应属性的精确语义相似度,依据语义相似度筛选资源并对制造资源排序。

(3) 制造资源生产能力和生产成本核算。该模块主要考虑制造资源的生产能力和生产成本是否满足外协加工任务的要求。通过制造资源的匹配算法筛选出面向外协加工任务的制造资源候选集,从总体上计算整个候选资源集的生产能力和生产成本,然后将其与外协加工任务的生产要求比较,若满足,进入下一模块;若不满足,重新筛选制造资源。

(4) 虚拟制造车间配置。通过考虑制造资源类型、制造能力以及制造资源之间的相对地理位置等因素,将候选制造资源集配置成面向特定外协加工任务的虚拟制造车间,基于此虚拟车间进行生产排程、调度及监控,从而完成加工任务。

1. 制造资源搜索匹配算法概述

目前,在互联网环境下企业主要使用通用搜索引擎搜索制造资源,即 Google 和百度搜索方式。这种搜索方式和本节中的资源搜索匹配方法表面上具有一定相似性,但基本思想和实现手段有很大区别,主要体现在以下几点:

(1) 目标对象不同。资源搜索匹配算法以外协加工任务为目标对象。外协加工任务主要包含加工对象、生产要求、技术要求、交接要求和可支付的费用等属性,具有明确清晰的语义。而通用资源搜索以关键字或关键字组合为目标对象,对制造需求信息描述不充分,不能确切地表示加工任务的语义信息。

(2) 实现手段不同。资源搜索匹配方法将制造资源的加工能力、生产能力和生产成本等与外协加工任务的加工对象、生产要求和可支付的费用等进行匹配,筛选出符合条件的制造资源并计算两者的匹配度。通用资源搜索是直接基于数据库的检索技术,进行数据库字段或者页面文字的精确语法比较。

(3) 获取资源的完整程度不同。通用资源搜索按关键字搜索的结果数量庞大,而其中有用的信息比例非常低,需要进行大量的人工筛选;同时,互联网上的资源信息缺乏统一的标准,不具有充分的语义,难以进行语义识别与推理。资源搜索匹配方法是基于统一的制造资源描述模型和制造资源本体,资源具有完整的语义,是机器可识别的。

资源搜索匹配的过程就是外协加工任务与制造资源本体库的匹配过程。理想情况下,当本体库中的制造资源与外协加工任务完全匹配时,输出相应记录所对应的资源。但实际进行匹配时,本体库中的制造资源与外协加工任务通常是不完全匹配的,这就需要放宽匹配的条件,为匹配程度确定一个弹性范围。目前,对于这样的匹配主要有两种方式:基于推理的匹配算法和基于语义相似度的匹配算法。两种方式都有各自优点和缺点,下面从算法的精度、复杂度和运行效率三个方面进行比较。

(1) 精度方面。基于推理的匹配算法通常将概念间的匹配程度由高到低分为四个等级:Exact→Plugin→Subsume→Fail,但某些情况下(Plugin和Subsume)同一级别内部不能进一步区分结果的匹配程度。而基于语义相似度的匹配算法可以清楚地区分这种差别。

(2) 复杂度方面。基于推理的匹配算法的复杂性主要体现在包含关系(Subsume)的判定方面,包含关系判定即判断概念A是否为另一个概念B的非直接子类,算法比较简单;而基于语义相似度的匹配算法中,基于几何距离的语义相似度计算为了保证结果的准确性,需要为重要性不同的边设置不同的权值,这些权值都需要手工维护,当本体的规模增大时工作量大大增加;基于属性的语义相似度计算需要对每个概念的属性进行详细的描述。在本体中子概念会继承父概念全部的属性,并且本身也会有许多特有属性,很难将其所有属性全部详细地描述出来;基于信息容量的语义相似度计算需要准备足够量的领域资料,通过统计的方法,得到某概念在该领域中出现的概率,而这样大样本空间的领域资料很难获得。因此基于语义相似度的匹配算法要比基于推理的匹配算法更复杂,难以实现。

(3) 运行效率方面。基于推理的匹配算法的一个好处是可以在匹配之前对本体库进行预处理,为每个概念建立匹配等级列表,包括Exact列表、Plugin列表和Subsume列表,从而将计算的复杂性转移到预处理阶段。匹配时只需在列表中查找对应的概念,即可获得线性的时间复杂度。而基于语义相似度的匹配算法本身就比较复杂,加之不能进行类似的预处理,算法的复杂性全部集中在匹配阶段,如基于几何距离的最短路径算法，在最坏情况下（本体规模很大，概念间相似度却很小或根本不匹配）会有糟糕的响应时间。

通过以上分析，选择的匹配策略是：首先采用基于推理的匹配算法从所有制造资源中筛选出符合外协加工任务要求的候选资源，然后利用基于语义相似度的匹配算法计算每个候选资源与外协加工任务间的相似度值，既提高匹配效率，又不降低匹配精度。基于此策略设计的制造资源搜索匹配算法的流程如图 6-10 所示。

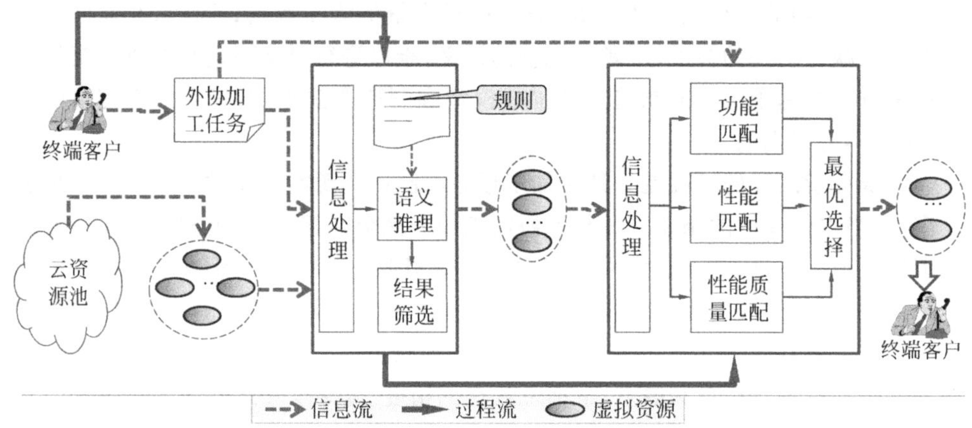

图 6-10　面向外协加工任务的制造资源搜索匹配算法

2. 基于规则推理的匹配算法

制造资源和外协加工任务的描述模型的属性分为定性和定量属性。定性属性是由文字性词组构成的，如镗削设备能加工的形状特征是孔、端面等；定量属性用数学符号表示，如某镗削设备镗孔的最大尺寸、最高精度。由于文字和数学符号的区别较大，因此定性属性和定量属性应具有不同的匹配规则。

定性属性由多个概念组成，为此应定义两个概念之间的匹配等级。设 C_t、C_r 分别为外协加工任务和制造资源本体中的两个概念，则 C_t 和 C_r 之间的匹配度分为以下五个等级，如图 6-11 所示。

(1) 精确匹配 $Match(C_t, C_r) = Exact$：概念 C_t 和 C_r 为同义关系，具有相同的属性值，多数情况下可以直接互换，如 $Match$(机加工设备，机床)；

(2) 插入匹配 $Match(C_t, C_r) = Plugin$：概念 C_t 是概念 C_r 的子概念，如 $Match$(盘状铣刀，铣刀)；

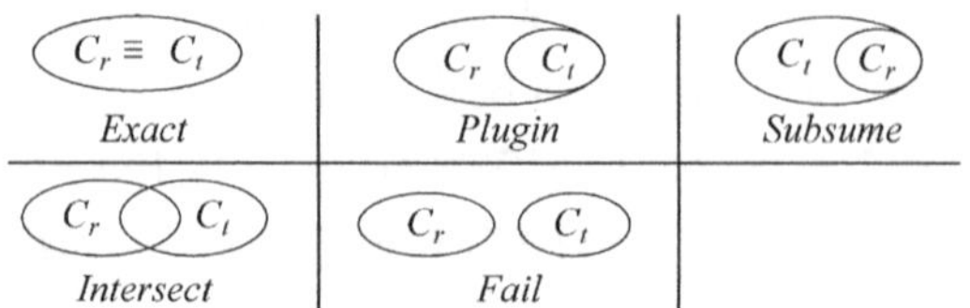

图 6-11　定性属性之间的匹配度

(3) 包含匹配 $Match(C_t, C_r) = Subsume$：概念 C_t 包含概念 C_r，如 $Match$（孔，盲孔）；

(4) 相交匹配 $Match(C_t, C_r) = Intersect$：概念 C_t 和 C_r 具有相同的父概念，它们之间既有共性又有特性，如 $Match$（车削设备，铣削设备）；

(5) 不匹配 $Match(C_t, C_r) = Fail$：概念 C_t 和 C_r 不相似，两种之间没有共性，如 $Match$（机加工设备，测量设备）。

定量属性由精确的数学符号组成，为实现定量属性的匹配，需要定义两个定量属性之间的匹配等级。设 V_t 为外协加工任务的定量属性，其值通常为确定值或区间，V_r 为制造资源的定量属性，其值通常是一个区间或值集合，则 V_t 和 V_r 的匹配度分为以下三个等级：

(1) 匹配 $Match(V_t, V_r) = Exact$：V_t 是 V_r 值区间内的一个点或子区间，即 $V_t \in V_r$ 或 $V_t \subseteq V_r$；

(2) 部分匹配 $Match(V_t, V_r) = Intersect$：$V_t$ 期望值区间与 V_r 值区间相交，即 $V_t \cap V_r \neq \varnothing$ 且 $V_t \not\subset V_r$；

(3) 不匹配 $Match(V_t, V_r) = Fail$：V_t 不在 V_r 值区间内，即 $V_t \notin V_r$ 或 $V_t \cap V_r = \varnothing$。

对于生产能力和生产成本，是在搜索出候选制造资源后整体考虑它们的生产能力和生产成本能否满足加工任务要求；对于动态信息，主要应用于状态筛选和外协加工任务执行过程中，故匹配等级的定义不将其考虑在内。因此，本节的制造资源与外协加工任务的匹配度定义将主要从加工能力与加工对象匹配方面考虑，如图 6-12 所示。从图中可以看出，功能与特征的匹配度由形状、尺寸和材料的匹配度决定，其中形状和材料为定性属性，尺寸为定量属性。性能与公差的匹配度由精度和表面质量决定，各子项均为定量属性。性能质量与公差分布为定量属性，且没有子项，可直接计算两者匹配度。为方便描述推理规则，给出如下定义：

R_m 表示制造资源的加工能力，T_m 表示外协加工任务的加工对象；

$R\_Function$ 表示加工能力的功能，$T\_Feature$ 表示加工对象的特征；

R_F_Shape 表示制造资源能加工的形状特征，T_F_Shape 表示加工对象的形状特征；

R_F_Size 表示制造资源能加工的尺寸范围，T_F_Size 表示加工对象的特征尺寸；

$R\_F\_Material$ 表示制造资源能加工的材料，$T\_F\_Material$ 表示加工对象的特征材料；

$R\_Performance$ 表示加工能力的性能，$T\_Tolerance$ 表示加工对象的特征的公差；

$R\_P\_Precision$ 表示制造资源能达到的加工精度范围，$T\_T\_Precision$ 表示加工对象的特征的加工精度要求；

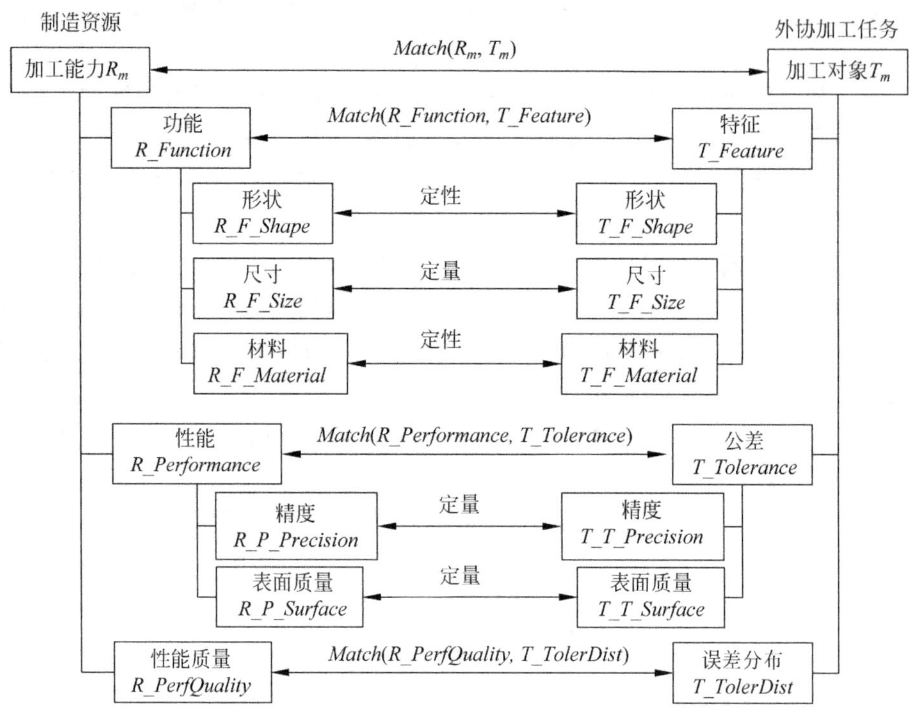

图 6-12　制造资源与外协加工任务的匹配模型

$R\_P\_Surface$ 表示制造资源能达到的表面粗糙度，$T\_T\_Surface$ 表示加工对象的特征的表面粗糙度要求；

$R\_PerfQuality$ 表示加工能力的性能质量，$T\_TolerDist$ 表示加工对象的各加工特征的误差分布要求。

当外协加工任务被发布时，制造服务平台进行制造资源匹配的过程中可能遇到的匹配情况有完全匹配、部分匹配和不匹配三种。基于制造资源本体概念之间的关系，并依据功能、性能和质量等对加工任务完成情况的影响程度，本节定义以下规则，用于确定制造资源与外协加工任务的匹配等级。

规则 1：当制造资源的加工能力描述与外协加工任务的加工对象描述对应概念之间的关系满足式(6-13)、式(6-14)和式(6-15)时，则表示两者的匹配等级为 $Exact$，即完全匹配。其中式(6-13)表示当制造资源能加工的特征的形状和材料与外协加工任务完全匹配，且加工任务中加工对象的特征尺寸位于制造资源能加工的尺寸范围内时，制造资源的加工能力功能与加工任务的加工对象特征之间的匹配等级为 $Exact$；式(6-14)表示当制造资源能达到的加工精度和表面质量高于加工任务的加工对象的精度和表面质量要求时，制造资源的加工能力性能与加工任务的加工对象特征之间的匹配等级为 $Exact$；式(6-15)表示当式(6-13)和式(6-14)成立，且加工能力性能质量与加工对象的误差分布的匹配度为 $Exact$ 时，制造资源的加工能力与加工任务的加工对象之间的匹配等级为 $Exact$。

$$(\forall x \in \{Match(R\_F\_Shape, T\_F\_Shape), Match(R\_F\_Size, T\_F\_Size), Match(R\_F\_Material, T\_F\_Material)\})(x = Exact) \rightarrow Match(R\_Function, T\_Feature) = Exact \tag{6-13}$$

$$Match(R\_P\_Precision, T\_T\_Precision) = Exact \wedge Match(R\_P\_Surface, T\_T\_Surface) = Exact \rightarrow Match(R\_Performance, T\_Tolerance) = Exact \tag{6-14}$$

$$(\forall x \in \{Match(R\_Function, T\_Feature), Match(R\_Performance, T\_Tolerance), Match(R\_PerfQuality, T\_TolerDist)\})(x = Exact) \rightarrow Match(R_m, T_m) = Exact \tag{6-15}$$

规则 2：当制造资源的加工能力描述与外协加工任务的加工对象描述对应概念之间的关系满足式(6-16)和式(6-17)时，则表示两者的匹配等级为 $Plugin$，属于部分匹配。其中式(6-16)表示当制造资源能加工的特征的形状、尺寸和材料与外协加工任务的匹配等级都高于 $Plugin$(包括等于)，且至少存在一项匹配等级等于 $Plugin$ 时，制造资源的加工能力功能与加工任务的加工对象特征之间的匹配等级为 $Plugin$；式(6-17)表示当式(6-16)和式(6-14)成立，且加工能力性能质量与加工对象的误差分布的匹配等级为 $Exact$ 时，制造资源的加工能力与加工任务的加工对象之间的匹配等级为 $Plugin$。

$$(\forall x \in \{Match(R\_F\_Shape, T\_F\_Shape), Match(R\_F\_Size, T\_F\_Size), Match(R\_F\_Material, T\_F\_Material)\})(x \geqslant Plugin) \wedge (\exists x \in \{Match(R\_F\_Shape, T\_F\_Shape), Match(R\_F\_Size, T\_F\_Size), Match(R\_F\_Material, T\_F\_Material)\})(x = Plugin) \rightarrow Match(R\_Function, T\_Feature) = Plugin \tag{6-16}$$

$$Match(R\_Function, T\_Feature) = Plugin \wedge Match(R\_Performance, T\_Tolerance) = Exact \wedge Match(R\_PerfQuality, T\_TolerDist) = Exact \rightarrow Match(R_m, T_m) = Plugin \tag{6-17}$$

规则 3：当制造资源的加工能力描述与外协加工任务的加工对象描述对应概念之间的关系满足式(6-18)和式(6-19)时，则表示两者的匹配等级为 $Subsume$，属于部分匹配。其中式(6-16)表示当制造资源能加工的特征的形状、尺寸和材料与外协加工任务的匹配等级都高于 $Subsume$(包括等于)，且至少存在一项匹配等级等于 $Subsume$ 时，制造资源的加工能力功能与加工任务的加工对象特征之间的匹配等级为 $Subsume$；式(6-19)表示当式(6-18)和式(6-13)成立，且加工能力性能质量与加工对象的误差分布的匹配等级为 $Exact$ 时，制造资源的加工能力与加工任务的加工对象之间的匹配等级为 $Subsume$。

$$(\forall x \in \{Match(R\_F\_Shape, T\_F\_Shape), Match(R\_F\_Size, T\_F\_Size), Match(R\_F\_Material, T\_F\_Material)\})(x \geqslant Subsume) \land (\exists x \in \{Match(R\_F\_Shape, T\_F\_Shape), Match(R\_F\_Size, T\_F\_Size), Match(R\_F\_Material, T\_F\_Material)\})(x = Subsume) \rightarrow Match(R\_Function, T\_Feature) = Subsume \tag{6-18}$$

$$Match(R\_Function, T\_Feature) = Subsume \land Match(R\_Performance, T\_Tolerance) = Exact \land Match(R\_PerfQuality, T\_TolerDist) \geqslant Intersect \rightarrow Match(R_m, T_m) = Subsume \tag{6-19}$$

规则 4：当制造资源的加工能力描述与外协加工任务的加工对象描述对应概念之间的关系满足式(6-20)和式(6-21)时，则表示两者的匹配等级为 *Intersect*，属于部分匹配。其中式(6-16)表示当制造资源能加工的特征的形状、尺寸和材料与外协加工任务的匹配等级都高于 *Intersect*(包括等于)，且至少存在一项匹配等级等于 *Intersect* 时，制造资源的加工能力功能与加工任务的加工对象特征之间的匹配等级为 *Intersect*；式(6-21)表示当式(6-20)和式(6-13)成立，且加工能力性能质量与加工对象的误差分布的匹配等级为 *Exact* 时，制造资源的加工能力与加工任务的加工对象之间的匹配等级为 *Intersect*。

$$(\forall x \in \{Match(R\_F\_Shape, T\_F\_Shape), Match(R\_F\_Size, T\_F\_Size), Match(R\_F\_Material, T\_F\_Material)\})(x \geqslant Intersect) \land (\exists x \in \{Match(R\_F\_Shape, T\_F\_Shape), Match(R\_F\_Size, T\_F\_Size), Match(R\_F\_Material, T\_F\_Material)\})(x = Intersect) \rightarrow Match(R\_Function, T\_Feature) = Intersect \tag{6-20}$$

$$Match(R\_Function, T\_Feature) = Intersect \land Match(R\_Performance, T\_Tolerance) = Exact \land Match(R\_PerfQuality, T\_TolerDist) \geqslant Intersect \rightarrow Match(R_m, T_m) = Intersect \tag{6-21}$$

规则 5：当制造资源的加工能力描述与外协加工任务的加工对象描述对应概念之间的关系满足式(6-22)、式(6-23)和式(6-24)时，则表示两者的匹配度为 *Fail*，即不匹配。其中式(6-22)表示当制造资源能加工的特征的形状、尺寸和材料中至少有一项与外协加工任务不匹配时，制造资源的加工能力功能与加工任务的加工对象特征之间的匹配等级为 *Fail*；式(6-23)表示当制造资源能达到的加工精度和表面质量中至少有一项低于加工任务的要求时，制造资源的加工能力性能与加工任务的加工对象特征之间的匹配等级为 *Fail*；式(6-24)表示当式(6-22)和式(6-23)中至少有一个成立，或者加工能力性能质量与加工对象的误差分布的匹配等级为 *Fail* 时，制造资源的加工能力与加工任务的加工对象之间的匹配等级为 *Fail*。

$$(\exists x \in \{Match(R\_F\_Shape, T\_F\_Shape), Match(R\_F\_Size, T\_F\_Size), Match(R\_F\_Material, T\_F\_Material)\})(x = Fail) \rightarrow Match(R\_Function, T\_Feature) = Fail \tag{6-22}$$

$$(\exists x \in \{Match(R\_P\_Precision, T\_T\_Precision), Match(R\_P\_Surface, T\_T\_Surface)\})(x = Fail) \rightarrow Match(R\_Performance, T\_Tolerance) = Fail \tag{6-23}$$

$$(\exists x \in \{Match(R\_Function, T\_Feature), Match(R\_Performance, T\_Tolerance), Match(R\_PerfQuality, T\_TolerDist)\})(x = Fail) \rightarrow Match(R_m, T_m) = Fail \tag{6-24}$$

以上是基于命题与逻辑理论的推理规则，为实现推理规则与基于 OWL 的制造资源本体结合，选择语义 Web 规则语言 SWRL 作为规则数字化描述语言。SWRL 是一种具有较强表达能力的规则语言，允许用户编写基于 OWL 概念术语的规则，以提供比 OWL 更强大的演绎推理能力，得到很多推理工具的支持，可以作为本体的一部分和本体推理引擎一起工作。SWRL 有两种表达规则的语法：基于扩展 BNF 范式的描述语法和基于 Horn 子句的描述语法。由于采用第二种语法编写的规则易于理解，且可采用 Protégé 写入制造资源本体，因此下面选择第二种语法，并以上文定义的规则 1 为例进行说明。图 6-13 所示为采用 Protégé 建立的推理规则，规则由类、属性、实例、变量、常量、内置谓词以及命题逻辑运算符组成。

在前文建立的制造资源本体、外协加工任务模型和推理规则的基础上，设计了基于规则推理的制造资源搜索匹配算法，算法流程如图 6-14 所示。图中实线表示

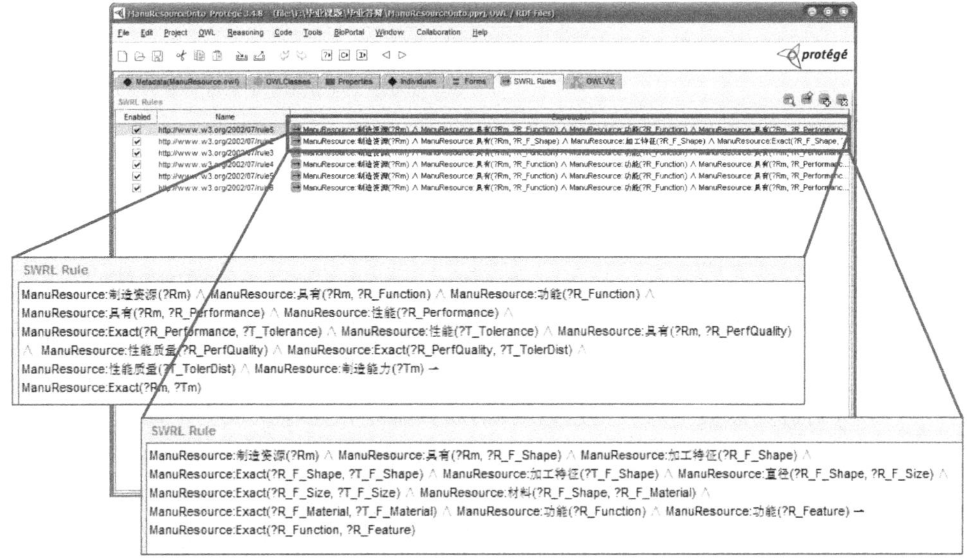

图 6-13　基于 SWRL 的推理规则

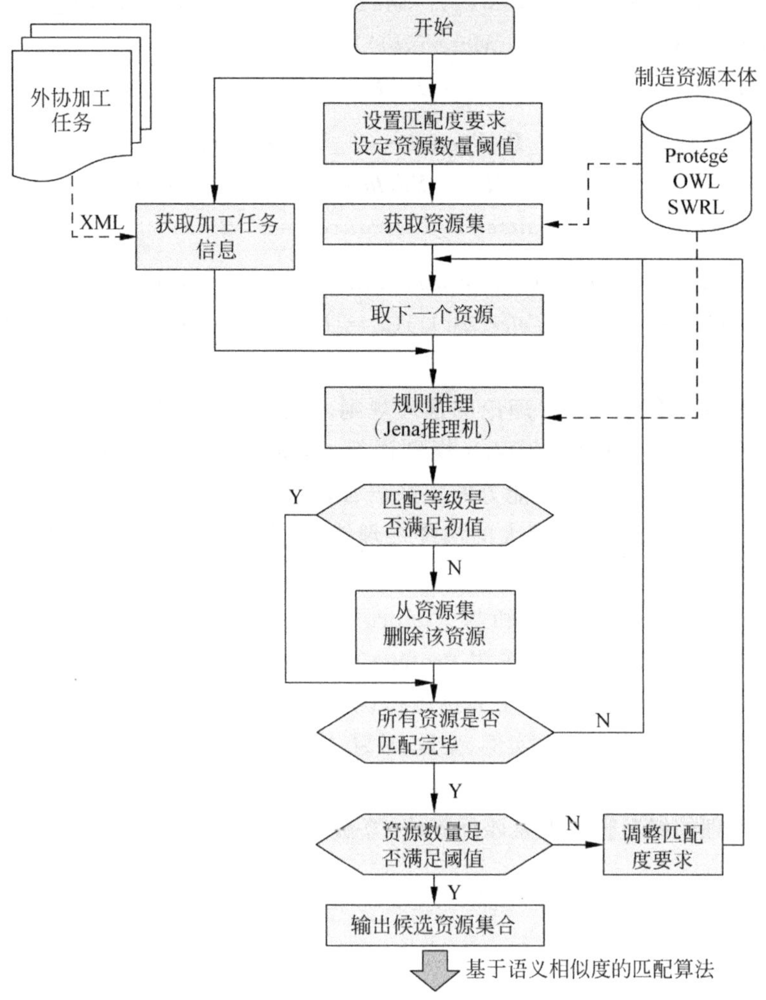

图 6-14 基于规则推理的制造资源搜索匹配算法

过程流,虚线表示信息流。

(1) 接收终端客户发布的外协加工任务信息,将其输入到规则推理引擎;

(2) 设置外协加工任务与制造资源的匹配度要求和候选资源数量阈值;

(3) 使用基于 Jena API 的本体读写程序从制造资源本体库中获取制造资源集;

(4) 从制造资源集中取一个制造资源,将其描述信息输入规则推理引擎;

(5) 推理引擎从本体库中获取推理规则,并采用 Jena 推理机推理出制造资源与外协加工任务的匹配度;

(6) 判断步骤(5)输出的匹配度是否满足设置的匹配度要求,如果满足,跳到步骤(7);如果不满足,从资源集中删除当前资源后跳到步骤(7);

(7) 判断资源集中的制造资源是否全部匹配完毕，如果是，跳到步骤(8)；如果不是，返回到步骤(4)；

(8) 判断搜索出的候选资源数量是否满足设定的数量阈值，如果不满足，调整匹配度要求后返回步骤(4)；如果满足，输出候选资源集。

3. 基于语义相似度的匹配算法

基于规则推理的匹配算法推理出制造资源与外协加工任务的匹配度，并依据匹配度初步筛选制造资源，可缩小基于语义相似度的匹配算法的解空间，减小基于语义相似度的匹配算法的计算量。在此基础上，进一步设计基于语义相似度的匹配算法，计算制造资源与外协加工任务的语义相似度，从而更精确地确定匹配等级相同的制造资源之间的区别。

与基于规则推理的匹配算法相似，制造资源与外协加工任务间的语义相似度是通过计算制造资源的加工能力与外协加工任务所含的概念、属性之间的语义相似度得到的。前面定义了制造资源加工能力和外协加工任务加工对象的相关属性符号，这里基于上述符号建立制造资源与外协加工任务的语义相似度函数：

$$SS_R^T(R_m, T_m) = [\omega_1 SS(R\_Function, T\_Feature) + \omega_2 SS(R\_Performance, T\_Tolerance) + \omega_3 S_v(R\_PerfQuality, T\_TolerDist)]/(\omega_1 + \omega_2 + \omega_3) \tag{6-25}$$

$$SS(R\_Function, T\_Feature) = [\omega_{11} S_c(R\_F\_Shape, T\_F\_Shape) + \omega_{12} S_v(R\_F\_Size, T\_F\_Size) + \omega_{13} S_c(R\_F\_Material, T\_F\_Material)]/(\omega_{11} + \omega_{12} + \omega_{13}) \tag{6-26}$$

$$SS(R\_Performance, T\_Tolerance) = [\omega_{21} S_v(R\_P\_Precision, T\_T\_Precision) + \omega_{22} S_v(R\_P\_Surface, T\_T\_Surface)]/(\omega_{21} + \omega_{22}) \tag{6-27}$$

式中：$SS(R\_Function, T\_Feature)$——制造资源加工能力的功能与外协加工任务加工对象的特征的语义相似度；

$SS(R\_Performance, T\_Tolerance)$——制造资源加工能力的性能与外协加工任务加工对象的公差的语义相似度；

$S_v(R\_PerfQuality, T\_TolerDist)$——制造资源加工能力的性能质量与外协加工任务加工对象的公差分布的语义相似度；

$S_c(R\_F\_Shape, T\_F\_Shape)$——制造资源能加工的形状特征与加工任务的加工对象的形状特征的语义相似度；

$S_v(R\_F\_Size, T\_F\_Size)$——制造资源能加工的特征的最大尺寸与加工任务的加工对象的尺寸的语义相似度；

$S_c(R\_F\_Material, T\_F\_Material)$——制造资源能加工的材料与加工任务的加工对象的材料的语义相似度；

$S_v(R\_P\_Precision, T\_T\_Precision)$——制造资源能达到的加工精度与加工任务要求的加工精度的语义相似度；

$S_v(R\_P\_Surface, T\_T\_Surface)$——制造资源能达到的表面粗糙度与加工任务要求的表面粗糙度的语义相似度；

ω_1、ω_2、ω_3——功能、性能和性能质量在制造资源与外协加工任务匹配过程中的权重值；

ω_{11}、ω_{12}、ω_{13}——制造资源加工能力的功能的形状、尺寸和材料在制造资源与外协加工任务匹配过程中的权重值；

ω_{21}、ω_{22}——制造资源加工能力的性能的精度和表面质量在制造资源与外协加工任务匹配过程中的权重值。

制造资源和外协加工任务的属性分定性和定量两种，它们的语义相似度计算方法不同，下面分别介绍定性属性间的语义相似度函数和定量属性间的语义相似度函数。

定性属性的值通常由概念组成，两个概念 C_i 和 C_j 之间的语义相似度小于等于1。当两个概念之间具有 *Exact* 关系时，两者之间的语义相似度等于1；而当两个概念具有 *Fail* 关系时，两者之间的语义相似度等于0；对于概念间的关系介于上面两种情况之间时，概念间的语义相似度通过函数计算。概念间的语义相似度计算函数见式(6-28)。

$$S_c(C_i, C_j)=\begin{cases}1, & Match(C_i, C_j)=Exact\\ s_c(C_i, C_j), & else\\ 0 & Match(C_i, C_j)=Fail\end{cases} \tag{6-28}$$

目前，最有效、应用最广泛的概念语义相似度计算模型是 Tversky 模型。Tversky 模型的基本思想：将计算两个概念相似性的属性分为共同属性和不同属性。共同属性能增强两个概念的相似性，而不同属性则会减弱相似性，但是共同属性对相似度的增强作用要大于不同属性对相似度的减弱作用。这里基于 Tversky 模型设计了概念语义相似度计算函数，如式(6-29)所示，表示两个概念的共同属性占所有属性的比率与两个概念的共同属性占被匹配概念的比率乘积的几何平均值。

$$s_c(C_i, C_j)=\sqrt{\frac{|P(C_i)\cap P(C_j)|}{|P(C_i)\cup P(C_j)|}\cdot\frac{|P(C_i)\cap P(C_j)|}{|P(C_j)|}} \tag{6-29}$$

式中：$P(x)$——与概念 x 相关的所有属性；

$\cap$——集合的与运算符；

$\cup$——集合的并运算符；

$|x|$——返回 x 中元素的个数。

定量属性的值一般由数学符号组成，与定性属性的语义相似度计算方法不同，主要考虑外协加工任务的期望值或期望区间相对于制造资源能力区间的变动对相似度的影响。在外协加工任务中，尺寸、精度、表面粗糙度等的期望值均为确定值，而公差分布的期望值则为区间值，因此下面将两个定量属性 V_i 和 V_j 的语义相似度分两种情况计算：

假设制造资源能力区间为$[a_i,b_i]$，外协加工任务的期望值为 e_i，则

$$S_v(V_i,V_j)=\begin{cases} \mathrm{e}^{-\left|e_i-\frac{a_i+b_i}{2}\right|}, & e_i\in[a_i,b_i] \\ 0, & else \end{cases} \tag{6-30}$$

假设制造资源能力区间为$[a_i,b_i]$，外协加工任务的期望区间$[c_i,d_i]$，则

$$S_v(V_i,V_j)=\begin{cases} 1, & Match(V_i,V_j)=Exact \\ \sqrt{\left|\dfrac{\min(b_i,d_i)-\max(a_i,c_i)}{\max(b_i,d_i)-\min(a_i,c_i)}\right|}, & Match(V_i,V_j)=Intersect \\ 0, & Match(V_i,V_j)=Fail \end{cases} \tag{6-31}$$

采用上文设计的外协加工任务与制造资源的语义相似度计算函数可精确计算两者的匹配程度，从而为外协加工任务更加合理地分配制造资源。这里设计的基于语义相似度的匹配算法流程如图 6-15 所示。图中实线表示过程流，虚线表示信息流。

(1) 设置外协加工任务与制造资源的语义相似度要求和最终的候选资源数量阈值；

(2) 接收终端客户发布的外协加工任务信息，将其输入语义相似度计算模块；

(3) 接收由基于规则推理的匹配算法输出的候选资源集；

(4) 从候选资源集中取一个制造资源，将其描述信息输入语义相似度计算模块；

(5) 语义相似度模块首先分别计算功能与特征、性能与公差以及性能质量与公差分布的语义相似度，然后综合以上语义相似度计算候选资源与加工任务的总语义相似度；

(6) 判断步骤(5)输出的语义相似度是否满足设置的语义相似度要求，如果满足，跳到步骤(7)；如果不满足，从候选资源集中删除当前资源后跳到步骤(7)；

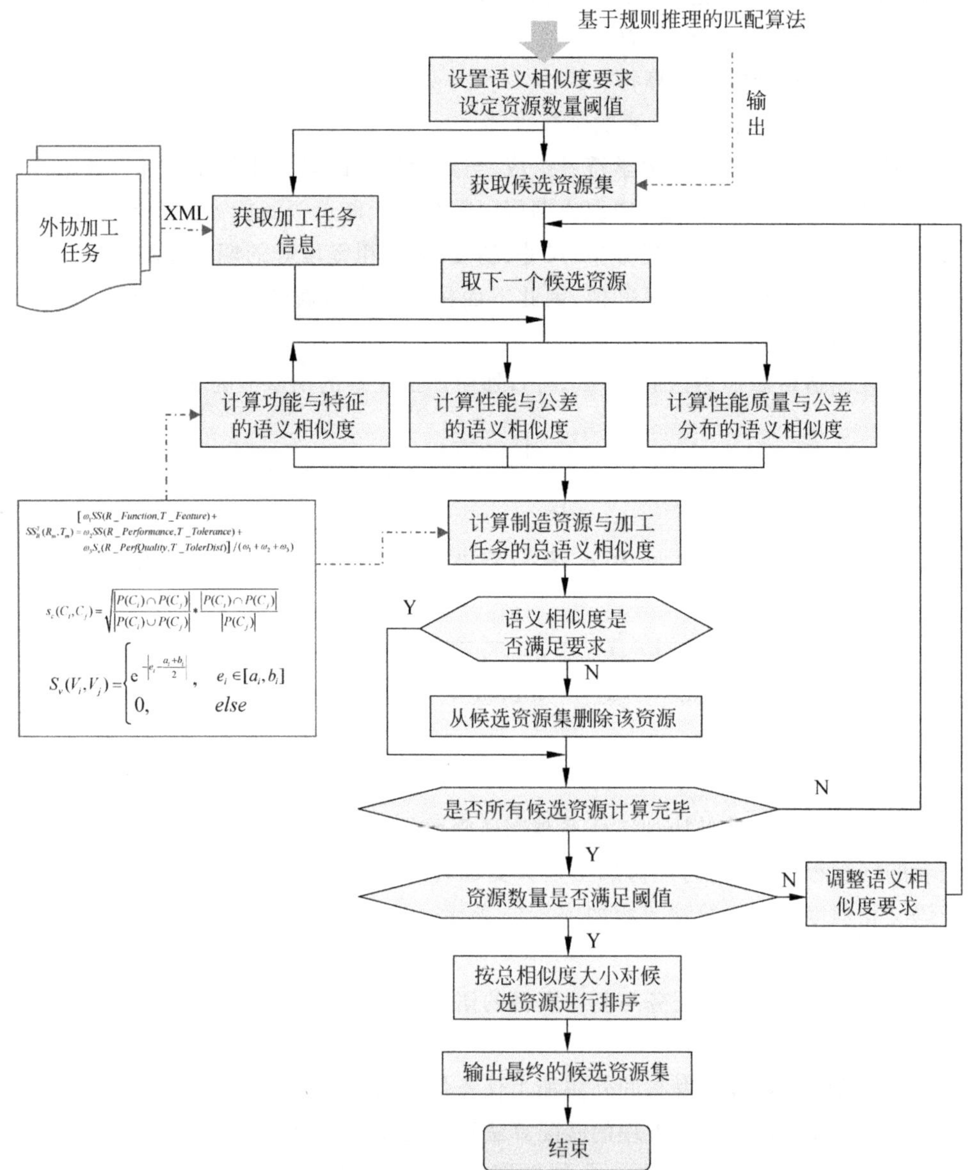

图 6-15　基于语义相似度的制造资源搜索匹配算法

(7) 判断候选资源集中的制造资源是否全部计算完毕，如果是，跳到步骤(8)；如果不是，返回到步骤(4)；

(8) 判断筛选出的候选资源数量是否满足设定的数量阈值，如果不满足，调整相似度要求后返回步骤(4)；如果满足，按总相似度对候选资源进行排序，最后输出具有顺序的候选资源集。

6.4.2 基于 RFID 的外包/众包物流服务执行过程的跟踪与监控

为了实现对订单执行过程中现场数据自动采集、数据融合和信息处理，从而进一步实现对订单的可视化实时监控和跟踪，结合 RFID 与物联网技术，建立了基于 RFID 的仓储物流节点监控的图式模型，并对其进行了阐述，实现出入厂门禁和仓储位置信息获取[9,12]。该方法不仅能对物流过程进行跟踪和监控，从另一角度来讲，它还能有效地解决当前公共外库由于缺乏制造过程实时信息而导致上层管理系统与底层信息脱节的问题，从而为实现仓储过程的透明化、可视化、自动化、实时准确的制造流决策提供数据支撑。

1. 面向外协加工的物流服务 RFID 技术分析及编码

1）面向物流服务的 RFID 技术分析

传统的仓储过程监控方法主要是采用纸制表格记录方法或者条码方法，传统条形码(亦称一维条形码)技术相对成熟，在社会生活中随处可见，应用十分广泛。我国目前使用最多的是一维条形码，它作为计算机数据采集手段，以快速、准确、成本低廉等诸多优点迅速进入商品流通、自动控制以及档案管理等各种领域，但仍然无法满足需求。总体来说，上述方法具有以下弊端：

(1) 效率低下，无法满足决策系统对于现场实时信息的需求；

(2) 条码方法需要人工扫描操作，容易出现因疲劳而导致的误操作；

(3) 条码粘贴困难，温度、环境等因素对其影响较大，并且破损、污染后条码信息无法被准确读取。

考虑到上述传统方式的弊端，本节通过引入 RFID 和物联网技术实现对于仓储节点和门禁的监控。RFID 是一种非接触式的自动识别技术，常称为感应式电子晶片、感应卡、非接触卡、电子标签和电子条码等，在门禁和仓储过程中应用具有不可比拟的优势。相对于传统的纸制表格记录方式和条码方式，RFID 技术应用在制造过程和物流过程方面具有明显的优越性：读写速度快、效率高，一次可以扫描多达数十个、甚至上百个 RFID 标签；扫描距离远，不需要将阅读器置于标签正上方近距离扫描，操作方便；标签可以粘贴在物体表面，或者置于物体内部；RFID 标签的存储空间大；在某些恶劣环境下，如高温、污染、潮湿等环境下仍能正常工作；另外 RFID 芯片密码具有世界唯一性和无法复制、安全性高、寿命长的特点。

RFID 作为下一代先进制造技术，主要包括三个重要部件：RFID 读写器、标签和天线。RFID 设备主要依靠发射和接收无线电磁波来工作。一般来说，带有电子线圈的 RFID 标签、控制芯片等在接收到 RFID 读写器发送的特定频率的无线电磁信号时，驱动线圈电路，产生电流振荡，进而反射出与自身标签相对应的电磁信号，RFID 读写器接收到这些返回的信号，通过对其分析与计算，实现对于电子标签的识别。

2）面向物流服务的 RFID 标签编码

RFID 编码主要以 ISO 标准体系、美国 EPCglobal 标准体系、日本 UID 标准体系为主,三者都积极地推广其 RFID 技术在全球范围内的应用。它们主要是以通信方式、防冲突协议和数据格式为核心的空中接口协议不同,在其他技术层面上相差不大,另外三者的协议在不断的完善中,其中 EPCglobal 与 UID 的区别如表 6-3 所示。

表 6-3 EPCglobal 与 UID 区别

名称	频　段	信息位数	可扩充数	标签检索功能	应用范围
EPCglobal	902～928MHz	64/96 位	256	网络	物流领域
UID	2.45GHz/13.56MHz	128 位	256/384/512	网络和离线	生产及生活各领域

物体的标签编码是识别配有标签物体的唯一标识,是连接实物状态和数据库记录的纽带,合理的标签编码技术可以提高读写器读取信息的准确率和信息处理速度,有利于数据的实时性和准确性。EPC 编码由一个版本号和三段数据(域名管理、对象分类、序列号)组成,其 EPCglobal 组织已经推出了多种编码方案(见表 6-4):EPC-64 Ⅰ型、Ⅱ型、Ⅲ型,EPC-96 Ⅰ型,EPC-256 Ⅰ型、Ⅱ型、Ⅲ型。依据要求,本节采用 EPC-96 编码方案,结合公共仓库的需求与实际状况,对库存中的货物、搬运工具进行编码方案的设计,如图 6-16 所示。

表 6-4 EPC 编码结构

版本名称	版本号字段	域名管理	对象分类	序列号
EPC-64 Ⅰ	2 位	21 位	17 位	24 位
EPC-64 Ⅱ	2 位	15 位	13 位	32 位
EPC-64 Ⅲ	2 位	26 位	13 位	23 位
EPC-96 Ⅰ	8 位	28 位	24 位	36 位
EPC-256 Ⅰ	8 位	32 位	56 位	160 位
EPC-256 Ⅱ	8 位	64 位	56 位	128 位
EPC-256 Ⅲ	8 位	128 位	56 位	64 位

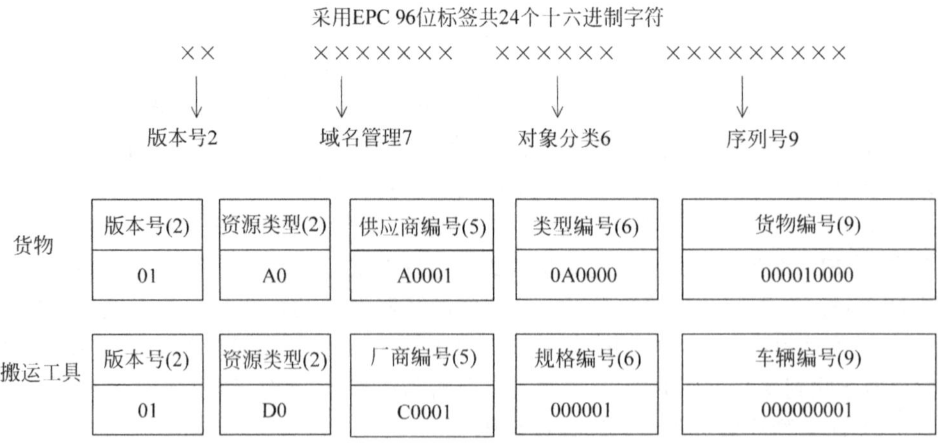

图 6-16 RFID 仓储编码

EPC-96 编码长度为 96 位，分为以下四段。

(1) 版本号：指标签头部，标识 EPC 代码的类型、结构、长度等信息，长度为 8 位，这里用来表示编码方案的版本号。

(2) 域名管理：描述与此 EPC 相关厂商的识别代码，标识企业、管理者或组织的代码段，长度为 28 位，这里将域名管理分为两部分：一部分是资源类型，长度为 8 位；另一部分根据对象不同应用在托盘、货格、人员、叉车中，分别表示厂商编号、库区编号、区域编号、货位编号，长度为 20 位。

(3) 对象分类：用以区分不同种类的对象，长度为 24 位，这里分别表示托盘类型编号、货格所在货架编号、人员职能角色编号、叉车规格编号。

(4) 序列号：用来唯一标识相同种类的不同对象，长度为 36 位。这里表示各自的序列号。

2. 物流执行过程监控的逻辑实现

1) 物流执行过程的逻辑流程分析

定义 6-14　物流执行过程：是指在物流订单形成基础上所涉及与物流活动相关的业务，包括出厂运输、公共仓储、出入库活动、仓储配送、存储和入厂运输等物流活动。

在物流执行过程中，RFID 的应用主要在其仓库环节和运输环节。在仓库环境中，RFID 标签被贴在了仓库的各类资源上，例如托盘、货物、叉车、门禁系统、货架以及地面路线中。在运输环节中，通过在仓储出库环节对货物的 RFID 标签的处理，可以实现在运输中对货物的监控。通过对目标对象粘贴标签，可以使其从单纯的“物体”转变为拥有某种“内置智能”的“智能物体”(smart object)，实现对其状态等实时信息的存储、计算和处理，并最终实现对该物体的监控。

这里首先需要对本节所涉及的一些重要概念进行定义，包括事件、状态、触发时间、事件执行者，以及货物位置信息的定义，如表 6-5 所示。

表 6-5　重要概念定义

概　念	符　号	定　　义	说　　明
事件	$E_{i,j}^{k}$	一种发生在某一时刻导致物体状态发生变化的一系列操作/动作的集合	状态变化表示旧状态终结和新状态的开始
触发时间	$t_{i,j}^{k}$	某一事件发生的时刻	事件的触发时间
位置	$L_{i,j}^{k}$	发生事件时的位置	表示发生事件的地点位置
状态	$S_{i,j}^{k}$	一种持续一段时间内保持稳定不变的过程或情况	这段持续时间的开始和结束时间点是两个相邻事件的触发时间
事件执行者	$R_{i,j}^{k}$	某一事件的执行者(操作员)	表示触发事件 $E_{i,j}^{k}$ 的参与人员

基于上述定义,RFID的本质是监控带有电子标签的物体的状态变化,并利用这些随时间变化的状态,通过对RFID中间件和对应的工程逻辑进行计算,实现监控。由于物流服务对象是基于外协加工订单形成的物流服务任务订单,而物流订单与外协加工订单形成"一对一"的映射关系,因此,分析外协加工订单的"来料加工"和"来图加工"两种外包方式物流服务的执行逻辑。

为更好地突出公共仓库提供的仓储增值服务以及对物流过程的分析,本节做以下假设:外协加工任务发包方负责物流外包,物流服务外包内容包括公共仓储服务和运输服务。

通过对物流订单处理过程进行分析,基于"来图加工"形成的物流订单处理的流程图如图6-17所示。来图加工相比来料加工的物流服务,其物流服务环节较少,外协任务的来料加工的物流订单与来图加工订单存在以下主要区别:来料加工需要对原材料进行运输、存储,其次还需要对加工余料进行运输,由此可得到"来料加工"的物流订单处理流程图如图6-18所示。

通过对"来料加工"和"来图加工"两种外协加工的物流过程的分析,以节点(物流需求企业和物流服务企业)分解,按大粒度分为点运输和公共仓储,按小粒度划分,根据公共仓库对货物的处理流程,可划分为入库流程、出库流程、存储等。依据物流服务的需求,本节以企业和公共仓储为节点进行划分,其可划分为"企业-公共仓储"和"公共仓储-企业"两种基本的物流服务运输单元。通过对物流运输粒度的

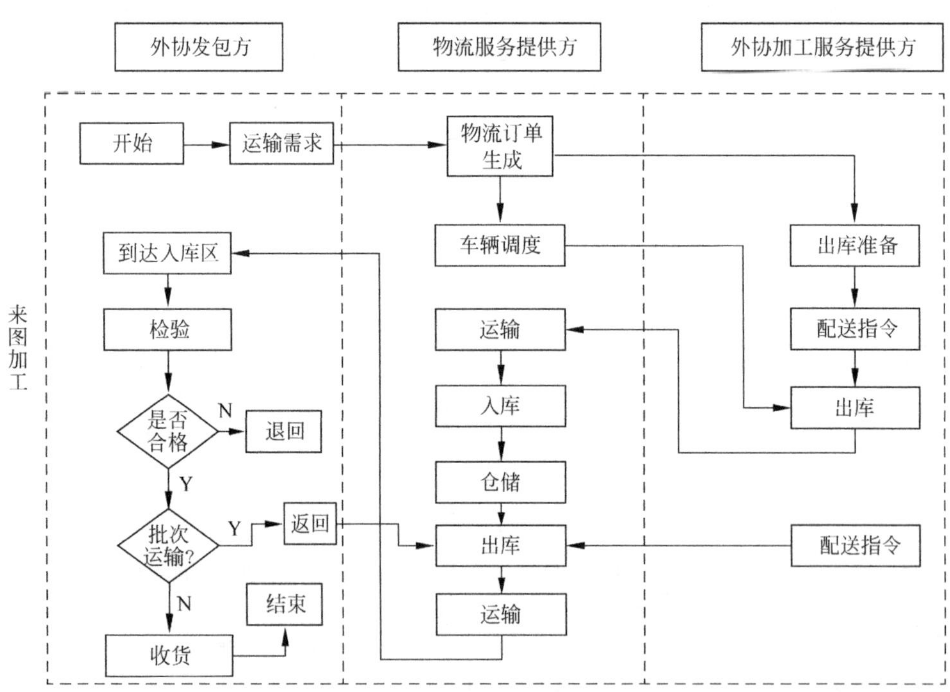

图6-17 来图加工逻辑流程图

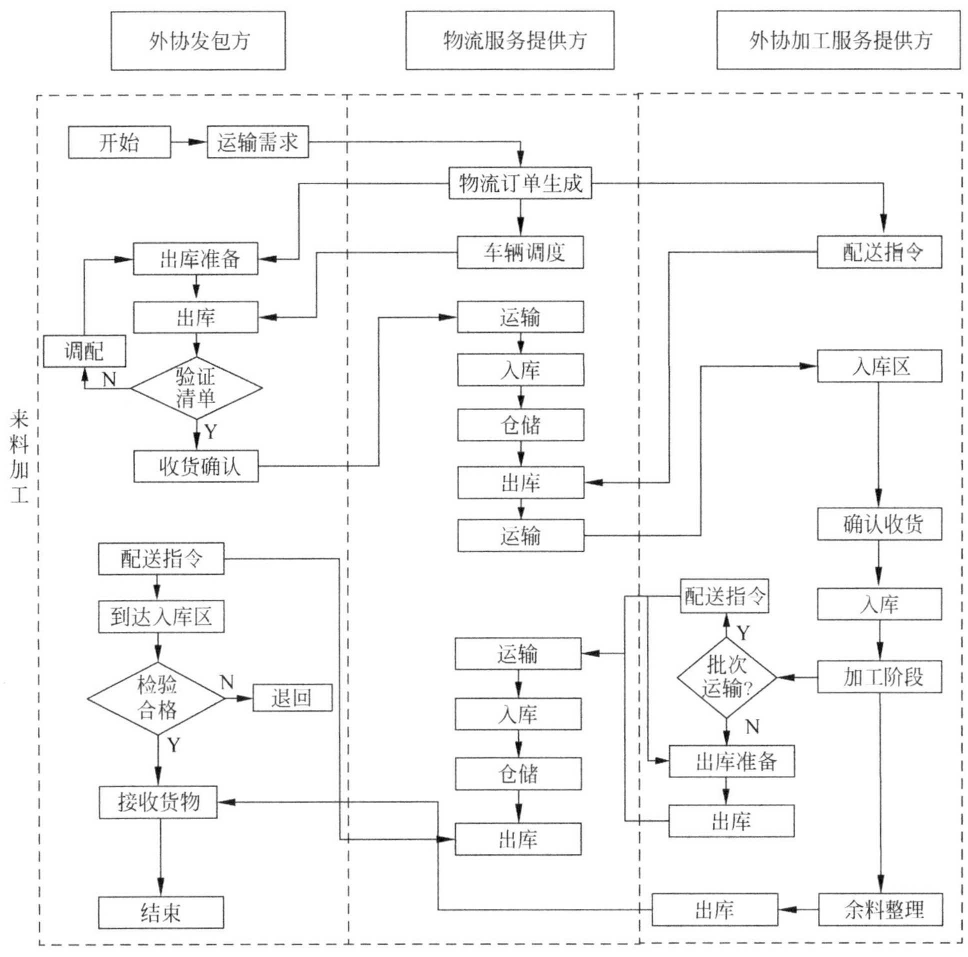

图 6-18 来料加工逻辑流程图

分析，对两个物流服务单元的小粒度划分，“企业-公共仓储”的物流服务运输基本单元的粒度划分的信息处理逻辑流程如图 6-19(a)所示，表示从企业运输零件、成品、半成品至公共仓库的信息处理节点流程的分析；而“公共仓储-企业”的物流服务单元的流程如图 6-19(b)所示，表示货物从公共仓库运输零部件、原材料至企业的信息处理节点流程分析。

2）物流随行单与仓储门禁配置

一般情况下，公共外库主要包括卸货区、分拣区、库存区等，一个典型的立式货架式仓库如图 6-20 中仓储部分所示。该公共外库的入口处有入库缓存，出口处有出库缓存。本节在仓库的出入口配置门禁式的 RFID 读写器，读取货物出入库信息。在入库缓存区、出库缓存区和货架配置固定式 RFID 读写器，读取货物在仓库中的处理状态。

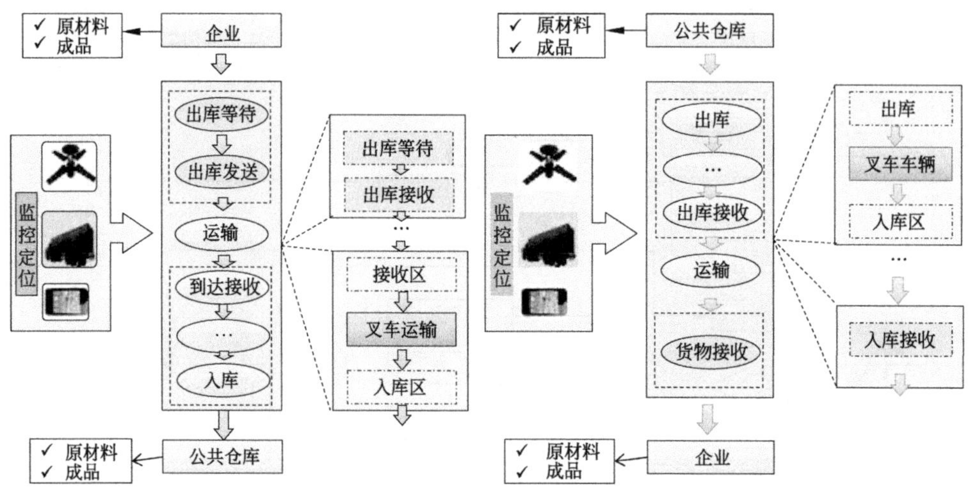

(a)"企业-公共仓储"物流服务单元　　(b)"公共仓储-企业"物流服务单元

图 6-19　物流服务运输单元图

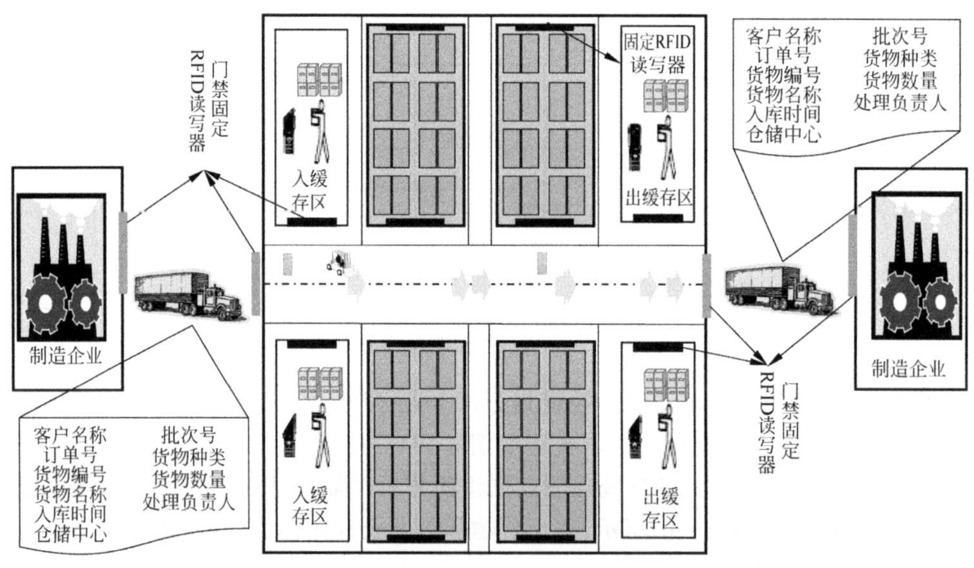

图 6-20　运输及公共仓储 RFID 配置

3. 基于 RFID 的物流执行过程监控的图式描述模型

为了形象地描述 RFID 的物流监控原理,采用基于 RFID 的事件驱动图式描述单元模型来描述物流过程,如图 6-21 所示。该图揭示了一个状态连接两个相邻事件,事件是导致状态发生变化的唯一原因。同时,该图还进一步揭示了 RFID 所采集的信息以及各信息之间的关系,主要包括一个状态($S_{i,j}^{k}$)、状态的持续时间

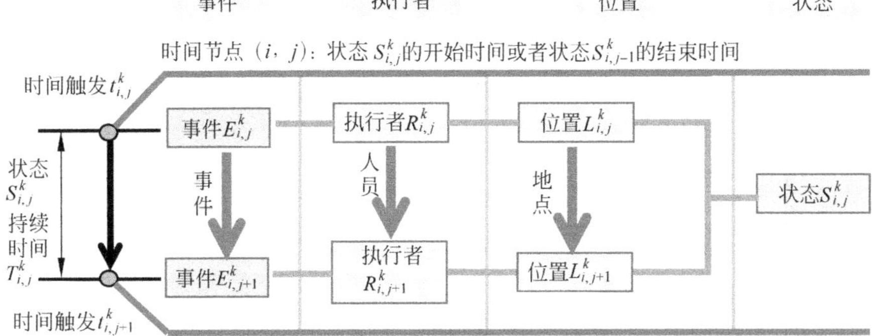

图 6-21　“事件-时间-状态”图式模型

($T_{i,j}^k$)、两个事件($E_{i,j}^k$ 和 $E_{i,j+1}^k$)、两个事件的触发物流的时刻($t_{i,j}^k$ 和 $t_{i,j+1}^k$)、两个事件的执行者($R_{i,j}^k$ 和 $R_{i,j+1}^k$)和两个事件的发生位置($L_{i,j}^k$ 和 $L_{i,j+1}^k$)。

根据图 6-21 所示的单元模型，可以用如下的公式进行定义和描述：

$$O_{i,j}^k ::= \langle E_{i,j}^k, t_{i,j}^k, R_{i,j}^k, L_{i,j}^k, E_{i,j+1}^k, t_{i,j+1}^k, R_{i,j+1}^k, L_{i,j+1}^k, S_{i,j}^k, T_{i,j}^k \rangle \quad (j=1,2,\cdots,r-1) \tag{6-32}$$

$$T_{i,j}^k = t_{i,j+1}^k - t_{i,j}^k \quad (j=1,2,\cdots,r-1) \tag{6-33}$$

需要指出的是，图 6-21 所示的是一个最基本的图式描述单元，它描述了围绕操作中某一阶段的现场实时信息，包括事件、状态、时间、位置等。由于事件是导致状态发生变化的唯一原因，即事件 $E_{i,j}^k$ 可以被看作两个相邻状态 $S_{i,j-1}^k$ 和 $S_{i,j}^k$ 的连接器，因此 $E_{i,j}^k$ 同样可以用来连接两个相邻状态所对应的相邻事件驱动的图式描述单元 $O_{i,j-1}^k$ 和 $O_{i,j}^k$，它们之间的耦合关系可以用下式表达：

$$E_{i,j}^k \in O_{i,j-1}^k \cap O_{i,j+1}^k \tag{6-34}$$

以上只是一个单元模型，根据事件集可以将多个相邻的时间驱动的图式单元串联起来，形成如图 6-22 所示的描述模型。此模型中主要描述了图 6-19(b)所示的物流基本单元：公共仓库运输货物到外协服务提供方，物流过程范围从公共仓库的出库开始一直到交货完毕结束。

根据上文的物流订单的划分，整个物流订单按照来料加工和来图加工两种方式所途经的过程不一样，但是单元模型都是一样的。对于来料加工的物流服务，原料存储、原材料从公共仓库运送至外协服务提供方、加工完毕的零部件/成品从外协服务提供方运送至公共仓库、公共仓库继续存储，当外协发包方需要零部件时公共仓库及时地运送其所需的货物至外协发包方。

对图 6-22 的 12 个“时间-事件-状态”进行解释如下：

$E_{i,1}^k$：发布出库指令；

$E_{i,2}^k$：叉车识别货物；

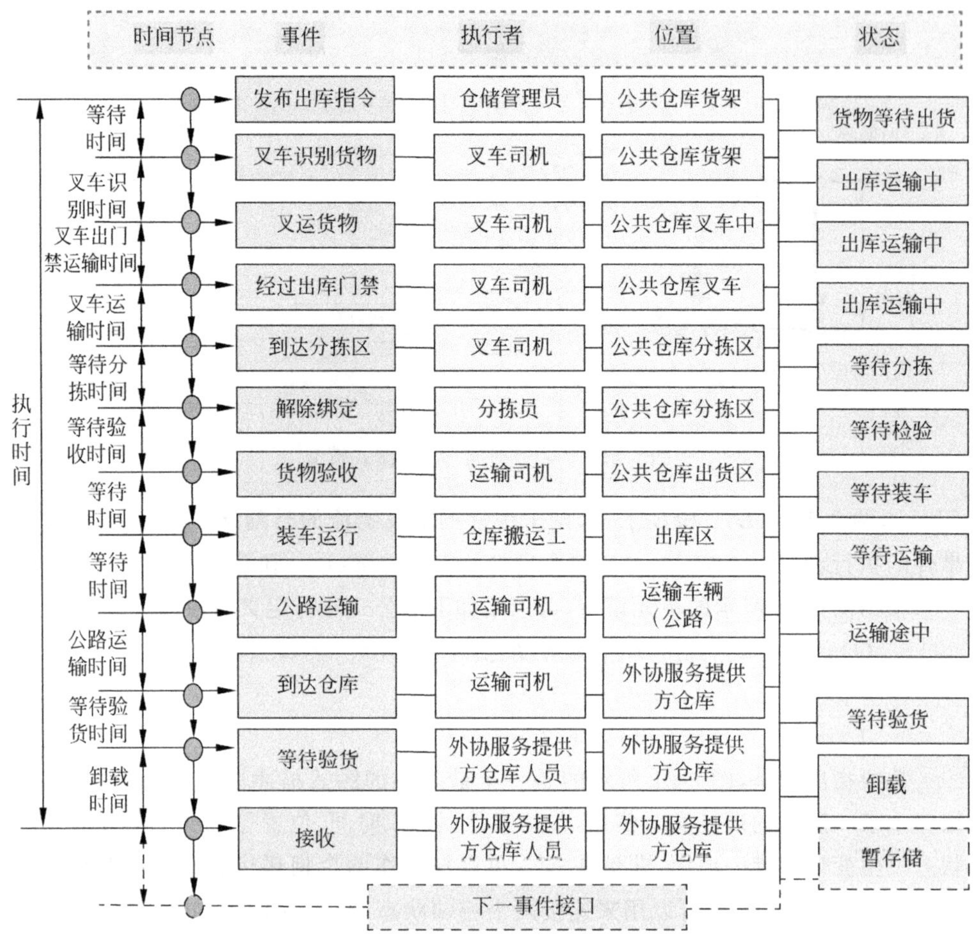

（公共仓库到外协加工服务提供方）

图 6-22　公共仓库到外协服务提供方的图式描述单元

$E_{i,3}^{k}$：叉车叉取货物准备运输；

$E_{i,4}^{k}$：货物经过门禁；

$E_{i,5}^{k}$：货物到达分拣区，准备整理货物；

$E_{i,6}^{k}$：解除托盘与货物的绑定；

$E_{i,7}^{k}$：运输公司验证货物的数量、材料等；

$E_{i,8}^{k}$：验收完毕，装载运输车辆；

$E_{i,9}^{k}$：公路运输；

$E_{i,10}^{k}$：车辆到达外协服务提供方仓库；

$E_{i,11}^{k}$：外协服务提供方检验货物数量、材料；

$E_{i,12}^{k}$：外协服务提供方验证完毕，接收货物。

对于任意的这样一个单元，其事件集均可以通过上述的方法获取。假定有 r

个事件,则事件集可以描述为

$$E_i^k ::= \{E_{i,1}^k, E_{i,2}^k, \cdots, E_{i,r}^k\} \tag{6-35}$$

同理可得其状态集 S_i^k,触发时间集 t_i^k,位置集合 L_i^k 和执行者集 R_i^k:

$$S_i^k ::= \{S_{i,1}^k, S_{i,2}^k, \cdots, S_{i,r-1}^k\} \tag{6-36}$$

$$t_i^k ::= \{t_{i,1}^k, t_{i,2}^k, \cdots, t_{i,r}^k\} \tag{6-37}$$

$$L_i^k ::= \{L_{i,1}^k, L_{i,2}^k, \cdots, L_{i,r-1}^k\} \tag{6-38}$$

$$R_i^k ::= \{R_{i,1}^k, R_{i,2}^k, \cdots, R_{i,r}^k\} \tag{6-39}$$

任意的运输单元都可以表示为

$$\begin{aligned}
&M_i^k ::= \{O_{i,1}^k, O_{i,2}^k, \cdots, O_{i,j}^k, \cdots, O_{i,r-1}^k\} \\
&where \\
&O_{i,j}^k ::= \langle E_{i,j}^k, t_{i,j}^k, R_{i,j}^k, L_{i,j}^k, E_{i,j+1}^k, t_{i,j+1}^k, R_{i,j+1}^k, L_{i,j+1}^k, S_{i,j}^k, T_{i,j}^k \rangle \\
&\qquad (j = 1, 2, \cdots, r-1) \\
&T_{i,j}^k = t_{i,j+1}^k - t_{i,j}^k \quad (j = 1, 2, \cdots, r-1) \\
&E_{i,j}^k \in E_i^k, t_{i,j}^k \in t_i^k, R_{i,j}^k \in R_i^k \quad (j = 1, 2, \cdots, r) \\
&S_{i,j}^k \in S_i^k, L_{i,j}^k \in L_i^k \quad (j = 1, 2, \cdots, r-1)
\end{aligned} \tag{6-40}$$

由式(6-35)~式(6-40)描述可知,原材料从公共仓库运输至外协服务提供方描述为

$$RM\_S_i^k ::= \{O_{i,1}^k, O_{i,2}^k, \cdots, O_{i,j}^k, \cdots, O_{i,r-1}^k\} \tag{6-41}$$

另外,对加工完毕的成品或者零部件从外协服务提供方运输至公共仓库定义为

$$FG\_P_i^k ::= \{O_{i,1}^k, O_{i,2}^k, \cdots, O_{i,j}^k, \cdots, O_{i,r-1}^k\} \tag{6-42}$$

同理,对加工完毕的成品或者零部件从公共仓库运输至外协需求发包方定义为

$$FG\_S_i^k ::= \{O_{i,1}^k, O_{i,2}^k, \cdots, O_{i,j}^k, \cdots, O_{i,r-1}^k\} \tag{6-43}$$

因此,来料运输的物流订单可以用以上三个物流单元表示

$$MoT_i^k ::= \{RM\_S_i^k, FG\_P_i^k, FG\_S_i^k\} \tag{6-44}$$

"来图加工"物流订单与"来料加工"物流订单不一样,来图加工是一个开环的物流运输,而来料加工是一个闭环的物流运输。"来图加工"的运输是"来料加工"运输的一部分,只涉及成品运输,其过程可分为外协加工服务商到公共仓库、公共仓库到外协发包方。依据上述来料加工过程,可得"来图加工"的物流订单跟踪处理过程表达为

$$PoT_i^k ::= \{FG\_P_i^k, FG\_S_i^k\} \tag{6-45}$$

6.5 本章小结

本章主要对生产性外包/众包服务及其智能化问题进行了研究。首先,对面向外包/众包服务的制造需求特征进行了描述;然后,分别基于工序级外协加工任务和零件级外协加工任务的发包服务进行了形式化和数字化描述,并对车间生产能力和成本进行评估,来构建基于车间加工任务的虚拟制造车间配置模型;最后,介

绍了外协加工任务驱动的动态虚拟制造车间生成算法和基于 RFID 的外包/众包物流服务执行过程的跟踪与监控,实现了对工件运输的智能化监控。

参考文献

[1] HAMEL G,PRAHALAD C K. To revitalize corporate performance,we need a whole new model of strategy. Strategic intent[J]. Harvard Business Review,1989,67(3):63-76.

[2] HOWE J. Crowdsourcing:Why the power of the crowd is driving the future of business[J]. American Journal of Health-System Pharmacy,2010,67(4):1565-1566.

[3] 江平宇,丁凯,冷杰武,等. 服务驱动的社群化制造模式研究[J]. 计算机集成制造系统,2015,21(06):1637-1649.

[4] 江平宇,丁凯,冷杰武. 社群化制造:驱动力、研究现状与趋势[J]. 工业工程,2016,19(1):1-9.

[5] LENG J W,JIANG P Y. Mining and matching relationships from interaction contexts in a social manufacturing paradigm[J]. IEEE Transactions on Systems Man Cybernetics-Systems,2017,47(2):276-288.

[6] JIANG P Y,LENG J W. The configuration of social manufacturing:a social intelligence way toward service-oriented manufacturing[J]. International Journal of Manufacturing Research,2017,12(1):4-19.

[7] CAO W,JIANG P Y,DING K. Demand-based manufacturing service capability estimation of a manufacturing system in a social manufacturing environment[J]. Proceedings of the Institution of Mechanical Engineers Part B-Journal of Engineering Manufacture,2017,231(7):1275-1297.

[8] DING K,JIANG P Y. Incorporating social sensors,cyber-physical system nodes,and smart products for personalized production in a social manufacturing environment[J]. Proceedings of the Institution of Mechanical Engineers Part B-Journal of Engineering Manufacture,2018,232(13SI):2323-2338.

[9] DING K,JIANG P Y,SU S. RFID-enabled social manufacturing system for inter-enterprise monitoring and dispatching of integrated production and transportation tasks[J]. Robotics and Computer-Integrated Manufacturing,2018,49:120-133.

[10] LENG J W,JIANG P Y,ZHENG M. Outsourcer-supplier coordination for parts machining outsourcing under social manufacturing[J]. Proceedings of the Institution of Mechanical Engineers Part B-Journal of Engineering Manufacture,2017,231(6):1078-1090.

[11] JIANG P Y,LENG J W,DING K,et al. Social manufacturing as a sustainable paradigm for mass individualization[J]. Proceedings of the Institution of Mechanical Engineers Part B-Journal of Engineering Manufacture,2016,230(10):1961-1968.

[12] 江平宇,孙培禄,丁凯,等. 一种基于射频识别技术的过程跟踪形式化图式推演建模方法及其生产应用研究[J]. 机械工程学报,2015,51(20):9-17.

第 6 章教学资源

第7章

PSS驱动的智能制造集成服务

产品服务系统驱动的智能制造集成服务，主要是将移动互联网、物联网、人工智能、云计算等新兴技术应用于企业 PSS 解决方案的构建中，以提升制造服务过程的智能化程度，实现企业对客户动态需求的主动、精确响应和快速决策。本章将探讨如何构建一个具备智能特征的 PSS，以达到顺利驱动智能制造服务实现的目的，来提高客户对企业产品及服务水平的满意度。整章内容安排框架如图 7-1 所示。

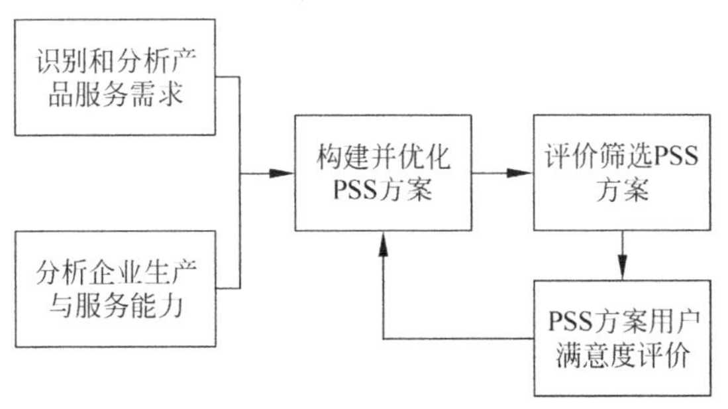

图 7-1　本章内容框架

7.1　PSS 驱动的智能制造服务需求

伴随云计算、互联网、大数据和智能装备发展，虚拟网络与实体资源的应用融合成为制造信息化未来发展方向的共识，全球主要工业化国家纷纷提出制造智能化的发展战略。从德国“工业 4.0”、美国“工业互联网”，到“中国制造 2025”规划中提出的“互联网＋”和“两化深度融合”，智能化成为制造信息化发展的主题，智能制造逐渐渗透到制造业的各个领域。例如，以云计算、物联网、大数据及移动互联网等新一代信息技术为支撑，依托企业生产的智能机床产品，通过对机床装备运行数据的采集、处理和分析，实现为客户提供相应的增值服务。制造服务化在有效提升公司产品增值服务效益的同时，也推动了公司全球化品牌战略的实施。

智能制造结合了人工智能技术、现代制造技术和计算机技术的一种新型的制造模式，其目的是对产品整个生命周期中的各个复杂环节（如设计研发、生产制造和服务等)进行有效管理。通过借助计算机技术和互联网技术打破信息孤岛,并依托智能设备和数据分析等,感知生产制造过程中的设备状态和生产进度,更高效地提供服务用户需求的产品和服务[1]。

在发展智能制造技术的新形势下,产品服务系统的需求分析方法也发生了巨大的变化。与传统的需求处理和分析方法不同,智能制造下的产品服务系统会产生海量数据,为从这些数据中识别和提取相应的需求信息,必然需要新的需求识别和分析方法。本节主要对产品服务系统驱动的智能制造服务需求及其分析方法进行介绍。

7.1.1 服务需求的定义

自 20 世纪 90 年代开始,全球制造业迅速发展,服务带来的收入在制造业的产值中的比例不断攀升。物质产品与无形服务的界限越来越模糊,制造企业的商业模式逐渐由为客户提供产品转向为客户提供基于产品的服务。产品服务,即基于产品的服务或面向产品的服务,其实质是将已有的产品作为一种工具或载体,向客户供应与产品有关的服务。它是一种面向产品使用周期的主动服务支持,包括使用前、使用中和使用后等阶段。

在本节,产品服务是指以设计、制造和销售物质产品为基础的制造企业,为满足其客户在产品使用周期内的各项活动需求,提供的基于物质产品的服务组合,是制造企业向客户提供的与产品相关的活动、过程或结果。需要注意的是,这里所指的产品服务与通常所说的产品售后服务不同,前者是为了提升工业产品使用生命周期的价值,能够为服务商带来持续收入;后者则是为了保障制造商所售出的产品一定期限内功能的正常发挥,大多是一种服务保证,免费提供。而智能产品服务则是多种类型的组合,其中不仅包括智能产品,还包括实体服务和数字化服务的组合。智能产品服务借助云服务、计算机技术和人工智能等技术,通过对用户需求等信息进行分析,实现产品服务的主动和精准化推送。

到目前为止,人们对“服务需求”还没有建立一个全面的、能达成共识的定义,只能根据不同的角度对“需求”进行定义。本书中的服务需求主要指“产品服务需求”。产品服务需求是指为了达到生产或消费活动的预期目的,客户从其自身视角表述的工业产品服务应达到的要求,包括产品服务的行为、特征和属性等。

与以往的单纯服务的需求相比,智能制造模式中工业产品服务的客户需求涉及面更广、更深。工业产品服务的需求设计的相关利益方包括最终用户、产品的管理人员、产品的操作人员等。此外,服务需求贯穿于产品的全生命周期,同一服务需求在产品生命周期的不同阶段表现为不同的形式。在所处产品生命周期的分布上,产品服务需求更多集中于后端的产品使用、保养维修、回收处置等阶段[2]。

7.1.2　服务需求信息的分析与处理

智能交互为明显的客户需求获取和隐式需求推理提供了新的方法和机会。客户可以将其主观想法和需求直接提交给产品服务提供商，或者通过服务平台生成服务订单并分配服务任务。例如，通过 IcT、IoT 等技术，供应商可以远程监视产品的状况，并为客户使用的那些设备提供预防性维护，这可以使客户避免因重大故障和机器停机而造成的大量麻烦和成本。此外，在大数据和人工智能不断发展的背景下，客户的习惯和获得的历史服务订单可以用作挖掘客户隐性需求的数据库，并通过机器学习等技术对这些数据做更细致的分析，帮助企业获取更精确的客户需求，甚至一些客户自身仍不了解的需求。

本章主要研究产品服务系统驱动的智能制造服务需求。PSS 是一种特殊的复杂系统，其构成要素既包括产品软硬件，也包括服务，还涉及整个交付网络中的人机交互。PSS 技术覆盖面宽、结构复杂、功能要求多样，其服务需求的分析与处理和一般系统的需求分析相比更加复杂。此外，智能制造下的服务往往还具备自学习、自适应、自协调等方面的需求。为更好地对服务需求信息的分析与处理方法进行系统的学习和了解，本节主要从需求信息的特点、识别和获取，以及分析处理方法这三个方面展开介绍。

1. 服务需求信息的特点

PSS 具有结构复杂、行为多样和多主体参与的特点，因此 PSS 驱动下的服务需求信息也具有复杂多变的特点。在传统的客户需求信息特点的基础上，新时代背景下的客户需求又增添了新的特点[3-4]。具体特点如图 7-2 所示。

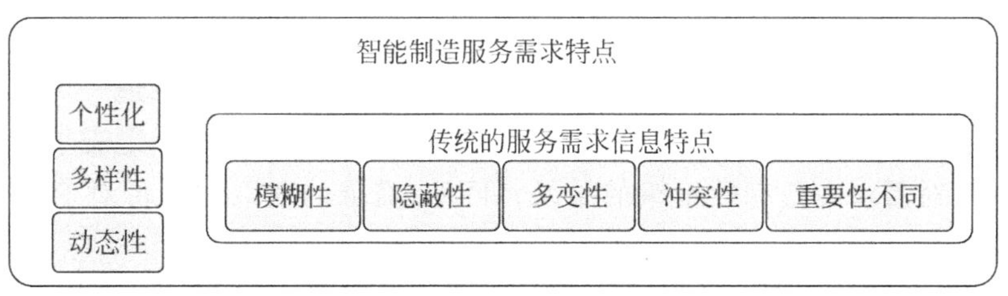

图 7-2　服务需求特点

(1) 需求信息具有模糊性和隐蔽性。由于受到参与主体自身的局限，缺少系统性和层次性，以及产品及服务的复杂性，最终用户和过程主体往往不能清晰地表达自身需求，并常常存在大量的隐性需求。同时，有些需求本身存在难以量化而只能定性描述的问题。这些问题导致用户需求信息难以清晰地定义和识别。

(2) 需求信息具有多变性。PSS 的一个显著特征是用户参与产品及服务设计，伴随用户、设计者和交付供应商的参与和交互，在 PSS 的设计和交付过程中，内外部用户对工业 PSS 的需求理解不断深入和具体化，对开始模糊的需求信息有了进一步的分析,往往会发现新的需求,或者产生需求变更。

(3) 需求信息具有冲突性。PSS的需求往往存在内在相关性或内在冲突性,如用户对系统服务质量、系统快速响应的需求,往往与系统服务成本之间存在冲突。有些需求如产品结构易拆卸与维修服务效率之间存在内在相关性,从而导致多种需求之间不是简单的线性关系。

(4) 需求信息的重要性不同。多样的需求,其对用户满足的重要程度不同。如何通过最少的需求特性来表征完整的需求,实现最大化的客户满意,是进行需求分析和提高设计效率的关键问题。

在工业时代和互联网背景下,服务需求的特点有了进一步的更新和变化。其中,个性化、多样性和动态性成为其主要特点。

(1) 需求信息具有个性化。在互联网时代,服务需求贯穿于工业产品的全生命周期。随着PSS定制化的普及,PSS的个性化需求逐渐强烈。

(2) 需求信息具有多样性。在智能制造环境下,需求具有多样化和碎片化的特点。由于PSS的构成要素极其复杂,服务需求可能来自于不同的生命周期阶段、各阶段的不同相关利益主体。此外,不同的客户对于需求信息的表达方式也不同,有的使用自然语言,有的使用数字、符号等。这些多样且复杂的需求要素都造成了需求种类的多样性。

(3) 服务需求信息的动态性。随着科技的发展、经济水平的提高和环境的改变,客户的需求也随之变化和拓展。一方面,市场等环境的变化会导致客户需求的变化;另一方面,随着PSS的进行以及在不同的生命周期阶段,客户原先的需求也会发生变化。

2. 服务需求信息的识别和获取

PSS驱动的智能制造服务需求中,需求获取是设计的原始驱动力,也是进行需求分析与处理的基础。只有通过一定的方法获取服务需求,才能进一步将需求信息转化为可用的PSS设计结果。设计结果是一种基于某种或特定需求的设计解决方案,是对需求进行有效组织的结果。可见,需求的获取和分析对PSS的设计有重要的应用价值。

服务需求常常体现在客户活动之中,隐蔽性较强,不易识别。因此,需要把客户的活动放在相关利益方的情境下考虑,在深刻理解和分析客户活动的基础上,主动地获得不同生命周期阶段的产品服务的客户需求。服务需求的获取是需求信息收集和初步识别的环节。这一环节的主要目的是解决三个问题:收集关注何种信息,收集来源以及信息收集方法。

智能制造产品服务需求获取的重点主要包括两个方面的内容:首先要收集客户的实际需求;其次是收集PSS交付方本身的战略定位信息。客户实际需求最终将定义需求的基本要素和实例,但是由于装备产品本身的复杂性,如果单一地满足客户需求,则容易出现超越能力而难以实现交付价值的情况,因此交付方本身的战略定位提供了需求约束性信息，实际也是对客户需求进行评估和取舍的问题。只有能够实现客户需求与交付战略相平衡的需求，才具有进一步设计开发的价值。

需求获取方法多种多样，可以分为传统的需求获取方法和智能化的需求获取方法两类，具体如图7-3所示。

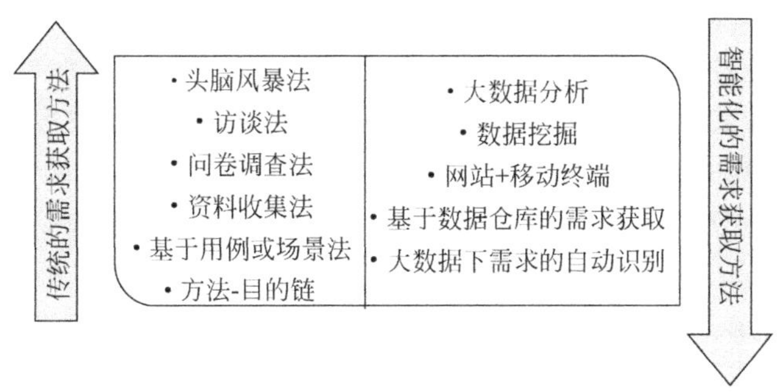

图7-3　常见的需求获取方法

传统的需求获取方法中，比较典型的方法有头脑风暴法、访谈法、问卷调查法等。传统的获取方法往往需要决策者主观决策，获取手段相对落后且成本较高。随着工业生产模式的不断发展、信息化和智能化的程度不断加深，传统的需求获取方法难以实时、准确地获取用户的个性化需求。而智能化的需求获取很好地解决了这些难题。智能制造下的产品服务不仅能够充分了解用户需求，而且能够主动、高效地获取用户需求，通过PSS的各阶段实现整个服务的智能化。

智能制造下的需求获取能够深入挖掘用户潜在信息，通过对智能产品提供的数据进行分析，发现更具个性化的服务需求，以此实现精准服务。此外，由于智能制造下的产品和设施中配置有传感器及联网设置，可以及时采集、处理各种数据，通过网联化实现交互沟通。通过对这些智能数据进一步挖掘，并进行预测性分析，根据预测结果及时调整服务需求，可以更好地迎合用户需求的改变，从而提高服务的准确性和质量。

3. 服务需求信息的分析

需求识别是产品、服务和系统开发的基本流程之一，客户需求是产品开发项目最为重要的成功影响要素之一。

智能制造驱动下的需求信息不仅包括结构化的数据，还包括以客户自身的感性认识为依据的模糊描述。客户对其需求的描述通常很长且不规范，一般存在一些问题，例如需求项无序、条理不清、存在大量冗余；不同的客户需求表达方式和表达习惯不同，需求项的描述缺乏一致性。这些缺陷容易导致客户的真实需求不能及时、正确地被PSS设计人员所理解和利用。此外，智能制造下设备运行状态的实时数据采集、传感数据和监控、故障检测等数据结构多种多样，需要进一步进行分析和需求的提取。因此，为更好地对需求进行识别和分析，需要使用数据分析方法和相关技术对数据进行加工和分析，形成 PSS 驱动下的智能制造服务需求信息源。

客户需求分析可以帮助相关人员正确理解客户需求信息，从而满足后续设计的导向性。考虑到资源的有限性，将服务需求进行分解后，首先需要对服务需求的重要度进行分析，以便决定不同的客户需求实现的优先次序，从而将有限的资源投入到关键的客户需求上。

常用的需求重要度分析方法有主观赋权法、客观赋权法和主客观赋权法（组合赋权法）三种。其中，主观赋权法包括模糊评价法、层次分析法、线性规划法（linear programming，LP）和质量功能展开法等。客观赋权法通常包括主成分分析法（principal component analysis，PCA）、离差及均方差法、多目标规划法（multi-objective programming approach）等。这些方法将会在 7.2.2 节进行简要介绍。

智能制造中，无处不在的传感器和微处理器已经产生了超过传统尺度的巨大数据来源，传统的需求分析技术在完成这些海量数据的管理和分析方面存在各种困难。此外，进行需求分析的数据不仅包括结构化数据，还包括非结构化数据，如产品的数据、价值链的数据和外部的数据，以及用户的个性化数据。因此，在智能制造及工业大数据的环境下，为了更好地满足用户服务需求，企业的需求分析方法也发生了相应的变化。表 7-1 介绍了几种常用的需求分析方法。

表 7-1　基于大数据的需求分析方法

名　　称	特　　点
分类法	将数据库中的数据按照不同标准通过一定的方法划分为不同的种类，主要应用于在规模较大的数据库中寻找特征值相同的一类数据
回归分析法	对数据库中具有独特性质的数据进行展现，通过函数关系来表示出各个数据之间的联系与区别，分析相关信息数据之间的依赖程度
Web 数据挖掘法	根据用户要求从 Web 资源中提取相关数据，对这些目标数据集进行筛选，精简所选数据的有效部分并将数据转换成有效形式，然后选择合适的数据开采算法并用一定的方法表达成易于理解的形式
关联规则挖掘算法	在数据集中找出项与项之间的关系，研究之间的关联程度。优点是能够减少不相关的项目集的产生，缺点是需要多次搜索数据库，耗费时间

需要注意的是，由于数据来源主要涵盖于产品生命周期的各个阶段，可能涉及网络平台和移动终端等，并且数据内容有融合交集，因此需要对数据进行预处理，通过对数据的解析、清洗和重构，降低数据的冗余和噪声，提高数据的质量。

图 7-4 主要介绍了基于需求的分析方法。其中，第一阶段通过多种数据源获取用户原始数据，再利用数据分析方法提取最初的需求；第二阶段通过质量屋等方法对获得的需求进行转化，形成便于识别的产品技术特性，从而形成一种基于数据的产品需求分析方法[3]。

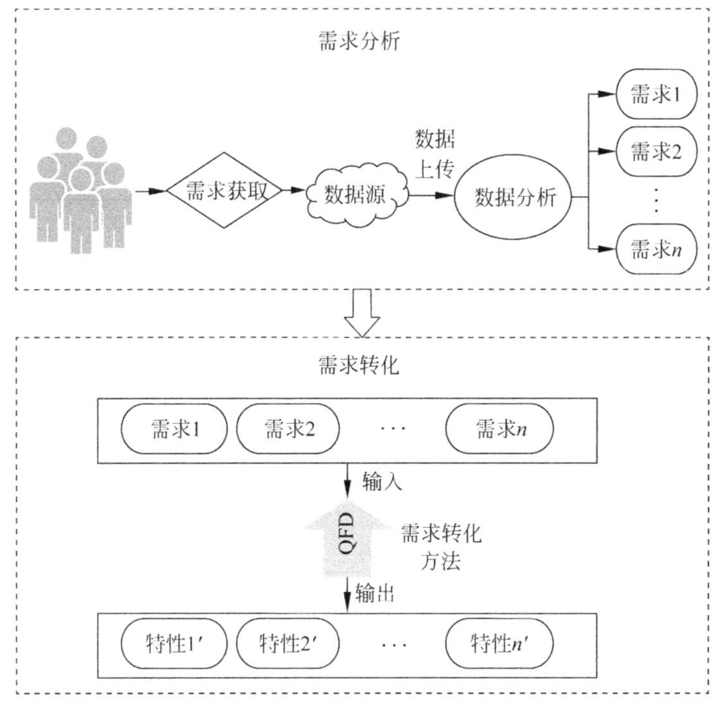

图 7-4　基于大数据分析的产品需求分析方法

7.2　PSS 服务能力建模

随着大数据、云计算、人工智能等技术的发展，一方面，供应商可以获得大量的客户需求数据，结合专家系统中积累的知识和经验分析这些客户需求信息并转化为技术要求；另一方面，物联网等技术使得设备制造商可以更好地掌握自己生产、出售的每一台机器的数据和运行状况。这样结合以往的生产、销售信息，供应商可以更精确地预测市场客户需求，评估自身的服务提供能力。智能制造在以上两方面的进步，使得供应商能实现需求与服务能力匹配的最优化。

不同于传统的制造模式，PSS 能够向客户提供生产和服务。其中，服务作为一种能力提供方式，客户能够根据自身需求获取相应服务。PSS 的服务能力建模，是实现 PSS 驱动的智能制造服务需求研究的重要基础之一。

7.2.1　服务能力建模

服务能力是指一个服务系统提供服务的能力程度，通常被定义为系统的最大产出率。服务能力的大小取决于系统中可用的服务资源的多少。Bergetal 和 Mohebbi 认为系统的服务能力是企业满足客户服务需求的最大处理能力。

产品服务系统中，产品及其加工运行过程中的智能制造服务涉及大量的资源，如何建立统一的服务能力模型，支持服务能力的匹配和优化，是服务能力建模的关键技术之一。

针对服务能力建模方法，国内外研究者进行了相应的研究，如表 7-2 所示。

表 7-2 服务能力建模方法

研究者	方法内容
赵岩、莫蓉等	从资源类型、资源状态等方面出发，建立了制造资源能力信息模型
孙卫红、冯毅雄等	将制造资源分成不同粒度的资源，并从资源基本信息、资源状态信息、资源类别信息和资源加工能力信息等方面建立制造资源本体模型
刘威、乔立红等	从资源类别、资源属性、资源视图及加工对象等方面对制造资源进行了元模型构建，并建立了统一的制造资源信息模型
冀阿强、段晓峰等	结合云制造的特点，从分类信息、对象信息和属性信息三个层次对服务能力数据信息进行描述，构建了一种制造资源三维数据模型，能有效支持云制造环境中制造资源的构建和封装、制造能力模型的构建以及制造资源的使用评价

1. 服务能力分类

云制造是 PSS 下的智能制造服务的重要发展趋势。云制造服务能力建模也是智能制造服务能力建模的重要组成部分。这里主要介绍服务能力建模的常用方法和流程。

PSS 中服务能力分类是服务能力建模的重要理论基础。由于服务能力的大小由相应的资源多少体现，因此可以通过对资源的分类达到服务能力分类的日的。根据不同的研究目的和分类方法可以将服务能力相关的资源分成不同的种类。例如，根据产品生命周期活动中的功能，可以将制造资源分为硬资源、软资源和制造能力；根据资源提供方的不同，可以将服务能力分为设备的服务能力、物料资源、技术能力等部分。

以机床装备云制造 PSS 为例，可以根据供需双方的交互，将其分为制造资源和制造能力两个部分。根据资源特性，可以进一步将制造资源分为软、硬件资源和知识资源；根据服务过程，可以将制造能力分为加工制造能力、运行监控能力和技术支持服务能力等。机床装备资源分类如图 7-5 所示。

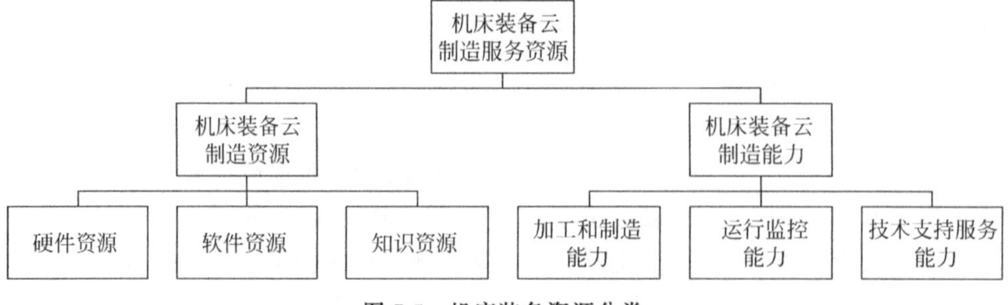

图 7-5 机床装备资源分类

2. 服务能力建模

常用的服务能力建模方法是基于本体的服务能力建模。在人工智能领域，本体一般被称为领域模型或概念模型，是关于特定知识领域内各种对象、对象特性以及对象之间可能存在关系的理论。本体能够对概念和术语进行抽象，并应用领域的知识进行描述。在对制造资源进行分类的基础上结合本体建模的相关理论和方法(见图 7-6)，构建基于本体的服务能力建模[5,6]。

基于本体的服务能力建模方法流程如图 7-7 所示。

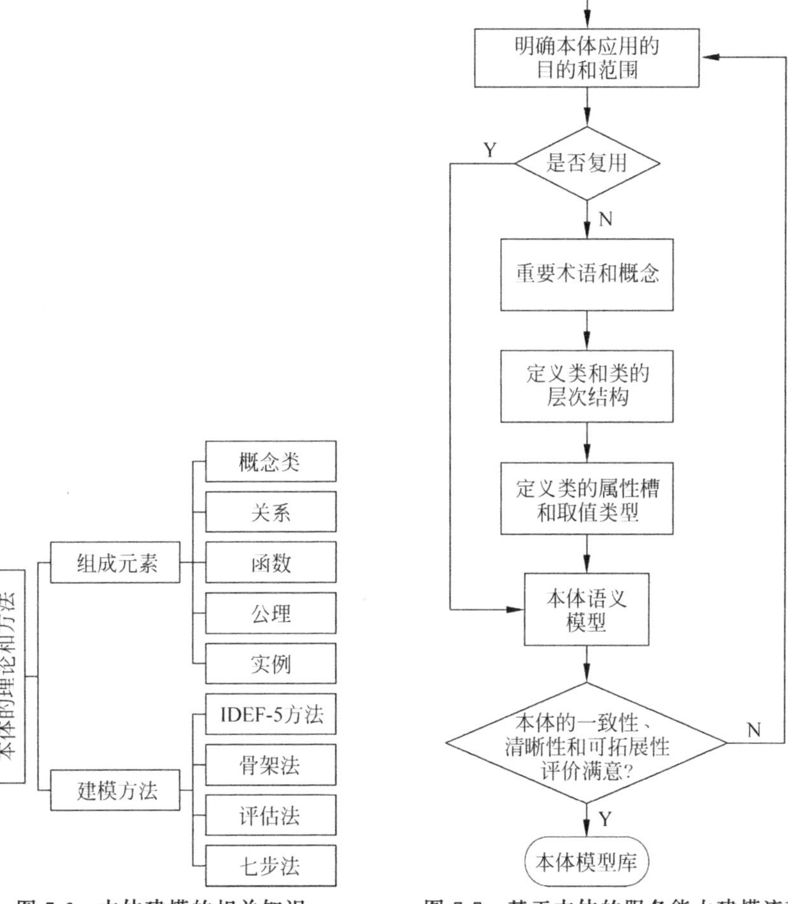

图 7-6　本体建模的相关知识　　图 7-7　基于本体的服务能力建模流程

7.2.2　服务能力的优化

服务能力的优化是根据客户需求，对 PSS 的服务能力进行合理配置，组合出满足客户需求的服务方案。因此，PSS 服务能力的优化问题实际上是客户需求驱动下的 PSS 方案的配置优化过程。

在自由竞争的智能制造环境下，稳定高效的服务是企业成功的前提。如果提供的服务不完善，就可能会导致企业的利益受损，因此需要对 PSS 的服务能力进行优化。综合近几年的研究现状，基于科学性与可靠性、定性与定量的原则，可以得出服务能力的优化方法如图 7-8 所示。该方法的基本思路是，通过建立综合评价指标，对不同配置的 PSS 方案进行综合评价，利用评价结果进行合理决策，从而实现 PSS 方案的配置优化。

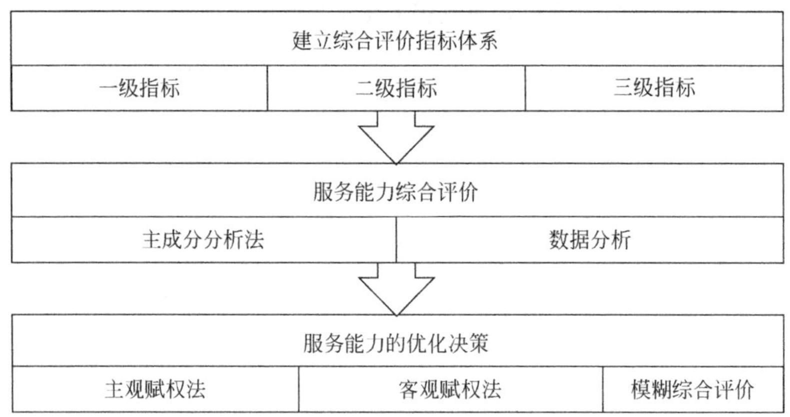

图 7-8　服务能力指标体系建立

1. 智能制造下服务能力的综合评价指标体系

由于智能制造下的 PSS 是一个复杂的服务组合系统，在建立合理的指标体系过程中，需要注重指标的综合性和代表性。

对于制造企业智能制造服务来说，所依托的是以移动互联网、物联网、云计算、大数据等为代表，具有融合特征的新一代信息通信技术。因此，建立智能制造服务能力的综合评价指标体系时，需要考虑其使用的信息通信技术。根据智能制造服务能力的特点，可以建立表 7-3 所示的综合评价多级指标体系。根据不同 PSS 的实际情况，其中的指标可以进行相应的增加或减少。

需要说明的是，在构建服务能力的指标体系时，四级指标可以根据企业实际情况进行添加。

表 7-3　云制造服务综合评价指标

一级评价指标	二级评价指标	三级评价指标
服务能力综合评价指标	制造资源优化配置能力	资源分解能力
		资源组合能力
		资源协调能力
	制造工艺优化配置能力	设计方案优选能力
		制造工艺管理能力
	工业互联网服务能力	资源管理能力
		网络设备服务能力
		网络技术标准

续表

一级评价指标	二级评价指标	三级评价指标
服务能力综合评价指标	价值链协同能力	跨企业制造资源共享能力
		制造环节协同优化能力
		制造资源柔性配置能力
	智能服务能力	个性化定制能力
		远程运维服务能力
		工业云服务能力
	效益评价指标	绿色制造能力
		生态环境贡献率
		行业创新能力

2. 智能制造服务能力综合评价

智能制造服务能力综合评价的方法有多种，但整体可以分为主观赋权法、客观赋权法和组合赋权法三类[2,5]。

1）主观赋权法

主观赋权法是决策者根据其主观价值判断指标权重的方法，其原始数据主要依赖决策者的主观经验。常用的主观赋权法有德尔菲法、层次分析法、二项系数法等。主观赋权法的优点是专家可以根据需要评价的智能制造服务能力和自身的知识经验合理地确定各指标权重的排序，不至于出现指标权重与实际重要程度相悖的情况；缺点是决策结果包含决策者的主观判断，依赖于决策者的经验，有较强的主观随意性和局限性。

2）客观赋权法

客观赋权法是通过一定的数学方法确定指标权重的方法，其原始数据来自智能制造系统中产生的实际数据。常用的客观赋权法主要有标准离差法、熵值法、多目标规划法等。其优点是确定权重的过程主要通过特定的数学方法完成，有较强的数学依据，不受决策者主观思想影响；缺点是其通用性较差，需要大量的样本数量和数据支持。

3）组合赋权法

组合赋权法是对前两种方法的组合。通过主观赋权和客观赋权的结合，既能够保证赋权的准确性，又能够使权重符合决策者直观理解，权重的大小与决策者认知更接近。

智能制造服务能力的评价指标体系的建立能够为企业智能制造服务能力进行科学的衡量和评价，通过上述方法可以获得 PSS 智能制造服务能力的评价结果，进一步提高其智能制造服务能力。由于智能制造下的 PSS 还在不断发展阶段，本节的指标体系仅是初步的探索，对其服务能力的评价指标体系也需要不断地完善和发展。

3. 智能制造服务能力优化决策

在确定指标的权重后，需要根据指标的权重值对各个方案进行排序。最基本的排序方法是 TOPSIS（technique for order preference by similarity to an ideal solution)方法。TOPSIS方法是一个常用的决策框架,通过检测方案与最优解和最差解的距离来选择方案。TOPSIS的优点是充分利用了原始数据的信息,具有真实、直观、可靠的优点。通常,适用于该方法的决策矩阵是由精确数值组成的,相应的TOPSIS排序的步骤如下:

(1) 决策矩阵规范化。

如果评价指标的量纲不同,需要对决策矩阵进行归一化处理,得到归一化后的矩阵:

$$\mathbf{A}=\begin{bmatrix} a_{11} & \cdots & a_{1n} \\ \vdots & \ddots & \vdots \\ a_{m1} & \cdots & a_{mn} \end{bmatrix} \tag{7-1}$$

(2) 根据预先计算的指标权重,将决策矩阵转化为加权决策矩阵:

$$\mathbf{Z}=\begin{bmatrix} a_{11}w_1 & \cdots & a_{1n}w_n \\ \vdots & \ddots & \vdots \\ a_{m1}w_1 & \cdots & a_{mn}w_n \end{bmatrix}=\begin{bmatrix} f_{11} & \cdots & f_{1n} \\ \vdots & \ddots & \vdots \\ f_{m1} & \cdots & f_{mn} \end{bmatrix} \tag{7-2}$$

(3) 根据式(7-2)求方案的正理想解 Z^+ 和负理想解 Z^-。

$$Z^+=\{f_i^+\}=\begin{Bmatrix} \max(f_{ij}) \in J^+ \\ \min(f_{ij}) \in J^- \end{Bmatrix} \quad (j=1,2,\cdots,n) \tag{7-3}$$

$$Z^-=\{f_i^-\}=\begin{Bmatrix} \min(f_{ij}) \in J^+ \\ \max(f_{ij}) \in J^- \end{Bmatrix} \quad (j=1,2,\cdots,n) \tag{7-4}$$

其中,J^+ 为效益型指标,即指标越大越优;J^- 为成本型指标,即指标越小越优。

(4) 计算方案值和理想值之间的距离,一般采用欧氏距离:

$$S_i^+=\sqrt{\sum_{i=1}^{m}(f_{ij}-f_i^+)^2} \quad (j=1,2,\cdots,n) \tag{7-5}$$

$$S_i^-=\sqrt{\sum_{i=1}^{m}(f_{ij}-f_i^-)^2} \quad (j=1,2,\cdots,n) \tag{7-6}$$

其中,S_i^+ 和 S_i^- 分别为方案值与两种理想解的距离。

(5) 计算各个方案与正理想解间的相对贴进度,并按照相对贴进度由大到小的顺序对方案进行排序。

$$C_i=\frac{S_i^-}{S_i^-+S_i^+} \quad (i=1,2,\cdots,m) \tag{7-7}$$

其值介于0和1之间,越接近1,说明方案越优。

由于在实际操作中,决策矩阵中的数据往往是模糊的,无法直接使用上述方法。常见的解决方法是进行反模糊化处理或是利用改进的TOPSIS方法进行处理。通过上述方法,可以得出各方案的贴进度系数,因此可以根据贴进度系数的大小,得出各个方案的排序,并从中选出最佳的服务能力决策方案,从而通过指标的确定以及方案权重的分配,实现PSS驱动下的智能制造服务能力的优化。

7.2.3　需求与能力的匹配优化

在7.2.1节中，我们已经对智能制造下的PSS服务能力进行简单的建模，本节主要在此基础上，实现需求与能力的匹配和优化。进行需求与能力的匹配首先解决的是需求向技术能力的映射问题。

1. 需求与能力的映射

设计人员在获取客户的需求之后，需要将其进一步转化成能够直接在设计过程中使用的技术特性。其原因是客户的需求信息通常是不规范并且模糊的，难以直接应用于产品服务的设计中。

在客户需求转化方面，国内外的研究人员已经进行了较多的探索，研究出很多需求信息转化与技术冲突解决方法。例如，模糊客户需求参考系统可以利用特定的领域知识经验进行近似推理，从而将客户需求转化为技术能力需求；网络层次分析法与0-1规划的集成方法可以用来确定技术特性。除了上述提及的需求转化方法以外，设计人员使用较多的需求转化工具便是质量功能展开。质量功能展开的关键是利用质量屋确立客户需求与产品服务性能之间的关系，并通过矩阵变换将需求转化为产品技术特性，实现向技术能力的映射问题。例如，图7-4中，通过将需求转化成产品技术特性，从而确定需求与能力之间的匹配关系[3]。

2. 需求与能力的匹配和优化

在实现需求向技术能力转换后，需要进行需求与能力的匹配和优化。在传统的匹配优化方法中，往往采用人工搜索和分析的方法完成，效率较低且准确度难以保证。在人工智能技术下，可以通过需求和能力的匹配算法实现两者之间的智能匹配和优化。需求和服务能力的匹配模式可以通过图7-9的方式实现。匹配优化的

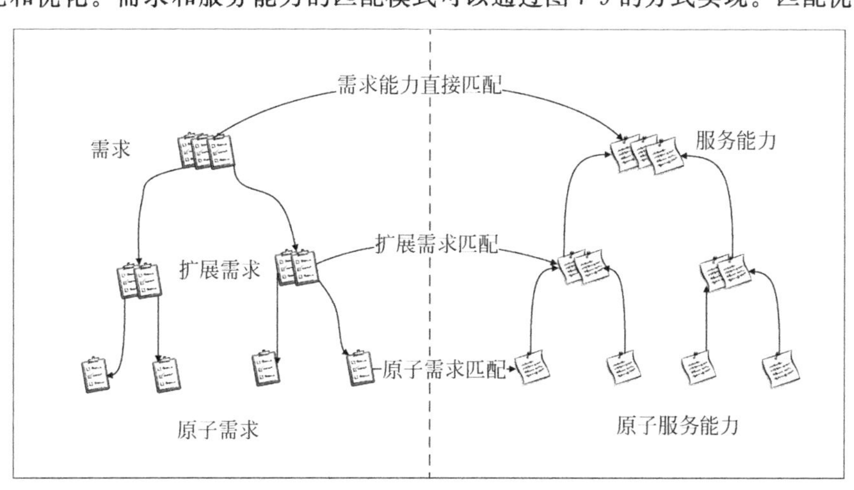

图7-9　需求与服务能力匹配模式

主要步骤如下：首先，对获取到的需求进行判断，如果可以直接通过需求和能力的映射获得相应的匹配策略，则返回相应的匹配方式；若没有成功匹配到，则将需求分解为若干个扩展需求，每个扩展需求按照相应的匹配规则与服务能力进行匹配，若匹配成功，则产生相应的服务包；若没有成功匹配，则需要重复上述过程至所有需求被分解为原子需求；每个原子需求映射匹配原子服务。判断流程如图 7-10 所示。

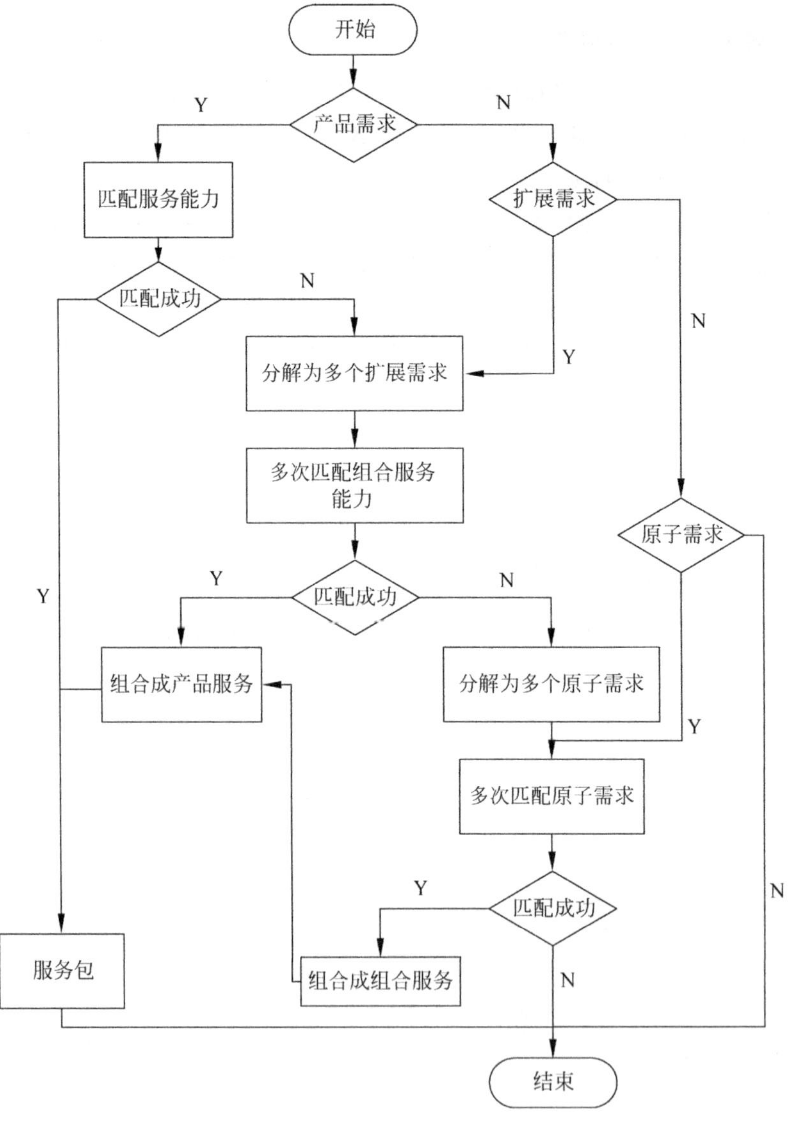

图 7-10　需求与能力的匹配判断流程

上述流程可以实现服务需求与服务能力的精准匹配，从而实现对传统的匹配方式的优化。通过需求与能力的匹配优化，可以设计出服务于用户需求的产品，还可以根据需要实现产品服务的个性化定制。

7.3 PSS 方案决策

在进行服务能力建模和优化后，由于设计信息的不完备性和模糊性、方案的复杂多样性，以及设计约束多样性等因素，往往会产生多个最优的方案。如何对多个方案进行分析和决策，是本节主要聚焦的问题。

PSS 方案的决策结果能够直接影响后续环节的开展，因此是 PSS 设计过程中的重要环节。PSS 方案的决策问题是一个典型的多目标多属性的决策问题。要解决该问题，需要依据建立的评价指标对备选方案进行比较和排序，选择出最优方案。其基本过程是以客户满意度为目标，制定合理的评价指标体系，运用有效的决策算法对方案进行评价优选。

本节首先对产品服务方案的特征进行简要介绍，然后将详细讲解方案的决策过程：①确定一系列 PSS 方案的评选指标；②建立方案的评价模型，并结合评判指标及其权重，对各方案进行综合评价；③选取最佳的服务模块化方案。

产品服务方案是由一系列的服务流程、活动和服务资源来描述的满足客户需求的解决方案，其目的是保证和加强客户使用产品的功能或效果。在智能制造的环境下，产品服务方案具有表 7-4 中的四个特征。

表 7-4　PSS 方案特征

特　征	介　绍
价值导向性	更加关注客户的核心利益，即客户价值的实现
多冲突性	PSS 的方案是一项社会-技术系统，涉及较多的相关利益方，不同的相关利益方有不同的价值诉求，反映到服务设计过程中，就可能产生不同的服务技术特性冲突。即当某个服务技术特性得到改善时，往往会导致其他服务技术特性恶化
内部关联复杂性	构成产品服务方案的基本构件之间通常存在较为复杂的功能相关、服务流依赖、资源共享等关系
定制性	不同用户的生产任务和生产活动不同，对服务价格承受能力也不同，都会导致它们的服务需求也不一样

方案评价是一个复杂的多属性决策问题，也是一个典型的群决策问题。方案决策问题的解决手段主要有两种：量化方法和非量化方法。这两种方法各自又包含多种方法，如图 7-11 所示。

其中，非量化方法主要依赖专家的定性分析，缺点在于需要依赖专家的判断，主观性较强，且缺乏精确性。量化方法又可以分为两类：一类需要将每个指标的评价信息均表达为精确定量的形式。由于早期设计阶段的设计信息不完备并且不确定，决策者的评判信息也缺乏准确性，该方法不适合早期方案的评价。另一类方法，指标的评价可以是精确的数字，也可以是语言术语，在大数据的背景下，近年来得到了广泛的应用。本书主要结合 PSS 方案的特点，介绍方案决策的基本步骤和量化方法。

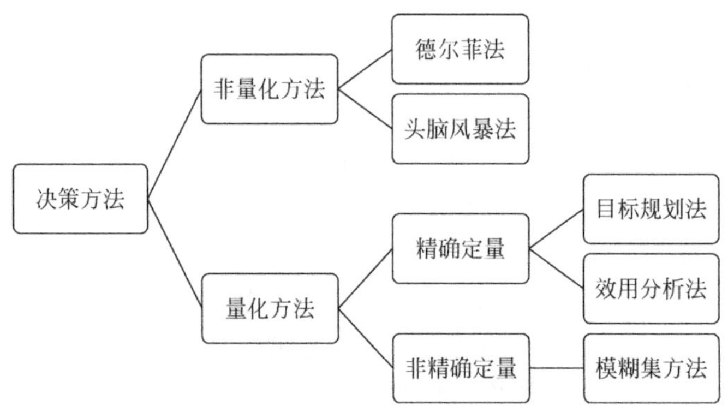

图 7-11 方案决策问题的解决方法

7.3.1 方案决策指标体系的建立

随着社会智能化程度的提高，传统的 PSS(即企业在销售产品时同时提供销售服务的这种商业模式)开始无法满足智能制造服务的要求，企业更需要一种具备智能化特点的 PSS 方案服务于客户，来提高产品和服务的价值。表 7-5 展示了智能 PSS 和传统 PSS 的区别。

表 7-5 智能 PSS 和传统 PSS 的区别

项 目	智能 PSS	传统 PSS
消费者赋权	自主程度高。智能 PSS 向消费者提供选择和反馈，把便利操控权交还给消费者，简化用户的操作	自主程度低。消费者作为被动接受者，PSS 不能向消费者提供选择和反馈
服务个性化	个性化程度高。智能 PSS 将消费者视为独立个体，服务提供商通过创建个性化的解决方案满足消费者的个性化需求	个性化程度低。产品和服务偏向大众化，以满足多数消费者的需求，不提供个性化服务
沟通渠道交互	多。消费者与供应商沟通渠道多、交互程度高。应用信息通信技术(ICT)实现产品服务与消费者之间的交互	少。消费者与供应沟通渠道单一、交互程度低。几乎没有交互或者通过特定渠道实现有限交互
社群体验	有。具有公开的社群沟通平台，供消费者交流用户体验和经验	无。没有公开的社群沟通平台
供应商参与度	高。供应商和消费者之间反复交互，有利于供应商深入了解消费者需求，以提供更有针对性的解决方案	低。供应商与消费者之间交互程度低，对消费者的个性化需求了解程度低
可替代性	低。智能 PSS 的个性化程度高，可替代性低，受替代品的冲击小	高。PSS 提供的产品和服务偏向大众化，可替代性高，易受到替代品的冲击
可持续发展性	有。智能 PSS 及感知价值随着时间推移而不断升级和发展	无。ICT 的发展使传统 PSS 随着时间的推移逐步被智能 PSS 取代

从表 7-5 中的对比内容可以看出，智能 PSS 服务形式更多样化，服务内容更宽泛，衍生出了更多的服务方向，同时传统的服务性质也发生了改变。因此，符合智能制造集成服务要求的 PSS 方案决策标准的关注点不再局限于产品和类似于维修、物流、配件等一些基础服务，还要考虑客户需求响应过程的精确性、及时性、主动性、可持续性和客户体验等因素，体现出 PSS 的自感知、自适应、自决策等智能特征，以及可持续发展理念。表 7-6 展示了适用于智能 PSS 方案选择决策的指标体系，可供参考。

表 7-6　智能 PSS 评价的指标体系

指　　标	指标描述
成本	设计/制造成本
利用 ICT 提高效率	PSS 是否利用 ICT 实现高效运作。例如，基于话务中心和在线专家的快速响应能力，线下维修点是否分布合理，维修是否及时高效等
利用 ICT 提高系统可靠性	是否利用 ICT 提高防错能力，预先维护，提高 PSS 的持久性
利用 ICT 提高系统易用性	产品服务设计是否应用了 ICT，以符合易用性和人体工程学
系统的金融支持	PSS 是否提供配套金融支持服务，以及金融服务的有效性
定制水平	PSS 的定制化水平包括是否提供定制服务，顾客是否有自主选择权等
数字化控制和智能化	PSS 的智能化程度，表现为自感知、自学习、自适应等
人员安全与健康	在设计系统时是否考虑到了制造人员、服务人员和使用者的健康安全性
社群体验	该系统是否能满足用户和相关利益方的社群交流体验，实现信息的共享、文化的交流，进而提高整体的生活质量

在实际方案评价决策过程中，在确定各评价指标后，可以通过统计软件因子分析方法修正评价模型。具体方法是列举模型指标对应的若干个系统属性，根据这些属性设计调查问卷，对客户进行调研，获得充足的数据进行因子分析。因子分析的结果可以修正方案评价指标体系。

7.3.2　PSS 方案决策

由 7.3.1 节可以得到方案决策时的指标。上述指标面向产品服务需求，并根据客户满意度和客户价值进行确定，因此在对方案进行决策时，需要根据 PSS 的需求对指标合理赋权，并据此进行方案排序，进而获得最终决策结果。

因此，方案决策的基本步骤是首先确定指标体系的权重，其次使用相应的方法对方案进行排序。其中，权重的确定方法主要分为主观赋权法、客观赋权法和组合赋权法；排序方法主要使用的是 TOPSIS 方法，这几种方法在 7.2.2 节中已经进行了详细的介绍，在此不再赘述。

在获得相应的方案排序后，可以根据客户的需求和喜好进行合理选择，从而实现 PSS 方案的决策和优化。

在智能制造的背景下，智能 PSS 与传统的 PSS 显现出较大的区别。例如，智能 PSS 提供的服务较之于 PSS 更强调个性化定制；在智能技术的加持下，PSS 的客户与供应商之间的交互程度更高，且更加强调"可持续性"等。因此，对智能 PSS 设计方案的决策问题也变得更加复杂，最明显的即是其决策标准变得更复杂，因此更加需要最新的数据分析技术的支持。ICT、IoT 等技术，为供应商带来了更多的数据(机器的数据，客户的信息等)，人工智能是帮助企业处理这一问题的有效手段。如 2017 年 12 月 24 日，百分点集团在以"决策，进化"为主题的发布会上，正式发布了中国首个行业 AI 决策系统——Deep Matrix，让行业用户可以通过这套系统，真正地拿到完全由系统做出的智能的决策。Deep Matrix 智能决策系统，拥有给用户提供海量数据汇聚融合、快速感知和认知、分析和推理、自适应与自优化、行业智能决策这五大能力，进而实现智能、快速、精确的 AI 决策。

7.4 客户满意度评价

7.4.1 客户满意度的定义

客户满意(customer satisfaction，CS)可以理解为一种感受状态，是客户使用产品后具体感知到的效果(或结果)与期望对比后，所形成的愉悦或失望的感觉。针对机械制造类企业的特点，在此给出针对本节内容的狭义定义：

定义 7-1 客户满意：是指个人或企业在购买及使用机械产品和服务的过程中，在力学性能、质量以及咨询、维修服务等方面感受到的产品效果和服务质量与需求期望进行对比，进而形成的感觉状态。如果产品和服务能够满足客户预期，则客户感到满意；否则，客户产生不满的情绪。

定义 7-2 客户满意度(customers satisfaction degree，CSD)：是客户满意状况的量化数据，反映了客户满意水平，目标在于将客户满意程度计量化。

7.4.2 客户满意度评价指标的建立

客户满意度评价(customers satisfaction evaluation)是评估客户满意程度的过程，评价产生的结果是直观量化的客户满意度数据。

评价客户满意度首先需要建立评价指标。对于机械制造企业而言，产品和服务具有以下特点[7]：

1. 产品设计复杂，生产难度大

一台机械产品由成百上千个零件组成，且零件之间的结构复杂，要求连接精度高、品质稳定性高，往往还在防冲击、耐磨、耐腐蚀等方面有着特殊的工艺要求。随着生产模式和技术的发展，当前企业越来越重视生产的效率和质量。尤其在部分

企业，模块化、自动化生产模式的应用，以及智能工厂、智能机床等智能制造技术开始普遍投入建设使用，一台产品从设计到生产之间的周期越来越短，甚至可以实现个性化定制生产。先进的生产技术提高了生产效率，但对产品设计、生产标准提出了更高的要求。

在这方面，沈阳机床集团于 2012 年生产出了世界上首台具有网络智能功能的 i5 数控系统，i5 是指工业化（industrialization）、信息化（informatization）、网络化（internet）、智能化（intelligent）和集成化（integrated）。在此基础上推出的智能机床作为基于互联网的智能终端，实现了智能补偿、智能诊断、智能控制、智能管理。智能补偿可以智能校正，误差可以根据目标对象进行补偿，能够实现高精度；智能诊断能够实现故障及时报警，防止停机；智能控制能够实现主动控制，完成高效、低耗和精准控制；智能管理能够实现“指尖上的工厂”，实时传递和交换机床加工信息。

2. 生产周期长，批量小

相对于快消品、服装加工等行业，机械制造业的生产周期更长，即使生产技术和模式经过改进，但生产周期仍然受限于工序复杂、加工工艺要求严格等原因。不同于消耗品，机械设备的日常需求量更小，加之生产成本较高，因此生产批量也更小。

位于德国的西门子安贝格工厂经过 25 年的数字化发展，其自动化运作程度已达到 75%左右，产能提升了 8 倍，该工厂的 1150 名员工主要是从事计算机操作和生产流程的监控。该工厂的生产车间在二楼，而一楼是智能的物流配送系统。物流配送系统的运用方式是在正常的计划配送的基础上，根据生产线的使用情况，技术人员将快要用完的物料，扫描物流单号后，通过射频识技术（RFID）自动将信息传递到中央物流区，中央物流区自动将相关物流准确地配送到相应的线边库，整个过程不需要人工参与，依靠信息系统全自动化完成，用时 15min 左右，大大提高了工厂的生产速度。

为了应对个性化、小批量的生产要求，海尔互联工厂提供了名为“众创汇”的用户交互定制平台，在这个平台上，海尔与用户能够零距离对话，用户可通过多种终端查看产品“诞生”的整个过程，如定制内容、定制下单、订单下线等 10 个关键性节点，根据个人喜好自由选择空调的颜色、款式、性能、结构等定制专属空调，用户提交订单后，订单信息实时传到工厂，智能制造系统自动排产，并将信息自动传递给各个工序生产线及所有模块商、物流商，海尔生产线可以兼容不同模块同时生产。

3. 技术含量高，技术服务难度大

机械类产品的生产过程以离散为主、流程为辅、装配为重点，因此需要各个环节、各个模块的紧密配合，分散化、环节多、技术含量高，甚至包含许多先进的制造技术。另外在零配件方面，虽然有些零配件有全国统一标准，可以通过多渠道获得，但更多的可能是经过特别设计的专用零件。这些意味着基本上只有生产企业可以在技术和零配件方面为客户提供可靠全面的支持。因此,在售后服务中,快速排查问题、及时供应配件等技术方面的服务难度相较于其他行业更大。

在机械维修方面,谷歌眼镜提供了一种新的方式和思路。谷歌眼镜可以通过TwinCAT自动化软件集成到控制技术中。镜片通过与网络服务器之间的通信,来提供TwinCAT控制的机器的信息。谷歌眼镜可以接收并显示以信号值或错误信息形式出现的机器状态信息,并在必要时指出精确的故障位置,也可以直接通过镜片完成机器状态的确认和复位。

4. 服务要求提高

近些年随着行业竞争的增强,加之PSS概念的兴起,越来越多的企业不仅关心产品的销售,还关注在产品的全生命周期为客户提供服务来增加产品价值,包括售前咨询、安装、调试、技术诊断、售后维修和更新升级等,扩大了服务的范围,增加了服务的难度。同时客户对企业服务提出了更高的要求,要求出现问题前能有效防范风险,出现问题后能快速、精准找出问题,及时解决问题。

蒂森克虏伯(ThyssenKrupp)电梯公司是全球最大的电梯系统制造商之一,年营业额达75亿欧元,拥有约5万名员工(2016年)。全球有1200万部蒂森克虏伯电梯在运行。公司通过智能服务平台"Max"来完成对电梯的主动管理维修工作。"Max"是一个基于云的维护支持系统,旨在减少停机时间。电梯的传感器负责收集数据,这些数据又被上传到一个中心云。根据这些数据,可以预测重要部件的剩余寿命。维修技术人员收到相应的故障代码,可以订购合适的备件,减少现场操作时间;可以避免失败,并可以更精确地计算成本。

5. 服务对象和形式多样化

机械制造业产品包含各种动力机械、起重运输机械、农业机械、化工机械、纺织机械、机床、工具、仪器、仪表及其他机械设备等,客户对象可能有个人,也有其他企业等组织。另外,服务形式也发生了转变,从传统的以产品销售为主、售后服务为辅的服务形式逐渐演变出了其他服务模式。例如销售产品变成了租赁产品,同时为客户提供体贴细致的服务;或者不再是单纯销售产品,更注重售后服务的全面性。

2005年,GE旗下的飞机发动机公司改名为"GE航空",业务模式发生重大转型,从只做发动机产品的传统制造模式转变为智能制造模式:提供航空管理服务,包括运维管理、能力保障、运营优化和财务计划的整套解决方案,还可以提供安全控件、航管控件、排程优化、飞航信息预测等各类服务。将过去的飞机落地后检修模式改变为现在的在飞行途中对发动机实时监控,飞机落地后可以立刻维护的模式,航班周转率大大提升。

根据以上特点,总结出表7-7中可用于客户满意度评价的评价指标体系,以供参考。实际使用时,可根据具体情况进行修改调整。

表 7-7　PSS 方案的客户满意度检验可用指标

一级指标	二级指标	三级指标
客户满意度	机械功能	机械总体性能
		机械总体质量
		操作的灵活性
		耐用性
		机械使用的安全性
	产品体验	机械维护的便捷性
		外形的美观性
		产品的价格
		环境污染程度
		同预期产品相比的满意度
		对产品需求的实际满足程度
	技术性能	动力性能
		制动性能
		机械操纵的稳定性
		能耗的经济性
	服务体验	售前的咨询服务
		售中的安装调试服务
		售后服务的及时性
		售后服务人员的水平
		售后服务人员的态度
		售后维修的效率
		服务网络的完善程度
		投诉处理速度
		投诉处理效果
		同预期服务相比的满意度
		同理想服务相比的满意度
		同其他公司相比的满意度
		对服务需求的实际满足程度
	产品交付	交付的及时性
		交付过程的便利性
	配件支持	配件价格
		配件质量
		配件供应及时性
		配件品种的齐全程度

7.4.3　客户满意度评价方法的选择

1. 方法介绍

1）简单平均法

该方法不考虑各三级指标和客户的权重。先确定各满意度评价等级对应的分值区间，例如在 90～100 分的区间内，表示客户非常满意。然后客户对各指标给出

分值，最后直接对各指标的满意度分值求和平均，用公式表示为

$$CSD=\frac{1}{mn}\sum_{i=1}^{m}\sum_{j=1}^{n}x_{ij} \tag{7-8}$$

式中：m——参与评价的客户数量；

n——三级指标数量；

x_{ij}——第 i 个客户对第 j 个指标的满意度评分。

2）加权平均法

先确定各满意度评价等级对应的分值区间，例如[90,100]表示客户非常满意，[80,90)表示满意，[60,80)表示基本满意，[40,60)表示不满意，[0,40)表示非常不满意。然后客户对各指标给出分值。具体步骤如下：

（1）考虑各（三级）指标权重，不考虑客户权重。用公式表示为

$$\begin{aligned}&C_i=\sum_{j=1}^{n}w_jx_{ij}\quad(i=1,2,\cdots,m;\ j=1,2,\cdots,n)\\&CSD=\frac{1}{m}\sum_{i=1}^{m}C_i\end{aligned} \tag{7-9}$$

式中：m——参与评价的客户数量；

n——三级指标数量；

x_{ij}——第 i 个客户对第 j 个指标的满意度评分；

w_j——第 j 个指标的权重；

C_i——第 i 位客户的满意度加权得分。

（2）考虑各位客户的权重，不考虑指标权重。用公式表示为

$$\begin{aligned}&F_j=\sum_{i=1}^{m}w_ix_{ij}\quad(i=1,2,\cdots,m;\ j=1,2,\cdots,n)\\&CSD=\frac{1}{n}\sum_{j=1}^{n}F_j\end{aligned} \tag{7-10}$$

式中：m——参与评价的客户数量；

n——三级指标数量；

x_{ij}——第 i 个客户对第 j 个指标的满意度评分；

w_i——第 i 位客户的权重；

F_j——第 j 个指标的满意度加权得分。

（3）同时考虑指标和客户的权重。用公式表示为

$$\begin{aligned}&F_j=\sum_{i=1}^{m}w_ix_{ij}\quad(i=1,2,\cdots,m;\ j=1,2,\cdots,n)\\&CSD=\sum_{j=1}^{n}w_jF_j\end{aligned} \tag{7-11}$$

式中各字符表示含义同上。

3）熵值法

在介绍方法前，我们先引入一个“信息熵”的概念。“信息熵”由信息论之父香农提出，借用热力学中“熵”的概念，用来描述信息的不确定性，可以理解为某种特定信息的出现概率。在信息论中，信息熵 $H(x)=-\sum p(x_i)\ln p(x_i)$ 反映系统无序化程度[8]。信息熵越大，系统越混乱，携带的信息越少；信息熵越小，系统越有序，携带的信息越多。

在客户满意度评价系统中，“信息熵”可用于确定各评价指标的权重。例如，如果某一评价指标在同一行业不同企业间的评价差异程度较小，这说明该指标用于区别客户满意度高低的作用也较小，而其对应的信息熵较大；反之，则说明该指标用于区别客户满意度高低的作用较大，而其对应的信息熵较小。也就是说，评价指标差异程度的大小，反映了该指标在评价系统中的重要程度，而评价指标重要性的大小又可以用“信息熵”来反向度量。具体计算过程如下：

假设客户按照给定的量表标准对同一行业中的 m 个企业、n 个评价指标进行打分评价，得到原始数据矩阵 $\boldsymbol{X}=(x_{ij})_{m\times n}$。

（1）对 x_{ij} 归一化处理：

$$p_{ij}=\frac{x_{ij}}{\sum_{i=1}^{m}x_{ij}}\quad(i=1,2,\cdots,m;\ j=1,2,\cdots,n)\tag{7-12}$$

（2）计算第 j 项评价指标的熵值 e_j：

$$e_j=-\sum_{i=1}^{m}p_{ij}\ln p_{ij}\quad(i=1,2,\cdots,m;\ j=1,2,\cdots,n)\tag{7-13}$$

（3）计算第 j 项评价指标的权重。由定义可知，评价指标的权重，即评价的差异程度，与对应熵值的大小关系相反，熵值越小，则权重越大。因此令

$$u_j=1/e_j\quad(j=1,2,\cdots,n)\tag{7-14}$$

接着进行归一化处理，则各指标权重 w_j 为

$$w_j=u_j\Big/\sum_{j=1}^{n}u_j\quad(j=1,2,\cdots,n)\tag{7-15}$$

（4）计算第 i 个企业的满意度：

$$S_i=\sum_{j=1}^{n}w_jx_{ij}\quad(i=1,2,\cdots,m;\ j=1,2,\cdots,n)\tag{7-16}$$

4）层次分析法

层次分析法（analytic hierarchy process，AHP）是一种定性定量相结合的评价方法。该方法把问题分解为若干个影响因素，根据各因素间的因果关系或者所属关系构建出一个层次结构，通过在每一层中两两比较各层次因素的相对重要性，再由低到高进行层层计算，最终就可得到各因素对总目标的影响权重。其基本步骤如下：

(1) 建立模型。

确定评价目标和各层次的评价准则，明确各层次的所属关系，建立递阶层次结构模型。结构模型如图 7-12 所示。

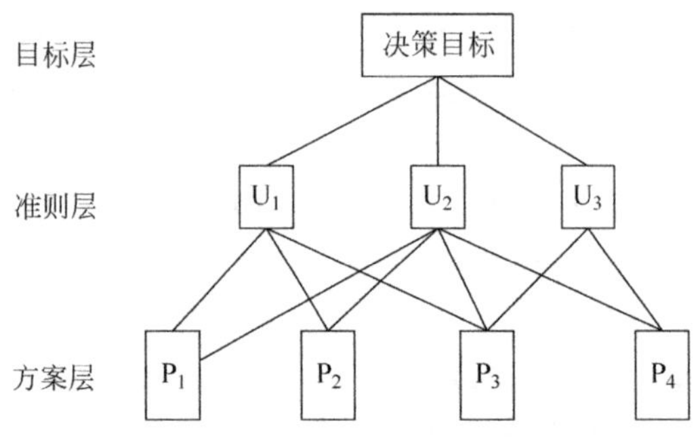

图 7-12 AHP 结构模型示意图

(2) 构造判断矩阵。

构造用于两两比较的判断矩阵。要比较每层的每一个因素对上一层对应的某个因素的影响程度，以上层指标作为判断标准，对各自对应的下层指标的重要性进行两两比较，可自行选择合适的打分量表。以表 7-8 为例。

表 7-8 判断矩阵

二级指标 U_1		三级指标		
		P_1	P_2	P_3
三级指标	P_1			
	P_2			
	P_3			

假设有二级指标 U_1，对应有 3 个三级指标 P_1、P_2、P_3，则对于 U_1 可得到 3 阶判断矩阵 $(a_{ij})_{3\times 3}$，a_{ij} 表示从 U_1 的角度考虑因素 P_i 对因素 P_j 的相对重要性，且 $a_{ij}=\dfrac{1}{a_{ji}}$。

(3) 计算权重。

通过计算，得到各判断矩阵的特征根和特征向量 $\boldsymbol{W}$，确定各指标的相对重要性。AHP 的计算方法有多种，下面介绍和积法，其计算步骤如下：

① 将判断矩阵的每一列向量进行归一化处理。例如，某二级指标下属有 n 个三级指标，$\boldsymbol{A}=(a_{ij})_{n\times n}$，$\boldsymbol{B}=(b_{ij})_{n\times n}$，则

$$b_{ij}=\frac{a_{ij}}{\sum_{i=1}^{n}\sum_{j=1}^{n}a_{ij}} \quad (i,j=1,2,\cdots,n) \tag{7-17}$$

式中：a_{ij}——判断矩阵中指标 i 相对于指标 j 的重要程度；

b_{ij}——归一化后的相对重要程度。

② 将矩阵 $\boldsymbol{B}$ 的行向量元素相加，得到 M_i，即

$$M_i = \sum_{j=1}^{n} b_{ij} \quad (i = 1, 2, \cdots, n) \tag{7-18}$$

③ 将向量 $\boldsymbol{M} = (M_1, M_2, \cdots, M_n)^{\mathrm{T}}$ 归一化，公式如下：

$$W_i = \frac{M_i}{\sum_{i=1}^{n} M_i} \quad (i = 1, 2, \cdots, n) \tag{7-19}$$

可得到特征向量 $\boldsymbol{W} = (W_1, W_2, \cdots, W_n)^{\mathrm{T}}$，$W_i$ 即为要获取的指标权重。

④ 计算最大特征值，公式如下：

$$\lambda_{\max} = \frac{1}{n} \sum_{i=1}^{n} \frac{(\boldsymbol{AW})_i}{W_i} \quad (i = 1, 2, \cdots, n) \tag{7-20}$$

式中：$\boldsymbol{AW}$——矩阵 $\boldsymbol{A}$ 与 $\boldsymbol{W}$ 相乘；

$(\boldsymbol{AW})_i$——经矩阵运算后得到的向量 $\boldsymbol{AW}$ 的第 i 个元素。

(4) 一致性检验。

为保证评价的有效性，可以用 CI 和 CR 等指标对判断矩阵进行一致性检验。

$$CI = \frac{\lambda_{\max} - n}{n - 1} \tag{7-21}$$

$$CR = \frac{CI}{RI} \tag{7-22}$$

RI 是一个常量，可根据阶数在量表里查询。一般，当一致性比率 $CR < 0.1$ 时，认为判断矩阵通过了一致性检验，可用其计算结果作为权向量，否则要重新调整判断矩阵，直到通过一致性检验。

通过以上步骤得到的是各个指标的权重，如果用于客户满意度评价，还需要进行以下操作步骤：

① 对各指标的满意度打分赋值；

② 用加权平均法计算得到客户满意度分值。

5) 模糊综合评价法

在现实生活中很多概念都是模糊的，并没有一个准确的定义。在客户给出满意度评价时，都带有强烈的主观性和模糊性，模糊综合评价法则可以有针对性地处理这些问题。具体计算过程如下：

(1) 确定评价对象的因素集。

该集合包含影响评价对象的各种因素。$U = \{u_1, u_2, \cdots, u_m\}$，$U$ 表示因素集，u_i 表示各种因素。

(2) 建立评价集。

该集合包含评价人员对各种因素可能做出的所有评价结果。$V = \{v_1, v_2, \cdots, v_n\}$，$V$ 表示评价集，v_i 表示各种评价结果。例如，V = {很不满意，不满意，基本满

意,满意,非常满意}。

(3) 确定权重集。

该集合反映的是因素集中各因素的权重。$A=(a_1,a_2,\cdots,a_m)$,A 表示权重集,a_i 表示各评价因素的权重,$a_i\in(0,1)$且 $\sum_{i=1}^{m}a_i=1$。

(4) 建立模糊评价矩阵。

该矩阵是通过收集专家们的评价结果建立的 $m\times n$ 阶评价矩阵 $\boldsymbol{R}$。$\boldsymbol{R}=(r_{ij})_{m\times n}$,$r_{ij}$ 表示第 i 个因素得到第 j 种评价结果的可能程度,即给出该种评价结果的评价人数比例。

(5) 计算模糊评价结果。

$$\boldsymbol{B}=\boldsymbol{A}\cdot\boldsymbol{R}=(a_1,a_2,\cdots,a_m)\begin{pmatrix}r_{11} & r_{12} & \cdots & r_{1n}\\ r_{21} & r_{22} & \cdots & r_{2n}\\ \vdots & \vdots & \cdots & \vdots\\ r_{m1} & r_{m2} & \cdots & r_{mn}\end{pmatrix}=(b_1,b_2,\cdots,b_n) \tag{7-23}$$

$\boldsymbol{B}$ 表示模糊关系集合,· 表示模糊运算法则。

$$b_j=\max\{\min(a_1,r_{1j}),\min(a_2,r_{2j}),\cdots,\min(a_m,r_{mj})\} \tag{7-24}$$

若 $\boldsymbol{B}$ 中各元素之和不等于 1,则需要对模糊评价结果进行归一化处理,即

$$b_j^*=\frac{b_j}{\sum_{j=1}^{n}b_j}\quad(j=1,2,\cdots,n) \tag{7-25}$$

b_j^* 表示评价对象 u_i 在评价 v_i 下的隶属度,即 u_i 具有评价 v_i 的程度。

将该方法用于客户满意度评价时,需要进行两次模糊计算。该方法中的指标体系分为三层,一级指标作为决策层,二级指标作为准则层,三级指标作为指标层。计算时需要从指标层到准则层逐层计算,指标层的模糊评价结果将直接作为准则层计算过程中的模糊评价矩阵输入,因此也需要分别确定准则层和指标层中的指标权重。在确定权重时,可以采用 AHP 或者专家打分法。

在计算出准则层的模糊评价结果后,要获取 PSS 的满意度综合评价,还需要去模糊化计算。先给评价集 V 中的评价结果赋值,构成可量化的形式,然后采用点乘规则计算 $B\cdot V$(这里 B 是指准则层的模糊评价结果),得到具体数值。将数值结果和赋值后的评价集对比,判断属于哪两个相邻评价结果所构成的区间内,更靠近哪个评价结果,就可以判断出客户满意度。

6) 结构方程模型

结构方程模型(structural equation modeling,SEM)是一种综合性的统计方法,目的在于检验或验证多个观测变量与潜在变量之间的关系及其强度,或者说检验理论模型与观测数据之间的吻合程度。它建立在许多传统统计方法的基础上,是对验证性因素分析、路径分析、多元回归及方差分析等统计方法的综合运用和改

进提高。由于篇幅原因,在此只做简要介绍,对具体方法原理和过程不做分析,有兴趣的读者可自行学习。

结构方程模型中的变量可分为观测变量、潜变量、外生变量和内生变量。观测变量是能够直接测量的变量,通常是一些明确可量化的指标。潜变量是无法直接测量的变量,也称为隐变量,可以通过观测变量,即某些指标来间接测量。外生变量是模型中起解释作用的变量,可以影响其他变量,不受其他变量影响。与之相反,内生变量是模型中受其他变量影响的变量,当然也可以影响其他变量。在模型中,例如感知质量、感知价值、用户满意度和用户忠诚度等作为潜变量,这些潜变量并不能直接测量;另一些可作为这些潜变量的“标识”的是观察变量。

常用于结构方程模型分析的软件有 AMOS、LISREL 和 Mplus 等。

结构方程模型的分析可以分为模型构建、模型拟合、模型评价和模型修正四个步骤。

(1) 模型构建。

初始模型的构建可以基于现有理论或研究成果来完成。模型包括两部分,一是测量模型,二是结构模型,如图 7-13 所示,模型包括了观测变量与潜变量的关系,以及各潜变量间的相互关系。该模型可同时对模型的测量部分和结构部分的因果关系进行分析评价。椭圆形代表潜变量,矩形代表观测变量。

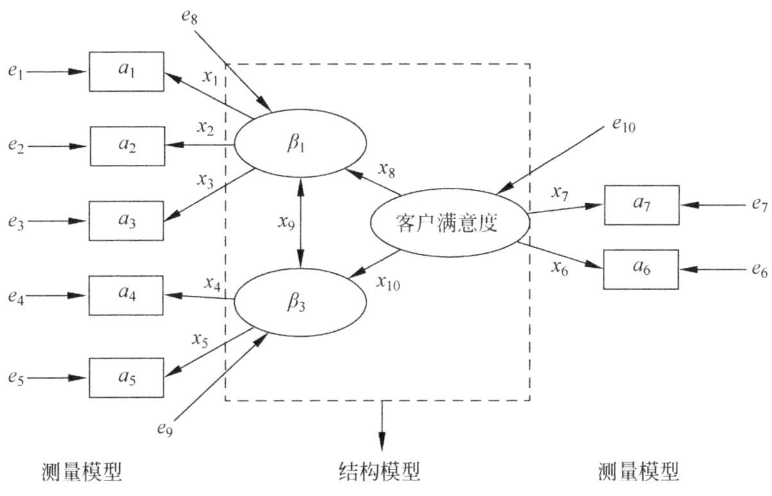

图 7-13　结构方程模型示意图

图 7-13 中 β_i 表示潜在变量;a_i 表示观测变量,即待构建的观察指标;x_i 表示两个指标间的影响程度大小,其中潜变量间的叫路径系数,观测变量与潜变量间的叫因子载荷;e_i 表示误差,是受模型以外因素影响的部分。

(2) 模型拟合。

该步骤是对模型求解,其中主要是模型参数的估计。拟合的目的是,使参数模型隐含的协方差矩阵与样本协方差矩阵的“差距”最小。

(3) 模型评价。

模型的评价过程主要完成三项检验：路径系数/载荷系数的显著性；各参数与预设模型的关系是否合理；各拟合指数是否通过，例如卡方检验、P 检验、规范拟合系数(NFI)、不规范拟合指数(NNFI)、比较拟合指数(GFI)、均方根残差(RMR)等多种方法来检查模型与数据的拟合优度。

(4) 模型修正。

该步骤是根据上一步的模型评价结果对之前的模型进行修正，提高模型各项拟合指数的效率。当模型效果不佳时，可以根据初始模型的参数显著性结果和一些模型修正指标进行模型扩展，即添加新路径，使模型结构更加合理，提高模型和数据的拟合度；或模型限制，即删除部分路径，使模型更加简洁，提高模型可识别性。分析软件 AMOS 和 LISREL 都可以提供一些修正指标。

为了得到具体数值来评价客户的满意程度，最后还需要采用一些方法求得满意度指数。以下介绍一种计算方法：

① 确定各指标权重。

指标权重可从路径系数结果中摘取计算得到。首先，将各个潜变量对应的观察变量的路径系数归纳在一起，然后对各个观察变量的路径系数归一化计算，公式如下：

$$\bar{x}_i = \frac{x_i}{\sum_{i=1}^{n} x_i} \tag{7-26}$$

式中：x_i——路径系数(已经过软件标准化)；

n——潜变量对应观察变量的数目；

$\bar{x}_i$——各观察变量相对于潜变量的权重。

② 计算指数结果。

根据问卷调查时设定的量表进行计算。例如，采用 Likert 7-point scale 为标准进行打分，1 表示满意度最高，7 表示最低，1～7 之间的数表示满意度依次递减，则各评价指标的满意度指数转化公式为

$$c_i = (8 - m_i) \times \frac{100}{7} \tag{7-27}$$

式中：m_i——各观察变量的得分均值；

c_i——转化后的指标得分。

之后，与上一步得到的指标权重进行加权计算，就可得到各潜变量的得分结果。

2. 方法分析对比

以上介绍了可用于分析客户满意度的六种方法，表 7-9 中介绍了各方法的优缺点，作为挑选方法的参考。

表7-9 各方法的分析对比

方法	优点	缺点
简单平均法	数据的获取过程简便快捷；计算简单	结果主观性强，受到个人主观判断的影响很大
加权平均法	数据的获取过程简便快捷；计算比较简单；考虑了不同指标或者不同客户的权重	在确定指标或客户权重方面比较复杂。可以依靠专家或者管理者经验简单分配，但主观性强；可以参考历史资料、数据计算，但工作量较大，同时仍需要整理出指标体系作为确定权重的依据
熵值法	计算过程简单；是一种客观赋权法，可信度较高；与后几种方法相比，大大减少了调查工作量，也降低了调查难度	缺乏指标间的横向比较；根据各项指标的熵值来确定指标权重，忽略了指标本身的重要程度
层次分析法	评价结果可量化；简洁实用，可借助软件操作，计算简便；需要的定量数据少	定性成分偏多，不易令人信服；指标越多，判断矩阵越大，更难通过一致性检验
模糊综合评价法	利用模糊数学的方法解决了个人评价结果带有的主观性和模糊性的问题	计算复杂，有时难以确定指标权重；当指标过多且权重和为1的情况下，容易出现超模糊现象
结构方程模型	考虑了观察变量可能存在误差的问题，精确估计观察变量与潜变量之间的关系；采用了比传统方法更有弹性的测量模型，如某一变量从属于两个隐变量；可同时处理测量问题和分析问题，利用了可测量的变量来研究不可直接测量的变量；分析的内容更完善，建模时可以考虑潜变量和潜变量之间、观察变量和观察变量之间的相互关系	模型检验过程复杂，可能需要多次调整模型；样本量要大，要求样本数据呈正态分布或近似正态分布

7.4.4 客户满意度评价结果的反馈

通过计算，可以得到客户满意度的分值结果。除此之外，从7.4.3节的方法介绍中可以看到，某些方法还可以算出指标权重，即指标的影响程度。因此，可以根据实际需要，选择是只获取最终客户满意度结果，还是希望同时获取指标权重。

有关评价结果将作为前面选出的最优PSS方案的实施效果的反馈，向PSS方案的制定和决策者提交。反馈结果可以反映出之前选定的最优PSS方案是否实现了企业的预期目标，是否满足了客户需求，也可以找出影响客户满意度的关键指标。根据客户满意程度，企业可以决定当前业务是维持现状正常发展，还是亟待改进调整状态。如果企业当前急需调整，并且得到了具体的指标权重，可根据三级指标的权重，选择权重大即影响程度高的指标，进行有针对性的改进。还可以通过分析不同地域、不同年龄、不同阶层的客户群体，得到具有个性特点的评价结果，进一步优化PSS方案，调整企业的经营战略。

7.4.5 客户满意度评价方法未来展望

传统的方法在评估客户满意度时，一般都通过使用问卷调查或通过电话联系顾客。这些方法往往会浪费大量时间和资源，且效率可能较低。而随着智能制造的发展和各种传感器的应用，AI 中人脸识别、情绪分析等技术的算法不断进化，能帮助企业全方位立体地感知客户的感受，如对该产品和服务的使用体验、情绪等，从而帮助企业获得准确的用户体验，并通过机器学习等技术给出准确的客户满意度评估。

7.5 本章小结

本章从产品服务需求方面入手，考虑选择合适的产品服务系统方案应用于智能制造企业，使其在进行技术生产的同时，将客户服务全面融入自身的销售经营，以提高客户对产品、对企业的满意度。

基于此，本章首先明确了什么是产品服务需求，给出了分析和处理这些需求信息的方法，并对客户需求和企业生产/服务能力进行了匹配优化。接下来，根据企业的服务能力，构建并优化 PSS 服务能力模型，使之尽可能地提供满足客户需求的服务。然后，对一系列可能的 PSS 方案进行评价，结合客户服务需求的匹配优化结果，筛选出最佳 PSS 方案。最后，对选出的 PSS 方案的实施效果进行客户满意度评价，判断客户的满意程度。

参考文献

[1] 杜娟. 智能制造与数字化制造在工业制造的应用[J]. 电子技术与软件工程，2018(14)：256.

[2] 宋文燕. 面向客户需求的产品服务方案设计方法与技术研究[D]. 上海：上海交通大学，2014.

[3] 司光耀，王凯，李文强，等. 基于大数据和粗糙集的产品需求分析方法研究[J]. 工程设计学报，2016，23(6)：521-529.

[4] 黄英，钟德强. 智能制造下的用户个性化需求分析[J]. 价值工程，2018，37(26)：132-135.

[5] 李孝斌. 云制造环境下机床装备资源优化配置方法及技术研究[D]. 重庆：重庆大学，2015.

[6] 李孝斌，尹超，龚小容，等. 机床装备及其加工运行过程云制造服务平台[J]. 计算机集成制造系统，2012，18(7)：1604-1612.

[7] 江威. 电子通讯制造企业大客户满意度测评研究[D]. 北京：清华大学，2010.

[8] 王元华，曾凤章. 基于熵值法的顾客满意度测评[J]. 商业研究，2004(22)：11-13.

第 7 章教学资源

第8章

智能制造服务的设计

智能制造服务的设计是将产品设计与服务设计智能化融合的过程。为了解决有形产品与无形服务之间的差异，可以采用物料清单(BOM)的引申含义来统一定义产品以及制造服务等概念，以此来实现制造服务的智能化设计。

得益于模块化方法在产品设计与服务设计领域的深入应用，制造服务的智能化设计也可引入该方法思路。由于服务企业、制造企业、终端用户之间存在制造服务关系，而过程链网络(process chain network，PCN)可以描述这种多主体间的交互关系，因此其可被用于分析制造服务的任务分解与内容耦合。同样，过程链网络分析也能描述制造服务流程，并以此分解、优化，达到制造服务流程的模块化、智能化目的。

智能制造服务的内容设计、流程设计与配置设计三者相互依赖、相互作用，共同构成了智能制造服务设计的核心技术。作为制造与服务融合的核心内容，智能制造服务的设计结果直接决定了后期制造服务运作的有序性和可靠性。

8.1 智能制造服务的内容设计

智能制造服务设计主要包含内容设计、流程设计、配置设计等。其中，内容设计是将制造服务分解为智能化的产品模块与服务模块，并确定产品内容和服务内容的过程；流程设计是以产品工艺与服务过程为基础，确定产品加工制造和服务的智能化实施过程；配置设计是针对终端用户需求来智能调度产品模块与服务模块，实现制造服务系统的过程。下面先来讨论智能制造服务的内容设计。

8.1.1 BOM驱动的制造过程任务分解

智能制造服务可以构建自己的BOM体系，广义上的BOM体系主要是产品BOM、服务BOM、制造服务BOM等，在此统一为智能制造服务的BOM模型。模块化思想可被用于研究BOM驱动的制造过程任务分解。因此，在建立BOM模型的基础上，确定服务企业与制造企业在制造过程的任务模块化分解，进而设计产品内容和服务内容，将智能制造服务设计分解为产品模块设计与服务模块设计。

1. 智能制造服务的BOM模型

BOM模型是实现智能制造服务的基础,它融合了模块化思想[1-2]和过程链网络分析方法[3-4],将内容设计和流程设计结合起来,确定智能制造服务的基本模式。在服务企业、制造企业、终端用户之间形成的服务框架下,可以设计不同粒度的智能制造服务,比如服务企业向制造企业提供的生产性服务,制造企业向终端用户提供的制造服务化,还有服务企业与制造企业组合向终端用户提供的产品服务系统,进一步也可以进行不同层次的智能制造服务组合。下面以产品服务系统为例,说明智能制造服务的BOM模型,如图8-1所示。

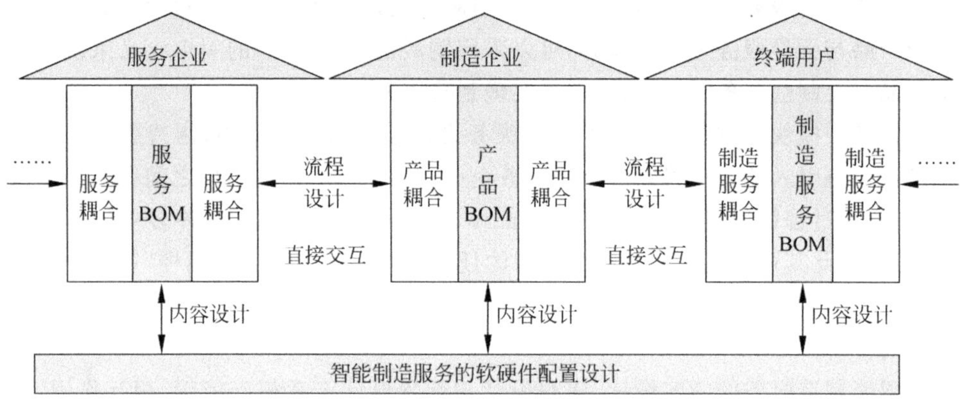

图8-1 智能制造服务的BOM模型

BOM模型以云计算、物联网、大数据等构成的智能制造服务平台为基础,支持智能制造服务的运作,可以进行配置设计、内容设计和流程设计,在服务企业、制造企业、终端用户之间形成智能制造服务网络。其中,配置设计是根据具体的制造服务需求生成服务优化方案,然后将服务方案分解为制造服务BOM,在完成产品与服务设计之后,将产品与服务耦合为制造服务的过程;内容设计是将制造服务BOM分解为产品BOM和服务BOM,然后设计产品内容和服务内容,并确定制造服务内容的过程;流程设计是将产品BOM耦合,服务BOM耦合,最终实现制造服务BOM耦合的过程。

BOM模型的价值增值源于制造企业的智能制造服务,智能制造服务包含相互依赖的智能制造服务平台和智能制造服务网[5-6]。其中,智能制造服务平台是借用云制造的成果[7]建立起连接服务企业、制造企业、终端用户的智能化交互平台,在服务企业和制造企业之间形成生产性服务,在制造企业和终端用户之间形成制造服务化,智能制造企业担任服务提供者和服务使用者的双重角色;智能制造服务网就是将多个生产性服务与制造服务化关系组成复杂网络,实现服务功能,在商业生态系统中进行服务创新,进而创造和分配服务价值[8]。智能制造服务是制造企业的创新增长点。

智能制造服务的BOM模型的构建灵活多变,主要是针对具体的智能制造服务明确制造 BOM 和服务 BOM。需要指出的是，一般把模棱两可的部分归为服务 BOM。比如对于数控机床行业来说，构建智能制造服务涉及面很广，但是可以初步进行顶层设计，进而逐步推进细化。为方便描述，下述关于智能制造服务内容设计过程的分析均以数控机床制造服务为例。数控机床制造服务的 BOM 模型是基于数控机床智能制造服务平台，针对数控机床服务公司、数控机床制造公司和数控机床用户之间的智能制造服务而设计的。数控机床制造公司负责设计制造数控机床产品 BOM，而数控机床服务公司负责设计数控机床服务 BOM。设计中可以忽略具体的细节，以企业现状为基础，首先整理出制造服务 BOM，并将其分解为服务 BOM 和产品 BOM。构建的数控机床制造服务的 BOM 模型如图 8-2 所示。

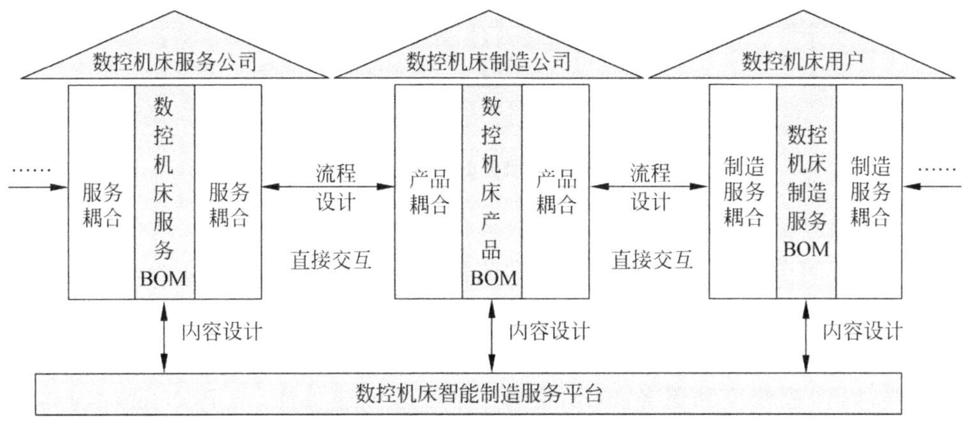

图 8-2　数控机床制造服务的 BOM 模型

2. 制造过程的任务分解

制造过程的任务分解是基于智能制造服务 BOM 模型进行适合制造过程的设计，而制造过程的核心是产品生产和服务创新。智能制造服务 BOM 驱动着产品生产和服务创新，进而促使产品与服务进行耦合，最终形成智能制造服务。产品生产是服务创新的载体，服务创新是产品生产的价值延伸，二者相辅相成，共同实现智能制造服务。在服务企业、制造企业、终端用户之间形成的服务框架下，首先根据产品 BOM 确定产品生产过程，根据服务 BOM 确定服务创新过程，并且设计制造服务实施过程；其次根据服务企业、制造企业、终端用户的各自情况进行总任务定义，包括产品生产任务、服务创新任务、制造服务实施任务等；最后对总任务进行各自分解，包括产品分解、服务分解、制造服务分解等。制造过程的任务分解是智能制造服务设计的关键环节，以此为基础能够实现智能制造服务的内容设计和流程设计。智能制造服务的制造过程任务分解如图 8-3 所示。

制造过程的任务分解是采用模块化技术进行制造服务实现过程的总体设计。首先以产品 BOM 和服务 BOM 确定产品结构与服务结构，然后分析产品生产过程和服务创新过程，最后完成产品分解和服务分解。将产品结构与产品生

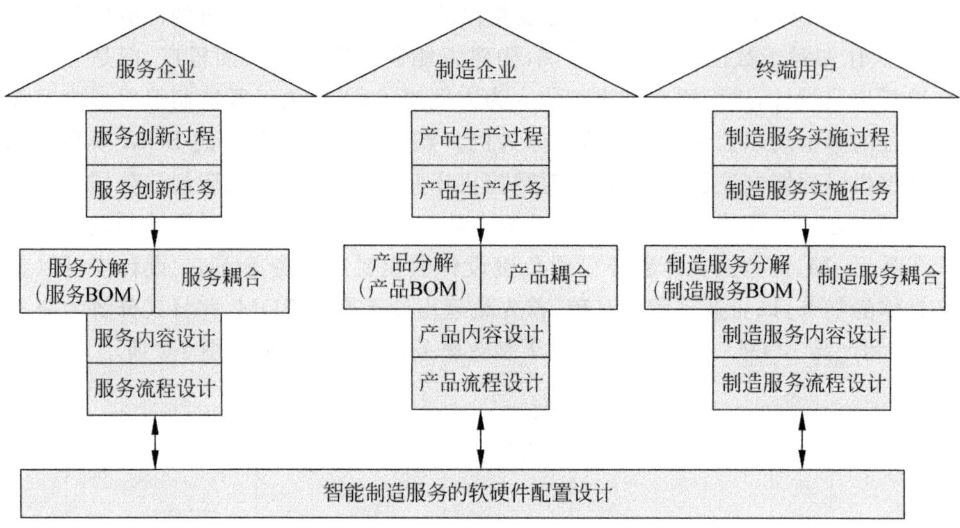

图 8-3　智能制造服务的制造过程任务分解

产融合实现产品耦合,将服务结构与服务创新融合实现服务耦合,耦合过程与任务分解密不可分,共同支撑内容设计和流程设计。基于产品 BOM 的产品分解注重产品物理结构的加工和装配,以加工粒度和产品 BOM 匹配,并考虑可装配性,是模块化设计的灵活应用;基于服务 BOM 的服务分解注重服务虚拟结构的构造和连接,以构造粒度和服务 BOM 匹配,并考虑可连接性,是 PCN 设计的具体创新。

制造过程的任务分解还包括制造服务的分解,制造服务 BOM 驱动的制造服务分解相比产品分解和服务分解更为复杂。制造服务分解是一个二维网络的分解过程,在产品维度实现产品分解,在服务维度实现服务分解,其复杂性在于产品与服务交织过程中,存在产品与服务的不对等性,比如并不是每个产品零件都有对应的服务,或者有些服务没有对应的产品部件,等等。制造服务分解是结合制造服务实施过程进行的,并充分考虑终端用户的个性化需求,在制造企业、服务企业、终端用户的协同中实现。制造服务分解是智能制造服务价值增值的集中体现,产品与服务的分解耦合结果则是生成智能制造服务。

制造过程的任务分解没有统一的标准,不同的制造水平有不同的分解结果,但是确定了智能制造服务的制造 BOM 和服务 BOM 之后,就可以获得相近的分解结果,尽量避免加工工艺的差别和服务流程的差异,降低制造过程任务分解的复杂程度。比如对于数控机床制造服务,可以针对数控机床制造企业确定数控机床的产品生产过程,明确数控机床生产任务;针对数控机床服务企业确定数控机床服务过程,明确数控机床服务任务;针对数控机床用户确定数控机床服务实施过程,明确数控机床服务实施任务,进而进行数控机床产品分解、服务分解、一级制造服务分解。数控机床制造服务的制造过程任务分解如图 8-4 所示。

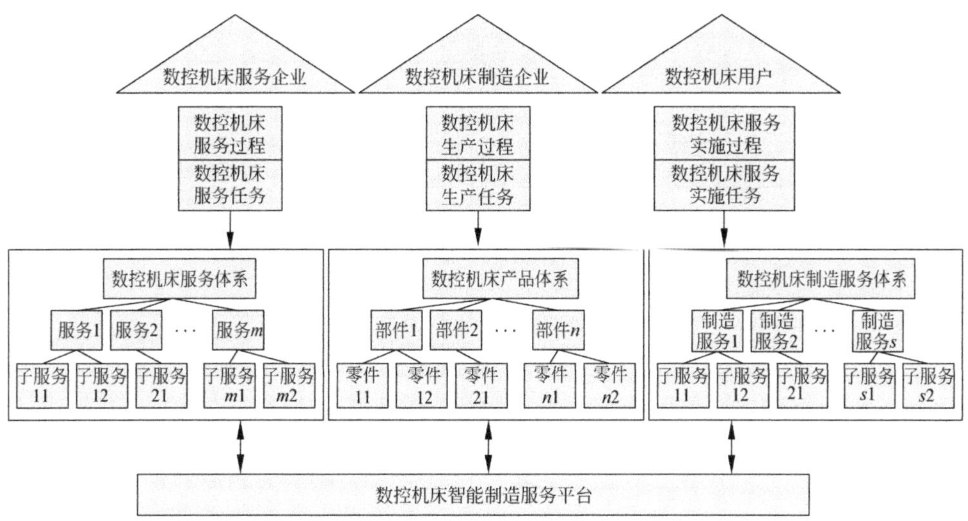

图 8-4　数控机床制造服务的制造过程任务分解

3. 智能制造服务的产品内容与服务内容

智能制造服务是产品和服务智能化融合的结果，考虑产品的实体性和服务的虚拟性，首先需要确定产品内容和服务内容。其中，产品内容是制造企业产品 BOM 驱动的产品模块化分解，是实现智能制造服务的物质基础；服务内容是服务企业服务 BOM 驱动的服务模块化分解，实现智能制造服务的价值增值。产品内容与服务内容相辅相成、密切相关，不断耦合最终形成智能制造服务的核心内容。

具体来讲，智能制造服务的产品内容以产品模块化为基础，从功能角度描述其产品结构、零部件细节、加工装配等，与传统制造企业的生产相吻合，限于篇幅不做赘述。在智能制造环境下，产品的模块化过程成为产品内容的关键问题，就是基于产品 BOM 将产品的基本结构划分为适当的部件、零件层次，为产品的加工和装配自动化奠定基础。一般用产品结构树来设计智能制造服务的产品内容，如图 8-5 所示。

下面以数控机床制造服务为例来说明智能制造服务的内容设计。某数控机床制造公司针对具体的数控机床产品 BOM，将数控机床先划分为工作本体、控制介质、数控装置、伺服驱动系统、测量反馈装置、辅助控制装置等内容，这些产品内容的划分灵活多变，体现制造企业的竞争力，主要依据企业的生产能力来设计，不同型号的产品都会生成不同的产品结构树。比如某型号的数控机床工作本体进一步可分为床身、底座、立柱、横梁、滑座、工作台、主轴箱、进给机构、刀架、自动换刀装置等内容，数控机床制造服务的产品内容如图 8-6 所示。

智能制造服务的服务内容以服务模块化为基础，从功能角度描述服务逻辑、子服务细节、服务提供与实施等，与传统服务企业的运作相吻合，限于篇幅不再赘述。在智能制造环境下，服务的模块化过程成为服务内容的关键问题，就是基于服务

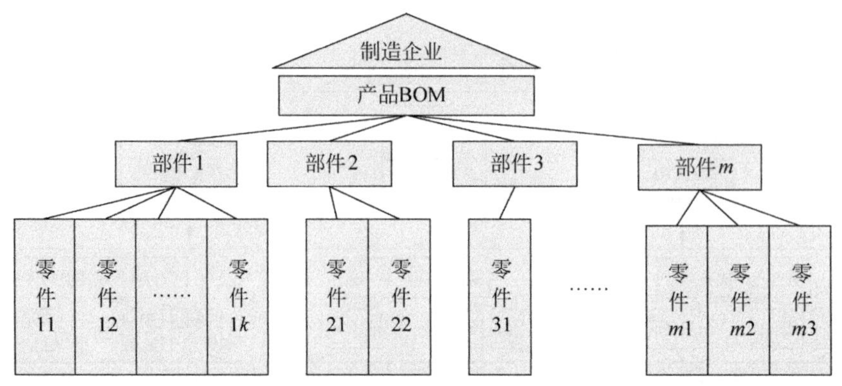

图 8-5 智能制造服务的产品内容

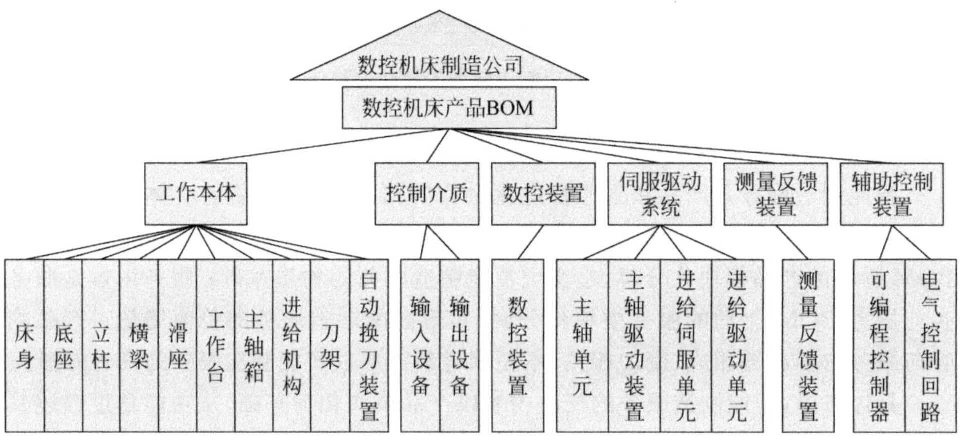

图 8-6 数控机床制造服务的产品内容

BOM将服务的基本逻辑划分为适当的服务、子服务层次，为服务的提供和实施智能化奠定基础。一般用服务逻辑树来设计智能制造服务的服务内容，如图 8-7 所示。

同样以数控机床制造服务为例来说明智能制造服务的内容设计。某数控机床服务公司针对具体的数控机床服务 BOM，将数控机床服务先划分为维修服务、数据分析服务、远程服务、培训服务、销售服务、安装服务、检测服务、质保服务、回收服务等内容，这些服务内容的划分因地制宜，体现服务企业的竞争力，主要依据企业的服务水平来设计，不同类型的服务都会生成不同的服务逻辑树。比如某种类的数控机床服务进一步细分，维修服务可分为定期维修服务、备件包供应服务等内容，安装服务可分为零部件供应服务、紧急维修服务、全面支持安装等内容，回收服务可分为部件及回收、产品回收等内容。数控机床制造服务的服务内容如图 8-8 所示。

智能制造服务的产品内容和服务内容是将复杂的制造服务先简化为产品部分

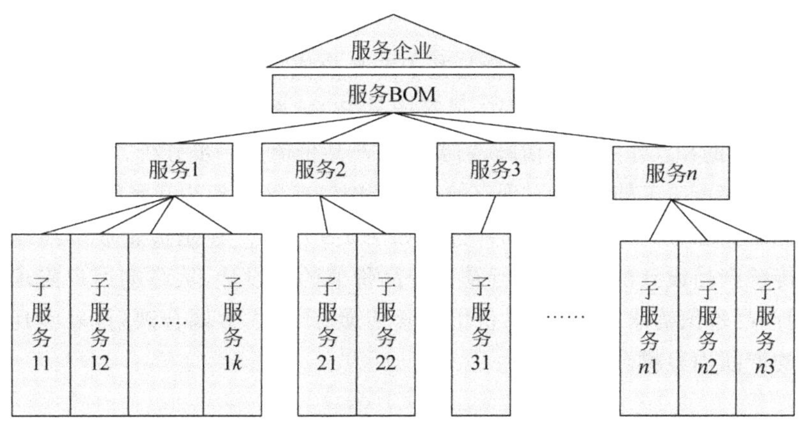

图 8-7　智能制造服务的服务内容

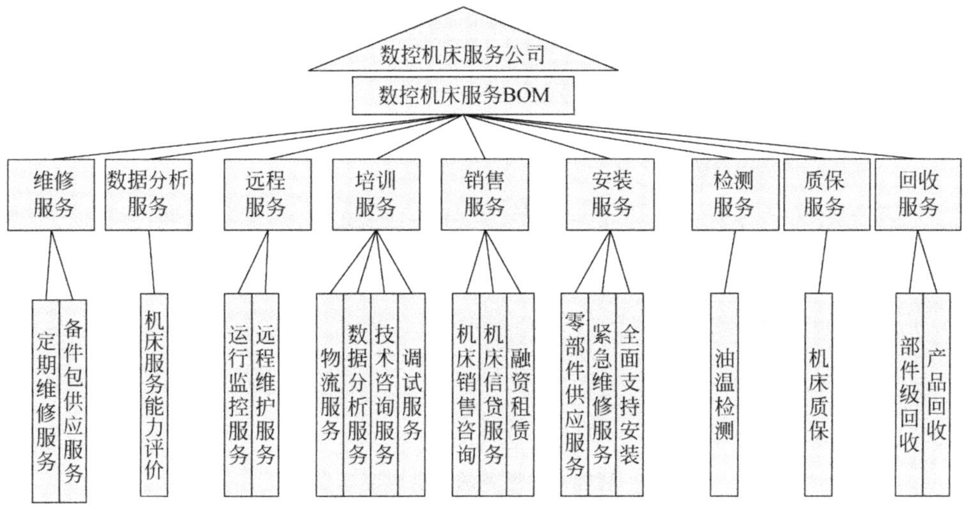

图 8-8　数控机床制造服务的服务内容

和服务部分，再利用成熟的产品设计和服务设计方法确定制造服务的核心内容，最后采用智能化技术手段实现产品智能化和服务智能化。

8.1.2　自下而上的智能制造服务耦合

确定了智能制造服务的产品内容和服务内容之后，还需要设计智能制造服务的耦合。智能制造服务耦合是自下而上的，先是将模块化的产品耦合形成产品方案，再将模块化的服务耦合形成服务方案，最后将产品和服务耦合形成智能化的制造服务方案。自下而上的智能制造服务耦合是从产品、服务到产品服务一体化的过程，是产品内容耦合与服务内容耦合相结合的过程，也是制造与服务智能化融合的过程。

1. 智能制造服务的产品内容耦合

智能制造服务的产品内容耦合是基于产品价值需求，通过产品性能和产品内容的交互映射，获得产品方案的过程。尽管产品 BOM 驱动的产品内容已经确定，但是产品模块之间的相互作用并不清晰，需要通过产品价值进一步分析。从制造企业角度看，其类似于装配工艺的改进，对现有的产品结构树进行优化，以满足终端用户的需求。

智能制造服务的产品内容耦合过程如图 8-9 所示。在制造企业与终端用户之间针对传统产品设计的性能，进行基于产品价值的再设计，从终端用户需求描述开始，利用产品价值需求分类、产品价值要素传递、产品内容耦合映射，来实现智能制造服务的产品内容耦合。

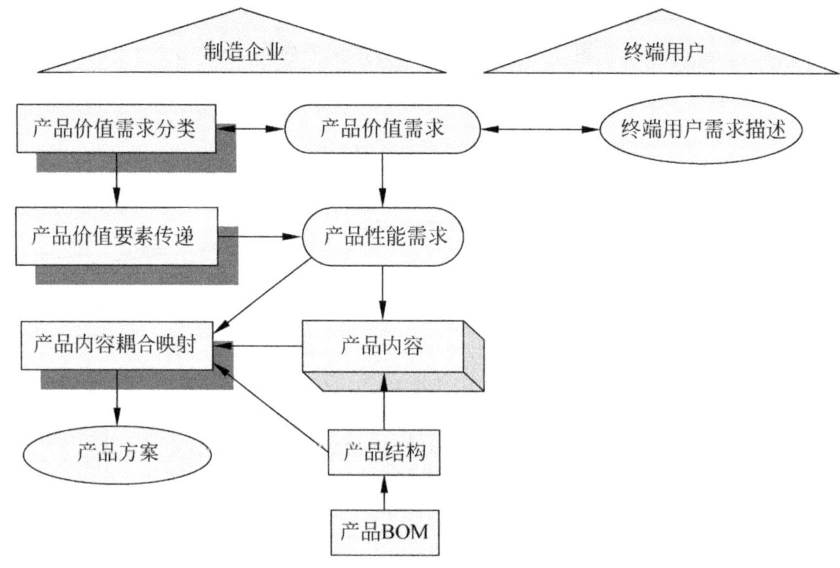

图 8-9　智能制造服务的产品内容耦合过程

(1) 产品价值需求分类：根据终端用户需求描述将产品的价值需求进行分类。终端用户的需求描述一般需要专业分析师填写智能制造服务的需求规格表，以此为基础来定义产品价值需求，由于智能制造服务由产品和服务智能化融合而成，因此可以将产品价值需求分为可靠价值、失效价值、可信价值等。需要说明的是，产品价值与服务价值共同作用，界限并不明确，只是为了设计可操作才根据相关资料，将产品价值和服务价值分开来讨论。智能制造服务的产品价值需求如图 8-10 所示，可靠价值主要包括产品服务水平、方案操作、系统可靠性等；失效价值主要包括方案响应、反应速度等；可信价值主要包括方案补救、方案保障等。对于更细层次的产品价值可以根据实际情况动态定义。

(2) 产品价值要素传递：通过产品性能需求进行价值要素的传递。采用模块化思想分析终端用户价值要素模块、产品性能特征模块、服务性能特征模块，在每一类模块内部可以产生自相关关系，进行直接交互[9]。同时在三类模块之间还需要关联映射，终端用户价值要素中一部分传递到产品性能特征，进行关联映射，用产品性能特征实现产品价值。产品服务一体化使得产品性能特征与服务性能特征关联影响，密切耦合。智能制造服务的产品价值要素传递如图 8-11 所示。

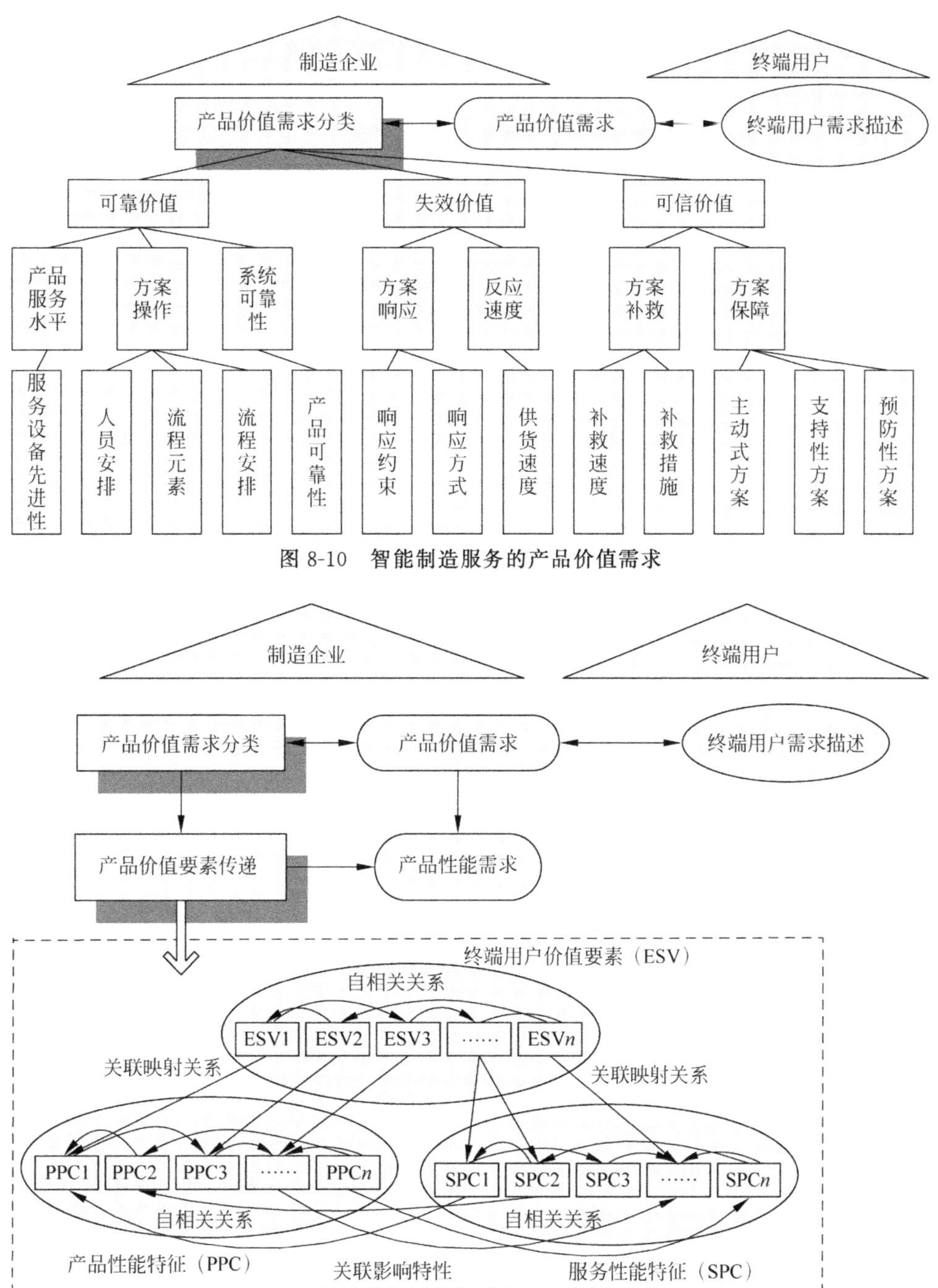

图 8-10　智能制造服务的产品价值需求

图 8-11　智能制造服务的产品价值要素传递

(3) 产品内容耦合映射：将产品的性能需求和产品结构以产品内容为载体进行耦合，获得产品方案。对于产品现有结构来说，一部分能够完全满足性能需求，另一部分只能部分满足性能需求。对于现有结构完全满足性能需求的结构模块，可以直接集成生成新的产品结构模块；对于现有结构部分满足性能需求的结构模块，则需要增加新设计的结构模块，与现有结构模块一起集成生成新的产品结构模块。智能制造服务的产品内容耦合映射如图 8-12 所示，将产品性能分为功能模块和质量模块，以此来选取合适的结构模块，通过性能需求域和现有结构域的共同映射，来实现结构生成域对应的产品内容耦合，获得最终的产品方案。

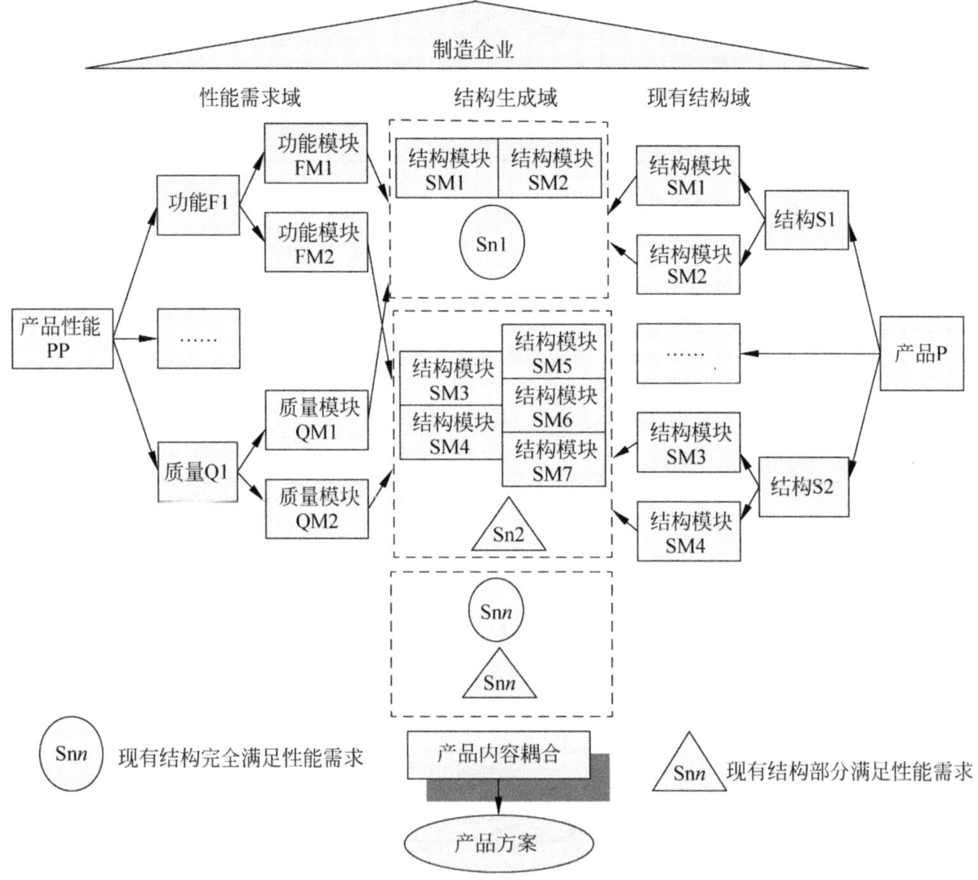

图 8-12　智能制造服务的产品内容耦合映射

智能制造服务的产品耦合实现了融入服务因素产品的再设计，为智能制造服务的流程设计奠定了基础，其中模块化方法也有利于产品与服务的智能化融合。

智能制造服务的服务内容耦合是基于服务价值需求，通过服务性能和服务内容的交互映射，获得服务方案的过程。对于无形服务来讲，服务模块之间的耦合需要考虑服务 BOM 和服务提供之间的相互作用，需要设置不同的权重来分析服务价值需求。从服务企业角度看，其类似于服务实施流程的改进，对现有的服务逻辑树进行优化，以满足终端用户的需求。智能制造服务的服务内容耦合过程与智能制造服务产品耦合过程类似，不再赘述。

2. 智能制造服务的产品服务一体化

智能制造服务的产品服务一体化是在产品内容耦合和服务内容耦合的基础上，实现智能制造服务耦合的过程。智能制造服务的产品服务一体化是制造与服务融合的核心，其过程是制造服务化，其结果是产品服务系统。产品服务系统是一种典型的智能制造服务[10-11]，它是服务企业、制造企业、终端用户交互的制造服务系统之一，下面以此为例来探讨智能制造服务耦合。

智能制造服务的产品服务一体化如图 8-13 所示。服务企业的服务 BOM 与制造企业的产品 BOM 间接交互生成终端用户的制造服务 BOM。首先，终端用户提出需求，进而获取智能制造服务需求，通过需求分析，确定智能制造服务性能需求，并分解为产品性能需求和服务性能需求；其次，服务企业和制造企业通过服务内容和产品内容进行服务内容耦合与产品内容耦合，服务内容与产品内容相互影响，利用价值要素传递实现耦合；最后，以制造服务 BOM 驱动产品结构和服务逻辑，进行产品服务一体化，在不断交互中实现制造服务耦合，逐步生成智能化的制造服务方案。

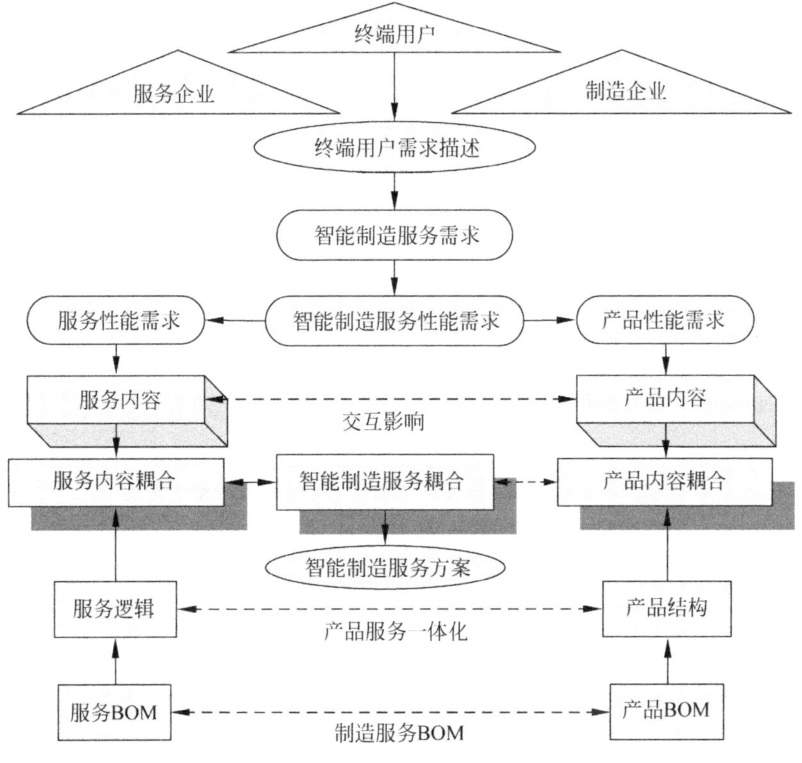

图 8-13　智能制造服务的产品服务一体化

智能制造服务的产品服务一体化是一个动态过程,当终端用户的智能制造服务需求变更时,启动新的需求描述,进入下一次智能制造服务耦合。可以发现智能制造服务一体化依赖于产品模块和服务模块,制造企业与服务企业需要积累较多产品模块和服务模块,以此满足终端用户的个性化需求,否则需要设计新的产品模块和服务模块。同时智能制造服务的产品服务一体化也是产品与服务自身优化的过程,使得产品中有服务,服务中有产品,相互耦合,相互适应,其中的耦合方法以智能制造服务价值作为优化目标。智能制造服务的产品服务一体化是制造服务BOM驱动任务分解与制造服务价值驱动模块耦合的统一。

8.2 智能制造服务的流程设计

智能制造服务的流程设计体现制造服务内容和配置设计,并确定智能制造服务的运作原理。智能制造服务运作原理是通过制造服务流程来实现的,包括内容与流程的相互融合,并且依据流程来配置内容。

8.2.1 智能制造服务流程的总体设计

流程是智能制造服务设计方案的重要组成部分。服务流程的总体设计,首先要考虑服务提供,确定服务提供的基本方式和服务生产特征,为进行各要素的具体的、细节性的设计规定基本方向和总体思路。在定义智能制造服务流程的基础上,构建服务运作的工业互联网环境,并提出基于模块化技术的智能制造服务流程总体设计框架。

1. 智能制造服务的流程定义

智能制造服务流程是服务企业与制造企业向终端用户提供服务的过程和完成这个过程所需要素的组合方式,如服务行为、工作方式、服务程序和路线、设施布局、材料配送、资金流转等。智能制造服务流程与智能制造服务内容相辅相成,相互融合,内容设计中考虑服务流程,流程设计中注重服务内容,二者是有机统一的整体。

智能制造服务流程的总体设计主要包括:确定提供智能制造服务的服务流程类型;根据服务流程的类型选择服务流程设计的基本方法,以明确服务提供的基本方式和服务生产特征;服务提供系统进行总体描述和规划设计;选择基本流程技术等。

智能制造服务流程依据差异化程度可以分为两类:标准化服务流程与个性化服务流程。标准化服务流程的差异化程度较低,服务工作简单、重复、技能要求低,工作和重复性比较强,容易实现智能化;个性化服务流程的差异化程度较高,灵活性大,需要服务者自己对服务情景做出判断,因而对服务者的工作技能要求较高,实现智能化比较困难。

2. 智能制造服务在工业互联网中的运作原理

智能制造服务流程总体设计的方法较多，这里选择基于工业互联网环境中的模块化方法来设计，首先探讨智能制造服务在工业互联网中的运作。以制造物联技术和工业大数据进行制造与服务数据的采集和分析，构建的智能制造服务运作系统框架如图 8-14 所示，其中虚线部分是工业互联网的核心部分，包括工业互联网物理设备层、工业互联网平台服务层、业务应用层以及应用系统的数据接口。根据一般制造企业的需求，智能制造服务在工业互联网中的运作原理如下：

(1) 设备资源接入、基础服务、应用服务以及对外开放 API。通过 RFID 和传感器等物联网相关技术，将服务企业、制造企业和终端用户的所有智能制造服务要素进行互联互通，连接到智能制造服务数据系统平台。

(2) 利用云计算进行设备接入验证以及构建数据传输通道，提供数据采集、数据存储以及数据分析等服务[12]。多源的大数据统一为 HDFS 系统文件，并存储在 NoSQL 数据库或者 NewSQL 数据库中，同时对智能服务进行管理和控制相关数据的传递。

(3) 提供工业生产要素的建模分析、工业大数据分析、工艺分析等服务。构建面向智能制造服务流程应用、智能制造服务流程技术、智能制造服务流程管理的工业数据分析系统，通过 Map Reduce 及其相关技术对各类智能制造服务数据选择算法进行分析，实现并行处理和数据挖掘。

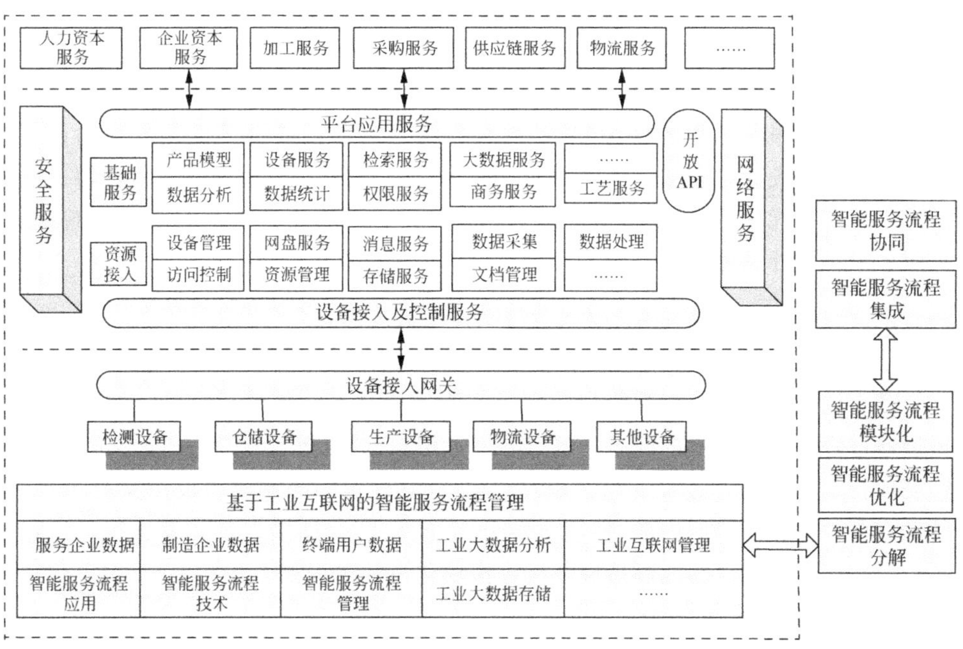

图 8-14 智能制造服务在工业互联网中运作系统框架

(4) 提供智能制造服务上层业务系统数据交互服务。通过智能客户端或者智能移动终端为异地的智能制造服务相关人员提供多维度的服务信息，具有显示、查询、分析、追踪、追溯和仿真等功能。

(5) 通过开放 API 实现外部数据接入以及对外数据支持服务。用紧密集成模式的应用接口实现与其他应用系统的集成，比如 CAPP、PDM、CAM、MES 等系统。其中智能制造服务流程的模块化设计系统也在工业互联网环境中运行。

3. 智能制造服务流程设计的总体框架

智能制造服务流程设计主要是针对智能制造服务内容实现的过程进行流程优化，智能制造服务的内容和流程是一个统一体，具有内在联系。智能制造服务的功能设计中的结果涉及的流程往往不是最优的过程，可以采用模块化方法对智能制造服务流程进行优化设计，最后提供的流程优化方案可以反馈到内容设计，以功能模块重构的方式修正，从而获得最优的智能制造服务。

带有可标识目的的过程步骤序列称为过程链，它可以跨越多个实体连接在一起。过程链的主要元素包括功能和事件，功能是活动或工作过程，活动被事件触发，活动的执行也能够产生相应的事件。智能制造服务过程链具有明确的目的，既包括有形产品，也包括无形服务。智能制造服务流程优化可以映射为优化过程链，是为了改善某些实体或实体集的服务状态。以过程链分析智能制造服务流程，过程步骤依赖用箭头表示，无约束的时序依赖用虚线表示。作用于资源的实体在过程链中连接具体的智能服务流程，参与智能制造服务流程的任一个实体可定义为过程实体，比如服务企业、制造企业、终端用户、企业内部门、代理平台等。过程实体能对某些服务过程进行初始化，或者执行前做出决策。

智能制造服务的流程设计，就是根据内容设计确定的任务，以企业具体业务活动分析来设计服务过程的详细步骤，并且在满足需求的前提下优化流程的设计。智能制造服务设计主要从三个层面确定服务流程，即智能制造服务流程分解、智能制造服务流程优化、智能制造服务流程模块化等。以模块化方法为基础的智能制造服务流程设计总体框架如图 8-15 所示。

8.2.2 智能制造服务流程的模块化设计

基于过程链可以建立智能制造服务流程模块化设计策略，事件驱动的过程链模型通过将业务过程中的静态资源(如系统、组织、数据等)组织在一起形成一个能够完成特定任务或者流程的动态模型[13]。企业过程的控制流可以由交替出现的活动和事件彼此连接而构成，控制流的分支选择、汇合连接以及并发进行，可通过逻辑操作符来实现。智能制造服务流程模块化设计过程如下：

1. 智能制造服务流程分解

智能制造服务流程分解是为了节约制造服务资源，减少智能服务过程中的交

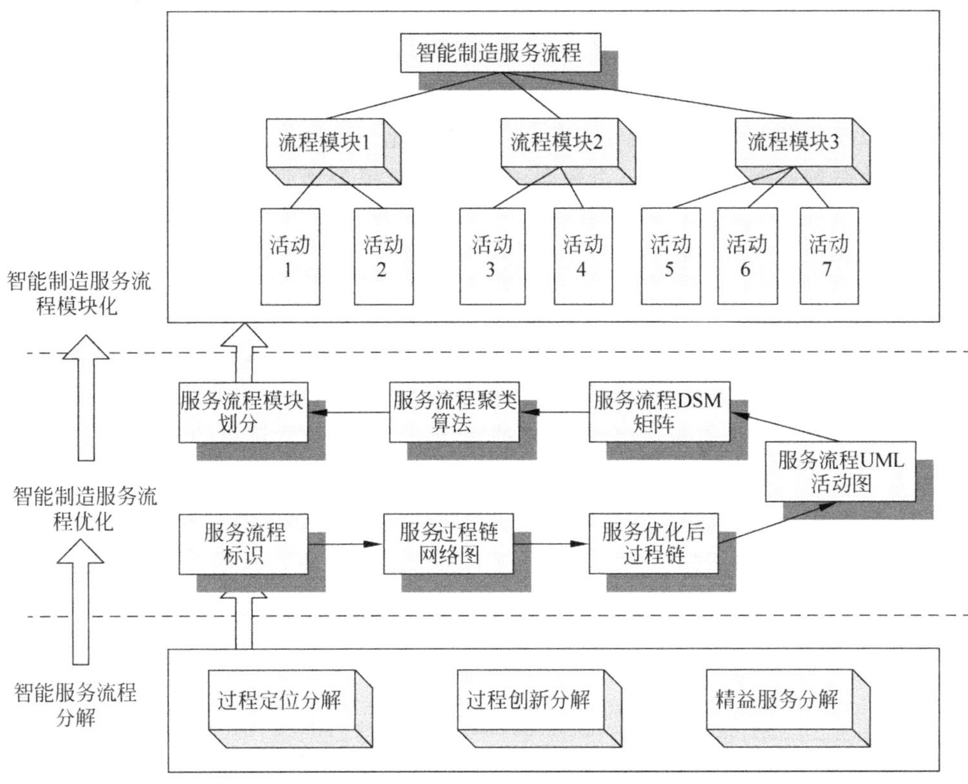

图 8-15　智能制造服务流程设计的总体框架

叉重复功能，以及提高智能制造服务模块之间的耦合性等。针对智能制造服务过程链的分解主要是从过程定位、过程创新、精益服务等方面确定智能制造服务流程分解方案。

(1) 过程定位分解。服务交互过程的效率低于服务独立处理过程的效率；服务企业通过将过程步骤从独立处理区域移至代理或直接交互区域来实现，也可以允许终端用户定制步骤执行和资源利用来提高客户化程度；固定成本如果由专业企业提供就可以分摊较高的固定成本；在服务企业与制造企业之间引入中介，并规范相关的责任和义务，用协议方式处理服务过程。

(2) 过程创新分解。把过程步骤从供应商过程领域移到终端用户过程领域，实现终端用户能做以前由别人所做的事情；把过程步骤从终端用户过程领域向供应商过程领域移动。实现服务企业能做以前由终端用户所做的活动。智能制造服务流程分解时，每一个流程模块的执行者可以备选若干，在优化时能够满足适当的时间和地点。

(3) 精益服务分解。是对智能制造服务运作中的服务企业和制造企业之间交互进行管理，比如消除无用交互、扩展企业外部服务、使终端用户自助服务、加强战略性交互等，精益生产方式是以最少的库存实现大量生产的目标，而精益服务是以最少的交互实现高效服务的目标。

智能制造服务流程分解时还要注重终端用户在交互过程中的角色转换。统一服务理论提出服务业务的核心特征是扩展终端用户角色,终端用户在智能服务流程中可以扮演多重角色,终端用户角色能够系统地识别制造服务流程创新的机遇,也能够改善制造服务价值,每个角色都能使创新得到增强或通过解脱型创新被弱化。

以某汽车驱动电机生产企业智能制造服务的流程设计为例,通过企业需求分析选取工业互联网中的库存电机补货服务,进行支持该企业运作的智能补货服务流程模块化设计。工业互联网支撑服务流程设计过程,核心在于通过过程链的优化,综合考虑环境影响和资源效率,寻求最佳流程。假设企业工业互联网满足模块化设计的信息与知识需要,仅分析电机补货计划到电机订货订单的流程,电机企业智能补货服务流程分解为:根据过程定位分解和分析智能补货服务流程,比如以采购员作为中介,可以规范补货中各方的责任和义务,用协议的方式来处理服务过程。同时,根据过程创新分解,可以实现动态组织服务流程,持续改进服务流程。最后,精益服务分解也用于减少部门之间的交互,五个部门共同确定一种方案,其中的交互需要合理设计。电机企业智能补货服务流程分解图如图 8-16 所示。

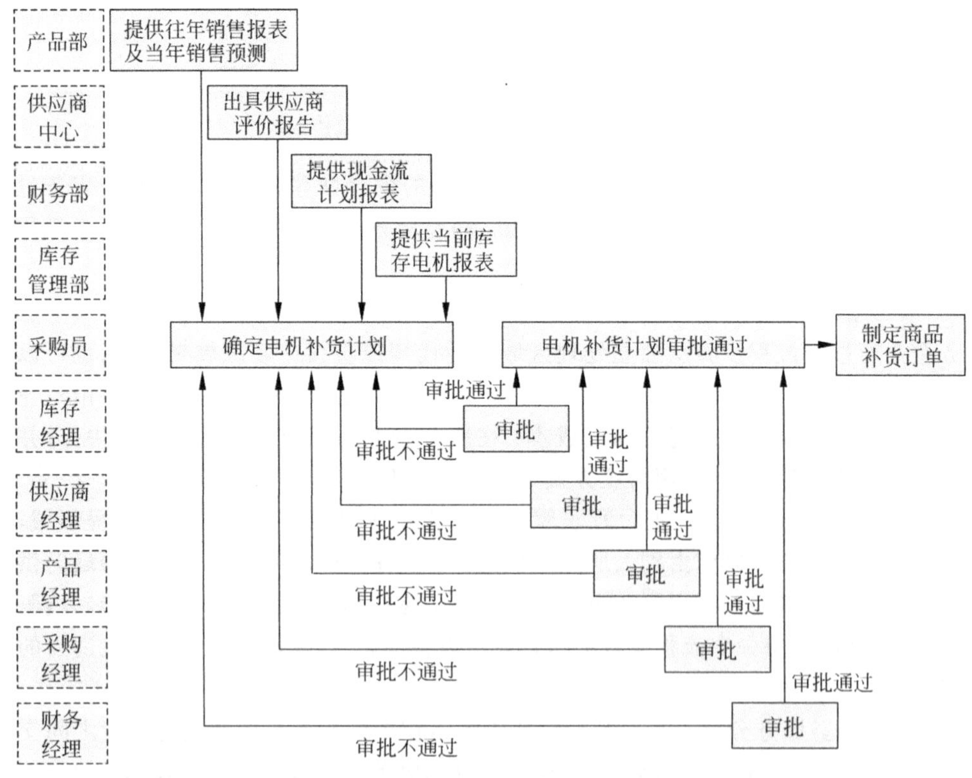

图 8-16　电机企业智能补货服务流程分解图

2. 智能制造服务流程优化

基于过程链的智能制造服务流程的优化过程具体如下：

(1) 对智能制造服务流程标识。以制造服务流程模块为单位，将需要优化的过程进行标识。

(2) 标识参与指定智能制造服务流程模块的过程实体。包括一个服务企业、制造企业或制造企业的特定部门。过程链图还包括终端用户，可以与制造企业一起为终端用户提供产品服务系统，也可以包括合作伙伴、供应商、与价值网有关的实体等。

(3) 记录所选智能制造服务流程模块的开始与结束步骤。开始步骤是识别出终端用户需求，终止步骤是终端用户需求获得满足。

(4) 构建智能服务流程的过程链图。列出智能制造服务流程模块的中间步骤，描述每个步骤发生在哪个过程领域和区域。该步骤主要包括服务企业过程领域中的步骤、服务企业的供应商、过程链网络中的其他实体等。

(5) 基于构建的过程链图，依据智能制造服务流程分解进行优化设计。包括过程定位分解的智能制造服务流程优化、过程创新分解的智能制造服务流程优化、精益服务分解的智能制造服务流程优化等。

工业互联网中的智能制造服务流程优化可以依据领域知识来确定，同时智能制造服务流程优化过程也可以采用设计结构矩阵与 Petri 网结合、服务蓝图方法等手段来实现。智能制造服务流程优化也是智能制造服务流程模块化的基础。

同样以电机企业智能补货服务为例，基于过程链的电机企业智能补货服务流程的优化过程具体如下：

(1) 对电机企业智能补货服务流程标识。电机企业智能补货服务的业务流程为补货计划服务模块、补货审批服务模块、补货订单服务模块，进一步分析各个模块的子模块，使得业务流程更加具体。

(2) 标识参与电机企业智能补货服务流程模块的过程实体。电机企业智能补货服务的过程实体包括采购员、库存经理、供应商经理、产品经理、采购经理、财务经理、产品部、供应商中心、财务部、库存管理部等。

(3) 记录所选电机企业智能补货服务流程模块的开始与结束步骤。电机企业智能补货服务中补货计划模块的流程开始步骤为四部门提供报表，终止步骤为补货计划；补货审批模块的流程开始步骤为补货计划，终止步骤为计划通过；补货订单模块的流程片段开始步骤为批准的补货计划，终止步骤为订货完成。

(4) 构建电机企业智能补货服务流程的过程链图。根据前面的服务流程分解，服务流程片段中间步骤为采购员收集四部门提供的文档、制订电机补货计划、将电机补货计划提交给五个经理审批、对审批通过的补货计划制定补货订单等。同时，也要处理审批不通过的计划，而采购员与各个部门的交互都存在流程上的不确定，分析时可假设为理想状态。得到电机企业智能补货服务流程的过程链网络图如图 8-17 所示。

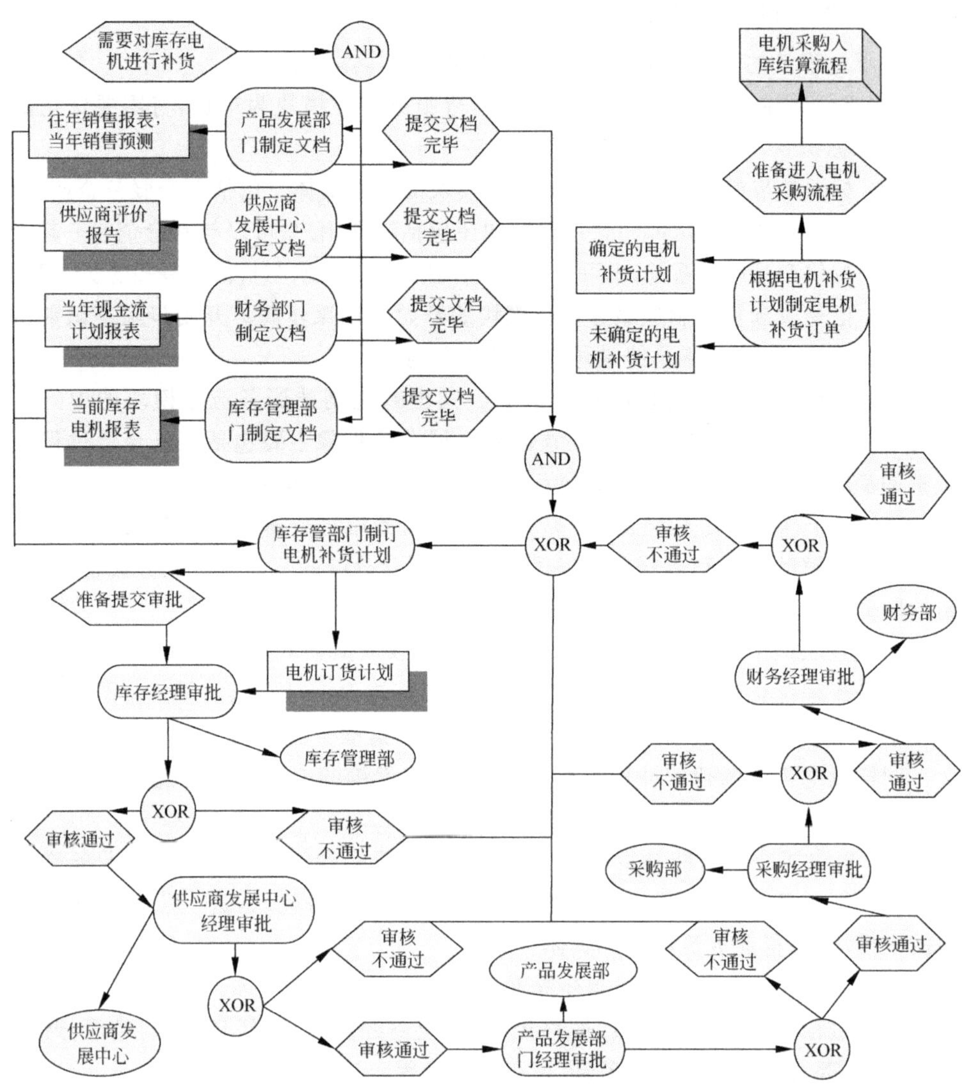

图 8-17　电机企业智能补货服务流程的过程链网络图

(5) 基于构建的过程链图,依据电机企业智能补货服务流程优化原则进行优化设计。该服务流程存在 7 种内部文档,5 道审批环节,6 个 XOR 逻辑判断,2 个 AND 逻辑链接等,可以进一步优化。可以考虑合并或减少文档数量,重点优化 5 道审批环节,AND 连接的 4 个分支需要合并。优化方案主要是构建最大最小库存计划模型和重点订购点库存计划模型。得到电机企业智能补货服务流程优化后的过程链效果图如图 8-18 所示。

3. 智能制造服务流程模块化过程

智能制造服务流程模块化需要每一个智能制造服务流程模块最大限度独立,

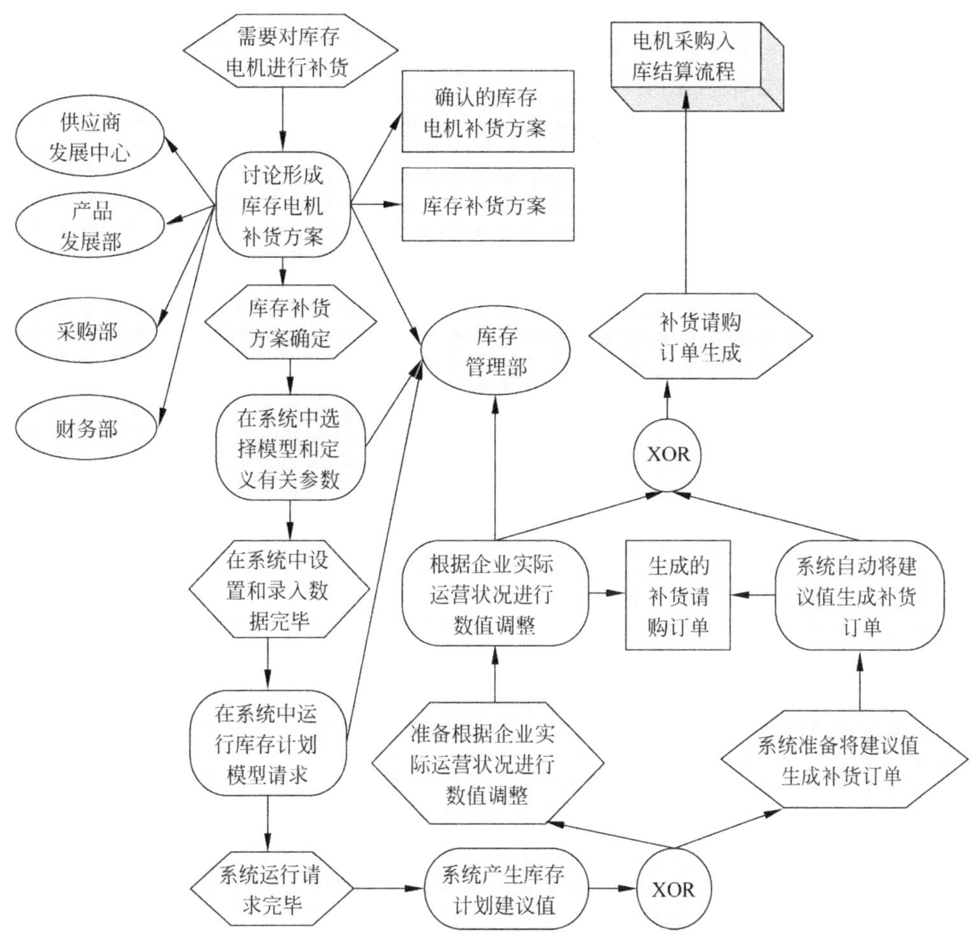

图 8-18　电机企业智能补货服务流程优化后的过程链效果图

这样可以降低智能制造服务流程模块之间的耦合程度。智能制造服务流程子模块之间的交互尽可能位于智能制造服务流程模块内部，这样可以减少组织间交互的复杂性，并且能够缩短任务完成的时间。智能制造服务流程模块之间的接口要设计合理的机制，这样可以方便实现智能制造服务流程模块之间的集成。设计结构矩阵方法可以满足这些要求，实现智能制造服务流程的模块化。

智能制造服务流程模块化首先要建立制造服务流程的聚类分析模型，然后在此基础上选择优化算法实现智能聚类分析，优化算法主要解决设计结构矩阵行列元素多、元素间关系复杂条件下的智能制造服务流程模块划分问题。

在制造服务流程的设计结构矩阵模型中，$L_1, L_2, \cdots, L_n$ 表示聚类名称，N 为包含 M 个元素设计结构矩阵的聚类数目，某个行列元素依赖强度的总量定义为依赖量，则第 k 个聚类 L_k 内部元素的依赖量为

$$F_k^1 = \sum_{a=0}^{m_k-n_k} \sum_{b=0}^{m_k-n_k} f_{m_k+b,m_k+a} \tag{8-1}$$

式中：f_{ij}——设计结构矩阵中第 i 个列元素与第 j 个行元素的依赖强度值；

n_k——第 k 个聚类的第一个元素的位置编号；

m_k——第 k 个聚类的最后一个元素的位置编号。

则所有聚类的内部元素依赖量为

$$F^1 = \sum_{k=1}^{N} F_k^1 \tag{8-2}$$

假设依赖量与聚类中的元素数量成正比，包含元素较少的聚类的行列元素之间的依赖关系比较容易管理，因此不同聚类之间的依赖量为

$$F_{pq}^2 = \mu \cdot (N-1) \cdot (m_q - n_q + m_p - n_p) \sum_{a=0}^{n_q-m_q} \sum_{b=0}^{n_p-m_p} f_{m_q+b,m_p+a} \tag{8-3}$$

式中，$p=1,2,\cdots,N$ 表示设计结构矩阵中第 p 个聚类；$q=1,2,\cdots,N$ 表示设计结构矩阵中第 q 个聚类；μ 表示聚类数量对聚类间依赖量的影响程度，一般取 $\mu=0.9$，则所有不同聚类间的依赖量为

$$F^2 = \sum_{p=1}^{N} \sum_{q=1}^{N} F_{pq}^2 \tag{8-4}$$

综上所述，智能制造服务流程设计结构矩阵聚类划分的优化模型为

$$\min F = F^2 + \frac{1}{F^1} \tag{8-5}$$

$$\text{s.t. } f_{ij} \in \{0,1,3,9\}, \quad \forall i,j \tag{8-6}$$

式中，0，1，3，9 表示智能服务流程依赖的强弱关系，比如，并行活动的流程依赖强度无，其值为 0；串行活动的流程依赖强度弱，其值为 1；循环活动的流程依赖强度中，其值为 3；互效活动的流程依赖强度强，其值为 9。

在确定了制造服务流程模块的优化模型之后，就可以选择合适的优化算法来进行流程优化。制造服务流程模块和制造服务内容模块集成起来就是制造服务模块，该模块组合集成为智能制造服务就完成了制造服务的智能设计。

该企业智能补货服务流程优化后，可以进行模块划分。该流程包含 20 个基本活动，UML（统一建模语言）活动图如图 8-19 所示。采用 DSM（设计结构矩阵）对流程建模，由 UML 图将流程依赖和资源共享依赖映射到 DSM，电机企业智能补货服务流程 DSM 矩阵如图 8-20 所示。

在此基础上，通过前述的聚类算法获得模块划分结果。根据每个模块包含的活动内容对模块命名，电机企业智能补货服务流程模块划分结果与包含的活动内容如表 8-1 所示。每一流程模块为一项子服务，可以交由相应的模块化组织去完成。

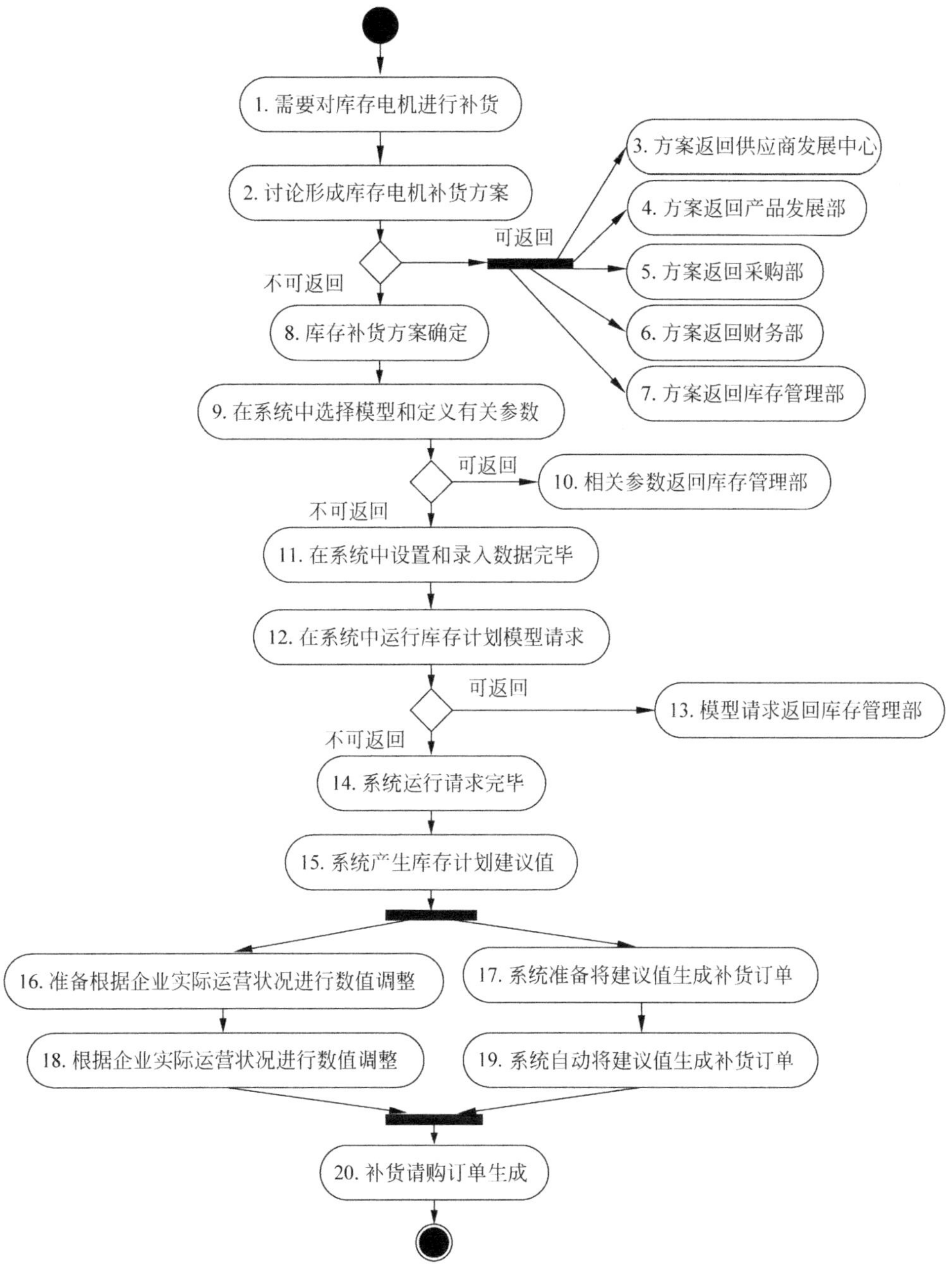

图 8-19　电机企业智能补货服务流程 UML 活动图

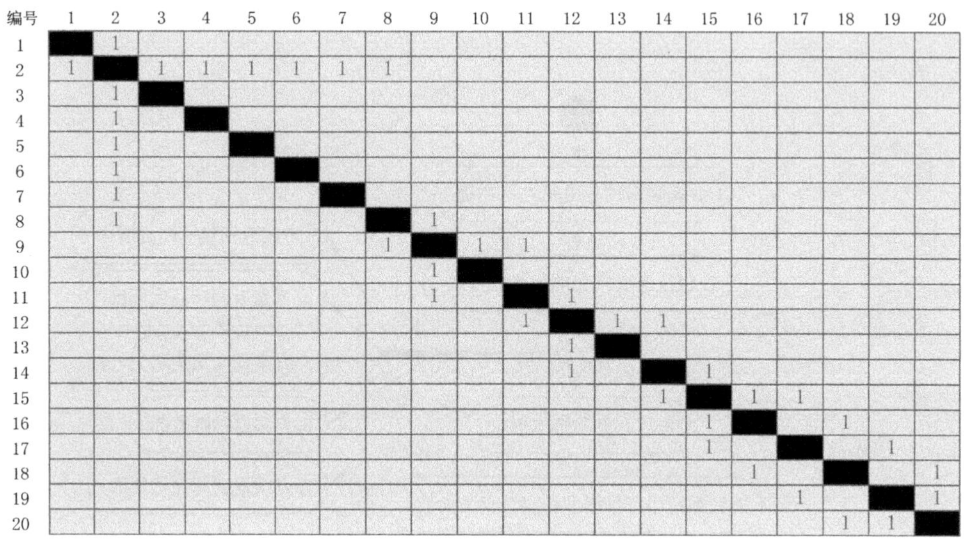

图 8-20　电机企业智能补货服务流程 DSM 矩阵

表 8-1　电机企业智能补货服务流程模块划分结果与包含的活动内容

模块序号	活动内容(任务)	模块名称
模块 1	活动 1,活动 2,活动 3,活动 4,活动 5,活动 6,活动 7,活动 8	库存补货方案子服务
模块 2	活动 9,活动 10,活动 11	库存计划确定子服务
模块 2	活动 12,活动 13,活动 14	库存计划运行子服务
模块 4	活动 15,活动 16,活动 18	库存计划调整子服务
模块 5	活动 17,活动 19,活动 20	补货订单生成子服务

8.3　智能制造服务的配置设计

智能制造服务配置设计是在内容设计和流程设计的基础上,将制造服务与终端用户需求相匹配。从智能制造服务平台角度看,配置设计不但要确定智能制造服务的需求与价值,而且要确定智能制造服务的基础信息支撑架构和软硬件配置,同时还要确定智能制造服务的结构描述以及执行逻辑等,至于其他配置设计工作本节不做讨论。

8.3.1　智能制造服务的需求与价值

智能制造服务需求与价值是智能制造服务配置设计的目标,只有确定了智能制造服务的需求与价值,才能配置对应的软硬件环境。从服务企业、制造企业和终端用户三大类智能制造服务主体的各自特点分析价值视角下的制造服务需求,将制造服务需求映射到制造服务价值，制造服务需求和制造服务价值是相互影响的统一体，是智能制造服务的两个维度，存在内在的映射关系。

1. 智能制造服务需求分析

智能制造服务需求是在商业生态环境中各个智能制造服务主体从各自价值创造出发提出的价值声明，它是通过服务创新满足的，一般表现为智能制造服务系统对应的整体解决方案。智能制造服务需求是智能制造服务设计的源头，具有十分重要的作用，对智能制造服务需求把握得越准确，就越利于智能制造服务设计的实现。智能制造服务需求是伴随着价值挖掘不断完善的，对于服务企业、制造企业和终端客户，智能制造服务需求具有不同的内涵，因为这三类智能制造服务主体在价值创造过程中都有各自的价值声明[8]。在服务企业与制造企业形成的生产性服务关系中，服务企业的需求主要是企业价值声明，制造企业关键是顾客价值声明；而在制造企业与终端用户形成的制造服务化关系中，制造企业主要是企业价值声明，终端用户关键是顾客价值声明。

2. 智能制造服务价值模型

根据智能制造服务需求内涵分析获得的各类制造服务主体的需求，可以构建智能制造服务需求的价值体系。需求的满足伴随着价值的创造，智能制造服务主体的需求都是用价值来衡量的，从需求到价值都有对应关系，比如服务企业的需求对应着服务企业的价值，制造企业的需求对应着制造企业的价值，终端用户的需求对应着终端用户的价值，等等。由于需求和价值是密不可分的，即需求是价值的基础，价值是需求的体现，因此，智能制造服务需求的价值主要集中在企业价值和客户价值，可以采用企业价值理论进行研究。企业价值包括企业本位价值、企业顾客价值和企业社会价值，客户价值包括客户可变价值以及客户感知价值等。智能制造服务需求的价值模型如图 8-21 所示。这个框架是综合应用企业价值理论，来分析智能制造服务需求的价值。

8.3.2　智能制造服务的基础信息支撑架构

智能制造服务的基础信息支撑架构内涵丰富，本节仅讨论智能制造服务的数据获取、智能制造服务的数据存储、智能制造服务的平台设计，以可拓理论建立智能制造服务数据获取方法，以云计算构造智能制造服务数据存储机制，以物联网构建智能制造服务平台体系，其余基础信息支撑架构不再赘述。

1. 智能制造服务的数据获取

智能制造服务数据是关于制造服务活动产生的各类相关数据的集合。在制造服务活动中产生的数据，通过物联网和云计算等技术手段采集和处理后存入数据库或者数据仓库。这些数据如果不进一步提取加工，就不能形成制造服务知识，通过对应的制造服务知识规范编码，把数据进行智能分类，就是智能制造服务的数据获取[14]。

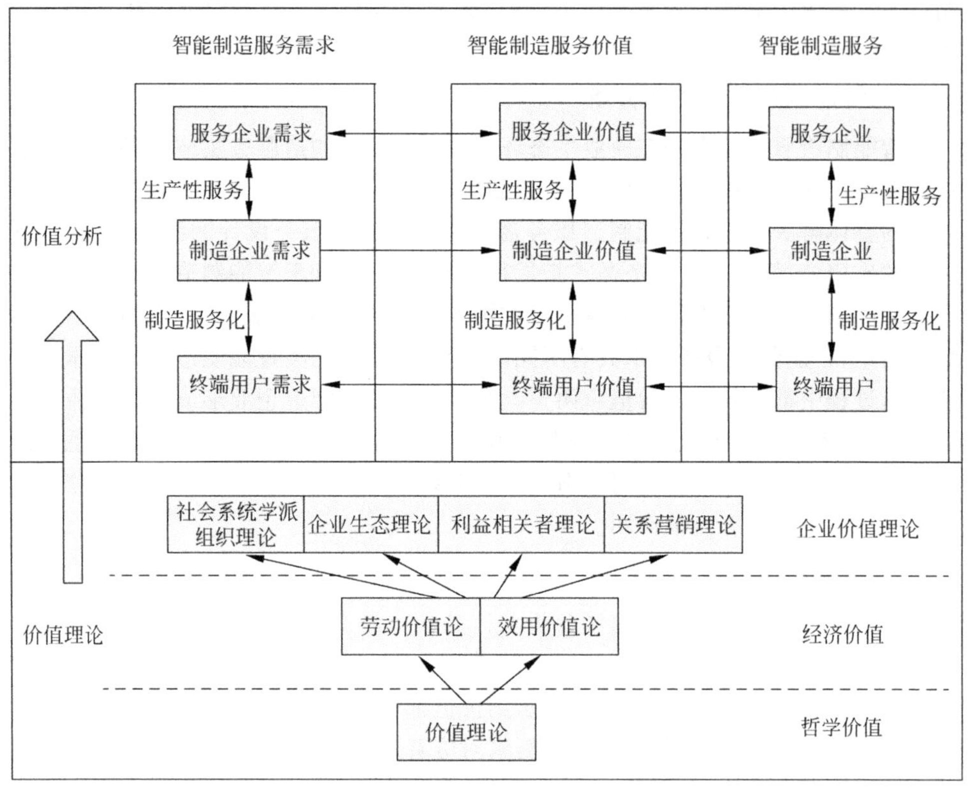

图 8-21 智能制造服务需求的价值模型

2. 智能制造服务的数据存储

智能制造服务数据采用分布式 key/value 实现云计算存储，分布式 key/value 只支持根据唯一的键值(key)定义在一个数据项上的读写操作，查询速度快、支持大规模数据存储并且支持高并发。基于分布式 key/value 确定智能制造服务数据存储方案，包括数据结构、数据访问、数据划分机制等。

3. 智能制造服务的平台体系

为实现制造服务的智能化运作，可以设计基于物联网的智能制造服务平台，该平台主要包括对象感知层、信息整合层、智能建模层、智能方法层、服务应用层等，如图 8-22 所示。其中数据中心主要从数据、信息、知识等方面，为智能制造服务的运作提供随用随取的信息服务，比如传感器配置信息、实时数据信息、数据整合规则库、服务管理知识库等。

8.3.3 智能制造服务的软硬件配置

智能制造服务的软硬件配置不同于传统制造执行系统 MES 在车间层的硬件与软件，在制造车间引入服务因素之后，需要构建新的软硬件配置方案来支撑智能

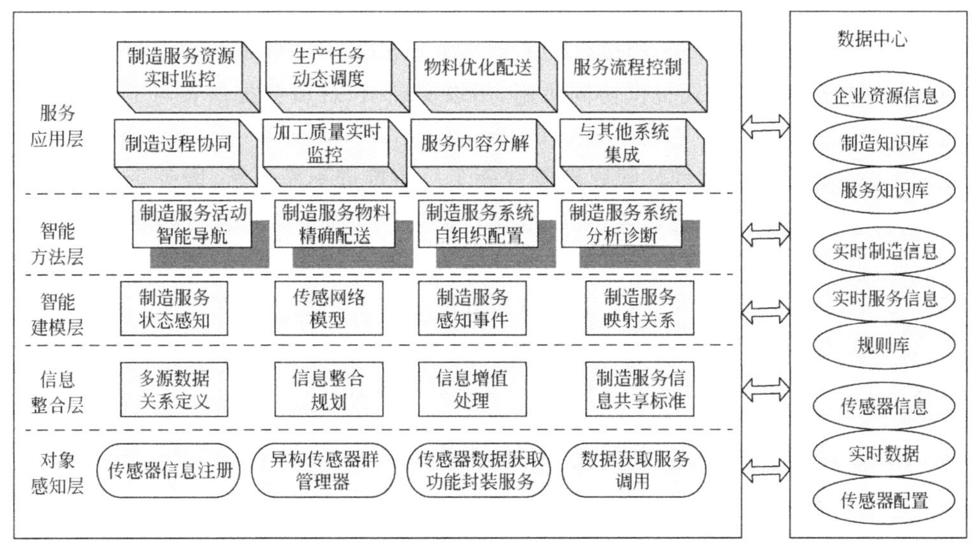

图 8-22　基于物联网的智能制造服务平台

制造服务的运行。下面以制造企业为例讨论制造执行系统驱动的智能制造服务软硬件配置方案。传统模式的车间层 MES 硬件由一组分布在车间的机床及附件、库存构成；车间层 MES 软件由计划与调度、过程控制、库存、维护等四个模块组成[15]。智能制造服务的软硬件配置方案如图 8-23 所示。

车间层 MES 硬件配置采用三种类型的加工设备产生车间设备的物理布局；车间层 MES 软件配置采用扩展服务模型封装加工设备，不同的 IPSS 驱动软件的

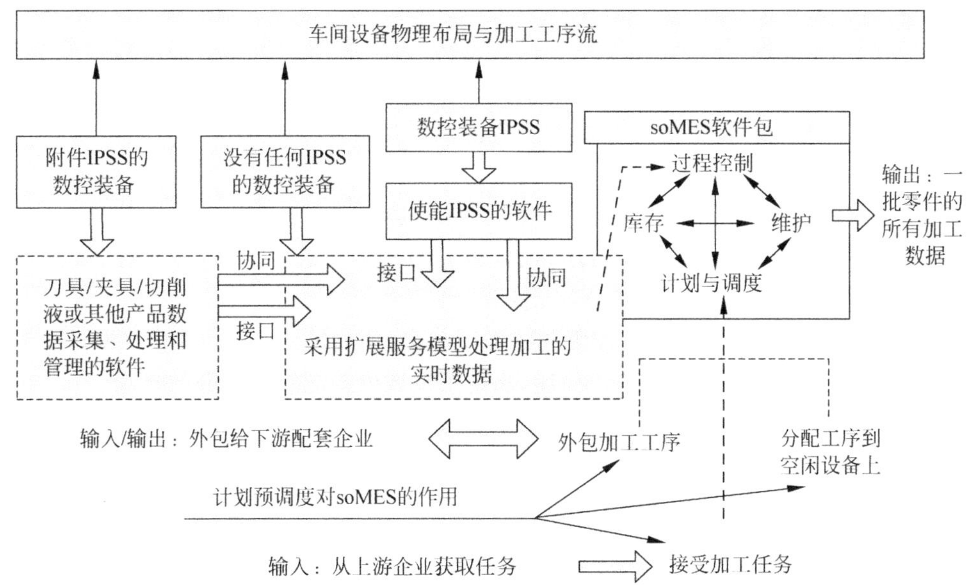

图 8-23　智能制造服务的软硬件配置

计划与调度、过程控制、库存、维护等四个基本功能和一个物流服务功能[16]。该扩展服务模型通过不同IPSS的接口收集实时加工数据，并将收集的数据传送给相关的软件功能模块，同时还提供协同机制，用以实现IPSS服务提供者与工人之间的交互。

智能制造服务的软硬件配置随着智能工厂的推进不断更新，服务企业与制造企业的软硬件配置也差别较大，可以根据产品生产与服务提供来分析软硬件配置的差异，但是智能制造服务基本的软硬件配置是基于智能制造的技术革新来设计的。比如在智能工厂环境下，智能制造服务的硬件主要包含机器设备、车间设施、物流设备、物联网设备等，而智能制造服务的软件主要包括制造执行系统、智能制造服务平台、企业资源信息管理软件、工业互联网软件等。

8.3.4 智能制造服务的本体结构

智能制造服务具有多源异构、多颗粒度、多应用域的特征，考虑软硬件配置设计，需要研究制造服务描述方法，本体是用来描述概念以及概念之间的相互关系的，这个描述基于知识，针对特定领域提出一种形式化表达。本体也是一种互操作系统，该系统以明确的格式描述出人和机器都能够理解的概念。具体应用时经常是领域本体，领域本体形式化描述专门领域知识，包括该领域的实体概念、相互关系的领域活动、该领域所具有的特征以及该领域的活动规律等。

应用本体描述方法一般要建立某一个具体领域的领域本体，智能制造服务的描述应该和特定领域紧密结合才具有实用意义。可以从三个概念层次来描述领域本体：领域顶层本体概念群、特定领域本体概念群和应用本体概念层[17]。本节主要研究制造服务模块特征，领域本体设计方法，三层次概念模型之间的约束关系，综合智能制造服务三个主体的关联设计领域本体模型等内容。

图8-24所示的智能制造服务本体结构模型是本体技术在制造服务领域的具体应用，描述了智能制造服务的概念实体，具体包含了智能制造服务、智能制造服务任务、智能制造服务对象、企业、约束对象和智能制造服务方法等六个部分。

(1) 智能制造服务是基本描述，包含服务的基本信息，比如服务名称、服务功能、服务性能等。

(2) 智能制造服务任务描述服务的类型信息，比如输入参数、输出参数。服务类型是相关制造任务的概念实体描述，确定了领域内智能制造服务的概念。

(3) 智能制造服务对象是对服务面向实体的描述。

(4) 企业是针对需求方选择服务所做的描述。

(5) 约束对象描述制造服务约束的承载体。

(6) 智能制造服务方法描述具体的服务细节，是智能制造服务的实现步骤。

服务的发生时间可以通过制造服务方法与制造服务对比来明确。子服务作为单元制造服务，是在服务约束关系下由制造服务任务、制造服务方法和制造服务对

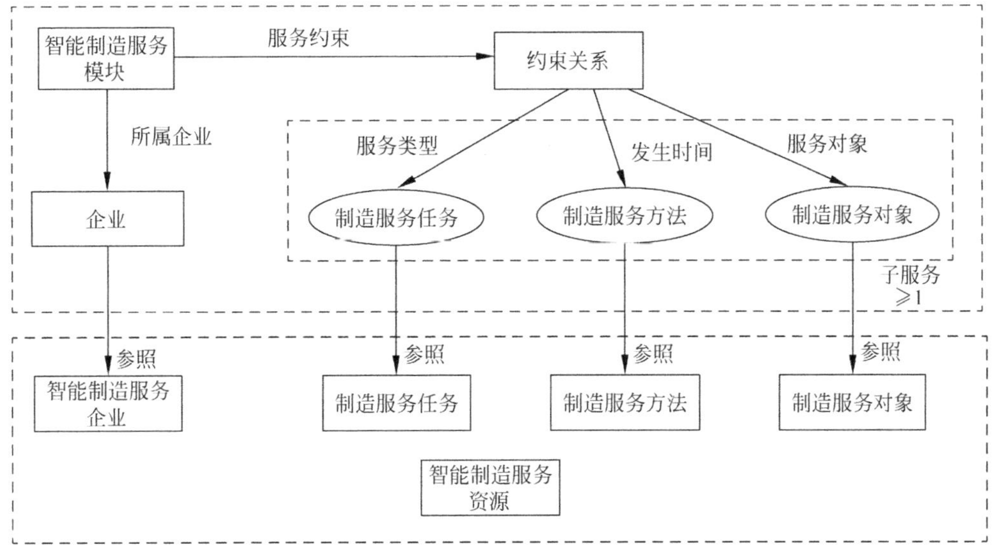

图 8-24　智能制造服务本体结构模型

象等组成，显然，对于智能制造服务模块，子服务一般大于 1。

基于领域本体的智能制造服务描述如下：

$$
\begin{aligned}
\text{智能制造服务} = & (=1\ \textit{所属企业}\cdot \textit{企业}) \cap \\
& (\geqslant 1\ \textit{服务类型}\cdot \textit{制造服务任务}) \cap \\
& (=1\ \textit{服务约束}\cdot ((\geqslant 1\ \textit{发生时间}\cdot \textit{制造服务方法}) \cap \\
& (\geqslant 1\ \textit{服务对象}\cdot \textit{制造服务对象})))
\end{aligned} \tag{8-7}
$$

其中的逻辑关系反映出一个智能制造服务具有唯一的服务类型和服务约束。对于服务约束的关联不存在唯一性，多个制造服务对象可以和服务约束关联，多个制造服务方法也可以和服务约束关联，在关联中约定它们的逻辑关系。

智能制造服务模块的属性内容主要有以下几个：

(1) 服务名称，标识移动制造服务的概念，以字符串描述；

(2) 服务描述，以文本形式描述服务功能与特点，以字符串描述；

(3) 参数描述，表示参数的概念结构，比如名称、单位、数值类型、概念类型等；

(4) 输入参数，描述服务输入参数的要求；

(5) 输出参数，描述服务返回参数的情况；

(6) 创建时间，定义服务建立的时间；

(7) 服务费用，描述收费的价格策略；

(8) 服务时间，描述服务的时间策略。

针对智能制造服务模块的本体描述，可以方便地获得智能制造服务平台上的存储标识，并且可以实现制造服务的调度与集成，为进一步研究智能制造服务系统奠定基础。

8.3.5 智能制造服务的执行逻辑

智能制造服务通过应用物联网技术，实现制造服务信息的感知和制造服务资源的互联，进而通过智能控制来实现制造与服务融合，优化制造企业、服务企业、终端用户之间的价值创造。智能制造服务的执行逻辑如下：

(1) 通过工业互联网实现对智能制造服务涉及的底层制造服务资源的智能化建模，进而使各智能制造服务资源进行主动交互，并实时与其他制造服务资源和上层管理系统共享实时状态信息。

(2) 在制造车间得到加工制造任务后，根据工序级任务的主要参数和各加工资源的实时状态，对待加工任务进行加工资源的优化配置；同样服务企业得到服务提供任务后，也可以对服务资源进行优化配置来完成服务任务。

(3) 根据任务驱动的制造服务资源优化配置结果，采用智能算法对各待加工任务进行排产，服务企业也可以对待提供服务进行规划。

(4) 通过综合考虑配送任务优先级、配送路径、搬运小车容量等，由搬运小车实时状态信息驱动配送任务动态调度，针对产品与服务实现物料配送任务全程的动态监控与精准配送。

(5) 在智能制造服务执行过程中，各加工制造服务资源实时向智能制造服务平台反馈各工序的生产实况，根据各底层制造服务资源的实况，汇总并分析制造服务的主要性能，实现实时获取制造服务的生产状况和对产生异常的原因进行快速溯源的目的。

(6) 对于执行异常，通过与计划的对比，分两类处理。异常较大时，通过车间再调度进行全局动态调整，找到异常原因后，重新配置智能制造服务资源，并建立执行异常实例存储；异常较小时，底层设备通过局部调整策略自适应调节恢复正常。

(7) 在智能制造服务的执行过程中，通过实时反馈生产、服务、物流等信息，根据生产和服务的实施进度，动态地调整物流配送以适应生产和服务的需求，将物料或服务资源在准确的时间送达准确的地点，减少在制品以及由于缺料造成的停工损失，实现生产、服务、物流的协同优化。

8.4 本章小结

本章的主要研究工作概括如下：

(1) 结合过程链网络和模块化技术，研究了智能制造服务的内容设计，构建了制造服务 BOM 模型，以及 BOM 驱动制造服务任务分解技术，在此基础上针对智能制造服务模块内容来建立制造服务的耦合方法，以支持制造与服务的智能化融合。

(2) 结合过程链分析理论,建立了模块化制造服务流程设计方法,包含制造服务流程分解、制造服务流程优化和制造服务流程模块化。利用过程链研究制造服务的流程关系,建立了工业互联网中制造服务流程的模块化设计方法,确定制造服务流程的智能化设计。

(3) 从智能制造服务平台角度提出智能制造服务的配置设计技术,用来确定制造服务的需求与价值,以及确定基础信息支撑架构和软硬件配置,还确定了结构描述以及执行逻辑等。

参考文献

[1] ERIXON G, VON YXKULL A, ARNSTRÖM A. Modularity-the basis for product and factory reengineering[J]. CIRP Annals-Manufacturing Technology, 1996, 45(1): 1-6.

[2] SIMPSON T W, MAIER J R, Mistree F. Product platform design: method and application [J]. Research in Engineering Design, 2001, 13(1): 2-22.

[3] AALST W M P V D. Formalization and verification of event-driven process chains[J]. Information and Software Technology, 1999, 41(10): 639-650.

[4] 祁国宁,顾新建,祁连,等.从过程序列、过程链到过程流[J].计算机集成制造系统,2001,7(10):13-17.

[5] 孙林岩,李刚,江志斌,等.21世纪的先进制造模式——服务型制造[J].中国机械工程,2007,18(19):2307-2312.

[6] 江志斌,李娜,王丽亚,等.服务型制造运作理论[M].北京:科学出版社,2016.

[7] 李伯虎,张霖,王时龙,等.云制造——面向服务的网络化制造新模式[J].计算机集成制造系统,2010,16(1):1-7.

[8] 张卫,石涌江,顾新建,等.基于商业生态的移动制造服务理论与技术[M].北京:科学出版社,2016.

[9] 耿秀丽.顾客价值驱动的产品服务系统方案设计建模与决策技术研究[D].上海:上海交通大学,2012.

[10] MONT O K. Clarifying the concept of product-service system[J]. Journal of Cleaner Production, 2002, 10(3): 237-245.

[11] MAUSSANG N, ZWOLINSKI P, BRISSAUD D. Product-service system design methodology: from the PSS architecture design to the products specifications[J]. Journal of Engineering Design, 2009, 20(4): 349-366.

[12] 夏志杰.工业互联网的体系框架与关键技术——解读《工业互联网:体系与技术》[J].中国机械工程,2018,29(10):1248-1259.

[13] AMJAD A, AZAM F, ANWAR M W, et al. Event-driven process chain for modeling and verification of business requirements—A systematic literature review[J]. IEEE Access, 2018, 6(99): 9027-9048.

[14] 张卫,李仁旺,潘晓弘.工业4.0环境下的智能制造服务理论与技术[M].北京:科学出版社,2017.

[15] 江平宇,张富强,付颖斌,等.服务型制造执行系统理论与关键技术[M].北京:科学出版

社,2015.

[16] JIANG P Y,FU Y. A new conceptual architecture to enable iPSS as a key for service-oriented manufacturing executive systems [J]. International Journal of Internet Manufacturing and Services,2009,2(1): 30-42.

[17] DOBSON G,HALL S,KOTONYA G. A Domain-independent ontology for non-functional requirements[C]//IEEE International Conference on e-Business Engineering,Hong Kong,China,2007: 563-566.

第 8 章教学资源

第9章

智能制造服务的运行与状态监控

智能制造服务运行是由服务企业、制造企业、终端用户的各种制造服务活动构成的，为实现对这些服务活动的智能化监控与跟踪，需要形式化描述制造服务的运行域。制造服务运行域被定义为形成价值、实现内容、执行流程等具体过程，包括了价值域、内容域、流程域在内的制造服务运行体系。本章首先定义制造服务运行域状态与事件，以此构建事件驱动的运行监控与跟踪模型。然后，应用 RFID 射频识别技术与过程跟踪形式化图式推演建模方法，描述智能制造服务运行过程；依托运行域的事件集所确定的监控参数，实现制造服务运行的实例化；并根据运行控制策略，创成基于跟踪事件集的智能制造服务运行跟踪模型。

9.1 智能制造服务的运行域

智能制造服务的运行域是产品与服务智能化融合过程中形成价值、实现内容、执行流程等过程的空间。为了描述智能制造服务运行域，首先要分析智能制造服务的运行过程，明确价值形成过程、内容实现过程、流程执行过程等；进而采用公理化设计方法建立智能制造服务运行域的价值域、内容域、流程域，定义各个运行域的状态[1-2]；最后分析智能制造服务运行过程中的核心事件，并构建各个运行域中的基本事件以及更新事件的规则。

9.1.1 智能制造服务的运行过程

智能制造服务的运行过程主要包含价值形成、内容实现、流程执行等，价值形成是围绕特定智能制造服务运行，服务企业、制造企业、终端用户之间通过制造服务活动创造价值的过程；内容实现是智能制造服务活动运行期间，以产品工作原理和服务核心内容为基础设计产品与服务，并通过模块化方法实现智能制造服务功能，进行产品服务一体化的过程；流程执行是针对终端用户需求，进行产品生产与服务运作，并集成产品流程与服务流程的过程。

1. 智能制造服务的价值形成过程

智能制造服务价值是为满足终端用户的价值需求，以服务为载体，以顾客感知来衡量的价值。智能制造服务价值的形成伴随着产品使用与服务体验，利益相关者围绕智能制造服务的生命周期，通过协同提供集成的解决方案，以此来增强制造企业的核心竞争力[3]。智能制造服务的价值形成过程主要为价值识别、价值主张、价值交付等，如图 9-1 所示。

(1) 价值识别：基于终端用户的智能制造服务需求，识别出隐性价值需求，并提供个性化的智能制造服务方案。首先调研终端用户的服务需求，收集其需求表达；其次构建智能制造服务的价值层次，并分别从不同角度表达终端用户的价值需求；再次借助数学工具来形式化描述价值需求，并对智能制造服务数据进行处理；最后从内容需求和流程需求两方面来确定服务属性集合及其服务属性水平。

(2) 价值主张：基于终端用户的智能制造服务决策，各个利益相关者提出各自的价值主张，在相互博弈中达成价值分配方案。首先基于价值需求识别结果，经过终端用户的决策，输入智能制造服务配置模型；其次以模块化配置方法，针对内容和流程分别构建配置规则，并确定内容模块与流程模块；最后将内容模块与流程模块集成，组合成为智能制造服务配置方案。

(3) 价值交付：基于终端用户的智能制造服务体验，实现智能制造服务方案的内容和流程，完成智能制造服务交付。首先分析产品导向交付、服务导向交付、绩效导向交付的利益博弈，依据机制形成网络中服务流、物流、资金流的变化来确定服务交付方式；其次针对三种交付方式，采用服务蓝图工具描述智能制造服务流程，建立流程模型；最后对流程中可能引起终端用户不满的操作步骤分区域进行优化，提高智能制造服务价值。

2. 智能制造服务的内容实现过程

智能制造服务内容是为满足终端用户的功能需求，以产品为载体，集成服务要素的制造服务功能。智能制造服务内容的实现是在解决产品工作原理基础上，设计服务核心内容，确定智能制造服务方案[4]。智能制造服务的内容实现过程表现为产品内容实现、服务内容实现、产品服务一体化等具体过程，如图 9-2 所示。

(1) 产品内容实现过程：基于终端用户的智能制造服务需求，获取产品性能，确定产品具体内容，以模块化方法构建产品 BOM。首先根据终端用户需求，抽取产品价值，并定义产品性能；其次分析智能制造服务的产品工作原理，使得产品实现对应的产品性能，确定产品技术指标，设计产品工艺等；最后为实现产品智能化，进行产品模块化设计，从功能角度确定产品的模块划分层次，以及产品基本结构。

(2) 服务内容实现过程：基于终端用户的智能制造服务需求，获取服务性能，确定服务具体内容，以模块化方法构建服务 BOM。首先根据终端用户需求，抽取服务价值，并定义服务性能；其次分析智能制造服务的服务核心内容，使得服务实现对应的服务性能，确定服务约束，设计服务过程等；最后为实现服务智能化，进行服务模块化设计，从功能角度确定服务的模块划分层次，以及服务基本逻辑。

(3) 产品服务一体化过程：基于终端用户的制造服务功能，实现产品内容和服务内容的耦合，最终获得智能制造服务方案。首先根据智能制造服务需求获取性能需求，并确定产品性能需求与服务性能需求；其次结合产品内容实现和服务内容

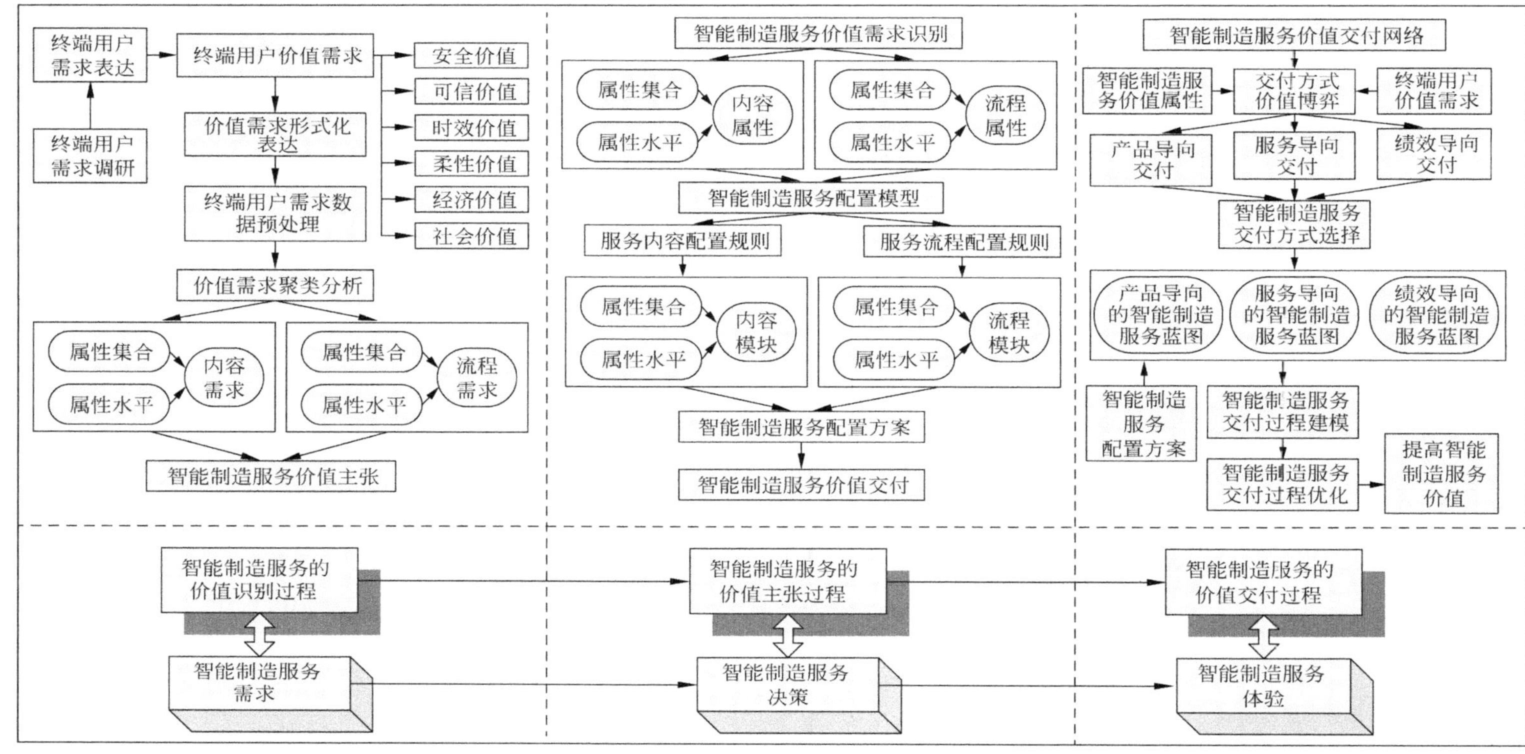

图 9-1　智能制造服务的价值形成过程

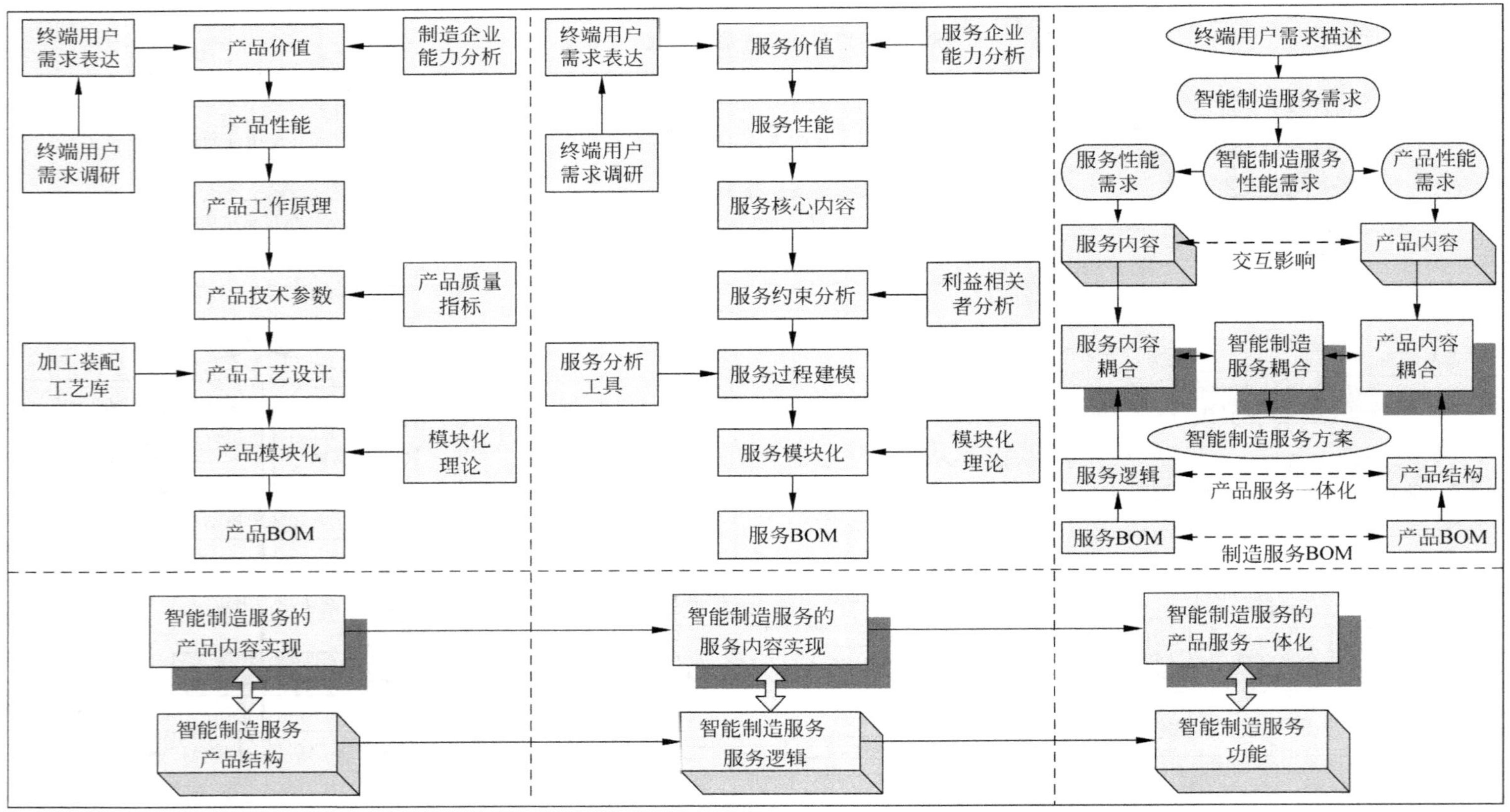

图 9-2 智能制造服务的内容实现过程

实现，分析二者相互影响，确定产品与服务；最后在产品内容耦合与服务内容耦合的基础上，进行智能制造服务耦合，实现产品服务一体化。

3．智能制造服务的流程执行过程

智能制造服务流程是为实现智能制造服务内容而进行的基本步骤，它以服务企业和制造企业的生产运作过程为依据，确定时间维度的制造服务活动集合序列。智能制造服务流程的执行是智能制造服务运行的最终结果[5]。智能制造服务的流程执行过程主要是产品设计制造、服务规划实施、制造服务方案执行等过程，如图 9-3 所示。

（1）产品设计制造过程：制造企业生产产品的过程，基于终端用户的需求表达，设计产品和制造产品，并检验产品与存储合格产品。首先根据终端用户需求，抽取产品结构要求，进而进行产品概念设计与详细设计；其次配置制造企业资源，进行产品零件加工与装配，以制造执行系统管理加工装配过程；最后以产品质量标准检验产品，合格品通过物流进行仓储，为产品服务系统集成奠定基础。

（2）服务规划实施过程：服务企业运营服务的过程，基于终端用户的需求表达来规划服务，进而利用服务企业资源实施服务。首先根据终端用户需求，抽取服务逻辑要求，以此进行服务总体规划；其次配置服务企业资源，进行服务流程优化，并确定服务规则；最后依托服务实验室模拟仿真服务过程，在迭代执行过程中获取最优服务，同时在适当范围内体验服务过程，合格服务通过平台进行入库，为产品与服务融合奠定基础。

（3）方案执行过程：基于终端用户的智能制造服务运作，实现产品流程和服务流程的集成，最终实现智能制造服务运行。首先从制造服务需求响应，制造企业与服务企业同终端用户进行交易，确定智能制造服务使用要求；其次结合产品流程和服务流程实现，分析二者交互影响，确定产品与服务；最后在产品流程集成与服务流程集成的基础上，进行制造服务协同，实现制造服务的智能化运行。

9.1.2　智能制造服务的运行状态定义

智能制造服务的运行状态是在构建智能制造服务价值域、内容域、流程域的基础上，针对价值形成、内容实现、流程执行等过程的状态描述，这些基本状态决定了智能制造服务运行的关键步骤，可以作为制造服务的智能化监控依据。

1．智能制造服务的价值域状态

智能制造服务的价值域是用来描述基于终端用户需求的智能制造服务价值，可以用终端用户基本信息分析顾客期望的系统使用结果，从结果层和属性层来建立价值域[6,7]。一个特定应用背景下，终端用户如何达到使用目标的过程定义为任务，在价值域的结果层采用任务来表达；基于终端用户目标获得使用情境下期望的系统任务，进而确定顾客期望系统任务需要具备的属性，在价值域的属性层采用价值要素来表达。智能制造服务的价值域如图 9-4 所示。

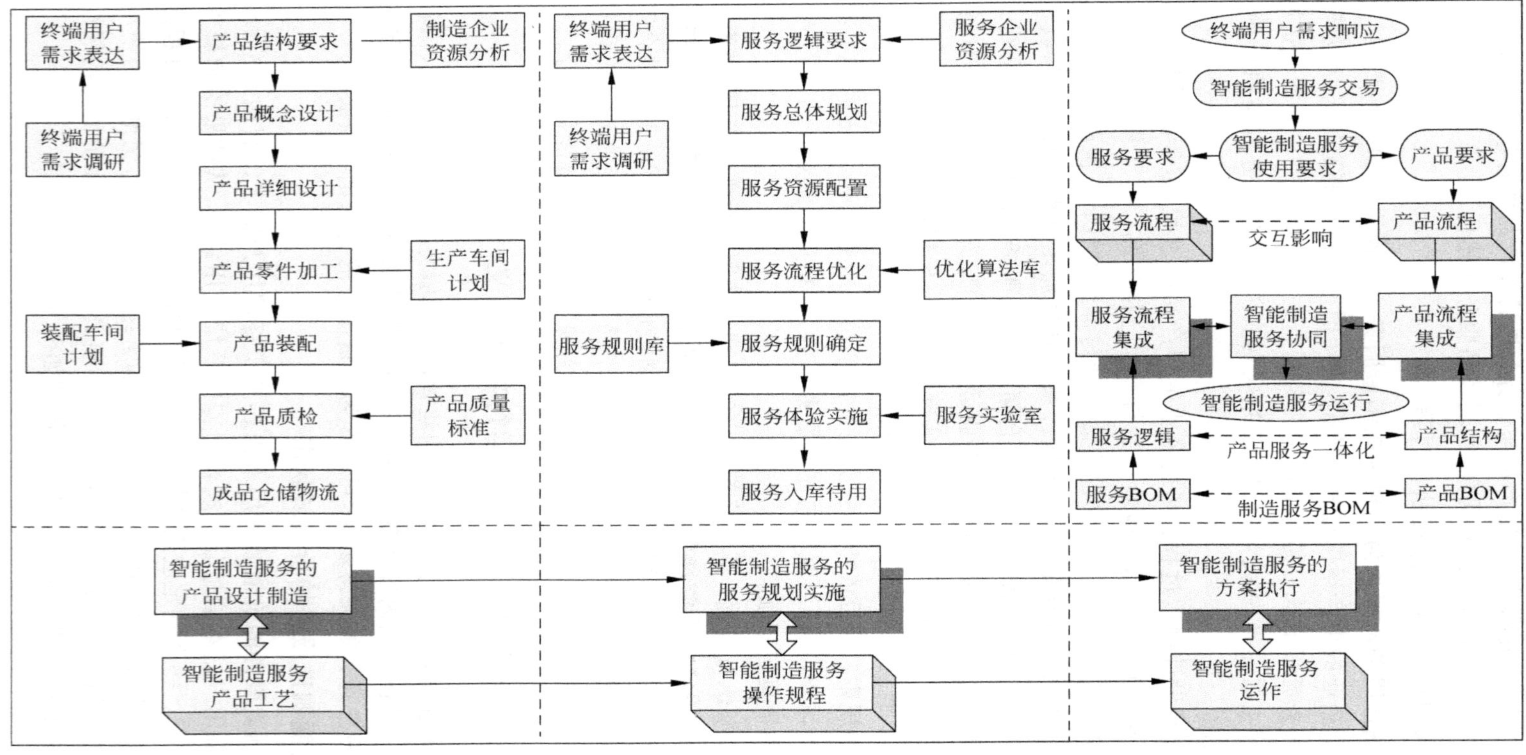

图 9-3　智能制造服务的流程执行过程

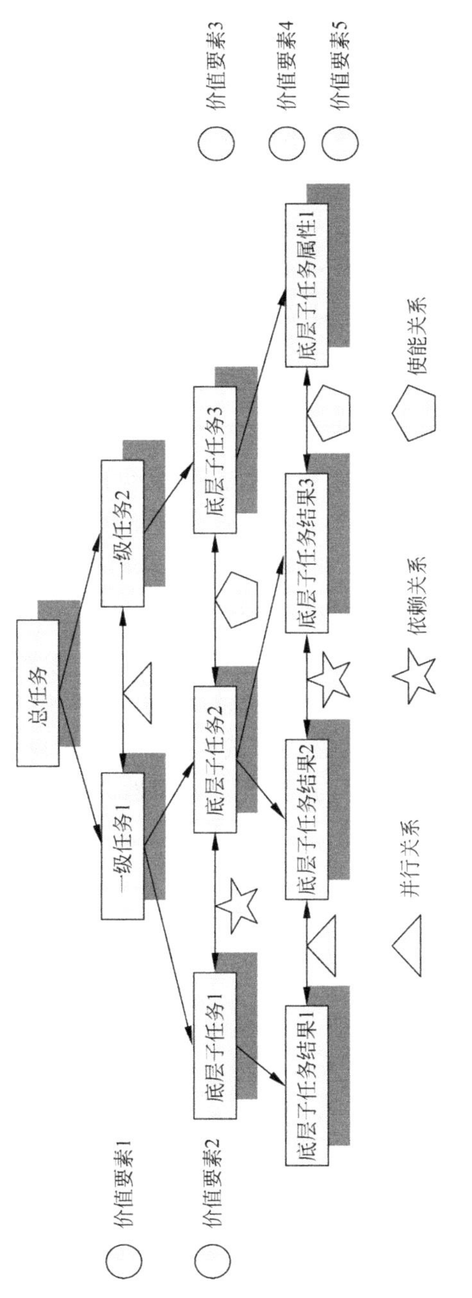

图 9-4　智能制造服务的价值域

在智能制造服务的价值域，以价值要素为依据，将总任务逐级分解，采用模块化方法获得各个子任务，子任务之间定义为并行关系，或者依赖关系，或者使能关系，以结果和属性定义底层子任务。智能制造服务的价值域状态是价值形成过程中各个阶段的基本状态，可以从需求分析、价值识别、价值主张、价值交付、共享策略等状态描述价值形成。智能制造服务的价值域状态如表 9-1 所示。

表 9-1　智能制造服务的价值域状态

价值域状态	运行状态结果	运行状态属性
需求分析	价值需求	需求与价值映射规则
价值识别	安全价值、时效价值、可信价值、柔性价值、社会价值、经济价值	服务水平、服务响应、服务保障、服务反馈、服务表现、服务感知等
价值主张	内容模块、流程模块	内容属性集合、流程属性集合
价值交付	产品导向、服务导向、绩效导向	产品属性集合、服务属性集合
共享策略	价值分配	价值分配比例、价值分配原则

智能制造服务的价值域状态反映了制造服务运行的价值形成核心节点，需要与价值域事件融合来实现价值创造。随着制造服务价值机理的深入研究，可以逐步细化价值域状态，以便于实现工业大数据分析，从而控制智能制造服务运行。

2. 智能制造服务的内容域状态

智能制造服务的内容域是用来描述基于价值域的任务来确定对应的内容，可以用功能黑箱模型来建立内容域。一个特定应用背景下，服务企业和制造企业能够提供的产品或服务定义为内容，在内容域的结果层采用内容来表达；基于服务企业与制造企业的能力，确定产品与服务的工程特性，进而获得实现智能制造服务内容必需的属性，在内容域的属性层采用工程特性来表达。智能制造服务的内容域如图 9-5 所示。

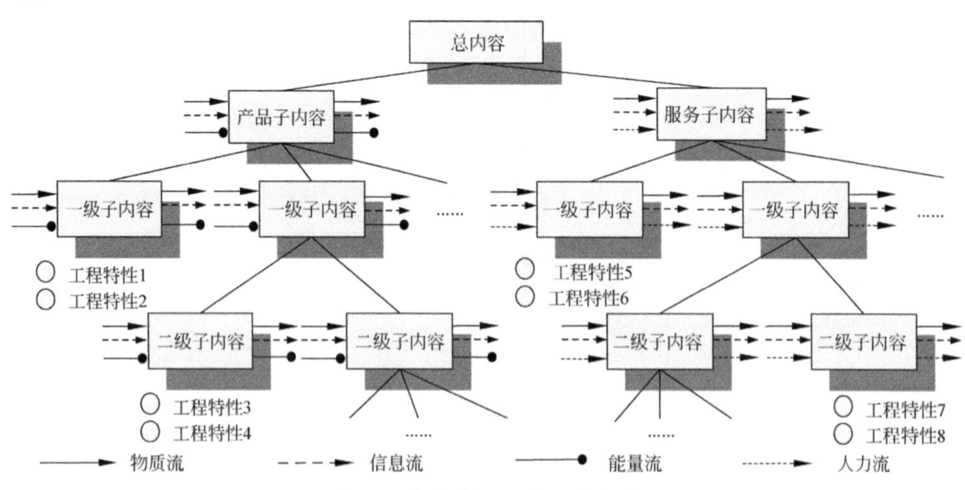

图 9-5　智能制造服务的内容域

在智能制造服务的内容域,以工程特性为依据,将总内容分为产品子内容与服务子内容,再以树状结构逐级分解,采用模块化方法获得各级子内容,各级子内容之间的关系结合流程域来确定,子内容采用产品内容黑箱或服务内容黑箱来表达。智能制造服务的内容域状态代表内容实现过程中各个阶段的基本状态,主要有性能分析、产品内容、服务内容、产品服务一体化、集成策略等。智能制造服务的内容域状态如表9-2所示。

表9-2　智能制造服务的内容域状态

内容域状态	运行状态结果	运行状态属性
性能分析	性能需求	需求与价值映射规则
产品内容	产品性能、产品质量、产品模块	产品性能指标、产品质量标准
服务内容	服务性能、服务质量、服务模块	服务性能指标、服务质量标准
产品服务一体化	产品集成、服务集成、产品服务耦合	制造服务功能、制造服务水平
集成策略	智能制造服务方案	产品方案、服务方案

智能制造服务的内容域状态反映了制造服务运行的内容实现核心节点,需要与内容域事件融合来实现制造服务内容。由于内容域复杂多变,需要采用工业互联网技术支撑,实时控制产品生产和服务实施过程,确保智能制造服务内容实现。

3. 智能制造服务的流程域状态

智能制造服务的流程域用来描述基于服务企业和制造企业活动的制造服务操作过程,可以用服务企业和制造企业资源来描述产品生产和服务实施,进而建立流程域。一个特定应用背景下,服务企业提供服务与制造企业生产产品的过程定义为流程,在流程域的结果层采用流程来表达;基于服务企业与制造企业的资源,确定制造服务运行必需的属性,在流程域的属性层采用资源要素来表达。智能制造服务的流程域如图9-6所示。

在智能制造服务的流程域,以资源要素为依据,将总流程分为产品流程与服务流程,再逐级分解,采用模块化方法获得各级子流程,结合智能制造服务的内容域,将子流程之间定义为并行关系,或者依赖关系,或者使能关系。智能制造服务的流程域状态是流程执行过程中各个阶段的基本状态,可以从资源分析、产品流程、服务流程、产品服务系统、协同策略等状态描述流程执行。智能制造服务的流程域状态如表9-3所示。

表9-3　智能制造服务的流程域状态

流程域状态	运行状态结果	运行状态属性
资源分析	资源需求	需求与资源映射规则
产品流程	产品设计、产品生产、产品检测	产品资源指标
服务流程	服务规划、服务实施、服务体验	服务资源指标
产品服务系统	产品协同、服务协同、产品服务系统	制造服务流程、制造服务可靠性
协同策略	智能制造服务运作	产品执行集合、服务执行集合

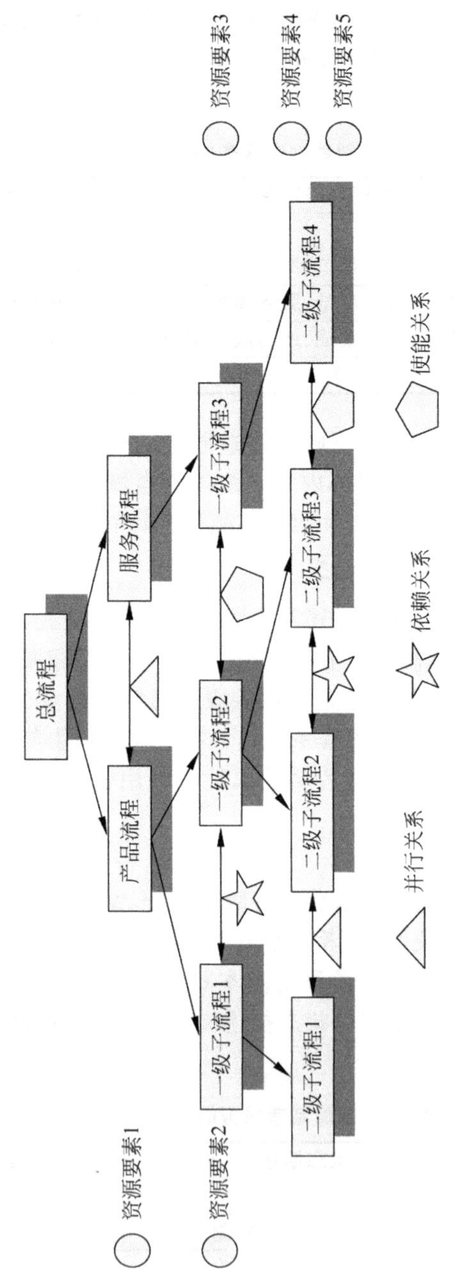

图 9-6 智能制造服务的流程域

智能制造服务的价值域状态反映了制造服务运行的流程执行核心节点，需要与流程域事件融合来实现执行流程。各类企业的流程灵活多变，需要领域知识的支持，可以利用制造执行系统与服务管理系统等来智能控制制造服务流程。

9.1.3　智能制造服务的运行事件

智能制造服务的运行事件是在制造服务价值域、内容域、流程域中，实现价值形成、内容实现、流程执行等过程的事件描述，这些基本事件决定了智能制造服务运行的核心内容，可以作为制造服务智能化管理的操作要点。

1. 智能制造服务的价值域事件

智能制造服务的价值域事件是价值形成过程中各个阶段的基本事件，可以从需求获取、价值确定、价值配置、价值实现、利润共享等事件描述价值形成。智能制造服务的价值域事件如表 9-4 所示。

表 9-4　智能制造服务的价值域事件

价值域事件	运行事件结果	运行事件属性
需求获取	需求规格表	需求描述规则
价值确定	价值内涵表	服务性能、产品性能
价值配置	产品服务配置方案	服务水平、产品质量
价值实现	产品服务价值	服务价值、产品价值
利润共享	利润分配方案	服务企业价值、制造企业价值、终端用户价值

为方便描述，以某压缩机制造服务为例来说明智能制造服务的运行域事件。某压缩机制造企业采取制造服务化战略，建立智能制造服务系统来提高企业竞争力，将产品与服务融合，并在配套企业与核心客户之间实现压缩机制造服务运行，构建了运行域，定义了运行域状态，下面简要分析企业的运行域事件。压缩机制造服务主要包括大修车间、客户呼叫中心、产品远程监控网络、客户关系管理系统、服务质量控制体系等，在压缩机制造服务运行的价值域中定义主要事件，从核心客户获取需求，进而创造价值，到价值分配。压缩机制造服务的价值域事件如表 9-5 所示。

表 9-5　压缩机制造服务的价值域事件

价值域事件	运行事件结果	运行事件属性
需求获取	压缩机需求规格表	压缩机使用场景
价值确定	压缩机价值内涵表	压缩机性能、压缩机服务要求
价值配置	压缩机制造服务配置方案	压缩机质量、压缩机服务水平
价值实现	压缩机制造服务报价	压缩机价格、压缩机服务价格
利润共享	压缩机制造服务利润分配方案	配套企业利润占比、核心客户支付总价格

依据压缩机企业特点，结合领域知识定义价值域事件，将企业实践适当简化，抽取主要事件，实现压缩机制造服务的价值形成。在具体企业分析中，需要更为详细的价值域事件界定，这些事件需要配套企业、压缩机企业、核心客户的具体资料来定义。

2. 智能制造服务的内容域事件

智能制造服务的内容域事件是内容实现过程中各个阶段的基本事件，可以从性能映射、产品设计、服务规划、系统实现、内容耦合等事件描述内容实现。智能制造服务的内容域事件如表 9-6 所示。

表 9-6 智能制造服务的内容域事件

内容域事件	运行事件结果	运行事件属性
性能映射	性能要求表	需求与性能映射规则
产品设计	产品方案	产品工艺、产品结构
服务规划	服务方案	服务过程、服务逻辑
系统实现	制造服务系统	制造服务响应水平、制造服务运行参数
内容耦合	智能制造服务功能	产品功能、服务功能

同样以该压缩机制造服务为例来说明智能制造服务的内容域事件。典型的压缩机制造服务内容是压缩机产品服务系统，从产品系统、服务系统到产品服务系统都可以归结为压缩机制造服务。压缩机产品服务系统将压缩机与服务能力融合提供给核心用户，在压缩机制造服务运行的内容域中定义主要事件，从核心客户性能要求开始，到压缩机制造服务功能确定。压缩机制造服务的内容域事件如表 9-7 所示。

表 9-7 压缩机制造服务的内容域事件

内容域事件	运行事件结果	运行事件属性
性能映射	压缩机性能要求表	压缩机技术参数
产品设计	压缩机产品方案	压缩机生产工艺、压缩机装配结构
服务规划	压缩机服务方案	压缩机服务过程集合、压缩机服务逻辑
系统实现	压缩机制造服务系统	系统响应水平、系统运行参数
内容耦合	压缩机制造服务功能	压缩机功能、压缩机服务功能

依据压缩机企业特点，结合领域知识定义内容域事件，将企业实践适当简化，抽取主要事件，获得压缩机制造服务的内容实现。内容域事件涉及压缩机产品的各类知识，需要建立知识服务系统来支持，并采用工业大数据分析压缩机制造服务，定义新知识。

3. 智能制造服务的流程域事件

智能制造服务的流程域事件是流程执行过程中各个阶段的基本事件，可以从资源调度、产品生产、服务实施、系统运作、流程协调等事件描述流程执行。智能制造服务的流程域事件如表 9-8 所示。

表 9-8　智能制造服务的流程域事件

流程域事件	运行事件结果	运行事件属性
资源调度	资源需求表	需求与资源映射规则
产品生产	产品实现	产品质量标准、产品可靠性
服务实施	服务实现	服务质量标准、服务可靠性
系统运作	制造服务运行	制造服务性能参数
流程协调	智能制造服务运作	服务企业提供、制造企业生产、终端用户满足

同样以压缩机制造服务为例来说明智能制造服务的流程域事件。典型的压缩机制造服务流程是压缩机制造服务运行，包括压缩机设计生产、压缩机正常工作、压缩机服务规划实施、压缩机服务正常提供、压缩机制造服务集成协同等，在压缩机制造服务运行的流程域中定义主要事件，从配套企业与压缩机企业资源开始，到压缩机制造服务正常运行。压缩机制造服务的流程域事件如表 9-9 所示。

表 9-9　压缩机制造服务的流程域事件

流程域事件	运行事件结果	运行事件属性
资源调度	配套企业资源需求表、压缩机企业资源需求表	压缩机生产工艺、压缩机服务逻辑
产品生产	压缩机生产	压缩机质量标准、压缩机可靠性
服务实施	压缩机服务实施	压缩机服务质量标准、压缩机服务可靠性
系统运作	压缩机制造服务运行	压缩机制造服务性能参数
流程协调	压缩机制造服务运作	配套企业提供服务、压缩机企业生产产品、核心客户使用制造服务

依据压缩机制造企业的特点，结合领域知识定义流程域事件，将企业实践适当简化以抽取主要事件，实现了压缩机制造服务的流程执行。流程域事件采用工业互联网整合配套企业、压缩机企业、核心客户，实现了资源共享，以此来保障压缩机制造服务的可靠运行。

9.2　事件驱动的智能制造服务操作图式模型

智能制造服务运行监控与跟踪可参考较为成熟的 RFID 数据采集技术。智能制造服务的产品与服务活动差异较大，针对服务需要通过基于载体的设计转换使得服务实体化，来克服虚拟服务的 RFID 数据采集瓶颈。

9.2.1 智能制造服务操作图式与 RFID 监控模式

基于 RFID 的过程跟踪形式化图式推演建模方法是在过程跟踪图式建模基础上，定义 RFID 状态块单元模型，以图式方法确定状态块单元与动作时序单元之间的映射关系，并进行形式化描述[8-9]，最后通过动作时序单元连接，获得跟踪监控时序流图式描述模型。下面基于物联网技术应用该方法进行智能制造服务运行过程中的监控与跟踪建模。

1. 基于 RFID 的智能制造服务运行过程形式化图式推演

智能制造服务运行过程以操作来描述具体的活动，可以建立单操作组成多操作，进而完成智能制造服务的形式化图式体系。采用基于 RFID 的过程跟踪形式化图式推演建模方法，智能制造服务运行过程形式化图式推演如图 9-7 所示。

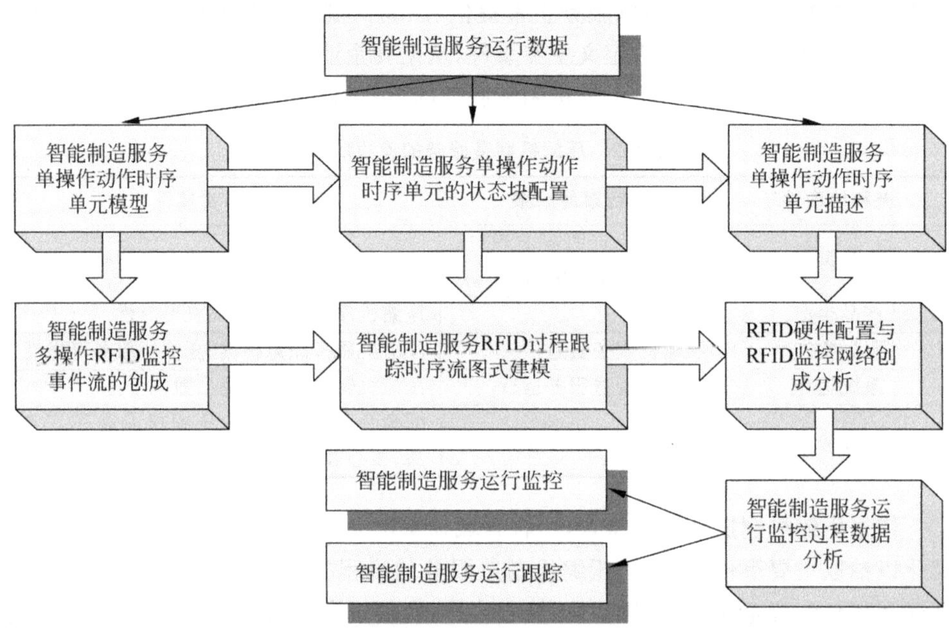

图 9-7 智能制造服务运行过程形式化图式推演

基于 RFID 的智能制造服务运行过程形式化图式推演步骤如下：

（1）智能制造服务单操作动作时序单元模型。从智能制造服务运行数据分析开始，对多操作活动依据监控和跟踪需求分解为不同粒度，选择智能制造服务的监控动作点，进而部署 RFID 监控事件集，定义单操作动作时序单元模型。

（2）智能制造服务单操作动作时序单元的状态块配置。以 RFID 采集模式构建图式状态监控模型，在此基础上，对单操作活动赋予 RFID 采集模式，建立基于 RFID 的动作时序单元模型。

（3）智能制造服务单操作动作时序单元描述。以智能制造服务跟踪需求为依据，采用“事件—状态—位置—执行者—时间”图示描述方法，构建单操作 RFID 过程跟踪时序流模型，实现监控与跟踪的流程分析。

(4) 智能制造服务多操作 RFID 监控事件流的创成。采用甘特图分析智能制造服务多操作流程，定义单操作之间的连接，包括串联连接、并联连接、条件连接等，描述多操作动作时序流。

(5) 智能制造服务 RFID 过程跟踪时序流图式建模。依据智能制造服务价值域、内容域、流程域事件分析，结合单操作 RFID 动作时序单元模型和多操作动作时序流模型，构建具体智能制造服务的跟踪模型。

(6) RFID 硬件配置与 RFID 监控网络创成分析。基于智能制造服务跟踪模型配置 RFID 硬件，通过工业互联网将监控对象连接成网络，核算硬件配置成本，分析监控性能，获得智能制造服务的跟踪 RFID 配置方案。

(7) 智能制造服务运行监控过程数据分析。针对智能制造服务运行数据，进一步通过工业大数据分析技术，生成价值域、内容域、流程域的运行信息，并通过数据挖掘获得智能制造服务知识，以此来支撑智能制造服务运行的监控与跟踪。

2. 单操作动作时序单元模型

智能制造服务对于单操作动作可以结合监控事件来进行形式化描述，以操作动作过程时间为基础，利用分形技术进行操作粒度分解，再确定动作节点和监控事件集，最后定义动作时序单元模型。智能制造服务单操作动作时序单元图式模型如图 9-8 所示。

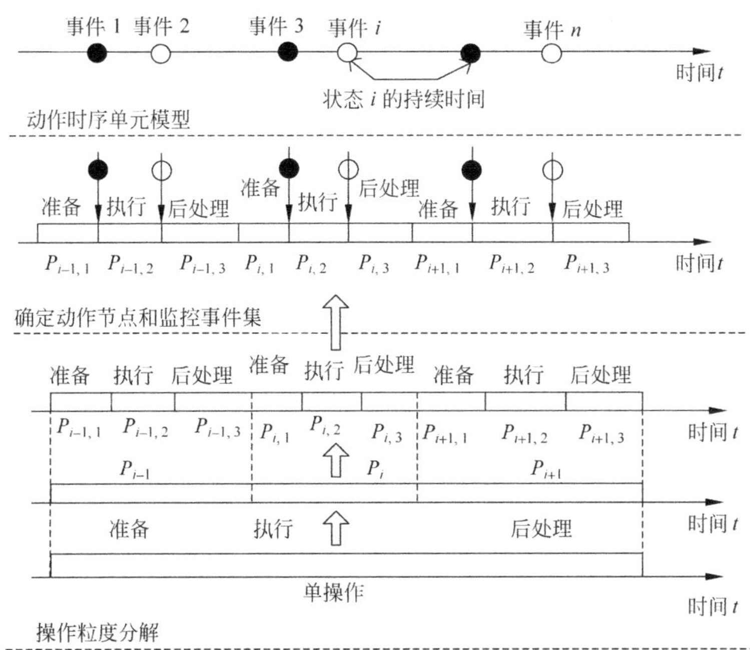

图 9-8　智能制造服务单操作动作时序单元图式模型

下面对智能制造服务单操作动作时序单元图式模型的基本术语进行定义。

定义 9-1 单操作：由动作执行者对服务对象完成的一系列连续动作的集合。单操作可以是产品生产的工序，也可以是服务实施的逻辑，能够实现服务对象属性的改变。单操作主要包括生产性服务逻辑、制造服务化逻辑、生产操作、物流操作、检验操作等。

定义 9-2 动作：组成单操作的最小单元，用于执行单操作中的部分任务和内容。一般定义每道单操作活动经历三个动作，分别是准备、执行、后处理。

定义 9-3 单操作动作时序单元：智能制造服务单操作的监控动作事件序列，可以定义为

$$P=\{O_1,O_2,\cdots,O_i,\cdots,O_n\} \tag{9-1}$$

式中：O_i——动作时序单元的第 i 个 RFID 监控动作事件。

智能制造服务的单操作动作时序单元模型中，首先将单操作活动进行粒度划分，采用分形理论，逐级用“准备—执行—后处理”进行分解；然后以监控的粒度要求，确定单操作中需要监控的动作节点，以及每一个动作节点对应的一个 RFID 监控动作事件，获得 RFID 监控动作事件集；最后用 RFID 监控动作事件的时序关系，确定单操作动作时序单元模型。

3. 事件驱动的 RFID

智能制造服务单操作监控通过 RFID 技术实现，需要定义 RFID 监控模式，再结合单操作时序单元来实现单操作 RFID 过程跟踪。智能制造服务运行的监控策略是以单操作中需要监控的动作节点形成一个 RFID 监控事件[10]，事件驱动智能制造服务运行监控，需要依据价值域、内容域、流程域的事件来确定如何实现监控。可以通过定义 RFID 采集空间来分析 RFID 监控模式，RFID 采集空间使 RFID 读写器可以识别到有效标签，并进行实时动作数据采集，获得无线射频信号覆盖范围，以及标签进入、停留、移出等信息。

基于 RFID 采集空间和 RFID 读写器应用模式，事件驱动的 RFID 监控模式定义见 2.2 节，在此不再赘述。

9.2.2 事件驱动的单操作 RFID 过程跟踪监控时序流图式模型

智能制造服务事件以物联网来定义，进而映射为 RFID 监控事件，并建立 RFID 过程跟踪监控时序流，二者统一为单操作跟踪监控时序流，将产品生产与服务实施以单操作的组合来实现智能制造服务运行的跟踪与监控。

1. 智能制造服务单操作动作时序单元的状态块配置

智能制造服务单操作动作时序单元的状态块配置是将事件驱动的 RFID 监控模式映射到单操作动作时序单元模型，通过该操作的各状态块串联，来对单操作中

的动作节点进行监控，并配置 RFID 硬件。

动作有入缓存、实施服务、出缓存三对监控动作配置状态块，通过服务绑定的 RFID 标签状态的变化，获取服务在服务区的操作进度信息，可以采用固定式 RFID 读写器的固定空间采集模式来表示；服务操作的出入门禁表示服务操作完成之后，从服务区 1 转换到服务区 2，在出入服务区动作节点配置的门禁式状态块，可以采用固定式 RFID 读写器的门禁采集模式来表示。智能制造服务状态块映射到动作时序单元模型如图 9-9 所示。

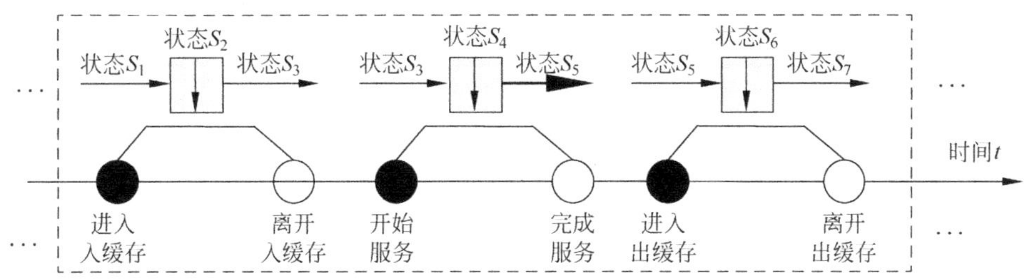

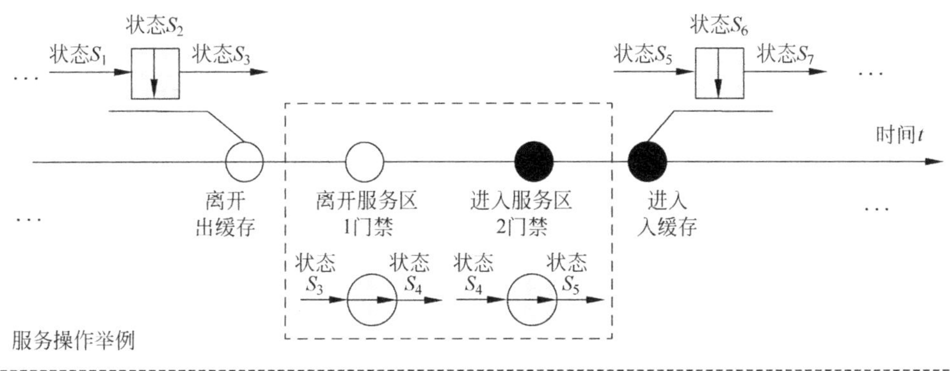

图 9-9　智能制造服务状态块映射到动作时序单元模型

2. 智能制造服务单操作 RFID 过程跟踪监控时序流建模

针对智能制造服务运行的跟踪监控，将状态块赋予单操作动作时序模型，采用图式化表达和配置，从事件集、状态集、位置集、执行者集、时间集等方面来描述。智能制造服务单操作 RFID 过程跟踪监控时序流图式模型描述在时间点上，动作执行者触发了第 i 个监控事件，引起了被监控物体由状态 S_i 转变为 S_{i+1}，并使得被监控物体发生位置变化。智能制造服务单操作 RFID 过程跟踪监控时序流单元模型的形式化表达为

$$O_i = \{E_i, t_i, R_i, E_{i+1}, t_{i+1}, R_{i+1}, S_i, L_i, T_i\} \tag{9-2}$$

式中：O_i——第 i 个 RFID 过程跟踪监控图式节点；

E_i——在 t_i 时刻由执行者 R_i 完成的动作事件；

S_i, L_i——当前状态和位置；

T_i——状态 S_i 的持续时间。

智能制造服务单操作 RFID 过程跟踪监控时序流图式模型如图 9-10 所示。

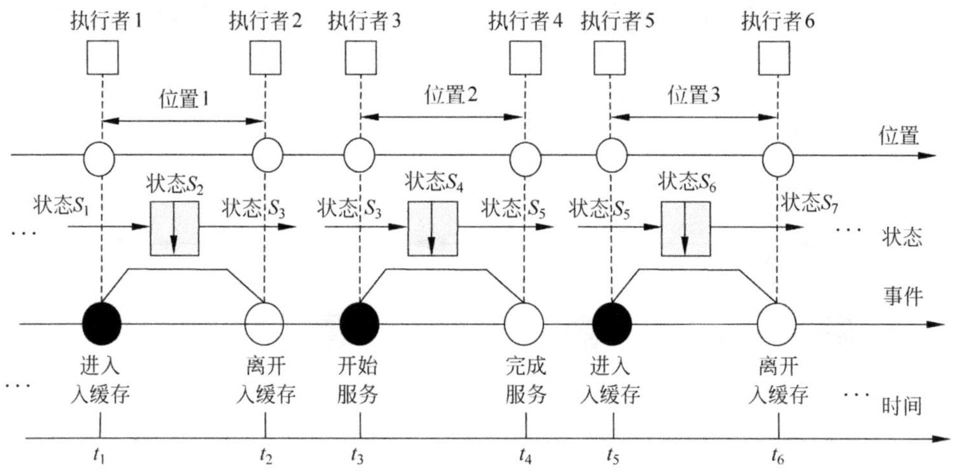

图 9-10　智能制造服务单操作 RFID 过程跟踪监控时序流图式模型

9.2.3　事件驱动的多操作时序流与 RFID 过程跟踪建模

智能制造服务运行过程可被看作由一系列智能制造服务事件所组成的事件流，对于需要监控的事件集合与 RFID 过程节点，应用多操作时序流来建模，以此来支持智能制造服务跟踪。事件驱动的多操作时序流是将单操作时序流进行连接，生成多操作 RFID 过程跟踪模型。

1. 智能制造服务动作时序单元连接

智能制造服务运行过程中，各个操作动作时序单元之间的连接可以采用串联连接、并联连接、条件连接等方式。这些连接是基于产品结构与服务逻辑来分析的，智能制造服务动作时序单元连接关系的定义如下：

(1) 串联关系($P_1 \cap P_2$)。智能制造服务操作之间的串联关系是将上一操作的最后一个动作与下一操作的第一个动作相连。

(2) 并联关系($P_1 \cup P_2$)。智能制造服务操作之间的并联关系是对某些操作进行冗余配置，可以是操作并联，也可以是动作并联。操作并联是两个操作的起始动作至终止动作都是一一对应的并联关系；动作并联是两个操作中的某些动作是一一对应的并联关系。

(3) 条件关系($P_1 \Delta P_2$)。智能制造服务操作之间的条件关系是依据上一道操作的执行情况和判断条件，选择下一道执行操作。

智能制造服务动作时序单元连接如图 9-11 所示。

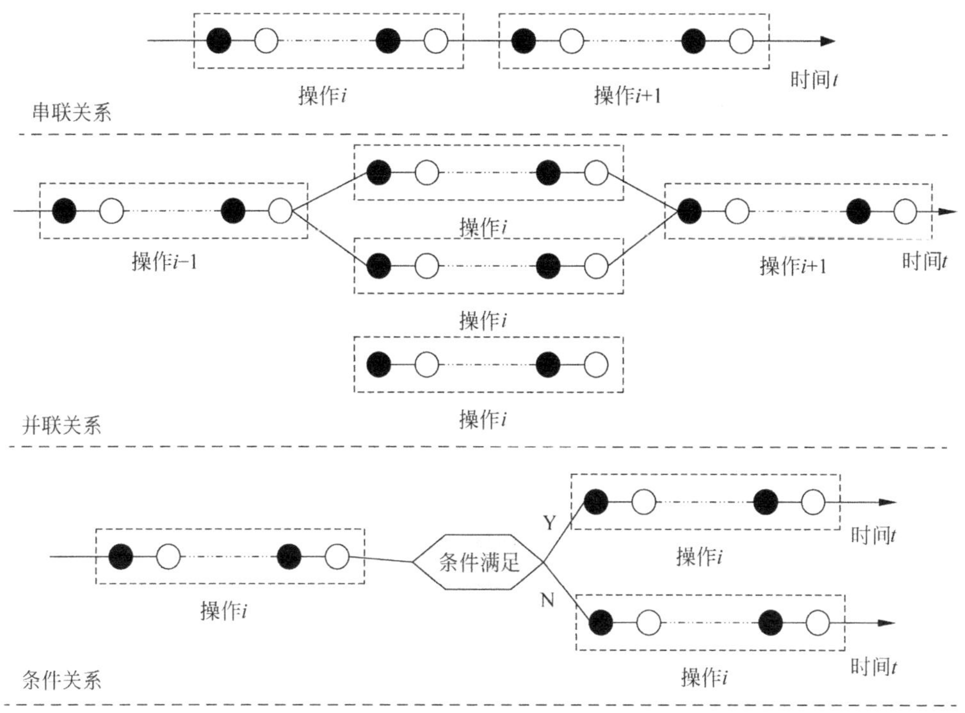

图 9-11　智能制造服务动作时序单元连接

2. 智能制造服务多操作动作时序流的创成

基于对智能制造服务单操作动作时序单元的定义，考虑串联-并联-条件连接，采用甘特图对操作时序关系的描述，一个色块表示一个单操作动作时序单元，可以扩展形成智能制造服务多操作动作时序流模型。智能制造服务多操作动作时序流形式化表达为

$$\mathrm{MF}=\{P_1\cap(P_{21}\Delta P_{22})\cap(P_{31}\cup P_{32})\cap\cdots\cap P_n\}\tag{9-3}$$

式中，$P_{21}\Delta P_{22}$ 表示操作 2 由两个可选工序依据条件选择。

智能制造服务的多操作动作时序单元连接如图 9-12 所示。

3. 智能制造服务多操作 RFID 过程跟踪模型图式建模

智能制造服务多操作可以描述智能制造服务运行的基本过程，根据监控事件集的大小可以建立不同体系的 RFID 过程，这取决于跟踪策略。智能制造服务多操作是单操作 RFID 过程跟踪时序流图示模型到多操作动作时序流的扩展应用，通过单操作时序单元模型的连接，以时间、事件集、位置集、执行者、状态集等维度来描述完整的多操作 RFID 过程跟踪图式模型。智能制造服务多操作 RFID 过程跟踪模型如图 9-13 所示。

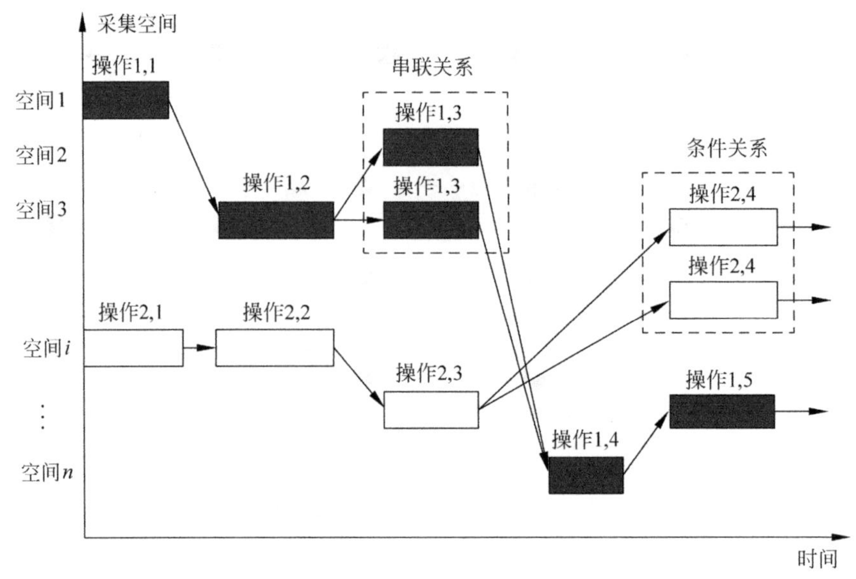

图 9-12　智能制造服务的多操作动作时序单元连接

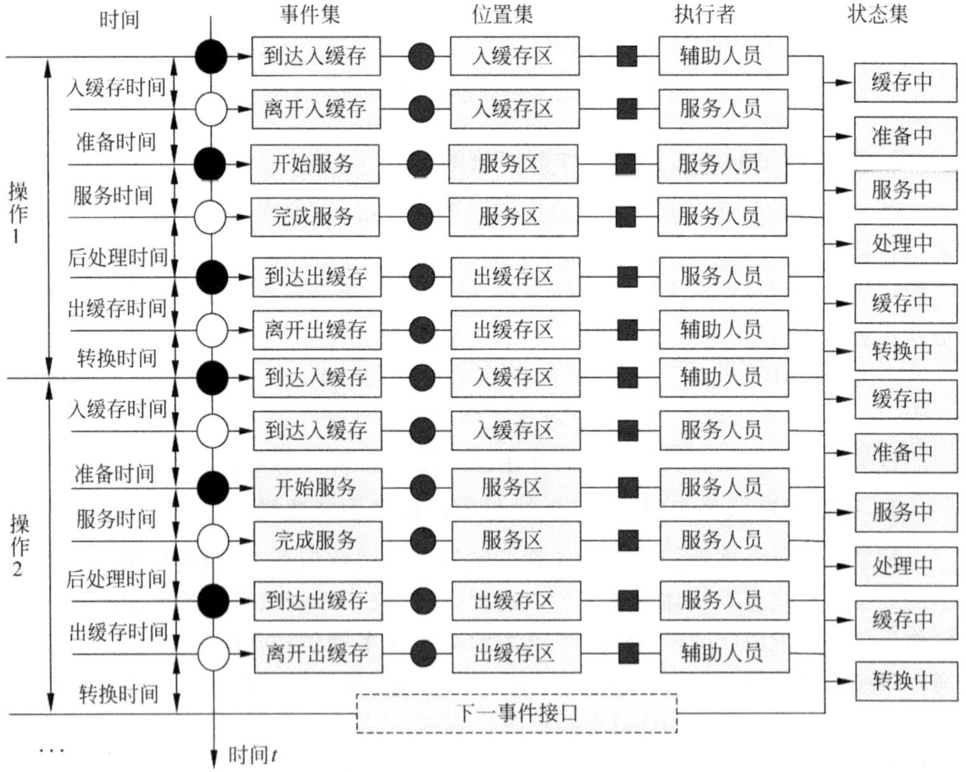

时间　事件集　位置集　执行者　状态集

入缓存时间　到达入缓存　入缓存区　辅助人员　缓存中
准备时间　离开入缓存　入缓存区　服务人员　准备中
服务时间　开始服务　服务区　服务人员　服务中
后处理时间　完成服务　服务区　服务人员　处理中
出缓存时间　到达出缓存　出缓存区　服务人员　缓存中
转换时间　离开出缓存　出缓存区　辅助人员　转换中
操作1

入缓存时间　到达入缓存　入缓存区　辅助人员　缓存中
准备时间　到达入缓存　入缓存区　服务人员　准备中
服务时间　开始服务　服务区　服务人员　服务中
后处理时间　完成服务　服务区　服务人员　处理中
出缓存时间　到达出缓存　出缓存区　服务人员　缓存中
转换时间　离开出缓存　出缓存区　辅助人员　转换中
操作2

下一事件接口
…
时间t

图 9-13　智能制造服务多操作 RFID 过程跟踪模型

9.3 智能制造服务的运行监控与跟踪

智能制造服务的运行监控与跟踪过程密不可分,其中监控为跟踪策略提供工业大数据支持,而跟踪是监控的重要应用之一。在智能制造服务运行过程中,一般选择服务业务流程模型来实现监控与跟踪。首先需要确定服务业务流程的执行过程,以运行状态和运行事件的定义对业务流程的执行过程进行建模;然后,采用事件驱动的智能制造服务操作图式模型来监控业务流程的执行过程;最后,将业务流程执行过程中的事件实时反馈。下面以事件驱动的智能制造服务运行图式模型为重点,具体阐述如何建立制造服务运行的智能化监控与跟踪模型。

9.3.1 智能制造服务运行的监控模型

为了实现智能制造服务运行的跟踪,需要构建制造服务的智能化监控模型。

1. 事件驱动的智能制造服务运行图式描述操作单元定义

智能制造服务的监控模型可以根据不同的需求来建立,一般以事件驱动作为模型的基本策略,可以采用智能制造服务运行图式描述的形式化方法来实现[11]。智能制造服务运行图式描述操作单元相关内容定义如下。

定义 9-4 智能制造服务运行事件:智能制造服务运行过程中,发生在特定时间点上的动作,该动作引起状态变化。记为 $E(k)_{i,j}$,表示智能制造服务运行任务分解的单操作在制造服务节点上的操作服务。

定义 9-5 智能制造服务运行触发时间:智能制造服务运行过程中,引起动作事件发生变化的特定时间点。记为 $t(k)_{i,j}$,表示智能制造服务运行任务分解产生的单操作转换动作触发的时间。

定义 9-6 智能制造服务运行状态:智能制造服务运行过程中,保持在一定时间内不变的动作状况。记为 $S(k)_{i,j}$,表示智能制造服务运行任务产生的单操作转换的结果。状态的时间起始与终止点分别是触发时间 $t(k)_{i,j}$、$t(k)_{i,j+1}$。

定义 9-7 智能制造服务运行点:智能制造服务运行过程中,单操作转换在特定制造服务节点上的实体动作服务点,以事件—触发时间—状态来描述。智能制造服务运行点可以形式化说明服务操作和转换操作等。

定义 9-8 智能制造服务运行约束集:智能制造服务运行过程中,针对监控所规定的约束集合。由于监控事件的不确定性,下面只给出几个基本的约束。

(1) 某批次服务的服务数是一段特定时间内某种服务的服务总次数,服务批 k 的服务次数集合记为 $B_k=\{B_1,B_2,\cdots,B_i,\cdots\}=\langle N_k,D_k\rangle$,其中,$B_k$ 表示服务数标识变量,N_k 表示该批次服务的服务数目,D_k 表示服务流。

(2) 服务流是一段特定时间内,将某批次服务划分为若干段连续时间内的服务,每个连续时间段内的服务数是服务流。服务流记为 $D_k=\{D_{k,1},D_{k,2},\cdots,$

$D_{k,m},\cdots,D_{k,Nk}\}$，其中，$D_{k,1}$ 等表示服务集合元素，$D_{k,m}=\langle N_{k,m},L^k\rangle$，$N_{k,m}$ 表示该服务的操作数，L^k 表示服务转换。

(3) 服务批 k 的服务转换 L^k 是服务流中两次服务之间的服务资源与服务区域的改变，具体定义根据智能制造服务情况来描述。

因此，在智能制造服务运行的服务节点上，基于“事件—触发时间—状态”的图式描述操作单元定义为

$$O(t_k)_{i,j}=\langle E(t_k)_{i,j},t(t_k)_{i,j},E(t_k)_{i,j+1},t(t_k)_{i,j+1},S(t_k)_{i,j},\\ T(t_k)_{i,j},M(k)_i\rangle,\quad t\in\{1,v,p,w\} \tag{9-4}$$

式中：$O(t_k)_{i,j}$——在规定智能制造服务节点上的图式描述操作单元，j 为该服务节点上根据实际执行状态分解的单操作个数；

$E(t_k)_{i,j}$——智能制造服务在服务节点上的操作动作事件；

$t(t_k)_{i,j}$——引起智能制造服务的服务操作动作事件触发时间点；

$E(t_k)_{i,j+1}$——智能制造服务在服务节点上的下一个操作动作事件；

$t(t_k)_{i,j+1}$——引起下一个智能制造服务的服务操作动作事件触发时间点；

$S(t_k)_{i,j}$——智能制造服务在服务节点上的操作动作事件发生后的稳定工作状况；

$T(t_k)_{i,j}$——智能制造服务的服务状态持续时间间隔；

$M(k)_i$——智能制造服务的服务节点；

$t\in\{1,v,p,w\}$——单操作的触发时间依赖于服务资源 v、服务执行者 p、服务操作 w 等。

2. 基于图式描述操作单元的智能制造服务运行监控模型

根据智能制造服务运行过程中不同的决策要求可以定义不同的监控模型，一般采用物联网技术采集工业大数据，设计不同的大数据分析模型与算法。针对服务企业、制造企业、终端用户来监控智能制造服务运行各有侧重，比如服务企业主要监控具体服务事件的执行状况、服务操作的效果如何、服务节点选择的粒度大小等；制造企业主要监控具体产品的工序执行状况、产品的质量指标、产品装配的工艺流程等；终端用户主要监控产品功能实现、服务体验效果、智能制造服务效益等。

下面仅以智能制造服务运行的跟踪需要来构建监控模型，应用 RFID 技术获取智能制造服务运行数据，采用 RFID 监控模式和图式描述方法进行形式化表达[12-13]，基于图式描述操作单元的智能制造服务运行监控模型如图 9-14 所示。

(1) 智能制造服务图式描述操作单元。基于“事件—触发时间—状态”的图式模型，来建立智能制造服务图式描述操作单元，这些操作单元是智能制造服务运行的基本活动，可以是产品生产工序，可以是服务操作动作，也可以是智能制造服务单元活动等。

(2) 智能制造服务操作转换状态。某次智能制造服务的服务操作流由若干个服务操作构成，每个服务操作包括入缓存、在服务、出缓存等过程。智能制造服务

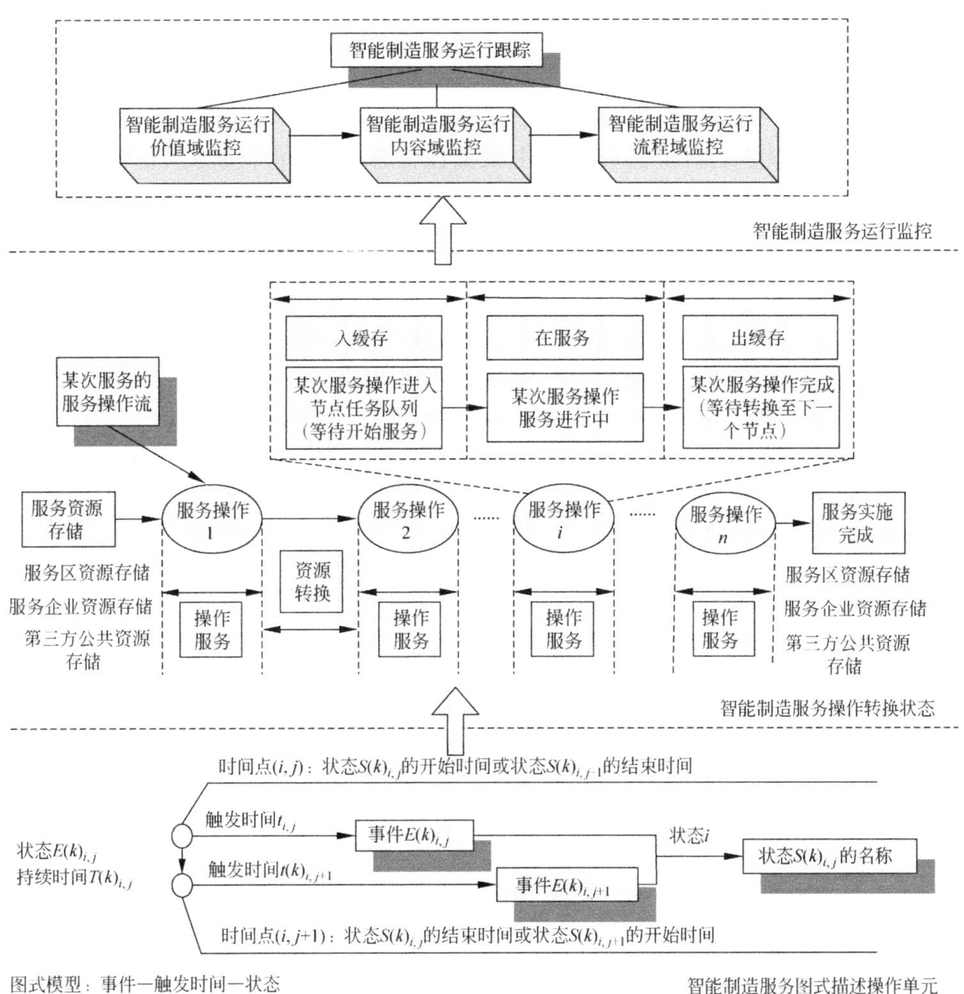

图 9-14　基于图式描述操作单元的智能制造服务运行监控模型

流以服务资源输入为起点，通过若干个服务操作，输出服务实施完成为终点，两个制造服务操作之间以资源转换来连接，每个制造服务操作以“事件—触发时间—状态”来描述。

(3) 智能制造服务运行监控。从智能制造服务运行的价值域、内容域、流程域分别设计监控参数以及监控指标与标准，针对服务企业、制造企业、终端用户的需求进行监控策略制定，以智能制造服务运行跟踪实现智能服务运行数据的实时传递、实时共享与实时决策。

9.3.2　智能制造服务的运行跟踪建模

智能制造服务的运行跟踪是使能服务企业、制造企业、终端用户实现智能制造服务的关键。以 RFID 事件过程监控模型为基础，采用图式描述方法模型来跟踪智能制造服务运行的基本状况。

1. 智能制造服务运行的价值域跟踪

智能制造服务运行价值域跟踪主要关注需求获取、价值确定、价值配置、价值实现、利润共享等事件，这些事件可以细分为不同的具体事件，作为智能制造服务运行价值域跟踪的事件集。事件驱动的智能制造服务运行跟踪首先需要定义价值域事件的属性与结果，经过价值域动作时序监控模型映射为智能制造服务运行价值域跟踪事件集，再定义跟踪时间、执行者、位置集、状态集等，建立制造服务运行价值域的智能化过程跟踪模型。智能制造服务运行的价值域跟踪如图 9-15 所示。

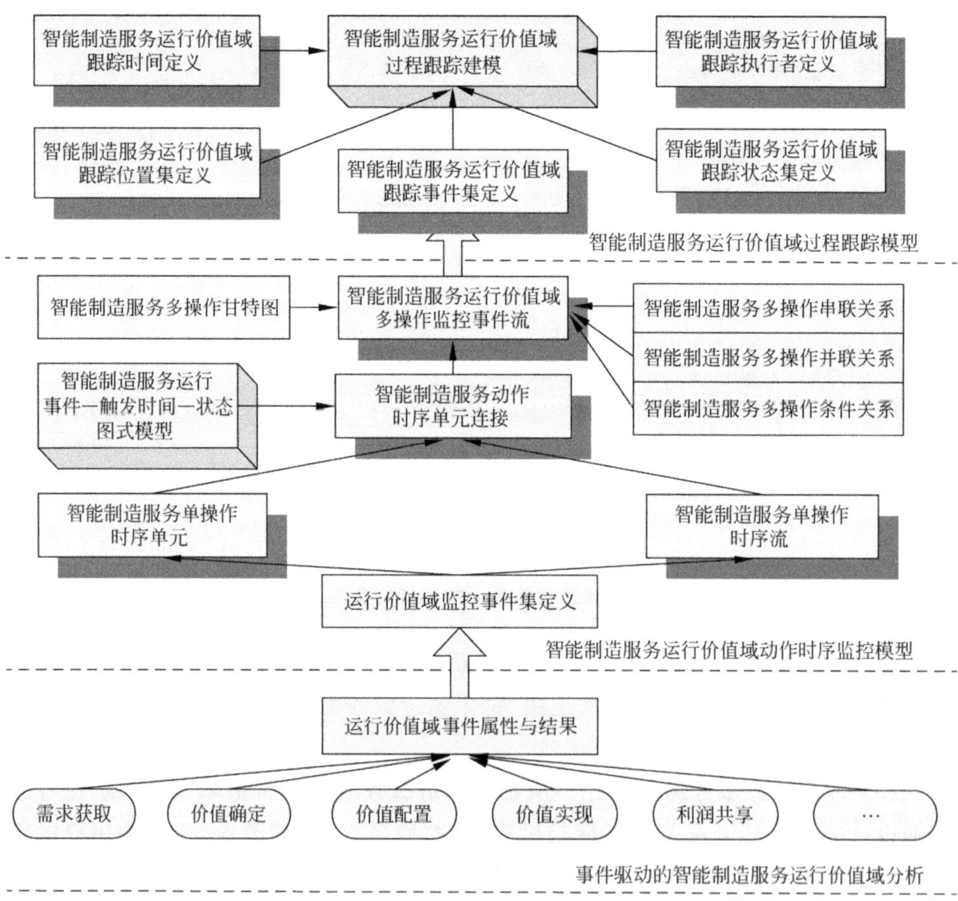

图 9-15　智能制造服务运行的价值域跟踪

(1) 事件驱动的智能制造服务运行价值域分析。在价值域中，跟踪事件围绕制造服务的价值创造与价值分配展开，可以设计不同的跟踪事件来监控需要的参数,达成价值域的智能制造服务运行决策,跟踪事件通过属性与结果来描述。

(2) 智能制造服务运行价值域动作时序监控模型。在定义智能制造服务运行价值域监控事件的基础上,通过制造服务单操作的时序单元和时序流来确定每个监控事件的单元要素,以"事件—触发时间—状态"图式模型为基础,进行制造服务动作时序单元连接。将制造服务事件执行过程转换为多操作甘特图,通过多操作之间的串联、并联、条件等方式连接单操作,获得制造服务运行域的多操作监控事件流。

(3) 智能制造服务运行价值域过程跟踪模型。以智能制造服务价值域监控模型为基础,将运行价值域多操作监控事件流映射为运行价值域跟踪事件集,确定制造服务运行价值域过程跟踪的核心内容。同时围绕跟踪事件定义每个单操作的跟踪时间、跟踪执行者、跟踪位置集、跟踪状态集等,最后依据跟踪事件的单操作顺序,采用制造服务多操作 RFID 过程跟踪模型图式建模方法,建立智能制造服务运行价值域的过程跟踪模型。

2. 智能制造服务运行的内容域跟踪

智能制造服务运行内容域跟踪主要关注性能映射、产品设计、服务规划、系统实现、内容耦合等事件,这些事件可以细分为不同的具体事件,作为制造服务运行内容域跟踪的事件集。与智能制造服务运行的价值域跟踪过程类似,通过定义运行内容域事件的属性与结果,经过内容域动作时序监控模型映射为制造服务运行内容域跟踪事件集,再定义跟踪时间、执行者、位置集、状态集等,建立智能化的制造服务运行内容域过程跟踪模型。智能制造服务运行的内容域跟踪如图 9-16 所示。

(1) 事件驱动的智能制造服务运行内容域分析。在内容域中,跟踪事件围绕制造服务的产品设计与服务规划展开,可以设计不同的跟踪事件来监控需要的参数,将产品与服务智能化融合过程的核心内容事件通过属性与结果来描述,确定监控事件。

(2) 智能制造服务运行内容域动作时序监控模型。在定义制造服务运行内容域监控事件的基础上,应用"事件—触发时间—状态"图式模型方法进行制造服务动作时序单元连接。将制造服务事件执行过程转换为多操作甘特图,通过多操作之间的串联、并联、条件等方式连接单操作,获得制造服务内容域的多操作监控事件流。

(3) 智能制造服务运行内容域过程跟踪模型。以制造服务内容域监控模型为基础,将运行内容域多操作监控事件流映射为运行内容域跟踪事件集,确定制造服务运行内容域过程跟踪的核心内容,并定义每个单操作的跟踪时间、跟踪执行者、跟踪位置集、跟踪状态集等,最后采用制造服务多操作 RFID 过程跟踪模型图式建模方法建立智能化的制造服务运行内容域的过程跟踪模型。

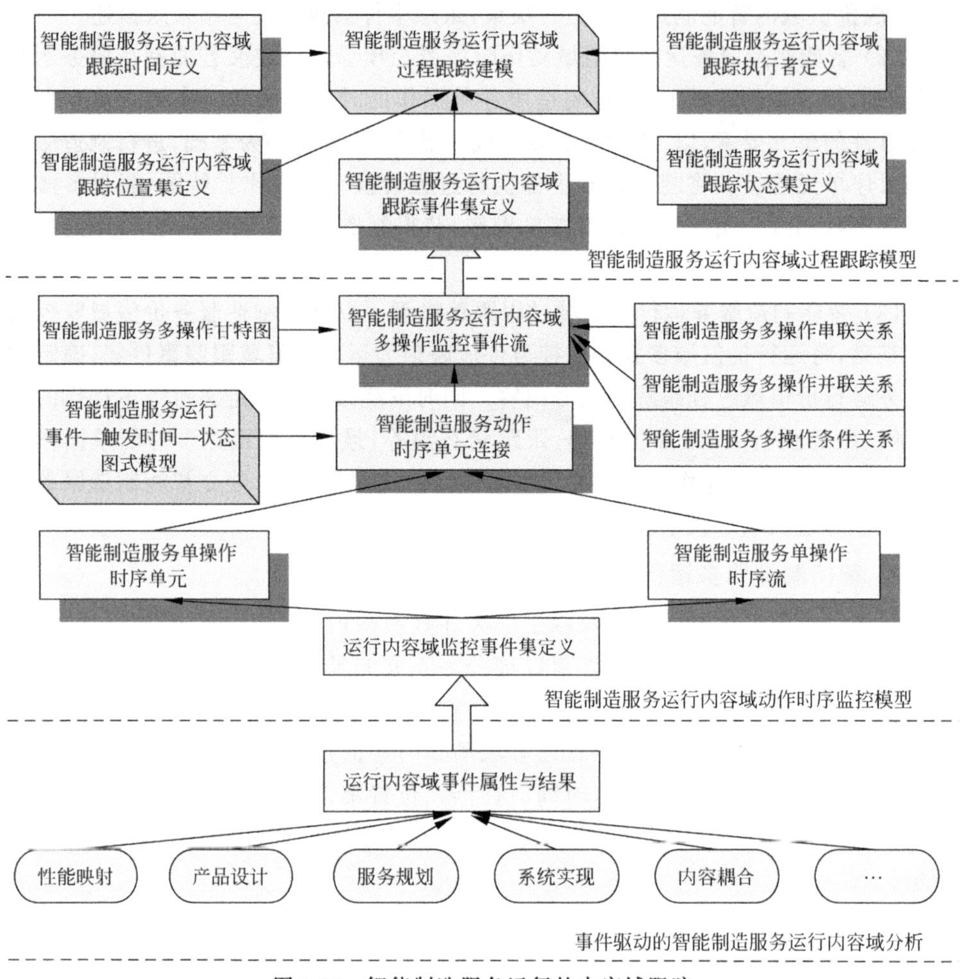

图 9-16　智能制造服务运行的内容域跟踪

3. 智能制造服务运行的流程域跟踪

智能制造服务运行流程域跟踪主要关注资源调度、产品生产、服务实施、系统运作、流程协调等事件，这些事件可以细分为不同的具体事件，作为制造服务运行流程域跟踪的事件集。与智能制造服务运行的价值域跟踪过程类似，通过定义运行流程域事件的属性与结果，经过流程域动作时序监控模型映射为制造服务运行内容域跟踪事件集，再定义跟踪时间、执行者、位置集、状态集等，建立智能化的制造服务运行流程域过程跟踪模型。智能制造服务运行的流程域跟踪如图 9-17 所示。

(1) 事件驱动的智能制造服务运行流程域分析。在流程域中，跟踪事件围绕制造服务的产品生产与服务实施展开，可以设计不同的跟踪事件来监控需要的参数，以流程域跟踪事件的属性与结果来描述制造服务的智能化集成与

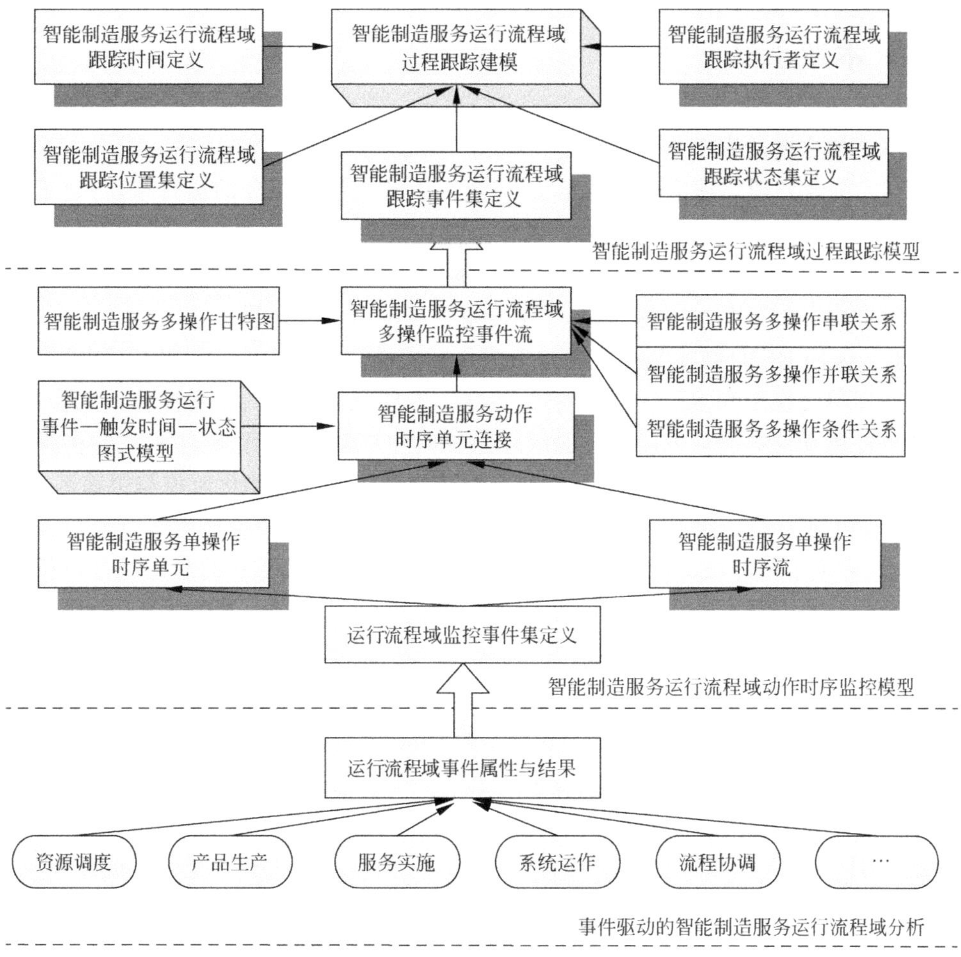

图 9-17　智能制造服务运行的流程域跟踪

协同。

(2) 智能制造服务运行流程域动作时序监控模型。在定义制造服务运行流程域监控事件的基础上,通过制造服务单操作的时序单元和时序流来确定每个监控事件的单元要素,并以多操作之间的串联、并联、条件等方式连接单操作,获得制造服务流程域的多操作监控事件流。

(3) 智能制造服务运行流程域过程跟踪模型。以制造服务流程域监控模型为基础,将运行流程域多操作监控事件流映射为运行流程域跟踪事件集,同时定义每个单操作的跟踪时间、跟踪执行者、跟踪位置集、跟踪状态集等,最后采用制造服务多操作 RFID 过程跟踪模型图式建模方法,建立智能化的制造服务运行流程域过程跟踪模型。

9.4 本章小结

本章的主要研究工作概括如下：

(1) 结合公理化理论和智能化技术，研究了智能制造服务的运行域，构建了制造服务运行的价值域、内容域、流程域体系，以此来描述制造服务的智能化运行过程；以形成价值、实现内容、执行流程为内涵定义了制造服务运行状态；在制造服务运行域中分析了基本事件，确定了运行事件集的属性和结果。

(2) 采用RFID技术与过程跟踪形式化图式推演建模方法，通过定义制造服务操作时序单元模型和RFID监控模式，建立了事件驱动的制造服务操作图式模型。包括事件驱动的单操作RFID过程跟踪监控时序流图式模型、事件驱动的多操作时序流与RFID过程跟踪建模等，以奠定制造服务运行的智能化监控与跟踪基础。

(3) 从智能制造服务运行事件的角度提出了制造服务的智能化运行监控与跟踪技术，确定了制造服务运行的状态与事件；同时，以事件驱动的制造服务运行图式模型方法建立了制造服务运行的监控与跟踪模型。

参考文献

[1] SUH N P. Axiomatic design theory for systems[J]. Research in Engineering Design，1998，10(4)：189-209.

[2] SUH N P. Applications of axiomatic design[M]. Integration of Process Knowledge into Design Support Systems，1999.

[3] 明新国，王鹏鹏，徐志涛. 工业产品服务价值创造：企业服务化转型升级的路径与案例[M]. 北京：机械工业出版社，2015.

[4] 张卫，田景红，唐任仲，等. 制造物联环境下基于结构矩阵的智能服务功能模块化设计[J]. 中国机械工程，2018，29(18)：51-58.

[5] 张卫，李仁旺，潘晓弘. 工业4.0环境下的智能制造服务理论与技术[M]. 北京：科学出版社，2017.

[6] 姜少飞，冯迪，卢纯福，等. 从产品到产品服务系统的演化设计方法[J]. 计算机集成制造系统，2018，24(3)：731-740.

[7] 耿秀丽. 产品服务系统设计理论与方法[M]. 北京：科学出版社，2018.

[8] DING K，JIANG P Y，SUN P L，et al. RFID-enabled physical object tracking in process flow based on an enhanced graphical deduction modeling method[J]. IEEE Transactions on Systems Man Cybernetics Systems，2017，47(11)：3006-3018.

[9] JIANG P Y，CAO W. An RFID-driven graphical formalized deduction for describing the time-sensitive state and position changes of work-in-progress material flows in a job-shop floor[J]. Journal of Manufacturing Science and Engineering，2013，135(3)：031009.

[10] 江平宇，孙培禄，丁凯，等. 一种基于射频识别技术的过程跟踪形式化图式推演建模方法

及其生产应用研究[J]. 机械工程学报,2015,51(20): 9-17.

[11] 江平宇,张富强,付颖斌,等. 服务型制造执行系统理论与关键技术[M]. 北京: 科学出版社,2015.

[12] JIANG P Y,FU Y B,ZHU Q Q,et al. Event-driven graphical representative schema for job-shop-type material flows and data computing using automatic identification of radio frequency identification tags[J]. Proceedings of the Institution of Mechanical Engineers, Part B: Journal of Engineering Manufacture,2012,226(2): 339-352.

[13] ANGELES R. RFIDtechnologies: Supply-chain applications and implementations issues [J]. IEEE Engineering Management Review,2007,35(2): 61-64.

第 9 章教学资源

第10章

智能制造服务的成熟度模型及其评估方法

为实现制造服务智能化的终极目标，综合评估当前企业的制造服务水准，以明确企业亟需改善的方向，本章引入成熟度概念，分别从智能制造服务成熟度的定义、评价指标体系、评估模型、算法等方面进行系统阐述及案例介绍。

10.1 智能制造服务的成熟度定义

本节首先对国内外智能制造服务成熟度的研究现状进行系统综述，并围绕核心概念——智能制造服务构建了成熟度评价指标体系，剖析成熟度评估模型与算法、明确成熟度等级的关键特征及其关键影响因素。

10.1.1 智能制造服务的成熟度概念

成熟度常被用于工程应用领域的产品质量管理与控制，其相关概念由 Crosby 在 1979 年首次提出，并划分为 Uncertainty—Awakerning—Enlightenment—Wisdom—Certainty 五个等级[1]。在此基础上，美国卡内基梅隆大学的软件工程研究所针对软件开发过程，提出了软件能力成熟度模型(software capability maturity model，SW-CMM)，用于评估软件组织在定义、实施、度量、控制和改善过程的阶段达成度。类似地，SW-CMM 分为 Initial—Repeatable—Defined—Managed—Optimizing 五个等级[2]。此后，工业界和学术界开发了适用于不同领域的能力成熟度模型，较为典型的有开源成熟度(open source maturity)[3]、人员能力成熟度(people capability maturity)[4]、服务集成度(service integration maturity)[5]等。

在制造业领域，制造企业在服务化转型过程中亟需了解自身当前的智能制造服务能力水平，即智能制造服务成熟度。对此，美国国家标准与技术研究院(NIST)从企业 ICT(information communication technology)技术整合方面提出了智能制造系统就绪度水平(smart manufacturing system readiness level，SMSRL)概念[6]；德国国家工程院(ACATECH)针对数字化车间的智能化转型能力评估提出了工业 4.0 成熟度指数(industrie 4.0 maturity index)概念[7]；中国电子技术标准化研究院主要从制造全过程视角提出智能制造能力成熟度模型概念[8]。而具体到智能制造服务成熟度，意大利学者 Saccani 提出了基于产品服务系统的服务研发成熟度模型(new service development)；西安交通大学江平宇提出了公共外库产品服务系统的服务成熟度(wPSS-SCMM)概念[9]。有关上述智能制造服务相关概念知识如图 10-1 所示。

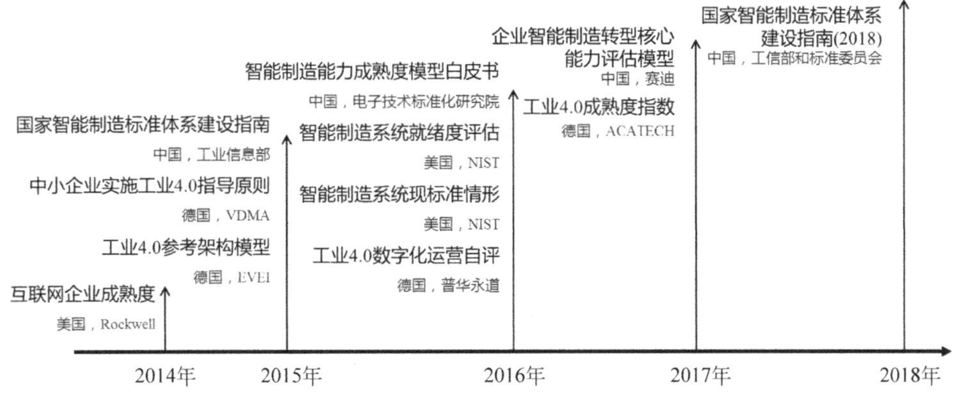

图 10-1　智能制造服务成熟度图谱

1. 智能制造就绪度概念

2016 年,美国国家标准与技术研究院 Junk 等基于工厂设计与改善(factory design and improvement,FDI)提出智能制造就绪度概念,可用于对单个工厂进行基准测试或者作为在多个工厂中选择供应商的标准,并从组织成熟度、IT 成熟度、性能成熟度和信息连接成熟度四方面进行综合评估。

2. 工业 4.0 成熟度指数概念

2017 年,德国国家工程院提出针对企业数字化转型管理的工业 4.0 成熟度指数,旨在帮助制造企业从产品研发、生产、客户服务、市场变化等全方位实现快速响应,引导企业成为敏捷型和学习型企业,并从企业架构、企业流程和企业发展三方面及其包含的子因素出发,将企业制造能力成熟度按数字化转型由低到高划分为计算机化、互联化、可视化、透明化、预测能力和全适应六个等级。

3. 智能制造能力成熟度模型概念

2016 年,中国电子技术研究院从“智能＋制造”两个维度出发,并对其构成的设计、生产、物流、销售、服务、资源要素、互联互通、系统集成、信息融合和新型业态十大类核心能力要素分解为域及五级的成熟度等级,通过能力成熟度矩阵运算确定企业智能制造成熟度,其水平由低到高依次是已规划级、规范级、集成级、优化级和引领级。

4. 智能制造服务成熟度概念

作为一种“社会-技术”管理方法,成熟度能够准确描述技术的发展演化过程。通常将成熟度划分为有限的等级,明确各级别定义、特征及实现标准。在演化过程中，各等级间具有时序性，即当前等级既是前一低等级的改善输出，又是后一更高等级的改善输入，是技术发展的客观规律。

针对当前制造业服务转型模式和新一代信息技术转型应用场景，本节定义了智能制造服务成熟度(smart manufacturing servitization maturity，S^2M^2)：基于制造服务数据驱动、综合智能、制造、服务维度，明确描述智能制造服务成熟度等级及标准特征，评估制造企业在制造服务智能化过程中的当前水平及不足，指导企业制造服务的改善方向及目标。

通过智能制造服务成熟度评估反馈，企业能够全面了解其当前自身智能-制造-服务综合能力的真实水平，并可根据不足做出改善计划及实施方案评估反馈，如图 10-2 所示。

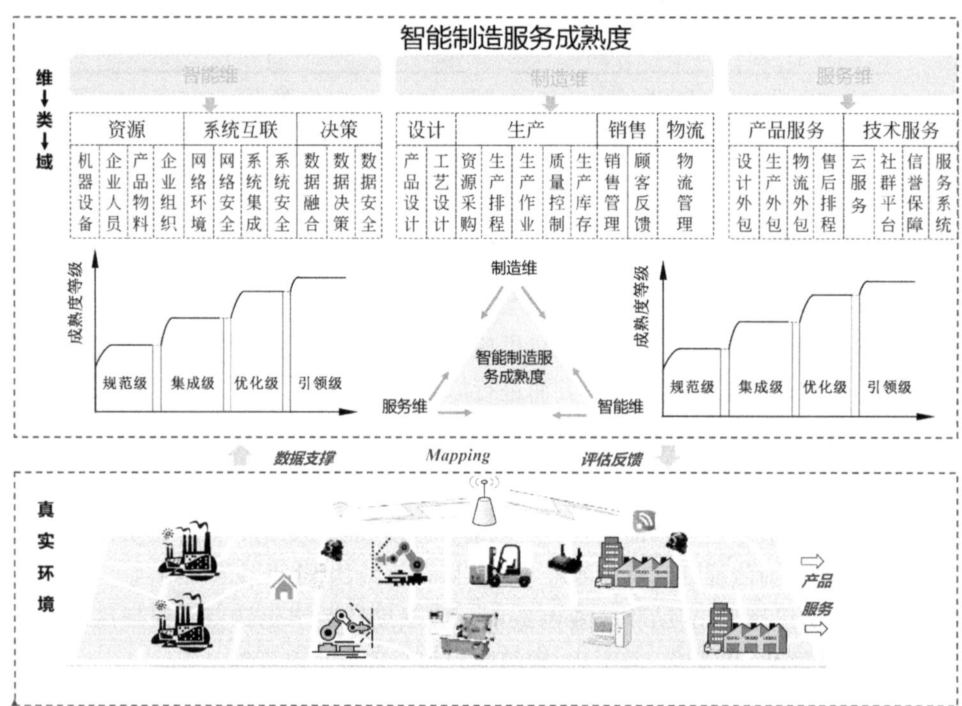

图 10-2　智能制造服务成熟度示意图

10.1.2　不同制造服务成熟度的关键特征

全球化市场竞争和动态多样的客户需求激励着制造产品向服务化转型，企业逐步将产品与服务捆绑，由售卖产品变为提供“产品+服务”的解决方案。同时，在“互联网+制造”环境下，以物联网、大数据、信息物理系统、数字孪生等新一代 IT 技术，实现了资源、数据/信息、业务、人、机、物等要素广泛互联与集成下的智能制造。基于上述背景，通过分析研究产品众包设计服务、产品外包加工装配服务、物流服务等典型的制造服务模式，可将智能制造服务成熟度等级分为规范级、集成级、优化级和稳定级，其关键特征如表 10-1 所示。

表 10-1　智能制造服务成熟度关键特征

等级	维	特　征
规范级	智能维	开始考虑改造数字化设备、物料；规划专业人员引进及组织架构重置；开始考虑网络环境、安全系统、数据决策等方案
	制造维	开始改进产品、工艺；完善、优化生产排程、作业、质检、库存、采购、销售、售后、物流等
	服务维	开始考虑顾客的需求，开始设计、加工、物流、售后等产品服务信息化构建，及相关服务组织构建；并指导产品、服务质量提升
集成级	智能维	持续改造数据采集设备 RFID、智能传感器等；软件系统 MES、ERP、PLM 等投入使用；能够部署落实网络环境、安全系统、数据决策等方案
	制造维	能够在产品、工艺设计环节熟练使用 TRIZ、QFD 等方法；在加工过程实现精益生产消除浪费、柔性生产实现敏捷制造、价值工程控制成本等
	服务维	建立客户服务知识库及云平台服务、社群平台、产品服务系统，能够维护客户关系、准确掌握客户的需求及动态
优化级	智能维	实现制造车间、工厂内设备的互联互通与制造管控信息的采集、反馈、决策；构建系统全面的企业专家系统、知识库、健全的企业管理系统；制造网络具备用户识别、访问管控、入侵防护等初步功能
	制造维	实现初步企业内协同制造；智能机床、智能工件、智能刀具的大规模使用，实现产品全生命周期内的数据驱动
	服务维	能够满足客户个性化需求，能够实现跨企业及供应链上车间、部门资源、设计能力、加工能力、装配能力等共享及社群化协同制造服务
稳定级	智能维	能够确保制造车间数据传输和重要子网络的安全性，具备自恢复、重要核心数据信息的过滤、加密管控等；能够在网络系统应用前进行主动安全检测、主动防御、漏洞修复、网络安全优化等
	制造维	大数据驱动的智能优化算法实施，实现系统远程数据采集、在线监控、交互数字孪生技术、智能决策；设备主动维修和故障预警
	服务维	实现面向客户的精细化知识管理，通过智能机器人提供智能、个性化服务；通过 IoT、AR、云计算、大数据技术等实现创新性应用服务

10.1.3　制造服务成熟度影响因素分析

智能制造服务成熟度评估是一项复杂的系统工程，其本质是应用定量的评估方法综合定位企业制造服务智能化程度的真实能力。成熟度量化映射过程中涉及较多的主、客观因素，如专家制定指标是否合理、数据是否真实可靠等，综合成熟度评价理论及其实践过程的可操作性，将影响成熟度评价的关键因素归纳为：选择评价的指标是否准确，评价方法是否科学，最终评价的等级是否合理等。

1. 评价指标

构建系统化的成熟度评估指标体系是实现智能制造服务成熟度评估的前提。评估涉及产品服务研发到售后的全生命周期横向集成、底层产品工艺规划到顶层战略决策的企业资源管理纵向集成、车间产品加工过程数据采集到整个企业智能制造服务数据空间构建的端到端集成等。针对企业智能制造服务流程的复杂性，借助系统工程的思想“双 V”模型，将智能制造服务评估指标体系划分为智能、制造和服务 3 个维度、9 个类别，共计 29 个域。

2. 评价方法

智能制造服务领域中的数字化、网络化技术，使得产品服务设计、工艺、物流、库存、能耗等信息数据的获取、使用、控制以及共享成为可能，这为智能制造服务评估由传统的定性研究转向定量研究提供了丰富的数据支撑，使得智能制造服务成熟度评估有数据可依、有数据可信。针对定量评估常用到的评价方法有 Saaty 评分标准、德尔菲法、TOPSIS 评分法等。

3. 评价等级

评价等级是对成熟度各指标打分后加权平均形成域的得分，进而计算类的得分，最终得到智能制造服务成熟度评价的总得分，并根据得分落在的区域判定被评估企业的智能制造服务成熟度等级。参考其他成熟度等级评价方法，这里将成熟度等级依次由低到高划分为四个等级：规范级、集成级、优化级和引领级。此外，智能制造服务成熟度等级旨在评估企业智能、制造与服务水平，发现制造企业的服务智能化改善的薄弱环节。

10.2 智能制造服务的成熟度指标体系

构建指标体系是企业智能制造服务成熟度预测、评价研究的前提和基础，其将抽象的制造服务复杂对象按本质属性特征的标识解析为行为化、可操作化结构，并对指标中每一构成元素(即指标)赋予相应权重。制造服务成熟度指标体系构建的本质是对客观事物认识过程的继续深化和发展[10]。

10.2.1 评价指标体系的内容和层次

智能制造服务成熟度是以产品服务为核心，围绕产品设计服务、产品加工装配服务、物流服务等方面进行综合评价。针对典型产品制造服务模式，智能制造服务引入新一代信息通信技术，并将其贯穿于设计、生产、管理、服务等制造活动的各个环节，使得新型的制造生产-服务过程具备自感知、自学习、自决策、自执行、自适应等智能特征[11]。智能制造服务系统体系庞杂，制造要素间信息流交互有别于传统制造方式。为系统化构建智能制造服务成熟度指标体系，实现对智能制造服务能力的全方位评估，按照智能、制造、服务三个维度，从智能特征、系统层级、生命周期三个维度进行相应的指标映射，过程描述如图 10-3 所示。基于此，确定成熟度评估指标体系及其层级结构。

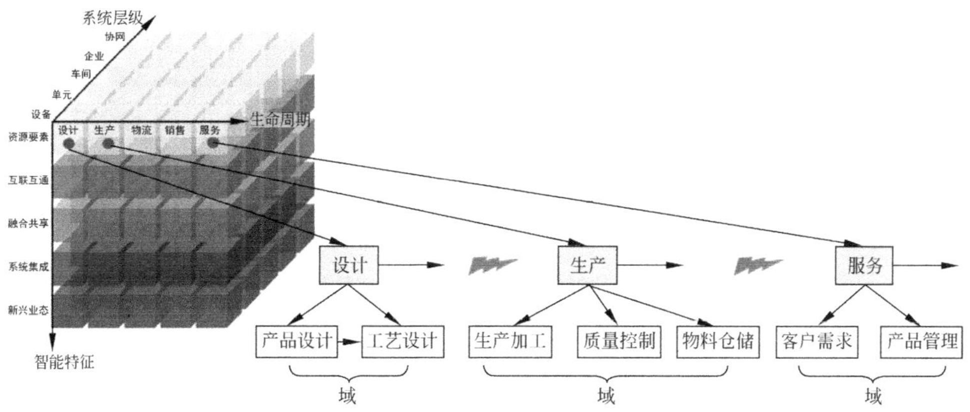

图 10-3　智能制造服务成熟度评估指标映射

综上所述，基于关系映射，智能制造服务成熟度评估指标体系内容层由高到低分别可概括描述为维、类、域，相应内容概括如下：

1. 维

智能制造体系庞杂，为系统化评估其服务成熟度，需从顶层设计出发，对其成熟度影响要素进行维度划分。根据智能制造服务成熟度相关组成要素结构，将成熟度评估指标首先分为智能维、制造维、服务维三个维度。其中，智能维是对企业服务中智能制造要素的归纳，制造维是对企业服务中传统制造流程的概括，服务维是对企业服务中的产品服务及技术服务的归纳。

2. 类

在对成熟度影响因素维度划分的基础上，可对各个维度下具体影响要素指标进行细分，确定指标类。其中，智能维可规划为资源、系统互联、决策三个类；制造维可规划为设计、生产、销售、物流四个类；服务维可规划为产品服务、技术服务两个类。综上所述，成熟度影响要素可归纳为上述九大类。

3. 域

域是在类的基础上，对其相应流程、功能模块的进一步指标细分。为系统化概括智能制造服务的各个要素，在类的基础上，将成熟度评估指标要素细分为 29 个域。

综上所述，智能制造服务成熟度评估指标体系由高到低可综合描述为 3 个维度、9 个类别、29 个子域，智能制造服务成熟度评估模型如图 10-4 所示。

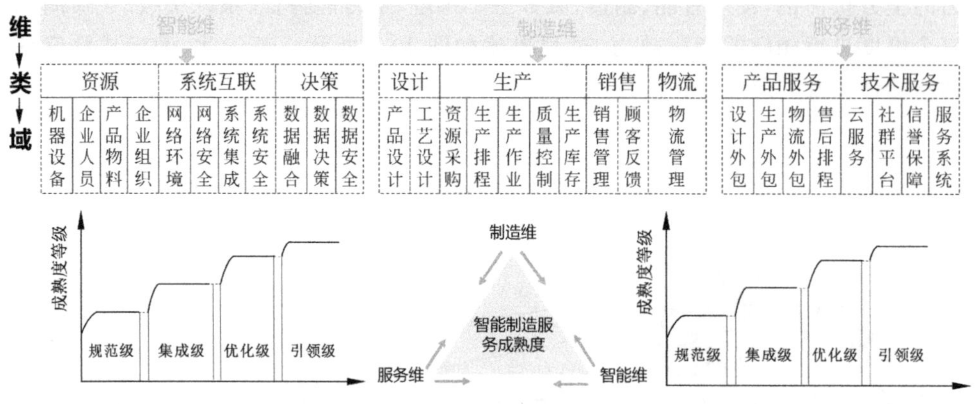

图 10-4　智能制造服务成熟度评估模型

10.2.2　评价指标的隶属度、相关性

传统构建指标体系时，设计者为追求指标体系的全面性，即包含所有可能因素，而造成指标过多、相互重叠，致使评价专家判断混乱、指标权重减少、指标结构失真。简而言之，从评价方向和数量扭曲评价对象的真实信息，降低最终评价的客观性和有效性。基于指标隶属度、相关性的改进，可简化指标体系、增加评价指标的客观性、提高评价科学性。为全面客观构建评价指标体系，需应用科学的技术消除指标间的耦合关系。评级体系各维度间的相关性决定了对应指标之间的相互依赖和相互作用，即指标间的重叠和混乱。通常，梳理、修正指标间相关性的常用方法有[12]：

(1) 修正指标权重。通过建立指标的相关矩阵，将重叠部分转化为指标影响权重，修正权重消除重复计算。

(2) 限制指标数量。指标数量越少，重叠的可能性就越小，指标的相关性也就越小。因此在构建指标体系时在反映整体特征的前提下精选指标，减少指标总量。

(3) 分离重叠源。将相关的指标分别进行分解，分析各个指标的重复因素，然后把重复因素分离得到独立的指标。

(4) 确定相关性。用关联度法、粗糙集法、相关系数法、夹角余弦法、Theil 不等系数法以及相关性的组合预测将指标间的相关性定量化，然后进行相关处理。

(5) 按格兰特-施密特正交化方法使指标间互不相关。将指标按其对评价内容的重要性进行依次排序，用施密特正交化法使它们的相关系数为零，即为互不相关的指标。

(6) 使指标等价类的相关性最小。在指标评价相关矩阵的基础上，首先用相关系数法确定指标相关度，并根据具体问题取水平值对指标集合进行等价类划分；然后利用随机向量线性相关性对指标等价类优化求解，使得指标等价类之间的相关性最小，进而得到等价类的指标综合函数；最后用等价类指标函数作为最终评价指标进行系统综合评价。

(7) 最小独立变量模糊聚类方法。该方法认为一个单项指标由若干个变量按一定的数学运算法则复合而成,若指标存在相关性,可以从其组成变量体现出来,按此数学法则可找出指标的真正元变量。可概括为,最小独立变量模糊聚类方法的思想是由所有单项评价指标组合成评价集,由评价集中所有的单项指标的独立变量组成因素集,然后根据评价集中几种元素的模糊隶属度进行模糊聚类分析。

以上几种方法适用于评价过程中的不同阶段。前三种方法是在指标体系构建过程中尽量减少可能产生指标相关性发生的因素,而后四种方法是在确定权重时消除指标的相关性,在运用综合评价方法时,可以有针对性地结合使用。在此,考虑到在成熟度评估指标体系建立初期已进行初步的指标分层及聚类,故可在确定指标权重时采用相关算法来消除指标相关性。

10.2.3　评价指标权重确定

由智能制造服务成熟度指标体系可知,在智能制造服务成熟度评估过程中,涉及较多的非量化指标,如何设定要素权重,实现非量化指标的系统性、定量化评估,使其能真实反映智能制造服务成熟度水准是整个成熟度评估过程的核心。关于评价指标权重确定方法,按照计算权重时原始数据来源,可将其分为主观赋权法、客观赋权法、组合赋权法三类。三类权重赋值法的典型代表及各自优缺点概述如表 10-2 所示。

表 10-2　三类权重赋值法优缺点概述

项目	类别	常用方法	优点	缺点
权重赋值法	主观赋权法	德尔菲[13]、AHP[14]、二项系数法、环比评分法、最小平方法等	基于专家经验给出权重排序,与客观事实相符	主观随意性较强,无法有效利用客观数据
	客观赋权法	主成分分析法[15]、熵值法[16]、离差及均方差法[17]、多目标规划法等[18]	客观性强,有较强的数学理论作为支撑	过于依赖问题域,计算烦琐
	组合赋权法	多属性主客观权重赋值法[19]、综合集成赋权法、线性目标规划法	综合客观事实与专家经验,具有较高的客观性与精确性	操作复杂,具体方案依据实际问题制定

智能制造成熟度评估涉及较多非量化模糊指标,且指标间具有明确的隶属层次关系。在此基础上,采用智能算法必然涉及模糊指标的量化。由于目前缺乏智能制造实际生产数据,故在指标量化过程中缺乏现实的参照模板,容易受到个人主观认知影响。综上所述,本小节基于多层次模糊综合评估算法与由德尔菲法、熵值法构成的线性组合赋权法,进行工厂小微智能制造成熟度系统化、定量化评估。

为消除成熟度指标相关性对评估结果的影响,在权重确定前,首先采用指标分层的方式来实现指标间的归一化聚类。在此，按照自上而下的指标构建方式，将成熟度指标体系分为三层：维、类、域。其中，智能维包括资源、系统互联、决策三个维度，表示为$\boldsymbol{U}=[U_1,U_2,U_3]$。资源类下分为资源、系统互联、决策三大类，表示为$\boldsymbol{U}_1=[u_{11},u_{12},u_{13}]$。其中，指标体系包含29个域，基于层次隶属关系，有$\boldsymbol{u}_{11}=[u_{111},u_{112},u_{113},u_{114}]$。$u_{12},u_{13},u_{14}$三个类的关系代数表达方式同上。

基于成熟度指标体系，首先构建单层次模糊综合评估数学模型。指标集表示为U，评语集按照“很好”至“很差”依次向下设定为n粒度评语集，表示为

$$\boldsymbol{V}=[v_1,v_2,\cdots,v_n] \tag{10-1}$$

用r_{ij}表示第i个指标对第j个评语的隶属度，确定模糊评估矩阵$\boldsymbol{R}$：

$$\boldsymbol{R}=\begin{pmatrix} r_{11} & \cdots & r_{1n} \\ \vdots & \ddots & \vdots \\ r_{m1} & \cdots & r_{mn} \end{pmatrix} \tag{10-2}$$

式中：$0\leqslant r_{ij}=u_R(u_i,v_j)\leqslant 1, i\in[1,m], j\in[1,n]$。要素权重表示为

$$\boldsymbol{W}=\{w_1,w_2,\cdots,w_m\},\quad 0\leqslant w\leqslant 1,\quad \sum_{i=1}^{m} w_i=1 \tag{10-3}$$

则评价者综合各要素后对批评对象做出的最终评价可表示为

$$\boldsymbol{F}=\boldsymbol{W}\circ\boldsymbol{R}=[w_1,w_2,\cdots,w_m]^{\mathrm{T}}\circ\begin{pmatrix} r_{11} & \cdots & r_{1n} \\ \vdots & \ddots & \vdots \\ r_{m1} & \cdots & r_{mn} \end{pmatrix}=[f_1,f_2,\cdots,f_n]^{\mathrm{T}} \tag{10-4}$$

式中：$\circ$——模糊运算符。

所采用的模糊综合评估模型为主因素突出综合评估模型，表达式为

$$f_j=\max_i(\min(w_i,r_{ij}))=\bigvee_{i=1}^{m}(w_i\wedge r_{ij}) \tag{10-5}$$

式中：$\wedge$——取大运算符；

　　　$\vee$——取小运算符。

根据隶属度最大原则，取最终综合评价结果中最大元素对应的评语集中的评语为最终评估结果，表达式为

$$F=\max([f_1,f_2,\cdots,f_n]^{\mathrm{T}}) \tag{10-6}$$

综上所述，基于单一层次计算流程，可得到当前某层指标体系的计算结果。以此为基础，对成熟度三层指标体系进行综合计算，即可得到最终评估结果，确定成熟度等级。下面进行相应层级指标权重赋权。

1. 德尔菲法赋权

作为一种主观赋权法，德尔菲法优点在于：多位专家打分可确保结果的权威性，而基于德尔菲法的打分流程管理可确保专家打分过程中资源利用的充分性、最终结论的可靠性与统一性。德尔菲法赋权流程描述如下：

(1) 向选定的N位专家提供成熟度指标细节，专家将对分层后要素u_i的模糊

隶属度给出自己的首次估计 $m_{1i}, i\in[1,N]$；

(2) 确定专家组第一估计的平均值 $\bar{m}_1$ 与标准差 d_1；

(3) 首次估计数据 $m_{1i}, i\in[1,N]$，$\bar{m}_1$、d_1 匿名反馈给各位专家，据此，专家组给出新的估计 $m_{2i}, i\in[1,N]$；

(4) 确定专家组第二估计的平均值 $\bar{m}_2$ 与标准差 d_2；

(5) 重复步骤(3)、(4)k 次，直至标准差 d_k 小于预定值；

(6) $\bar{m}_k$、d_k 反馈给专家组，专家组给出最终估计 $m_{k+1,i}, i\in[1,N]$，同时确定对各个估计值信用度：$e_1, e_2, \cdots, e_m$；

(7) 确定最终均值：$\bar{m}_f = 1/N\sum_{i=1}^{N} m_i$，$\bar{e} = 1/N\sum_{i=1}^{N} e_i$，如果$\bar{e}$ 足够大，则采用评估结果，否则进一步评估。

2. 熵值法赋权

德尔菲法可实现基于专家认知的指标主观赋权，为综合企业客观因素，还需采用熵值法来对上层要素进行赋权。在信息论中，熵用来对信息不确定度进行衡量。引申到成熟度评估过程中，某项成熟度指标的不确定度越大，其对于最终成熟度评估结果的影响度也就越大，指标熵值越小。因此，熵值可表示指标客观权重。基于熵值法计算指标权重流程描述如下：

(1) 采用的就绪度评估均为无量纲要素，故无需进行要素标准化处理。定义要素熵值，即：

$$E_i = -k\sum_{i=1}^{m} r_{ij}\ln r_{ij} \quad (i, j = 1, 2, \cdots, n) \tag{10-7}$$

其中，$0\leqslant E_i\leqslant 1$，$k = 1/\ln m$。式中，$r_{ij}$ 为第 i 个专家对第 j 个指标给出的评分，在这里采用均分值。为保证指标归一性，分值标记采用 10 分制。

(2) 计算第 i 个要素的差异系数 G_i，即

$$G_i = 1 - E_i \quad (i = 1, 2, \cdots, n) \tag{10-8}$$

(3) 确定要素权重，即

$$w_j = G_i \Big/ \sum_{i=1}^{n} G_i \quad (j = 1, 2, \cdots, n) \tag{10-9}$$

则基于熵值法，上层要素权重可表示为

$$w = \{w_1, w_2, \cdots, w_n\} \tag{10-10}$$

3. 组合赋权

组合赋权法常用算法可概括为两种，即“乘法”集成法与“加法”集成法，数学描述如下：

$$w_i = a_i b_i \Big/ \sum_{i=1}^{n} a_i b_i \tag{10-11}$$

$$w_i = aa_i + (1-a)b_i \quad (0 < a < 1) \tag{10-12}$$

式中：w_i——第 i 个要素的组合权重；

a_i——第 i 个要素的客观权重；

b_i——第 i 个要素的主观权重；

a——权重系数。

"乘法"集成法本质上是一种指标权重的归一化，其实施前提是各指标权重较为一致；后者实质上是一种线性加权。综合考虑工厂小微成熟度评估需求，采用线性加权综合主、客观权重，即

$$w_i = \alpha w'_i + \beta w''_i \quad (0 \leqslant \alpha \leqslant 1) \tag{10-13}$$

这里，主、客观权重设定为：$\alpha = 0.7$，$\beta = 0.3$。综上所述，计算可得上层指标权重值。在计算下层指标权重值时，采用的德尔菲法流程同上。

10.3 智能制造服务成熟度评估模型与算法

10.3.1 评价等级标准

智能制造等级旨在定义智能制造服务的阶段水平，描述一个组织逐步向智能制造最终愿景迈进的路径，代表当前智能制造服务的水准，也是智能制造服务成熟度评估的结果。依据《中国制造 2025 实施规划纲要》，本节综合小微企业智能制造实施愿景与企业组织模式，将面向小微企业的智能制造成熟度等级由低到高界定为四个等级：规范级、集成级、优化级、稳定级，并且对每个级别的实现标准及其必要条件进行详细介绍。从规范级到稳定级，每个级别都是前一个级别的进一步完善，同时也是向下一个级别演进的基础，体现了智能制造服务成熟度从一个层次到下一个层次层层递进不断发展的过程。

1. 规范级

在规范级，小微企业针对自身制造服务模式已初步形成智能制造完整规划。在智能维，主要的生产加工及辅助设备具有了数据采集及设备间通信的能力，并且具有了初步的基于数据驱动的生产制造能力。通过设备间的标准化接口及数据共享格式，企业部分核心业务环节可实现内部的数据共享，并以此来进行生产规划及指令下达。在制造维，基于智能维的信息互联，制造过程精益化程度得到了进一步提高。在服务维，开始考虑顾客的需求，开始设计、加工、物流、售后等产品服务信息化构建，及相关服务组织构建、指导产品、服务质量提升。

2. 集成级

在集成级，企业已较为完整地实现了资源组成、IoT、数据集成三个类下的要素建设。在此基础上，企业基于资源组成、IoT 及数据集成，实现了制造维下设计、生

产、物流、销售、售后五个维度的数据横向集成；智能维下基于数据驱动的生产模式贯穿企业生产制造全生命周期，企业各个环节基于数据得到了进一步的优化；服务维下建立客户服务知识库及云平台服务、社群平台、产品服务系统，能够维护客户关系、准确掌握客户的需求及动态。

3. 优化级

在优化级，小微企业 ERP、MES、PLM 等制造管理系统已经实现了全面集成。在此基础上，企业实现了面向工厂级的企业数字化建模，从生产线级、车间级、企业级、跨企业协同级的纵向维度出发，对于过程中涉及的关键数据进行存储并实现了基于智能算法的分析；基于自学习模型，企业的知识库、专家系统得以不断优化，并实现基于知识的生产工艺及业务流程优化。在这一阶段，企业制造服务初步实现从数据到智能的质变，能够满足客户个性化需求，能够实现跨企业及供应链上车间、部门资源、设计能力、加工能力、装配能力等共享及社群化协同制造服务。

4. 稳定级

在稳定级，企业在生产数据维度有了全面的积累，基于自学习的知识库及专家系统开始涵盖企业生产管理中的各方面，并从初期的学习阶段逐渐趋于稳定运行阶段。基于成熟的数据分析模型，企业制造资源实现了设备自治及设备间的反馈优化；基于稳定且全面的专家系统，企业各类生产资源得到了最优化利用与配置。在这一等级下，通过智能机器人提供智能、个性化服务；通过 IoT、AR、云计算、大数据技术等实现创新性应用服务，制造服务实现面向客户的精细化知识管理、个性化定制、企业间远程协同生产模式等。

成熟度等级及其关键域如图 10-5 所示。其中，第 1、2 级要实现的关键域是共用的，包括制造工程和制造保障所涉及的关键域，而随着等级的提升，这些域要满足的要求也在提高；从第 3 级开始增加了智能提升的关键域，第 3 级增加了互联互通、系统集成的要求，第 4 级增加了信息融合的要求和新兴业态的要求。

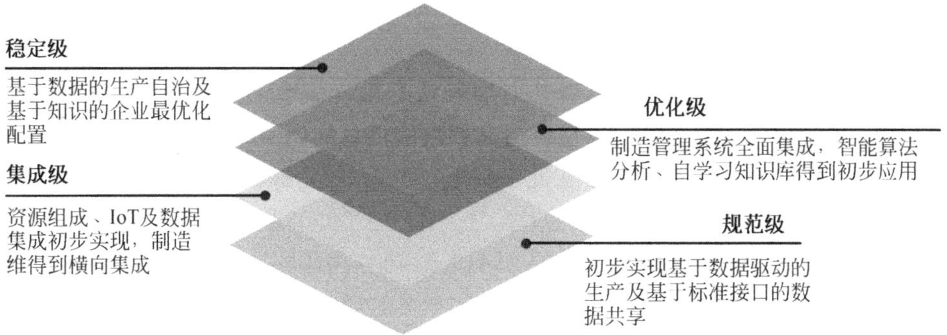
稳定级
基于数据的生产自治及基于知识的企业最优化配置
优化级
制造管理系统全面集成，智能算法分析、自学习知识库得到初步应用
集成级
资源组成、IoT及数据集成初步实现，制造维得到横向集成
规范级
初步实现基于数据驱动的生产及基于标准接口的数据共享

图 10-5　智能制造整体成熟度模型及其特征

10.3.2 案例研究

作为中国智能制造试点企业，国内某大型白色家电制造企业近年来进行了一系列的改革创新，包括在自身加工生产的同时也整合冗余资源对外提供产品、咨询等服务。为实现企业智能制造服务水准的进一步提高，现对该企业进行智能制造服务成熟度评估。

成熟度评估加权分为三层，流程描述如图 10-6 所示。其中，$A_{31} \sim A_{33}$ 为第二层指标权重系数；$\boldsymbol{R}_1 \sim \boldsymbol{R}_{12}$ 为第二层模糊矩阵；$\boldsymbol{B}_1 \sim \boldsymbol{B}_3$ 为第三层模糊矩阵；$\boldsymbol{C}$ 为综合运算模糊矩阵，最终计算结果表示为

$$\boldsymbol{F} = \boldsymbol{A} \circ \boldsymbol{C} \tag{10-14}$$

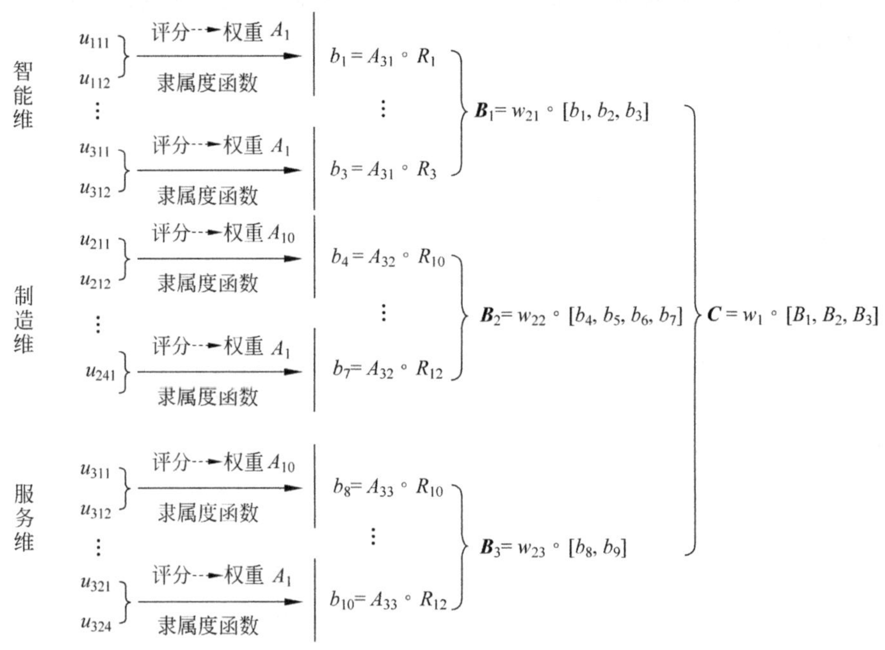

图 10-6 指标加权运算

基于成熟度评估指标体系，首先对层级指标进行模糊评估构建。在对该企业各个生产流程模块调研基础上，层级指标权重值汇总如表 10-3 所示。

依此类推，计算出 $b_1 \sim b_9$。在此基础上，进行二层指标权重计算，则有

$$\boldsymbol{B}_1 = w_{21} \circ [b_1, b_2, b_3] = [0.562; 0.224; 0.214] \circ \begin{bmatrix} 0.087 & 0.153 & 0.0115 & 0 \\ 0.093 & 0.162 & 0.0199 & 0 \\ 0.089 & 0.178 & 0.123 & 0 \end{bmatrix}$$

$$= [0.089, 0.16, 0.037, 0]$$

表 10-3　层级指标权重

	德尔菲	熵　值　法	组　合　权　重
维	w'=[0.3;0.3;0.4]	w''=[0.27;0.43;0.3]	w_1=[0.291;0.339;0.37]
类	w'_{21}=[0.4;0.2;0.4]	w''_{21}=[0.41;0.28;0.31]	w_{21}=[0.562;0.224;0.214]
	w'_{22}=[0.25;0.3;0.3;0.15]	w''_{22}=[0.29;0.2;0.25;0.26]	w_{22}=[0.262;0.27;0.285;0.183]
	w'_{23}=[0.55;0.45]	w''_{23}=[0.6;0.4]	w_{22}=[0.565;0.435]
域	w'_{31}=[0.2;0.08;0.1;0.07; 0.12;0.05;0.1;0.1;0.08; 0.08;0.02]	w''_{31}=[0.18;0.1;0.13;0.04; 0.11;0.06;0.08;0.09;0.11; 0.08;0.02]	w_{31}=[0.194;0.086;0.109; 0.061;0.084;0.053;0.118; 0.097;0.089;0.08;0.02]
	w'_{32}=[0.18;0.1;0.12;0.05; 0.13;0.07;0.07;0.12; 0.06;0.1]	w''_{32}=[0.19;0.1;0.14;0.06; 0.09;0.05;0.1;0.08;0.11;0.1]	w_{32}=[0.24;0.1;0.126;0.189; 0.053;0.118;0.064; 0.079;0.108;0.075;0.1]
	w'_{33}=[0.18;0.1;0.15;0.05; 0.08;0.12;0.15;0.17]	w''_{33}=[0.19;0.09;0.12;0.08; 0.08;0.13;0.14;0.17]	w_{33}=[0.183;0.097;0.141;0.059; 0.08;0.123;0.147;0.17]

同理，计算可得：$\boldsymbol{B}_2=[0.1063,0.1244,0.343,0]$，$\boldsymbol{B}_3=[0.0988,0.1241,0.1438,0]$。基于计算结果，得到二级指标综合评估矩阵为 $\boldsymbol{B}=[\boldsymbol{B}_1,\boldsymbol{B}_2,\boldsymbol{B}_3]$，则最终权重向量为

$$\boldsymbol{C}=w_1\circ\boldsymbol{B}=[0.1161,0.1196,0.1503,0.057,0.0015]$$

基于隶属度最大原则，则企业智能制造成熟度属于规范级，该企业针对自身制造模式已初步形成智能制造完整规划，并且具有了初步的基于数据驱动的生产制造能力，但企业数据集成能力有待进一步提高。

10.4　本章小结

本章分别从智能制造服务成熟度的定义、评价指标体系、评估模型、算法等方面进行系统阐述及案例介绍。智能制造服务成熟度评估目的在于为企业实施智能制造服务决策提供参考准则，帮助企业准确识别自身所处的服务化发展阶段，以实现有针对性地提升和改进智能制造服务能力。

参考文献

[1] CROSBY P B. Quality Is Free: The Art of Making Quality Certain[M]. Signet, 1980.

[2] PAULK M C, CURTIS B, CHRISSIS M B, et al. Capability maturity model, version 1.1[J]. IEEE Software, 1993, 10(4): 18-27.

[3] RAZA A, CAPRETZ L F, AHMED F. An open source usability maturity model (OS-UMM)[J]. Computers in Human Behavior, 2012, 28(4): 1109-1121.

[4] CURTIS B, HEFLEY B, MILLER S. People Capability Maturity Model (P-CMM)[M]. Second Edition. Carnegie-Mellon University, 2009.

[5] WELKE R, HIRSCHHEIM R, SCHWARZ A. Service-oriented architecture maturity[J].

Computer,2011,2(44):61-67.

[6] LU Y, MORRIS K C, FRECHETTE S. Current Standards Landscape for Smart Manufacturing Systems[R]. National Institute of Standards and Technology,2016.

[7] MITTAL S,KHAN M A,ROMERO D,et al. A critical review of smart manufacturing & Industry 4. 0 maturity models: Implications for small and medium-sized enterprises (SMEs)[J]. Journal of Manufacturing Systems,2018,49:194-214.

[8] 中国电子技术标准化研究院.智能制造能力评价标准发布[R].工业和信息化部装备工业司,2016.

[9] CAO W,JIANG P Y. Modelling on service capability maturity and resource configuration for public warehouse product service systems [J]. International Journal of Production Research,2013,51(6):1898-1921.

[10] CHO D G,SESSLER J L. Modern reaction-based indicator systems[J]. Chemical Society Reviews,2009,38(6):1647-1662.

[11] 张曙.工业 4.0 和智能制造[J].机械设计与制造工程,2014(8):1-5.

[12] 李亮.评价中权系数理论与方法比较[D].上海:上海交通大学,2009.

[13] 田军,张朋柱,王刊良,等.基于德尔菲法的专家意见集成模型研究[J].系统工程理论与实践,2004,24(1):57-62.

[14] 韩利,梅强,陆玉梅,等. AHP-模糊综合评价方法的分析与研究[J].中国安全科学学报,2004,14(7):86-89.

[15] 李艳双,曾珍香.主成分分析法在多指标综合评价方法中的应用[J].河北工业大学学报,1999,28(1):94-97.

[16] 郭显光.熵值法及其在综合评价中的应用[J].财贸研究,1994(6):56-60.

[17] 王明涛.多指标综合评价中权数确定的离差,均方差决策方法[J].中国软科学,1999(8):100-101.

[18] 黄华,宋艳萍,苗新艳,等.基于多目标规划法的模糊线性回归分析[J].模糊系统与数学,2012,26(3):114-119.

[19] 王文川,程春田,邱林.基于综合权重的理想模糊物元多属性决策法及应用[J].数学的实践与认识,2009,39(3):126-132.

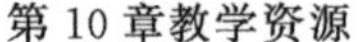
第 10 章教学资源

智能制造服务关键使能技术课件

第11章

案例分析

本章为案例分析，通过介绍与分析两个典型智能制造服务案例的实际运作情况与所取得的结果，为进一步发展与应用智能制造服务提供指导与参考。两个典型案例分别为智能云科制造服务和合锻智能运维服务平台。

11.1 智能云科制造服务

智能云科信息科技有限公司(简称"智能云科")是一家以制造装备互联为基础的高科技、互联网化、平台化、轻资产的创新型公司。本节通过介绍和分析智能云科制造服务的发展背景、整体思路、运作流程、具体服务项目等内容，探讨智能云科制造服务目前的优势与可提升环节[1,2]。

11.1.1 案例简介

1. 基本介绍

智能云科成立于 2015 年，由沈阳机床集团、神州数码、光大金控三家共同出资组建。智能云科采用"互联网＋先进制造业"的思想，以制造装备互联为基础，以"让制造更简单"为目的，创建"智能终端＋工业互联＋云服务"的创新服务模式，建立了 iSESOL 工业互联网平台[3]。iSESOL 工业互联网平台包含登云入网、产能交易、厂商增值、要素赋能四大业务模块。在企业和设备登云入网的基础上，构建社会共享的机加工制造互联网产能平台并获取和分析机床大数据，为客户提供包括装备全生命周期管理、共享装备、工业 APP、供应链分析管控、产能交易等在内的一站式制造服务解决方案，构建工业互联网新智造生态体系。

2. 创办背景

我国目前已是世界最大的机床生产国和消费国，但是高精数控机床的数控系统仍需依赖进口。通常数控系统的成本占机床总成本的 40%以上(例如，一台售价为 30 万元的 FANUC 钻攻中心加载的数控系统报价为 20 万元)。同时国外对我国实行技术封锁，高端数控系统无法购买(FANUC 不向中国出售五轴机床的数控系统；西门子的高端系统有五轴控制功能，单台机床开通该功能需单独收费几万元)。针对该问题，沈阳机床集团着力于推进数控系统的开发项目，研发了中国完全自主知识产权的数控系统及配套服务。

沈阳机床集团的i5系列智能车床研发团队打造的智能机床的控制系统不同于传统机床的嵌入式系统,而是基于PC平台、软硬件分离的智能系统。它拥有高性能计算能力,可实现机床智能与互联,使得机床成为数据的发生体和承载体,成为可数字化分析的制造单元[4]。在实现单台i5机床的联网功能基础上,i5系列智能机床研发团队进一步开发了围绕i5机床产品生命周期的信息化服务平台,以支持充分利用机床工作历史数据,为用户创造更多的价值,更方便地为用户提供工业服务。在此基础上,沈阳机床、神州数码、光大金控借鉴工业互联网的思想,于2015年8月共同创办智能云科并搭建iSESOL工业互联网平台[5]。

11.1.2 运作模式

本节从平台架构、运营策略、核心功能和关键技术四个层面逐层分析智能云科制造服务的运作模式。

1. 平台架构

智能云科iSESOL工业互联网平台构建的应用生态系统由云计算、边缘计算、大数据、人工智能等先进技术与机加工行业全方位深度融合所形成。平台运行的关键在于产品、装备、控制系统、信息系统以及人员之间的互联。在对生产数据的全面感知与获取、实时传输、快速处理和建模分析的基础上,实现企业的运营优化和生产方式变革。

如图11-1所示,智能云科iSESOL工业互联网平台架构分为业务应用层、基础服务层及物理系统层共三个层次。业务应用层主要为机加工企业提供制造服务登云入网、要素赋能、产能交易、厂商增值服务;基础服务层提供满足业务应用层的基础服务,主要包括设备接入及控制服务、工业系统网络互联、工业数据交换、工业生产要素的建模及分析等服务;物理系统层为iSESOL工业互联网平台提供设备网络连接。

2. 运营策略

智能云科打造的iSESOL工业互联网平台在数据驱动和开放共享两大核心运营策略指导下提供一站式工业互联网服务,其最核心的运营策略包括数据驱动和开放共享。

1) 数据驱动

数据驱动是工业互联网的基础。智能云科通过iSESOL工业互联网平台的登云入网服务(iSESOL BOX+iSESOL WIS)实现设备终端和生产车间的物联网建设,把工业端的数据和制造过程的数据通过云端实时互动,实现企业上云,并汇集形成登云入网的工业大数据。智能云科iSESOL工业互联网平台基于数据的穿透,提供面向制造业和装备厂商两端的服务。通过线上线下协同配合,助力企业登云入网,从而形成聚焦机加工领域的云端工业大数据,基于这些工业大数据资源,

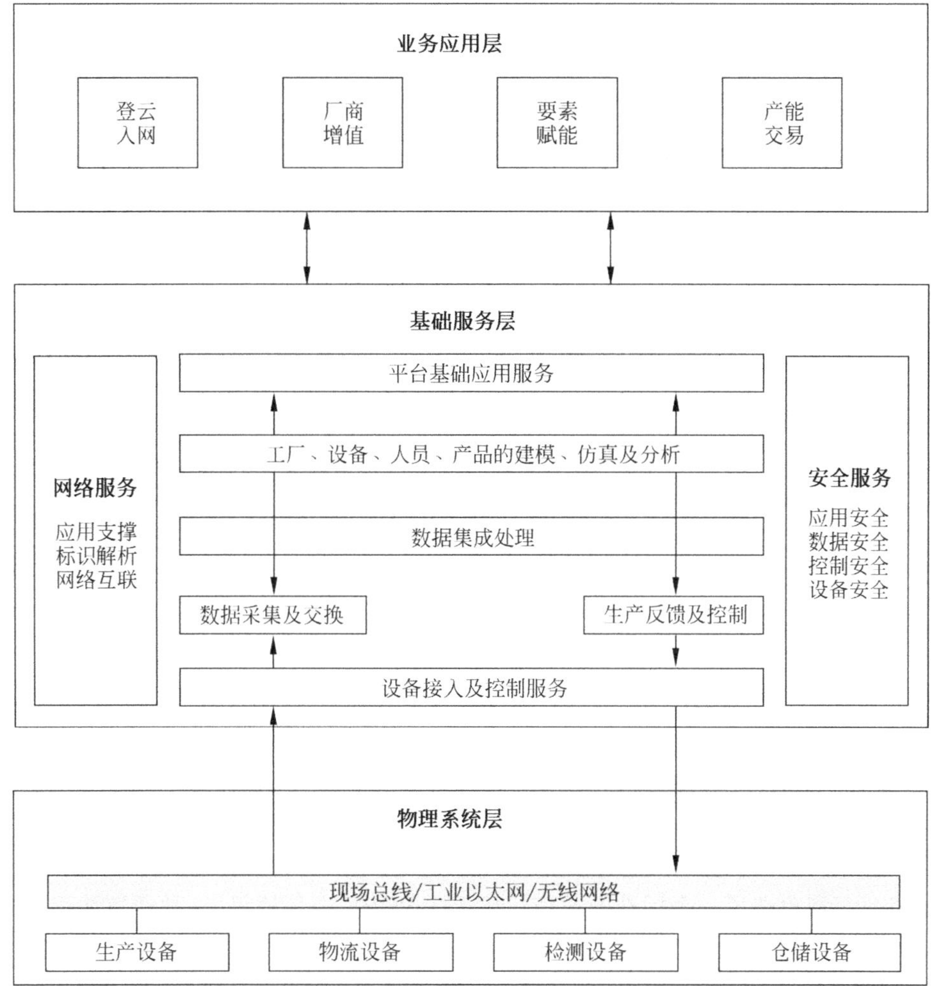

图 11-1　智能云科 iSESOL 工业互联网平台的整体架构

为企业用户提供包括装备服务、机床租赁在内的厂商增值服务，以及以交易智选、工业品 MRO(maintenance repair and operating)采购为主的产能交易服务，并从技术、知识、人才、金融等要素全方位为制造企业赋能，推动制造业整体转型升级。该运营策略如图 11-2 所示。

2）开放共享

iSESOL 工业互联网平台的另一个核心策略是开放共享。主要表现在：基于 Linux 操作系统、Ether CAT 总线分别采集机床控制器数据和传感器等模拟数据量，以自主研发的 iPORT 通信协议实时传输到云端；基于工业 APP 开发及应用，汇聚形成工业 APP Store，将企业、高校及个人的行业 Know-How 应用到工厂实践中；基于 OPEN API 的开放平台建设，打通企业现场的相关管理系统，并与合作伙伴建立协同关系。

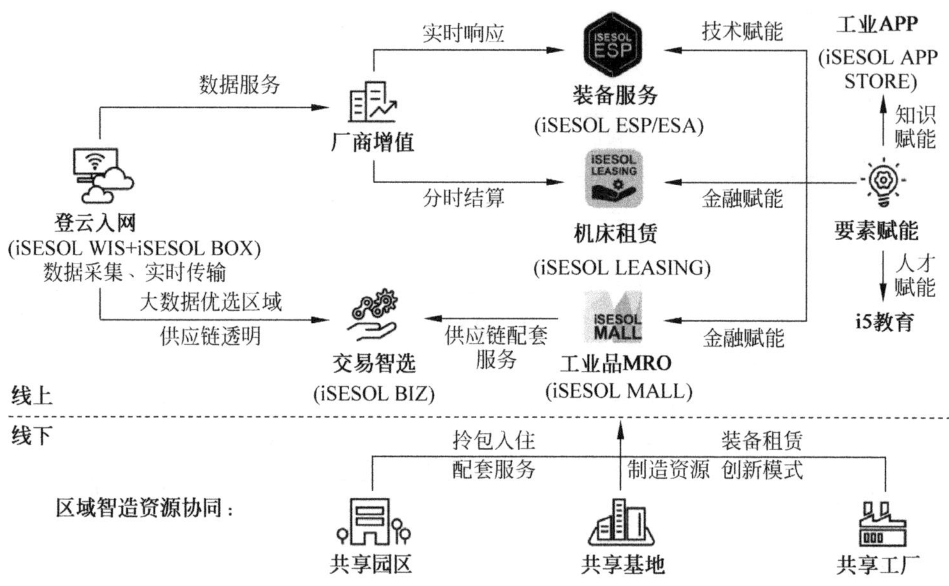

图 11-2　数据驱动的平台业务模式

智能云科 iSESOL 的数据采集器 iSESOL BOX 是基于 Linux 操作系统开发的，连接在机床控制器上，采用的是以太网设备数据采集，在采集外部设备数据的模拟数据时，采用的是全球最开放的 EtherCAT 总线，也就是说，除了 CNC 部分的数据，运动控制、伺服、传感器等，采用的都是开放总线。而且，EtherCAT 总线的技术架构是完全软件化的，使用者可以不用购买专用的通信芯片即可实现完全开放的通信协议。这样，软件和通用算法可以和通用的计算芯片组合起来。基于这样的逻辑，智能云科打造了一个标准的通信协议——iPORT 通信协议，这种通信协议可以确保毫秒级的实时数据传递，确保业务协同；同时帮助进行设备的数据交互实时处理，实现设备自我感知、自我完善，进行可预测性维护。这是开放共享的技术基础。

智能云科在 iSESOL 工业互联网平台上还打造了一个开发者中心，企业、高校及工业领域的资深从业人士可以到开发者中心注册形成开发者，拥有独立账户，通过调用平台提供的相关数据，开发形成独特的工业 APP，供企业下载应用，最终形成工业 APP 的服务闭环。各种工艺方法、解决方案都可以通过工业 APP 的方式沉淀下来，开发者则可根据工业 APP 的下载使用次数获得相应报酬，实现知识的共享和变现。

智能云科在 iSESOL 工业互联网平台上建设了一个基于 OPEN API 的开放平台，可以跟工厂现有的场景应用打通，包括 MES、EMS、APS、ERP、HRM、MRP 等系统，均可以与 iSESOL 工业互联网平台打通，获得相应的数据支撑。同时，行业、区域的合作伙伴，也可以与 iSESOL 工业互联网平台建立良性的互补关系。比如目前已经建立合作的河北沧州云、山东鲁中工业互联网平台。iSESOL 工业互联网平台的开放共享运营模式基本逻辑如图 11-3 所示。

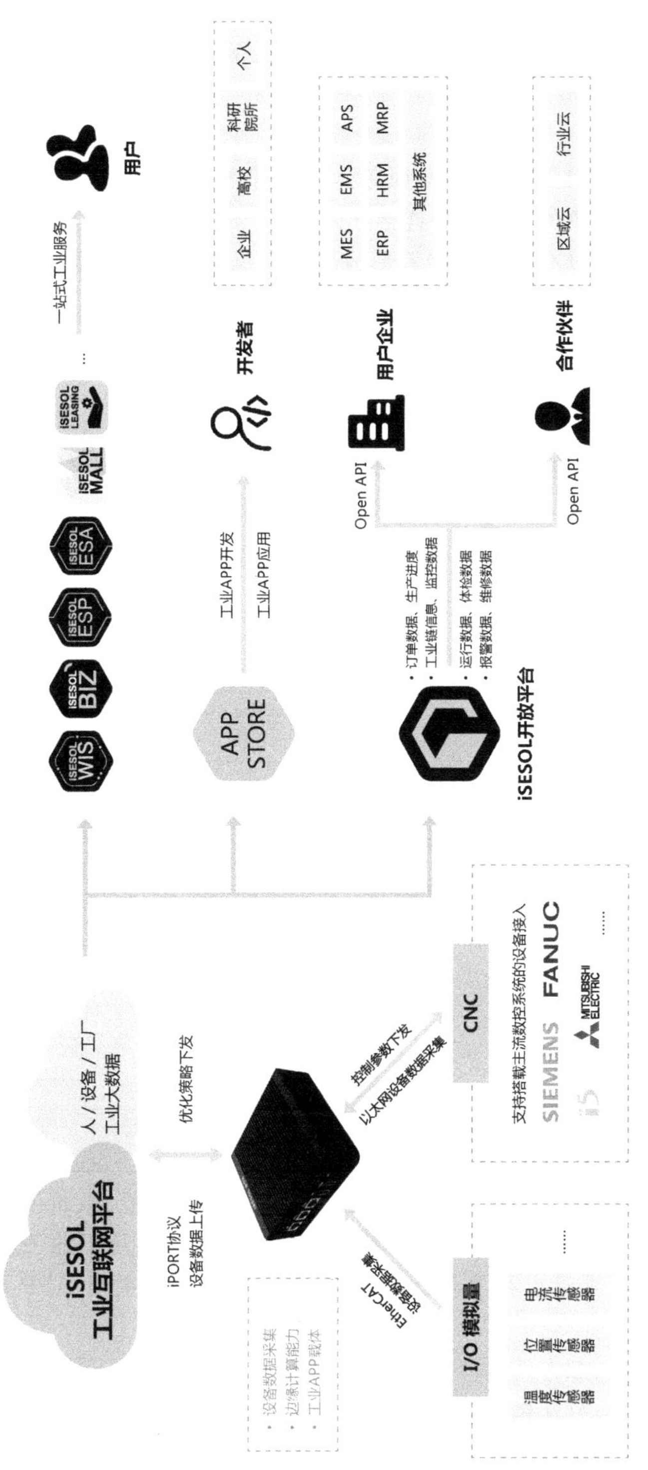

图 11-3　开放共享的平台业务模式

3. 核心功能

智能云科四大核心智能服务功能包括登云入网、产能交易、厂商增值、要素赋能。

1) 登云入网

登云入网是 iSESOL 工业互联网服务体系搭建的基础，其通过布局智能终端设备，将工厂及相关对象的增值网络连接起来，在装备互联的基础上实现对制造过程数据的实时管控，通过有效数据积累形成工业数据。登云入网服务的两个核心产品为 iSESOL WIS 与 iSESOL BOX。

(1) iSESOL WIS

iSESOL WIS 是面向中小企业的工厂数字化制造运营系统。它为企业提供针对生产、维护、质量和库存等多方面的通用云化管理模块。iSESOL WIS 可支持制造企业实现制造执行过程透明、有序与优化。iSESOL WIS 兼顾了市场主流数控系统，实现与各品牌自动化设备完美适配。同时，iSESOL WIS 可与 ERP、CAPP 等信息系统实现无缝对接，助力中小企业向智能制造转型。iSESOL WIS 可在 PC 端或者 APP 端进行应用，见图 11-4。

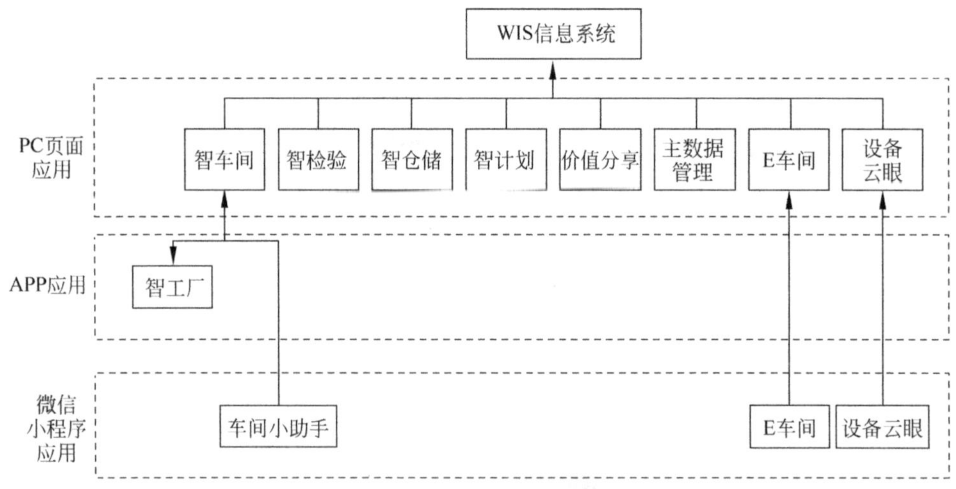

图 11-4　SESOL WIS 产品应用

iSESOL WIS 由八大 APP 组成，包括智车间、智检验、智仓储、价值分享、主数据管理、智计划、E 车间、设备云眼，这些都是 iSESOL WIS 系统下的子应用，部分子应用以手机 APP 或者小程序作为移动端应用的补充。主要 APP 应用介绍如下：

智车间 APP 是一款车间生产管理软件，可支持从销售订单下达到产品加工完成的生产过程管控，分别从销售订单管理、产品工艺设计、生产任务下达、生产进度监控、设备状态监控等多个维度对车间活动事件做出快速响应，并向工厂管理层提供实时准确的决策依据,实现对车间内的生产资源和生产过程的全面管理。智车间APP业务逻辑如图11-5所示。智车间APP的主要功能包括工程管理、设备管理、生产管理、销售管理等。设备管理功能针对用户接入的设备进行管理,采集机床数据,实时监控设备状态,对设备下发点检、保养任务,可主动进行故障告警。销售管理功能主要是对订单的管理。支持销售订单的创建以及订单进度的查看,支持一个订单关联 N 个订单明细。工程管理功能支持配置物料与物料之间的关系,生成物料BOM表;支持工艺配置管理,可自定义工序、材料、工装以及上传工艺指导文件。生产管理功能支持成品物料跟生产物料关系的建立;支持生产订单的全流程管理;支持查看已接收的相关工单信息、设备列表信息,以及工单的报工记录。综合看板功能支持建立工厂虚拟可视化场景,支持工厂布局图形化配置、拖拽式操作,并使车间布局可视化,具体包括设备看板、库存看板、订单看板、产能看板。通过应用智车间APP后,工厂的生产现场管理得到有效改善,设备的综合利用率得到明显提升。在生产车间现场,工人通过微信小程序、计算机、机床插件等终端上报生产进度,提高了数据的实时性,为车间管理者、企业管理者提供了更真实有效的决策支撑。

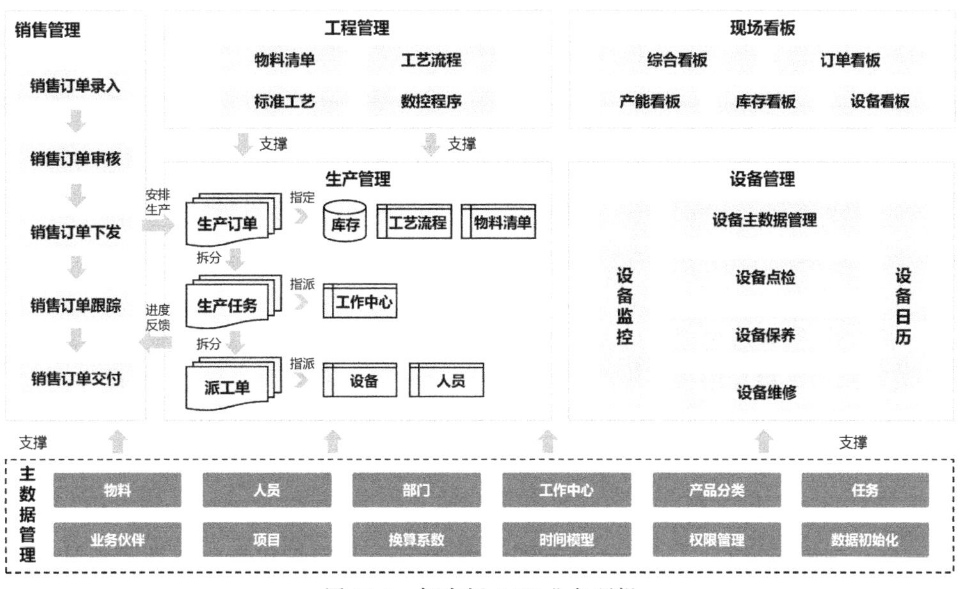

图11-5 智车间APP业务逻辑

智计划APP是采用基于瓶颈和约束理论进行机加工生产计划排产的软件系统。排产过程中考虑有限产能和多维度约束条件,依据预设排产规则,通过智能化算法实现模拟试算以及排产结果最优,为工厂提供详细的生产排程计划,弥补ERP在有限产能排程问题和精细化生产方面的不足。智计划APP架构如图11-6所示。智计划APP主要流程为:当销售订单创建后,可通过计划排产APP实现自动创建生产订单,生成生产任务,拆分派工单,排产过程依据排产规则,实现全自动化，这个过程可以概括为“一键排产”。通过应用智计划APP，工厂可以实现从销售订单到加工工单的一键式排产，用户通过简单操作，可以实现随时插单，通过监控计划执行情况，及时进行调整，据此实现对订单的交期估算。生产排产涵盖了从生成生产订单到派工单的整个过程，据此指导工人每一天的具体加工内容。总之，应用智计划APP，可以节省计划员和现场调度员的工作量，实现生产任务的准确下发，对工厂的生产活动进行全面管控，避免资源的争用，同时也提供了更加准确的物料需求计划。

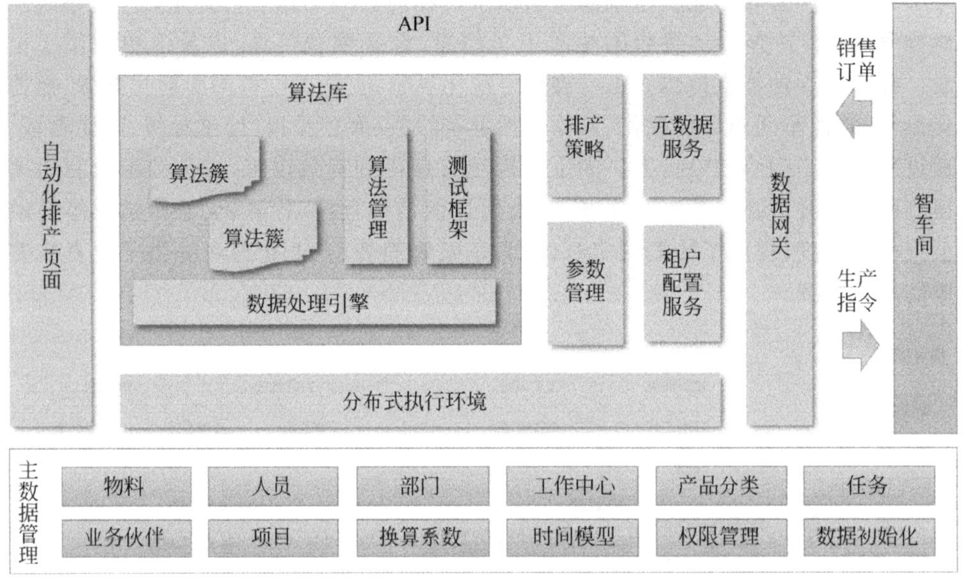

图 11-6　智计划 APP 架构图

智检验APP通过规范检验要求和项目，建立统一的检验计划，根据计划下发检验任务，跟踪检验结果。规范统一的检验机制可以避免重复检验、漏检等问题，而通过与智能检验工具及多种智能终端的数据连接使检验记录的收集更加集中和实时，这可为工厂提升产品质量提供依据。智检验APP功能主要包括抽样检验和质量检验业务。抽样检验业务根据企业实际生产情况，制订检验计划。例如：毛坯进库需要进货检验，产品完工需要完工检验，这些质检活动都需要提前制订质检计划，质检计划也是企业生产计划的一种。而质量检验业务主要用来下发质检任务，当完成产品检验后，需反馈质检结果。质量检验业务流程如图11-7所示。智检验APP使工厂质量检验工作更加规范，质量检验工作有计划、能跟踪，从而减少质量检验人员的重复工作量，提升工作质量，尽可能避免漏检的发生。智检验APP使检验记录的汇总工作变得简单，记录实时反馈，加快了质量判定的速度，便于对产品质量进行实时分析，减少批量不合格品的发生，节约工厂在质量检验工作上投入的费用，降低检验成本。

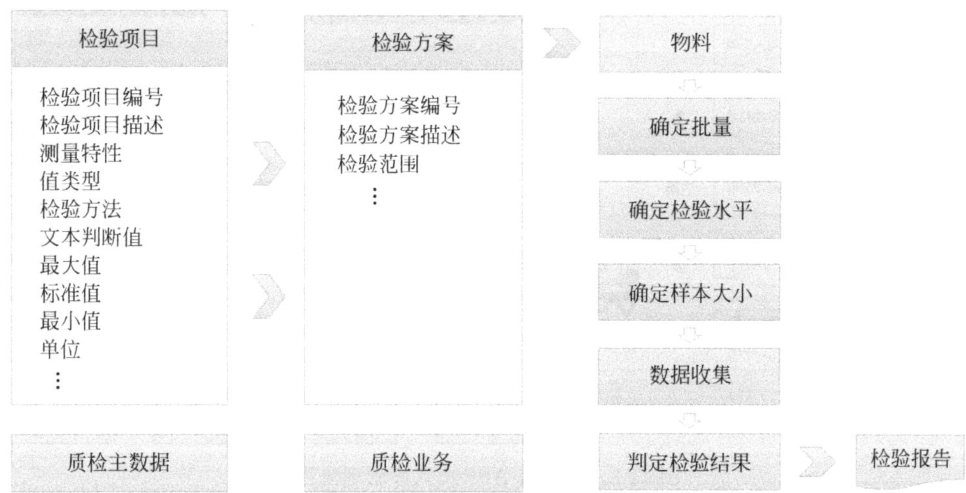

图 11-7　智检验 APP 检验业务流程

智仓储 APP 是一款智能仓储管理小程序，通过与销售、采购、生产等业务领域的结合，为工厂提供动态的、可预测的库存变化情况，帮助企业制订销售计划、采购计划、生产计划，在较低的库存水平上提升企业应对市场的反应速度。智仓储 APP 通过基于云端的数据共享，能够对供应商及客户的库存水平做出预测，从而更加合理地做出生产、采购及销售决策。通过对库存周转率的实施计算，帮助企业实现库存优化。智仓储 APP 的主要功能包括库存分析和出入库管理。库存分析可以实时查看仓储物料当前现有库存、分配库存、在购库存、冻结库存，同时也能查看物品的仓储情况，甚至能细化至物料存放的位置；支持物料库存查询与统计，分析库存周转率，支持管理者决策；同时也更友好地支持满足用户个性化需求，用户可自定义物料出入库的流水报表。出入库管理支持智仓储 APP 的所有核心业务操作，一条仓单记录既可以进行入库操作，也可以进行出库操作，从而形成出入库历史记录，方便用户回溯。同时该功能还支持物料/仓库的冻结和解冻，便于用户灵活查看仓库/物料是否可用并进行相应管控。出入库管理流程见图 11-8。智仓储 APP 可帮助工厂将库存水平维持在合理范围内，减少了因为库存过多而造成的资金占用，并从库存角度对工厂各环节生产业务的优化管理提供参考信息。

(2) iSESOL BOX

iSESOL BOX(iSESOL 智能魔盒)主要由硬件和软件两部分组成。硬件即为安装在机床上的魔盒(见图 11-9)，用户所使用到的软件部分即为微信公众号内的 iSESOL BOX 工厂端(见图 11-10)。

iSESOL BOX 是智能云科自主研发的工业平台级智能终端，通过基于标准 MQTT 协议、HTTP 协议以及 SSL 协议，构建安全、稳定的通道，实现设备端与 iSESOL 工业互联网平台通信。同时通过 iSESOL BOX，满足设备与本地信息化系统互联互通的功能。iSESOL BOX 设备接入网络拓扑图见图 11-11。

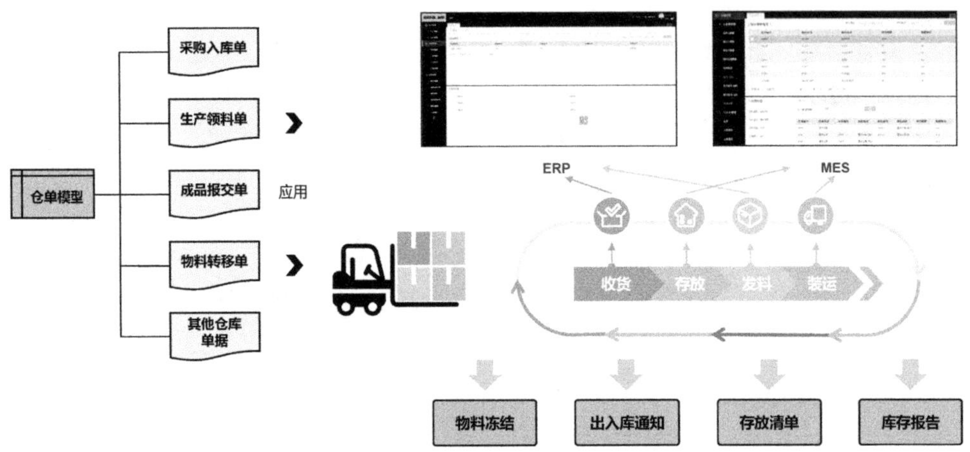

图 11-8　智仓储 APP 出入库管理流程

图 11-9　硬件——魔盒

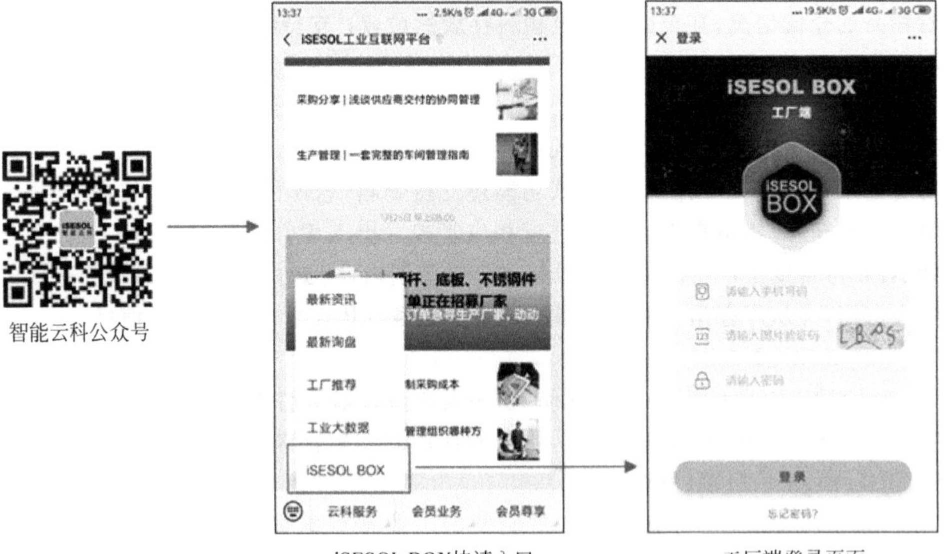

iSESOL BOX快速入口　　　　工厂端登录页面

图 11-10　软件部分

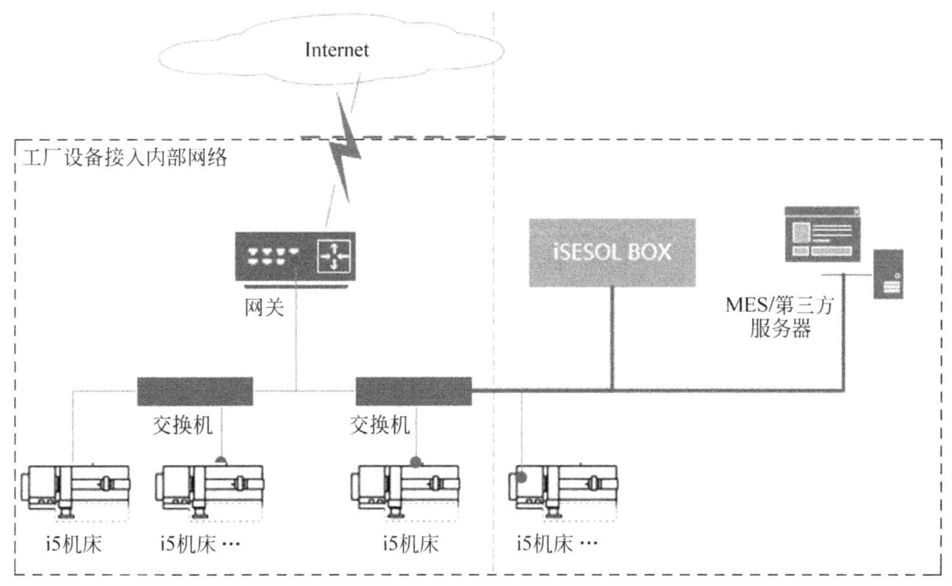

图 11-11 iSESOL BOX 设备接入网络拓扑图

iSESOL BOX 具有数据接入和边缘计算两大功能。在数据接入功能方面，iSESOL BOX 能够兼容 FANUC、西门子等市场主流数控系统；同时，通过智能云科自主研发的 iPort(云服务)协议，将设备实时状况与制造数据接入 iSESOL 工业互联网平台，配合 iSESOL 工业互联网平台旗下的各类产品与服务实现对整个工厂的设备管理、生产现场、运维、销售等各环节的管控。在边缘计算功能方面，iSESOL BOX 作为平台级智能终端，是 iSESOL 工业互联网平台云端部署在生产现场的边缘计算节点，以无线或有线方式与云端交互。iSESOL BOX 作为部署在智能设备周边的节点，可对设备海量数据进行边缘处理与分析，即时对工业 APP 的需求数据进行快速响应反馈，缩短数据在云端的流转，减少响应时间与流量消耗，让云端的各类工业 APP 得以快速实现自适应的高效协同与快速应用。

目前，iSESOL 工业互联网 APP Store 上的智能增效 APP，已批量应用于汽车零部件、3C 等机加工企业。通过 iSESOL BOX 与 iSESOL 工业互联网平台的数据实时交互，优化工艺参数，缩短零部件加工时间，提高企业生产效率，获取更高经济效益。

2) 产能交易

iSESOL 在工厂与智能终端联网的基础上，可为供方工厂、采购商与供应链配套商等提供更为系统和完备的交易智能服务。产能交易服务包含产品为 iSESOL BIZ 与 iSESOL MALL。

iSESOL BIZ(iSESOL 智造在线)通过线上线下产能资源协同，为机械加工领域企业提供订单交易与多维度增值服务。通过询盘报价、商机与交易管理、订单智能筛选匹配等各项线上服务功能，实现供需双方的商务洽谈、商机评估、智能优选、打样试制、远程下单、支付存管、生产追溯等交易全流程服务。iSESOL BIZ 可为供需双方提供一个对接平台，其中需方交易流程如图 11-12 所示，供方交易流程如图 11-13 所示。

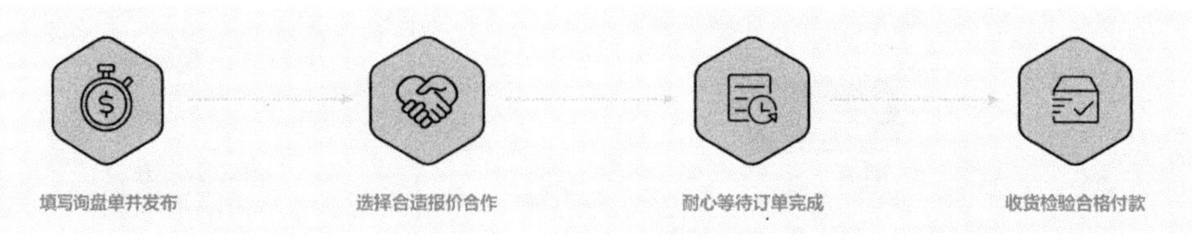

1. 发布询盘单
发布你的询盘单，详细填写你的需求并上传图纸；
询盘单经过审核，就将出现在询盘中心啦；
接下来就请耐心等待供应商报价。

2. 选择合适供应商
筛选最合适的报价进行定标；
定标后请确认询盘单具体细节；
双方确认无误后转为订单；
开启您的订单完成之旅。

3. 生产进度等待完成
基于iSESOL网的装备互联；
可实时查看订单完成度；
等待按时完成的那一天吧！

4. 收货检验与付款
订单产品收到后请及时确认；
仔细检验您收到的每一件产品；
没有问题的话请按照流程完成订单。

图 11-12　iSESOL BIZ 需方交易流程

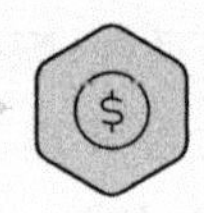

选择合适询盘单报价　　等待采购商选择　　报价确认转为订单　　验收合格得到货款

1. 开始报价
在询盘中心寻找合适询盘单进行报价，耐心等待采购商进行选择，说不定幸运儿就是你。

2. 双方沟通
询盘单定标后，根据采购商要求进行细节沟通或二次报价，双方确认无误转为订单。

3. 生产过程
网站收到订单约定款项，请做好准备并开始订单产品的生产过程，记得认真完成哦。

4. 完成发货
生产完成之后，请一定要在规定时间内将订单产品发送到采购商指定地点或承运方。

5. 等待检验
采购商将认真检查您完成的订单产品，考验您能力的关键时刻来临，有问题请及时与对方沟通。

6. 收到货款
检查完毕之后，只要采购商满意并通知网站，您将收到订单货款，之前还要开发票别忘了。

图 11-13　iSESOL BIZ 供方交易流程

iSESOL MALL(MRO 工业品采购平台)是智能云科自营的专业 B2BMRO 工业品采购平台，通过装备互联获取工业互联网大数据，助力制造企业工业品在线采购，完善供应链配套服务。iSESOL MALL 业务分为三层架构：商城端服务于 MRO 供需采购双方，是供需企业用户服务的入口。用户端包括采购企业用户和供应企业用户，采购企业用户通过商城端完成注册后可进行产品采购等一系列操作，供应企业用户通过注册认证后开通后台，可完成商品上架、售卖、订单管理和售后管理等相关操作。平台端服务于 iSESOL MALL 运营人员，管理员通过管理后台设定商城规则、监管商城行为、运营商城活动等。

3）厂商增值

智能云科的厂商增值服务主要通过 iSESOL ESP/ESA 的两个服务模块实现。

iSESOL ESP/ESA 装备全生命周期服务作为 iSESOL 工业互联网大数据的核心应用之一，为机床设备终端用户与设备售后服务提供商提供服务，提升企业整体装备服务管理水平，快速响应终端客户服务需求，提高服务过程的透明度，降低企业服务与运营成本。iSESOL ESP/ESA 集报修、需求、服务处理、统计分析于一体，提供装配运营人员后台管理、服务工程师 APP 服务处理及客户微信渠道报修等功能，具体包括设备报修、工程师调度、追踪服务工程师服务状态地点和进度、客户报修处理进度查询、服务过程追溯等。iSESOL ESP/ESA 的软件框架如图 11-14 所示。

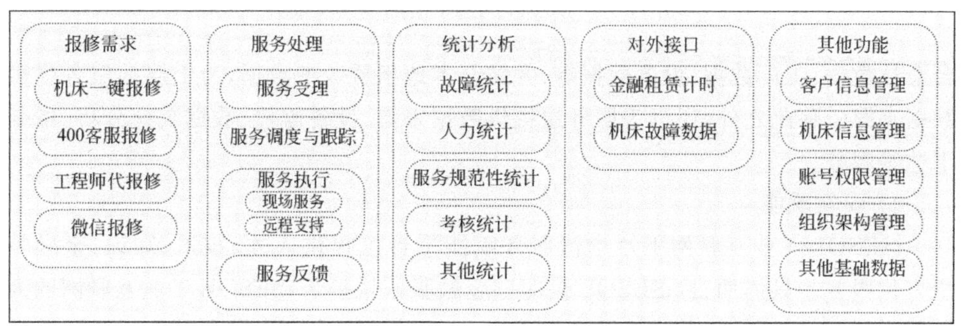

图 11-14　iSESOL ESP/ESA 软件框架

iSESOL LEASING 生产力租赁服务是建立在 iSESOL 工业互联网大数据的毫秒级实时传输技术基础上的新商业模式，其以实时互联、按需付费、即时结算为特点，为装备租赁、融资租赁厂商提供全面的业务数据平台支撑，实现基于物联网的智能装备分享经济。iSESOL LEASING 的业务架构如图 11-15 所示。整体架构包括三个层次：①应用层，为租户、租赁公司提供在线租赁业务服务。包括：订单、合同、账单、租赁物的业务数据管理；租赁物的运行状态、业务状态监控及提醒；租赁物使用时长监控、费用计算、数据分析统计。②服务层，支撑租赁平台的系统服务。包括：对应用层提供服务接口、权限访问控制、报表与数据分析；对下连接数据层，处理分析采集数据、计算租赁物的时长费用；同时依赖于设备物理接入，对设备进行指令下发，管控设备授权和实际的运行状态。③数据层，依赖于平

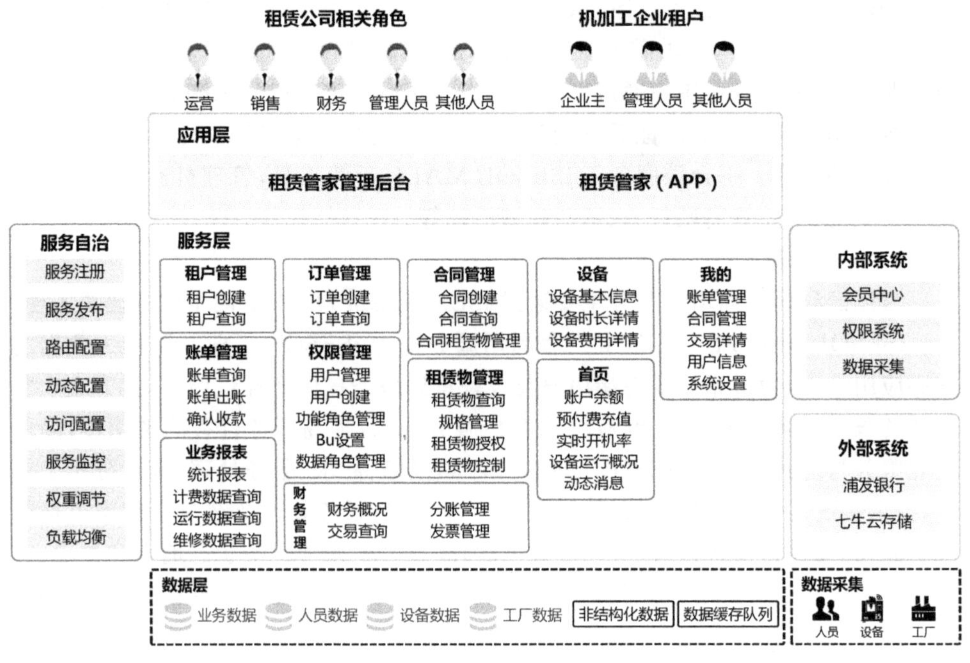

图 11-15　iSESOL LEASING 业务架构

台会员数据、工厂数据、设备数据等，并结合本地租赁业务数据，为上层的服务提供数据支撑。除此之外，还可为服务层提供数据采集、设备监控、数据统计分析、指令下达等服务。

4）要素赋能

iSESOL 工业互联网平台增值服务赋能平台可提供人才、技术、知识、金融等全方位服务。具体而言，iSESOL 供应链金融服务是基于 iSESOL 工业互联网的大数据增信，把不可控的单个企业风险转化为相对可控的整体供应链企业风险。另外，iSESOL App Store 则是基于工业控制领域的集成运动控制核心技术，通过开源 Linux 定制，形成的从终端到云端的开放平台解决方案。iSESOL App Store 基于社会化分享理念，帮助用户获取社会化开发资源，降低研发投入，从而更好地专注于高价值功能开发。iSESOL 开发者中心旨在打造 iSESOL 开放生态，践行行业应用社会化开发思路的有效手段。由 iSESOL 提供基础平台，借助 iSESOL 开发者中心，开发者(包括企业、高校专家及制造商等)利用平台提供的工具链，结合云平台和运动控制技术，将自身对行业技术的具体实践方法和经验沉淀下来，快速地构建出智能化的、具有行业特色的应用场景 App。用户可以借助 iSESOL 工业互联网平台上的 iSESOL 应用商店，以较低成本获得应用服务，从而使软件使用成本得到降低。iSESOL 应用商店＋iSESOL 开发者中心的组合业务架构如图 11-16 所示。

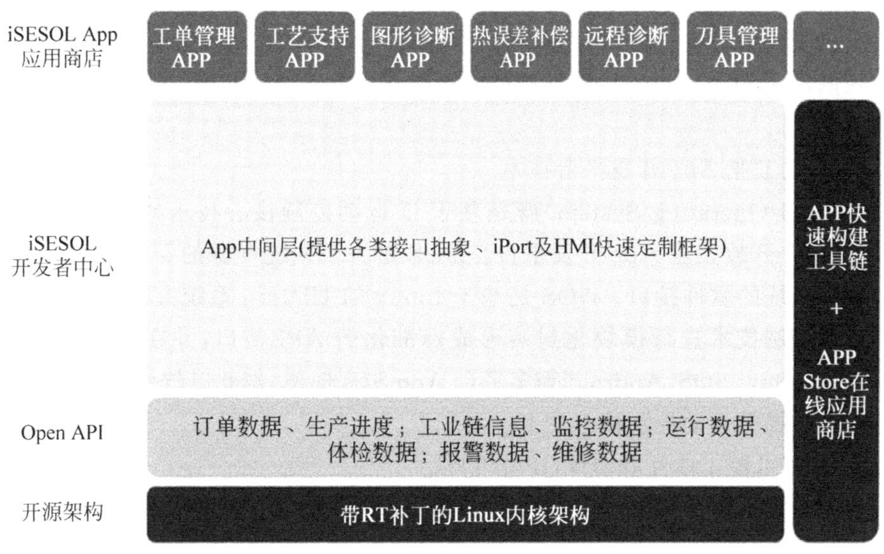

图 11-16　iSESOL App Store 业务架构图

4. 关键技术

智能云科的成功运营主要依托以下七个关键技术：

1) i5 核心运动控制技术

i5 核心运动控制技术(其产品是 i5 智能数控系统)是支撑工业互联网平台的核心技术，其涵盖了数字伺服驱动技术、实时数字总线技术等 CNC 运动控制领域关键技术。i5 核心运动控制技术采用业内领先的基于 PC 的全软件式结构＋开放的 Linux 实时操作系统＋开放的 EtherCAT 实时数字总线组合架构的 CNC 技术路线，该技术路线确保了 i5 智能数控系统能够成为一个天然的互联网智能终端。i5 智能数控系统的产品定义来源于用户，由于主机厂的优势，i5 智能数控系统的产品定义纵深直接对接应用市场，产品设计兼顾应用、实用和适用性。i5 智能数控系统的技术创新之一在于对运动控制底层技术的突破，全面覆盖两轴、三轴、四轴、五轴等各类机床应用，突破双向螺距误差补偿(帮助机床提升精度)、空间误差补偿(帮助高端机床提升精度)、高速攻丝(帮助用户提升加工效率)、优选参数切换(帮助用户快速切换最佳机床特性)、联网功能开通(MES 系统联网必需功能)等底层技术，并在此基础上开发三维仿真(帮助用户快速验证加工程序)、工艺支持(帮助用户快速优化加工工艺)、特征编程(帮助用户快速编程)、图形诊断(帮助用户快速排除故障)、图形引导编程技术(帮助用户快速编程)、一键报修(帮助用户快速报修获取技术支持)、远程诊断(帮助用户快速定位问题排除故障)、在机测量(帮助用户提升品质)、刀具寿命管理(帮助用户提升品质和效率)、主轴热补偿(帮助用户提升加工精度)、程序分析(帮助用户分析和改进工艺)、工单模式(帮助用户提升管理能力，配合 WIS)、机床体检(帮助用户自动诊断机床状态并及时维护)、RFID(帮助用户电子化用户、刀具、卡具等管理)等智能化功能。同时,i5 智能数控系统具有独特的工业互联网生态,通过采用面向互联网的设计及生态体系,从信息的传输方面解决互联网应用的需求,还从 i5 智能数控系统的基础设计,考虑互联网应用的各种需求。

2) 开放工业 App 开发平台技术

i5OS(i5 Operating System)既是基于 i5 运动控制核心技术的智能化操作系统,也是一个开放工业 App 开发平台。i5OS 是一个系统资源的管理者,是连接用户与硬件系统的软件接口。i5OS 是基于 Linux 的 Ubuntu 系统开发而成,其将 i5 核心运动控制技术进行模块化封装形成标准化的 API 接口,并在此基础上提供 Linux、Windows、iOS、Android 等多平台 App 实现框架,据此以软件平台的形式向服务需求方提供运动控制核心技术。

3) 自主可控工业互联协议(iPort 协议)

面向西门子、FANUC 等市面上主流数控机床的数据集成需求,智能云科自主研发的工业互联协议 iPort 协议,能够实现主流的数据协议解析(OPC UA、MTConnect 等),实现制造车间内多种数控装备的数据与应用集成。通过 iPort 协议,可以将设备数据实时上传到 iSESOL 工业互联网云端,并实现生产优化策略的下发,真正打通设备控制到企业运行管理系统的数据链条。iProt 通信协议具有技术先进性,其参考国际通行惯例,采用主流报文定义和通信技术,适合局域环境和工业互联网场景;具有业务通用性、易用性、标准化和可扩展性。

4) 制造资源的虚拟化和泛在接入技术

资源虚拟化和泛在的网络访问是云计算的重要特征。iSESOL 工业互联网平台中的制造资源包括硬件资源和软件资源,通过构建资源统一描述规范,针对产品设计、工艺、生产加工、运输、运行维护等全生命周期涉及的制造资源进行描述,平台实现了统一语义定义;同时,考虑资源的多样化接入,例如,针对设备资源,提供了多种类设备在不同网络环境下的接入方式,保证实时性;针对物料、物流信息,结合 RFID、二维码、移动计算等技术实现泛在接入;针对管理信息、人力资源等软资源,通过定义语义本体、抽象关键属性,再结合标签技术和泛在计算技术进行资源接入。

5) 产能交易多维度智能筛选匹配技术

智能云科平台建立了基于产能分享、资源分享模式的机械加工行业工业分享平台,实现机加工产能交易。基于设备互联形成的线上生产能力资源池,通过产能、人员、原材料、物流等多维度数据挖掘,为加工制造供需双方实现“供-需”智能优选推荐,主要体现在:以 i5 智能机床全生命周期数据为基础,根据机床型号、机床加工特性、加工精度、机床性能等维度精确匹配设备的加工能力;以产能资源池为基础,根据需方企业需求,对供方企业多维度能力进行辨别与合理匹配,如供方企业历史加工评价、产能空闲、工况情况、地域临近、周边配套资源、企业规模等维度进行数据的精准匹配；根据需方企业的产品加工需求，对基础工艺进行分析，提供流程化的工艺制定过程，保留工艺制定过程中的数据，形成工艺包。通过平台大量的工艺数据及有效交易订单分析，逐渐形成面向机加工产品的产能交易标准，进而实现更加精准的智能筛选匹配。

6）基于智能装备的生产管理协同技术

智能装备通过边缘网关设备 iSESOL BOX，采用 IoT 物联技术以及边缘计算、漏洞防护、终端管理、证书管理、防伪等工业安全机制，确保设备能快速、安全、可靠接入 iSESOL 工业互联网平台，保障工业设备本身运行环境的安全以及生产制造数据及时和有效传递。iSESOL BOX 支持自主开发的 iPort 协议、OPC UA 协议、Focus 等多种协议接入。基于装备物联进行数据采集以及通过 iSESOL WIS 云端工厂管理技术与模式，提供生产制造管理以及数据分析服务，做到从上游加工订单到智能装备生产整条信息流的穿透，使得生产数据完全透明。

7）网络化协同流程优化技术

网络协同制造涉及跨企业、跨区域的不同主体之间的协同，由于流程执行主体的不同，传统的基于企业内部流程管理的技术不能直接用于不同主体间的流程管理。而产品制造过程的工艺要求、订单的时间要求又需要能统一跟踪和管理协同流程。智能云科平台基于服务编排技术，定义工业互联网平台上的网络协同制造流程规范，抽象出管理要素和管理目标，实现流程统一管理和有效跟踪；同时，以此为基础，利用智能化方法对流程进行优化，充分利用平台上广泛的制造资源，通过有效的调度来提高资源的使用效率和协同效率，降低运行成本，实现平台上企业的管理运营优化。

11.1.3　实施效果分析

截至 2019 年 5 月，iSESOL 的服务范围已涵盖全国 26 个省，161 个市，服务企业客户 3000 余家，已连接智能设备 26700 多台。下面通过两个具体案例介绍 iSESOL 的实施效果。

1. 烟机配件公司交易撮合与交易智选服务案例

许昌某烟机配件公司（以下简称烟机配件公司）作为一家典型的制造企业，面临着产品零部件供应成本高、供应商交期长、品质无法保证等问题。同时，该企业供应渠道较窄，开发外围渠道时间成本较高。

智能云科 iSESOL BIZ（交易撮合与交易智选服务）是面向机械加工行业的产能交易平台，目标是通过建立产能分享、资源分享等模式来打造机械加工领域的经济分享平台。iSESOL BIZ 依托平台优势为该烟机配件公司提供从信息发布到匹配对接、生产跟踪、产品交付全交易流程的管理及保障。同时，结合 iSESOL 工业互联网平台工艺中心模块，iSESOL BIZ 为烟机配件公司有效地解决了由图纸不规范造成的沟通时间长、沟通效率差的问题，并通过优化生产工艺进一步提高了该烟机配件公司的生产效率,降低生产成本。

实施过程中,该烟机配件公司急需一批铆焊件,但面临所在地铆焊工厂少、产品交期紧迫的问题。通过 iSESOL BIZ 平台的及时高效沟通,根据询价单信息、交易双方企业规模、交易历史、物流成本、沟通便捷度、信用程度等指标,智能匹配各地供应商,督促、协调供应商及时报价,最终由苏州某金属制品企业接下此订单。同时,由于铆焊的要求较高,而供应商提供的图纸缺尺寸,由平台提供高效的协调服务,促成双方顺利成交。

在该案例中,iSESOL BIZ 的交易撮合与交易智选服务有效节约了该烟机配件公司及供应商的沟通协调成本,同时 iSESOL BIZ 也帮助烟机配件公司降低了生产成本、改善了加工质量、提高了良品率。因此,该公司预备将今年物流设备项目(预计项目总值 500 万元以上)作为试点,全程使用 iSESOL BIZ 服务。

2. 盐城智造谷产业链协同服务案例

江苏省盐城市某县通过发展石油装备、节能电光源、新能源汽车、工业阀门等产业成为全国百强县。但是在新的经济形势下,全县面临着要向着高端化、智能化、网络化方向发展的新需求。然而,对于小微制造企业来说,普遍面临着装备水平落后、技术力量薄弱、流动资金不足、管理手段欠缺等一系列难题,而政府也为如何淘汰落后产能,助推企业向高端智能制造转型发展进行持续努力。

盐城 5D 智造谷通过集成 i5 智能装备、iSESOL WIS,以及 iSESOL 工业互联网平台、网络和多种智能设备,实现了装备技术智能化、订单管理智能化、生产流程智能化,以及服务模式智能化。盐城 5D 智造谷由 i5 智能工厂和六大共享服务中心构成,如图 11-17 所示。六大服务中心介绍如下:

(1) 智能制造体验中心对 i5 最新产品、技术进行直观展示和体验,实现快捷制造和在线个性化定制;

(2) 行业研发中心联合全球战略合作伙伴,面向产品全生命周期、全产业链上的工程问题提出智能制造解决方案;

(3) 智能检测中心可提供自动化、智能化的在线检测技术,以实现数据智能化采集、检测和管理;

(4) 实训培训中心与地区职业院校相结合,为智能制造产业的发展提供完善的人才支撑体系;

(5) 大数据云服务中心,对智能工厂进行在线技术、管理、服务支持,通过地区产能的聚集和再分配,使生产实现透明化和社会化;

(6) 再制造中心打造产品全生命周期生产服务能力,让智能制造形成闭环,让智能制造可持续发展。

在盐城智能谷项目中,iSESOL WIS 通过建立租户级虚拟工厂的方式,打通上下游企业信息壁垒,打造企业间协同制造模式。所有注册在 5D 智造谷的生产企业基于 iSESOL WIS,一方面实现企业内生产制造全过程的信息化、实时透明管理;

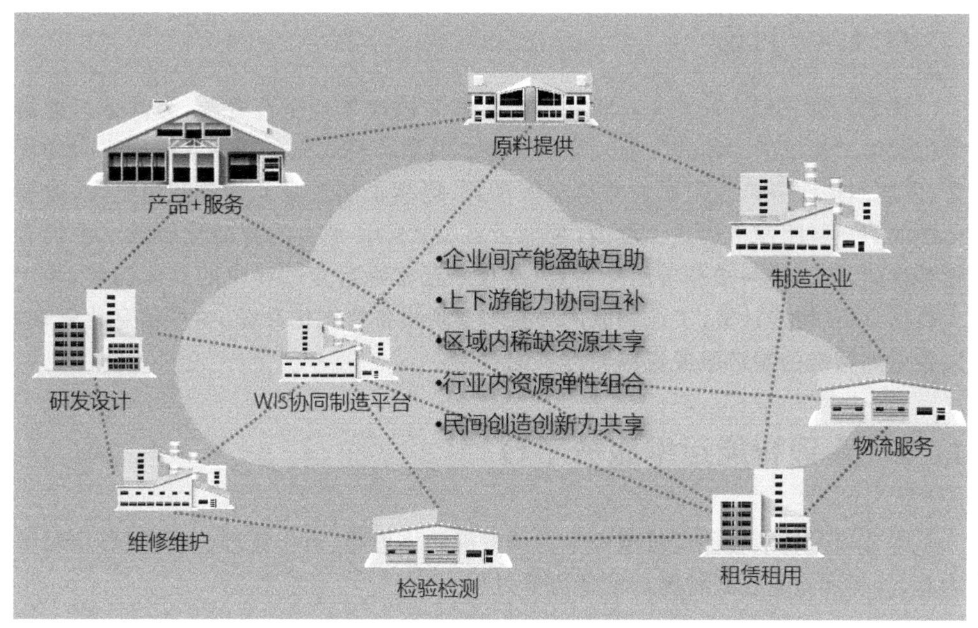

图 11-17　盐城 5D 智造谷项目解决方案

另一方面通过基于云的 iSESOL 平台实现订单级、工序级的协同生产。同时,可充分享有平台为企业提供的设备、订单、工艺、物料、检测、培训等的支持与服务。在协同制造方面,盐城 5D 智造谷通过对谷内各家工厂进行 WIS 为引擎的信息化互联,并扩展至与供应商和客户的互联。如图 11-18 所示。

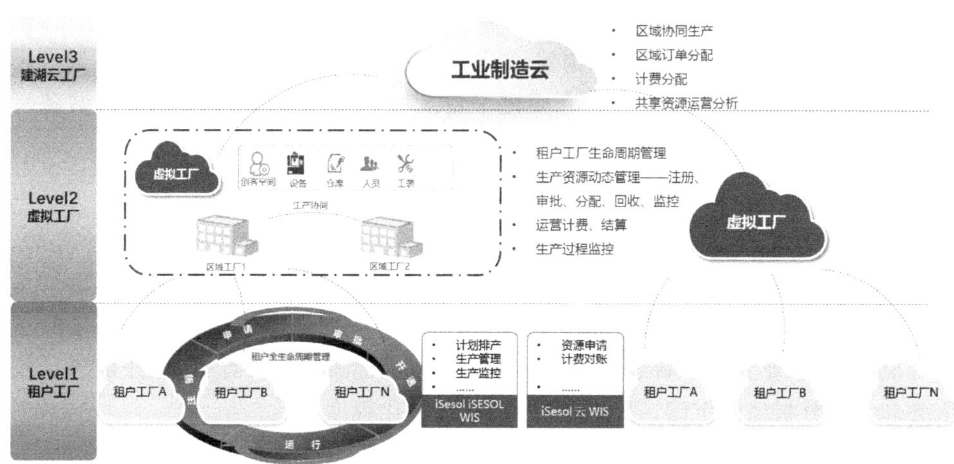

图 11-18　基于 iSESOL WIS 的盐城虚拟工厂

11.1.4 讨论

智能云科 iSESOL 工业互联网平台能够高效地整合制造资源，为制造行业提供机械加工领域的一站式工业互联网服务。其服务模式充分利用互联网平台的优势、发展制造服务资源领域的共享经济模式，提高了制造服务资源利用效率，改变传统的信息封闭制造模式。然而，智能云科 iSESOL 平台的智能化服务水平仍有提升空间，应当进一步分析用户痛点，结合平台实际运营过程中的具体问题，采用大数据分析、智能计算、工业物联网等技术实现设备智能化升级、生产信息化管理，以及更加精准的制造服务资源与订单配置。

11.2 合锻智能运维服务平台

本节通过合锻智能运维服务平台的发展整体思路、运作流程、具体服务项目等内容，分析和讨论合锻智能的制造服务过程。

11.2.1 案例简介

1. 基本介绍

合锻智能制造股份有限公司是集液压机和机械压力机等高端成形装备研发、生产、销售和服务为一体的大型装备制造企业，是我国大型锻压设备自动化成套技术与装备产业化基地。合锻智能制造股份有限公司与合肥工业大学、安徽禾工智能技术有限公司共同开发合锻智能运维服务平台。该平台于 2017 年正式运行，采用了云-边协同的精准运维思路，构建了云-网-端三层技术架构，建立了以高端成形装备为基础的全流程运维服务运营管理平台及协同服务体系，实现了成形装备运维服务的智能化、精准化和个性化[6,7]。

2. 项目背景

高端成形装备的长时间高可靠的运行需要高效快速且精准的运维服务来保障，然而由于高端成形装备所具有的下述特点，阻碍了其运维保障的高效可靠运行。

(1) 智能互联程度低。高端成形装备的智能互联程度较低，缺乏装备实时运行工况数据，企业无法了解装备当前的运行状态和健康水平。此外，由于缺乏运维服务和故障分析经验沉淀，导致了服务流程数字化程度较低。

(2) 故障成因耦合性强。高端成形装备是机、电、液一体的复杂装备系统，其在运行过程中受工作介质(油液)、机械和电气三者影响，功能耦合性强，故障机理复杂，导致故障成因与故障征兆间呈现复杂的非线性、不确定关系。一旦装备发生故障，故障原因排查困难，故障模式识别不准，维修效率低下，停机损失严重。

(3) 运维过程协调难度大。高端成形装备的地域分布广泛，其自身具有高度时延敏感性、使用场景复杂多变的特点。此外，装备运维过程是一个涉及多部门、多人员的过程，除了专门的维修服务部门之外，还跨越产品设计部门、质量安环部门、安装调试部门、财务部门等多个部门，需要维修管理人员、维修人员、财务人员、工程涉及人员等的密切合作。以上原因导致运维过程难以有效协调。

11.2.2　运作模式与关键技术

本节从运维服务平台整体方案、平台架构、核心服务内容以及关键技术四个角度对合锻智能运维服务平台的运作模式进行介绍。

1. 项目整体方案

针对装备智能互联程度低问题，研发了高端成形装备智能边缘数据终端设备——3T 智能工业黑匣子，支持 Modbus、Profitbus 等多类主流工业通信协议，实现了装备运行数据采集与压缩，远程互联与通信。针对装备故障预警实时性要求，运用容器化技术，设计了基于云-边协同的运维服务边缘计算框架，既降低了组件开发难度，又实现了边缘计算算法的快速嵌入，从而支持装备实时故障预警。针对装备故障成因耦合性强问题，梳理装备故障机理，建立专家知识库，构建了机理与数据模型融合的智能装备故障诊断与预测技术，为用户自动推荐了个性化维修服务方案和维修策略优化方法，实现了装备故障原因快速诊断、故障模式准确识别与预测性维护。针对装备运维过程协调难度大问题，采用云-边协同的技术思路，开发基于"云-网-端"的工业互联网运维服务平台，该平台可支持装备工况实时感知、故障分析与预警、维修流程管控、设备资产管理等多种在线服务功能，为企业和装备用户提供包含维修过程全程跟踪、规范性维修过程优化和预测性维修维护创新等全流程一站式运维服务。

2. 平台架构

合锻智能运维服务平台采用基于云-边协同的"云-网-端"的三层架构，如图 11-19 所示。在"端"层，数据采集终端完成对设备运行数据的采集，为平台提供装备数据基础；在"网"层，平台采用移动无线、工业以太网等多种网络连接方式，实现运行工况数据高可用、低延时的传输；在"云"层，包含了数据分析与集成平台和智能运维服务平台。云数据分析与集成平台提供数据的存储、转换、分析等，为运维服务平台提供业务数据支持，并通过智能故障诊断模型、个性化服务模型和维修策略优化模型的构建，为运维服务平台设备故障预测、故障预警和智能化维修方案推荐等提供技术支撑；智能运维服务平台由精准运维服务系统和精准运维服务 APP 组成，分别为企业人员及装备用户提供系统和移动端的服务支持。

合锻智能运维服务平台旨在解决装备企业在装备运维过程中存在的智能互联程度低、故障成因耦合性强、运维过程协调难度大、运维成本高和运维人力资源浪费等问题。

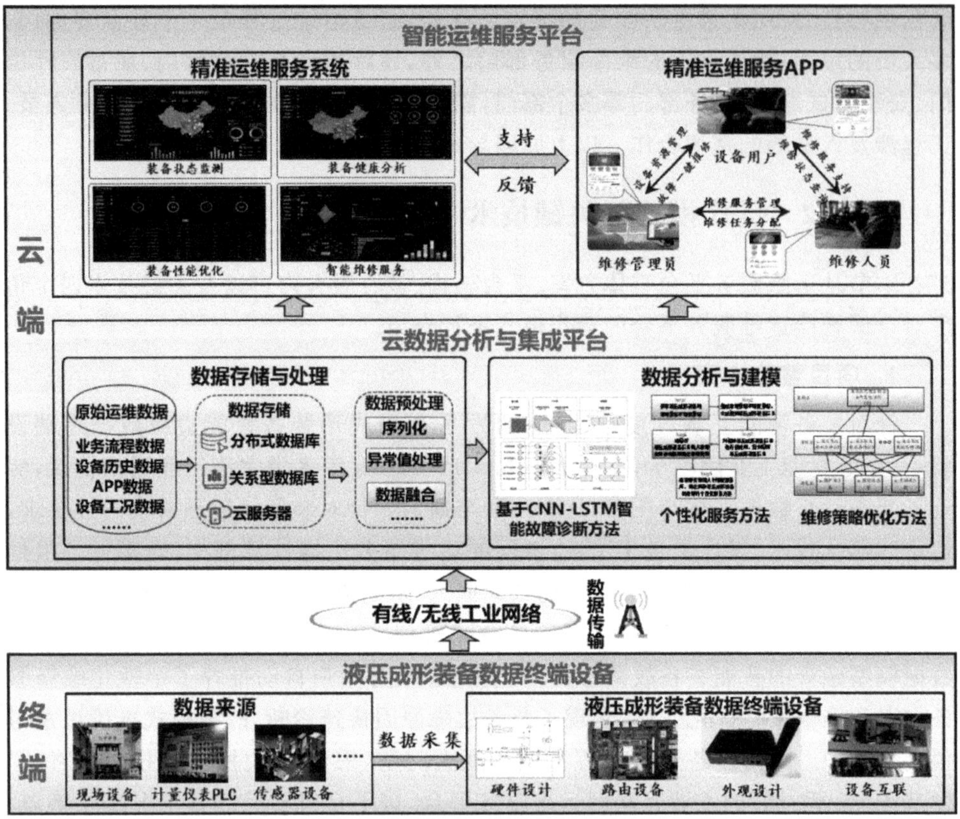

图 11-19　云-边协同的智能运维服务平台架构

3. 核心服务内容

合锻智能运维服务平台的核心智能服务功能如下：

1）装备智能互联化

项目所研发的数据采集终端——3T 智能工业黑匣子，是服务于合锻智能运维服务平台级智能硬件，如图 11-20 所示。通过 3T 智能工业黑匣子，实时采集现场设备运行数据，并将数据上传到云端，轻松实现企业 30min 设备上云。同时，可以实现设备与设备之间、生产线与生产线之间实时互联，轻松实现生产线设备快速配置。

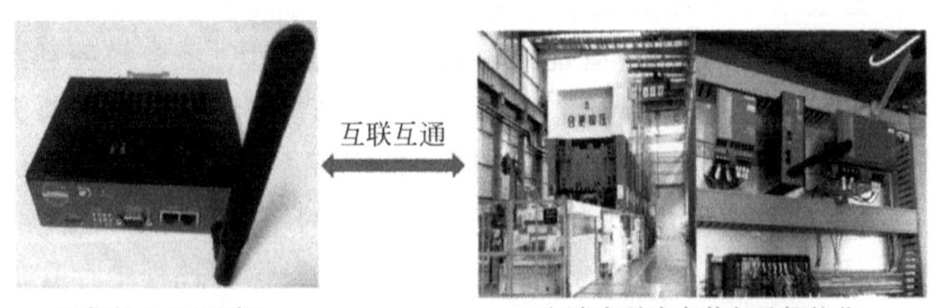

图 11-20　3T 智能工业黑匣子及装备智能互联化

2）设备工况实时感知

通过实时分析设备运行数据和关键指标，实现设备运行状态的实时监控和设备工况的实时感知。在系统端，管理员可以实时掌握所有入网设备的当前运行工况、健康状态、维修情况和历史工况，实现对售出设备的监控与管理，并及时发现异常和故障，为企业带来维修服务机会和效益（如图 11-21 所示）。在移动端，设备用户能够查看所有入网设备的实时运行情况和报警情况，及时发现异常，实现设备的预测性维护，降低设备故障风险和维修维护成本。

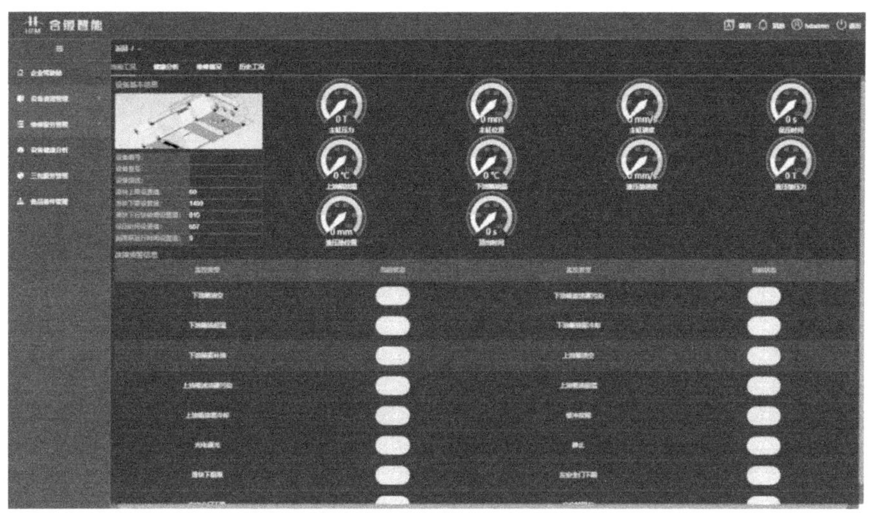

图 11-21　系统端设备实时运行工况监控

3）故障分析与预警

通过设备工作情况、磨损程度、维修情况等多个维度评估设备的健康状态，实时掌握设备的健康状况。在此基础上，通过分析设备的历史维修数据和当前运行状态来预测设备未来可能发生的故障，并且给出发生故障的可能性和类型，方便维修部门为用户制定维保策略，主动联系用户。系统端和移动端的设备状态分析与预警界面分别如图 11-22 与图 11-23 所示。

4）维修流程管控

对维修服务活动进行记录、查询和操作，实现维修活动全流程管理。系统端为维修管理员提供维修订单自动分配、维修方案制定、维修过程监控和维修效率分析等服务；移动端为维修人员提供工单管理、维修方案制定等服务，为设备用户提供一键报修、维修过程跟踪和维修服务评价等服务。这样提高了维修资源效率和维修调度响应速度，保证了维修方案的科学性和规范性，实现了维修知识自动化积累，使得维修过程全流程数字化、透明化、管控化，提高了维修效率，降低了维修成本，并且可以实现人员绩效管理。特别地，本平台为管理员智能推荐相应的维修方案，大大提高了维修效率。系统端和移动端的维修流程管控界面分别如图 11-24 与图 11-25 所示。

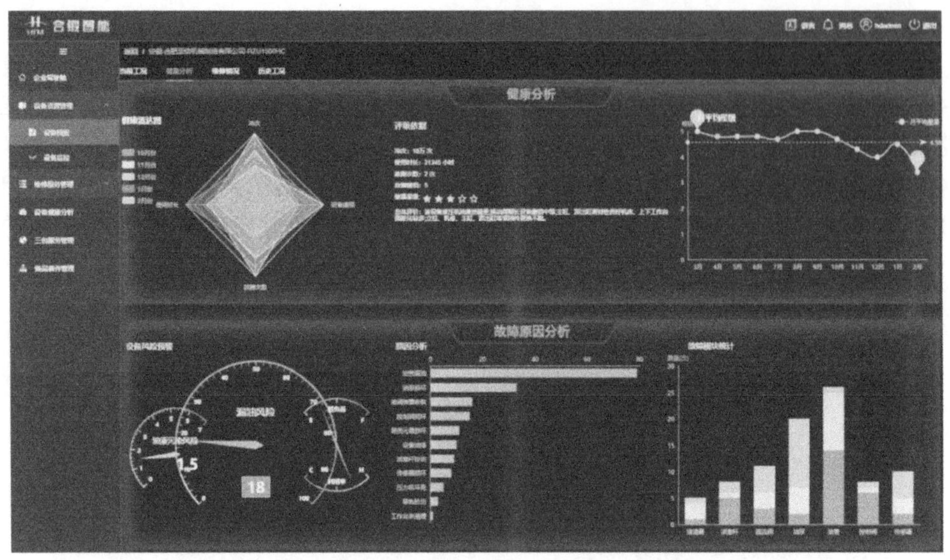

图 11-22　系统端设备健康状态分析

设备详情

设备基本信息　运行参数　报警信息

运行参数	
主缸压力	参数：199.47 T
主缸位置	参数：1224.96 mm
主缸速度	参数：121.96mm/s
保压时间	参数：699.8s
上油箱温度	参数：44.86℃
下油箱油温	参数：49.96℃
液压垫速度	参数：79.02mm/s
液压垫压力	参数：8.57T
液压垫位置	参数：93.71mm
顶出时间	参数：37.64s

设备详情

设备基本信息　运行参数　报警信息

报警信息	状态
下油箱油空	运行正常
下油箱滤油器污染	无状态
下油箱油超温	故障
下油箱油需冷却	运行正常
上油箱油需冷却	运行正常
缓冲故障	运行正常
光电通光	运行正常
静止	运行正常
滑块下极限	运行正常
左安全门下限	运行正常
右安全门下限	运行正常

图 11-23　移动端设备实时运行状态及报警情况

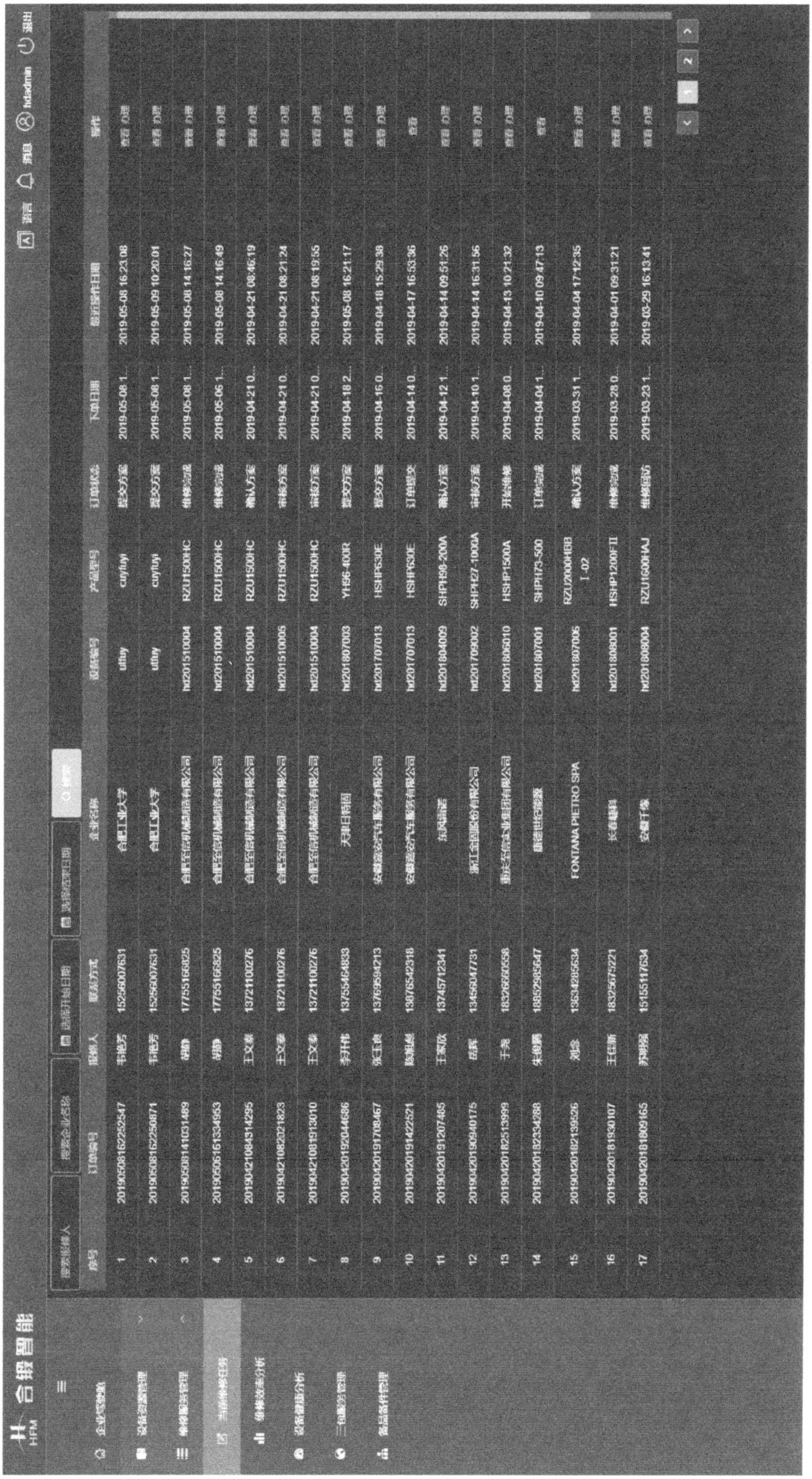

图 11-24　系统端维修任务管理

图 11-25　移动端设备报修及维修流程跟踪

5）设备资产管理

为用户提供完善的设备数字化档案和视频监控方案。在系统端，管理员通过设备档案能够实时监测关键运行参数，掌握设备健康状态，实现预测性风险识别，还可以实时报告设备故障情况，如图 11-26 所示；通过视频监控功能能够实时监控设备的运行环境、运行情况以及人员操作规范性等，实现对人员的可控性管理，如图 11-27 所示。在移动端，设备用户能够管理设备列表，并且可以通过视频监控接口，实时监控入网设备的运行情况，如图 11-28 所示。

4. 关键技术

合锻智能运维服务平台所涉及的关键使能技术如下：

1）高端成形装备智能边缘数据终端设备设计

针对高端成形装备对多种异构控制系统和多种工艺场景的要求，发明了高通量多尺度数据协议转换方法，构建了多协议兼容的数据采集解析体系，兼容 Modbus、Profitbus 等多类主流工业通信协议；研制了 OPC-UA 网络通信模块、边缘智能计算终端和路由设备，工厂强电磁干扰环境下数据采集和传输可靠性达到 99%以上，实现了数据采集与压缩、远程互联与通信、协议解析与适配、智能预警与分析等边缘智能。高端成形装备智能边缘数据终端设备的软硬件架构，如图 11-29 所示。

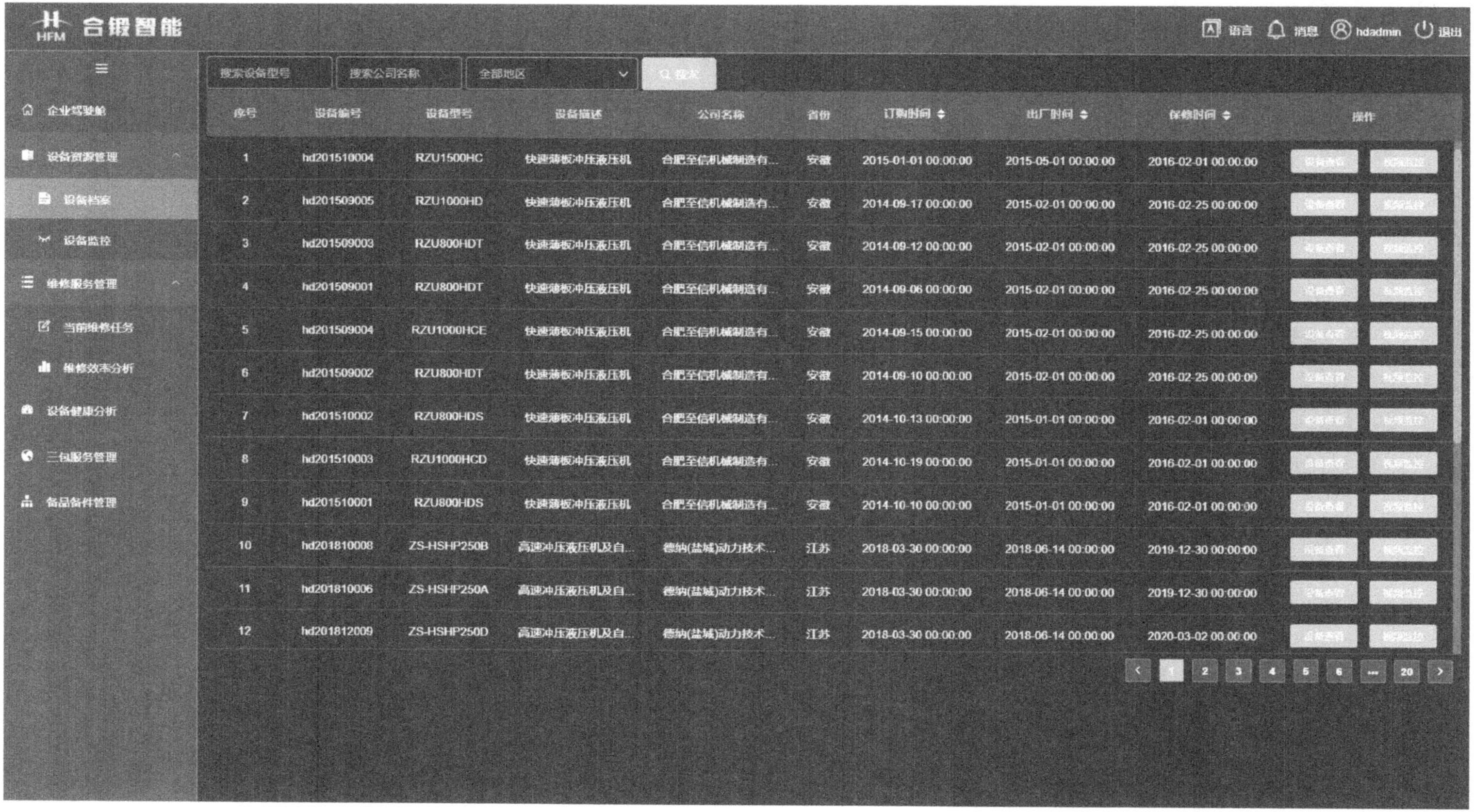

序号	设备编号	设备型号	设备描述	公司名称	省份	订购时间	出厂时间	保修时间	操作
1	hd201510004	RZU1500HC	快速薄板冲压液压机	合肥至信机械制造有…	安徽	2015-01-01 00:00:00	2015-05-01 00:00:00	2016-02-01 00:00:00	
2	hd201509005	RZU1000HD	快速薄板冲压液压机	合肥至信机械制造有…	安徽	2014-09-17 00:00:00	2015-02-01 00:00:00	2016-02-25 00:00:00	
3	hd201509003	RZU800HDT	快速薄板冲压液压机	合肥至信机械制造有…	安徽	2014-09-12 00:00:00	2015-02-01 00:00:00	2016-02-25 00:00:00	
4	hd201509001	RZU800HDT	快速薄板冲压液压机	合肥至信机械制造有…	安徽	2014-09-06 00:00:00	2015-02-01 00:00:00	2016-02-25 00:00:00	
5	hd201509004	RZU1000HCE	快速薄板冲压液压机	合肥至信机械制造有…	安徽	2014-09-15 00:00:00	2015-02-01 00:00:00	2016-02-25 00:00:00	
6	hd201509002	RZU800HDT	快速薄板冲压液压机	合肥至信机械制造有…	安徽	2014-09-10 00:00:00	2015-02-01 00:00:00	2016-02-25 00:00:00	
7	hd201510002	RZU800HDS	快速薄板冲压液压机	合肥至信机械制造有…	安徽	2014-10-13 00:00:00	2015-01-01 00:00:00	2016-02-01 00:00:00	
8	hd201510003	RZU1000HCD	快速薄板冲压液压机	合肥至信机械制造有…	安徽	2014-10-19 00:00:00	2015-01-01 00:00:00	2016-02-01 00:00:00	
9	hd201510001	RZU800HDS	快速薄板冲压液压机	合肥至信机械制造有…	安徽	2014-10-10 00:00:00	2015-01-01 00:00:00	2016-02-01 00:00:00	
10	hd201810008	ZS-HSHP250B	高速冲压液压机及自…	德纳(盐城)动力技术…	江苏	2018-03-30 00:00:00	2018-06-14 00:00:00	2019-12-30 00:00:00	
11	hd201810006	ZS-HSHP250A	高速冲压液压机及自…	德纳(盐城)动力技术…	江苏	2018-03-30 00:00:00	2018-06-14 00:00:00	2019-12-30 00:00:00	
12	hd201812009	ZS-HSHP250D	高速冲压液压机及自…	德纳(盐城)动力技术…	江苏	2018-03-30 00:00:00	2018-06-14 00:00:00	2020-03-02 00:00:00	

图 11-26　系统端设备电子档案

图 11-27　系统端设备视频监控

图 11-28　移动端设备列表与视频监控

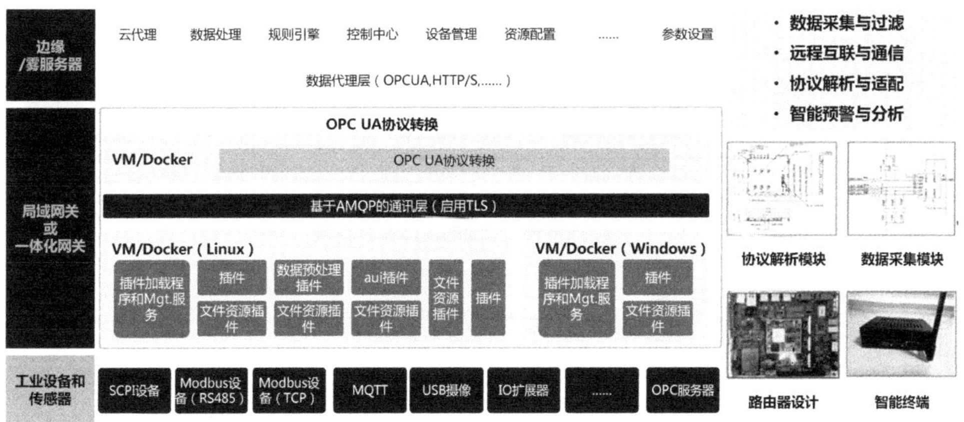

图 11-29　高端成形装备智能边缘数据终端设备的软硬件架构

2）云-边协同的运维服务计算系统设计

高端成形装备的工作现场条件相对较差，强电磁、强震动、强电流/电压等影响数据采集质量的因素广泛存在，海量运行工况数据的实时传输会对服务器的并发处理能力产生较大的考验。同时，由于 PLC 协议兼容不一致，高端成形装备的状态监控数据和故障诊断分析数据均来自于工业生产线设备、环境、产品等多方面，给边缘侧数据的实时采集和传输也带来了一定的难度。为了能够有效地利用数据终端设备的计算能力以及降低服务器的底层业务处理压力，简化边缘侧任务的开发、管理难度，设计了基于云-边协同的运维服务计算框架，同时为了满足开发人员与运维人员测试、调试等需求，开发了边缘测试平台。

3）基于故障预测的精准运维服务决策技术

基于故障预测的精准运维服务决策技术体系，如图 11-30 所示。底层为多源数据采集，包括传感器数据、智能采集终端的数据、现场设备的参数数据、计量仪表的数据、设备档案数据以及精准运维 APP 数据等。中间层为数据预处理引擎，对多源数据进行预处理，显著消除缺失值、统一量纲。为了提高设备故障预测准确性，在数据预处理模型当中进行了滑窗处理和特征工程处理。在数据预处理的基础上，构建了基于 CNN-LSTM 故障预测模型。基于 CNN-LSTM 预测结果，结合多源数据融合的维修策略优化方法，自动生成初步的运维服务方案。最后，根据实际资源配置需求，生成个性化运维服务库。

11.2.3　实施效果分析

合锻智能运维服务平台对上述问题提供一体化解决方案，平台自 2017 年建立以来发展迅速，2018 年新增联网装备用户 70 余家，分布 50 多个城市及地区，智能边缘数据终端设备数据采集及传输可靠性高达 99%以上，且订单成交量为 200 多台。截至 2019 年 4 月，合锻智能运维服务平台已服务装备企业 100 余家，覆盖 20

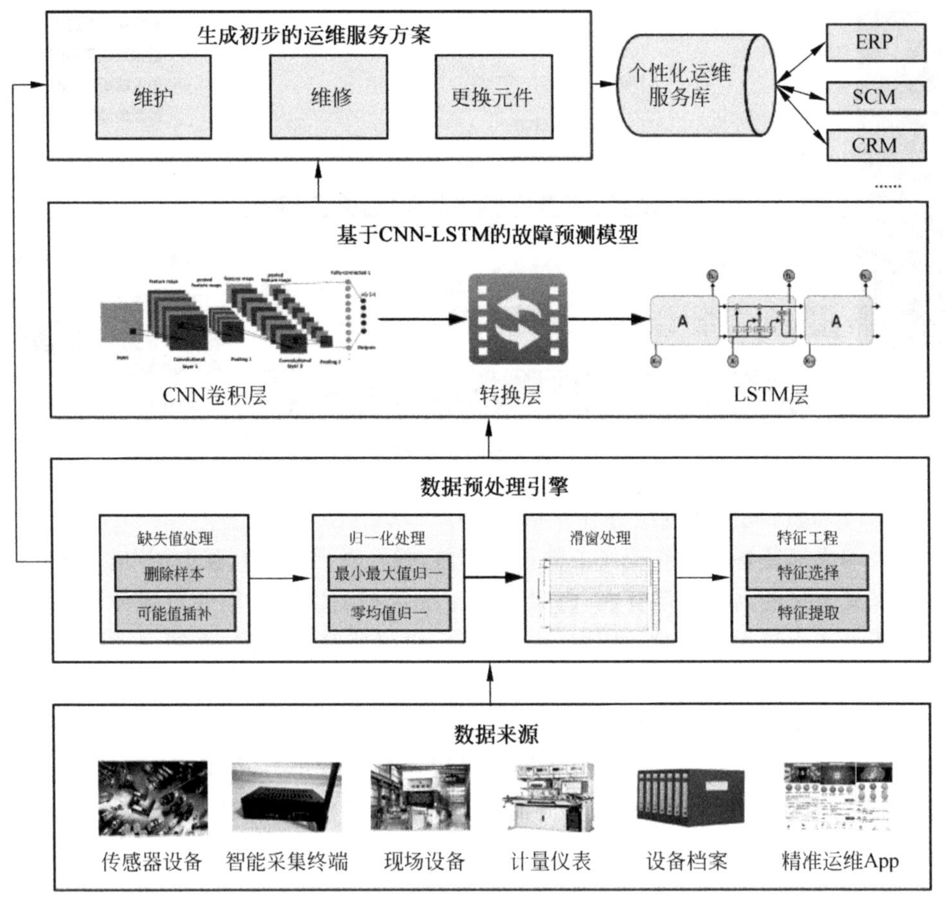

图 11-30 基于故障预测的精准运维服务决策技术

多个省份,已连接智能设备 400 多台,智能边缘数据采集终端设备订单成交量达 500 多台。平台先后应用于上海航天设备制造总厂、中铁建设集团有限公司、潍柴动力股份有限公司、奇瑞商用车有限公司、法国雷诺汽车公司、美国德纳公司等 100 余家大型制造企业中,并取得了良好的应用效果,装备平均维修调度响应时间缩短了 50%以上,设备平均维护维修成本降低了约 25%,保障了装备智能运维服务水平。下面以六家对接企业为例介绍合锻智能实施效果[8]:

1. 奇瑞商用车(安徽)有限公司

奇瑞商用车(安徽)有限公司原来存在设备状态及使用过程信息不透明、数据混乱、管理粗放等问题,使得精准运维保障成为了难点。为了克服这些困难,公司于 2015 年 1 月开始引进合锻智能运维服务平台,主要应用于汽车覆盖件和内饰件高端成形装备的运维服务过程。平台具备了基于数据分析与反馈的设备维护与事故风险预警等功能,公司的智能运维水平明显提高,维修服务响应时间明显缩短。

2. 潍柴动力股份有限公司

潍柴动力股份有限公司曾面临设备档案普遍缺失且更新不及时，设备维修、保养、检测未有效落实，缺乏有效数据支撑，无法有效管理决策等问题。为了解决这些问题，公司于2016年3月开始引进合锻智能运维服务平台，主要应用于柴油发动机异形精密构件的运维服务过程，实现了基于数据分析与反馈的产品源、工艺优化、设备维护与风险预警等运维需求，维修调度响应时间缩短了50%以上，设备维修维护成本降低了25%，保障了设备的高效可靠运行。

3. 法国雷诺汽车公司

法国雷诺汽车公司为法国汽车制造企业，曾面临着运维数字化程度低、信息化技术整合不足等问题。为了解决这些问题，公司于2016年5月开始引进合锻智能运维服务平台，应用于YH98-200系列研配液压机运维服务过程，实现了装备维护与故障风险预警，大大缩短了装备维修响应时间，降低了运维成本，增强了装备运行的高效性和可靠性，从而保证了装备的生产效率，带来了一定的经济效益。

4. 湘潭天汽模热成型技术有限公司

湘潭天汽模热成型技术有限公司为大型模具、冲压件生产设计制造商，公司曾经的运维现状包括手工记录装备信息，手工维护装备服务状况，容易出错且更新不及时，缺乏有效的数据分析支持装备运维管理决策等。为了改变这些现状，公司于2016年5月开始引进合锻智能运维服务平台，应用于YH98系列液压机运维服务过程，提升了装备智能化互联水平，明显缩短了维修响应时间，降低了维修成本，保障了装备可靠稳定运行。

5. 湖南晓光汽车模具有限公司

湖南晓光汽车模具有限公司为大型汽车工程机械模具生产设计、汽车零部件制造商，曾面临着运维服务数字化程度低、维修成本高、维修效率低等问题。公司于2017年5月开始引进合锻智能运维服务平台，应用于汽车大型模具的研配及维修过程，提升了装备智能化水平，解决了公司维修响应时间长、维修成本高、服务效率低的难题。

6. 美国德纳公司

美国德纳公司是全球传动系统、密封件和热管理产品的供应商，汽车零部件加工制造商，然而公司曾面临着装备维修成本高、维修服务效率低、维修流程信息不透明且人员管控难的问题。为了解决这些难题，公司于2018年5月引进合锻智能运维平台，利用远程数据采集技术对液压成形装备的工况数据进行监测，具备了设备远程故障分析、诊断与预警能力，并实现了成形装备远程维护、控制以及维修计划优化等功能，既降低了装备运维成本，同时又提高了装备的生产效率，给公司带来了经济效益。

11.2.4 讨论

合锻智能运维服务平台能够高效地整合装备运维服务全流程资源，为高端成形装备企业提供一站式精准运维服务解决方案。其运维服务模式充分利用互联网平台与云-边-端协同软硬一体化的优势，改变了传统被动式运维模式，提高了高端成形装备的运维服务效率。然而，合锻智能的运维服务平台的智能水平仍有提升空间，应当进一步结合平台实际运营过程中的具体问题，采用大数据分析、智能计算、边缘计算、工业互联网等技术实现设备智能化升级、人员可控管理、设备故障报警以及更加精准的运维服务。

参考文献

[1] 朱志浩.中国领军机床企业的智能制造探索之路[J].现代制造，2016(10)：50-54.

[2] 智能云科 iSESOL.共享经济遇到传统经济，看 iSESOL 如何玩转租赁模式[EB/OL]. http://blog.sina.com.cn/s/blog_15805f84e0102xkio.html.

[3] 汪建.智能云科助力中国智能制造[J].中国电信业，2019(3)：26-27.

[4] 张曙.智能制造与 i5 智能机床[J].机械制造与自动化，2017，46(1)：1-8.

[5] 孙杰贤.沈阳机床 i5：不一样的智能制造[J].智能制造，2016(12)：72-73.

[6] 合肥合锻.合锻智能 2018 硕果累累[J].锻压装备与制造技术，2019(1)：4-5.

[7] 合锻智能.合锻智能“液压成形成套装备耦合设计与智能服务系统关键技术”成果鉴定会[J].锻压装备与制造技术，2019(2)：4.

[8] 合锻智能.合锻智能企业简介[EB/OL]. http://www.hfpress.com/about.asp?aid=1.

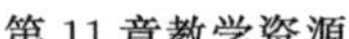

第 11 章教学资源

智能制造服务技术应用案例课件